港珠澳大桥跨海集群工程建设技术总结与应用成果书系

港珠澳大桥主体工程技术协同管理与创新成果
人工岛篇

王彦林　丁　浩　闫　禹
郭鸿雁　杨卫国　陈柏华　编著

人民交通出版社股份有限公司
北京

内 容 提 要

本书以港珠澳大桥海上人工岛工程建设与科学研究成果为依托，对港珠澳大桥海上人工岛的设计、施工过程中攻克的工程技术难题、发现的科学规律，以及取得的创新性成果进行了系统深入的总结和凝练。全书包括人工岛设计施工综述、设计水文地质关键参数研究及确定、深插钢圆筒外海快速成岛技术、外海深厚软基人工岛地基处理与基础施工关键技术、港珠澳大桥人工岛模型试验技术、结语共6章，详细介绍了港珠澳大桥海上人工岛工程的建设条件、设计施工要点、建设过程、实施效果、关键技术创新，以及相关科学研究等。

本书既是海洋工程、岩土工程的基础用书，也是桥梁与隧道工程、地基与基础工程的专业用书，可供相关专业的设计与施工技术人员和研究人员参考，也可供高等院校相关专业教师和学生参考。

图书在版编目(CIP)数据

港珠澳大桥主体工程技术协同管理与创新成果. 人工岛篇 / 王彦林等编著. — 北京 : 人民交通出版社股份有限公司, 2023.4

ISBN 978-7-114-18526-7

Ⅰ.①港… Ⅱ.①王… Ⅲ.①跨海峡桥—桥梁工程—工程管理—创新管理—成果—汇编—中国 Ⅳ.①U448.19

中国版本图书馆 CIP 数据核字(2022)第258144号

Gang-Zhu-Ao Daqiao Zhuti Gongcheng Jishu Xietong Guanli yu Chuangxin Chengguo Rengongdao Pian

书　　名：港珠澳大桥主体工程技术协同管理与创新成果 人工岛篇
著 作 者：王彦林 丁 浩 闫 禹 郭鸿雁 杨卫国 陈柏华
责任编辑：石 遥 牛家鸣 黎小东
责任校对：孙国靖 刘 璇
责任印制：张 凯
出版发行：人民交通出版社股份有限公司
地　　址：(100011)北京市朝阳区安定门外外馆斜街3号
网　　址：http://www.ccpcl.com.cn
销售电话：(010)59757973
总 经 销：人民交通出版社股份有限公司发行部
经　　销：各地新华书店
印　　刷：北京市密东印刷有限公司
开　　本：787×1092 1/16
印　　张：20
字　　数：350千
版　　次：2023年4月 第1版
印　　次：2023年4月 第1次印刷
书　　号：ISBN 978-7-114-18526-7
定　　价：120.00元

港珠澳大桥跨海集群工程建设技术总结与应用成果书系

编审委员会

《港珠澳大桥主体工程技术协同管理与创新成果　人工岛篇》

编　写　组

组　　长：王彦林

副 组 长：丁　浩　闫　禹　郭鸿雁　杨卫国　陈柏华

编写人员：（排名不分先后）

陈俊涛　江星宏　胡居义　余　顺　刘秋卓

曾雪芳　张顺善　戴希红　曹汉江　郑向前

吴清发　刘　坤　李书亮　李国红　李洁玮

夏子立　周　妮　常　林　钟勇华　朱翼翔

罗谷安　胡德亮　徐小萍　唐丽娟　蓝晓燕

刘　彬　田　睿　麦权想　任海威　黄志雄

陈　伟　胡敏涛　温　华

FOREWORD | 序　言

2018年10月23日，港珠澳大桥正式通车。习近平总书记出席大桥开通仪式并巡览港珠澳大桥。他指出，港珠澳大桥是国家工程、国之重器。他强调，港珠澳大桥的建设创下多项世界之最，非常了不起，体现了一个国家逢山开路、遇水架桥的奋斗精神，体现了我国综合国力、自主创新能力，体现了勇创世界一流的民族志气。这是一座圆梦桥、同心桥、自信桥、复兴桥。大桥建成通车，进一步坚定了我们对中国特色社会主义的道路自信、理论自信、制度自信、文化自信，充分说明社会主义是干出来的，新时代也是干出来的！对港珠澳大桥这样的重大工程，既要高质量建设好，全力打造精品工程、样板工程、平安工程、廉洁工程，又要用好管好大桥，为粤港澳大湾区建设发挥重要作用。

港珠澳大桥是在"一国两制"框架下粤港澳三地首次合作共建的超大型交通基础设施项目，东接香港特别行政区，西接广东省珠海市和澳门特别行政区，是珠三角环线的重要组成部分和跨越伶仃洋海域、连接珠三角东西岸的关键性工程。路线起自香港口岸人工岛，接珠澳口岸、珠海连接线，止于珠海洪湾；全长约55km。大桥主要由海中桥隧主体工程，香港、珠海、澳门三地口岸，香港、珠海、澳门三地连接线三部分组成。

港珠澳大桥的建成为完善国家综合运输体系和高速公路网络，密切珠江西岸地区与香港地区的经济社会联系，改善珠江西岸地区投资环境，加快产业结构调整和布局优化，提升珠江三角洲地区综合竞争力，保持港澳地区的持续繁荣和稳定，支持香港、澳门融入国家发展大局，对内地与香港、澳门互利合作起到了重要的推进作用。

港珠澳大桥主体工程集桥、岛、隧于一体，面临诸多世界级技术挑战，包括海中快速成岛、隧道基础处理与沉降控制、隧道管节沉放对接、大规模工厂化制造、海上埋置式承台施工、水下结构止水、大节段钢结构安装、超长钢桥面铺装、交通工程系统集成等。来自全国各地的建设精英云集伶仃洋，逢山开路遇水架桥，用智慧和汗水浇筑了这一举世瞩目的超级工程，在浩瀚伶仃洋上创造了中国桥梁建设的崭新诗篇。

2003—2009年，六年前期研究奠定共建基础。2003年8月，国务院正式批准三地政府开展港珠澳大桥前期工作，同意粤、港、澳三地成立"港珠澳大桥前期工作协调小组"。2004年3月，协调小组办公室正式挂牌成立，港珠澳大桥各项建设前期工作全面启动。

港珠澳大桥前期工作推进的过程远非一帆风顺，内地与港澳地区在政策法规、管理体制、办事程序、技术标准、思维习惯等多方面存在差异，每一项问题都需反复论证、反复协调。六年的前期研究工作开展了大量的专题论证，共完成了专题研究报告51项。在各方的不懈努力下，协调解决了大桥登陆点、桥位方案、桥隧工程方案比较、口岸查验模式论证、投融资方案、通航标准及锚地影响、环境影响评价等关键性问题。

2009—2018年，九年创新管理引航工程建设。作为"一国两制"框架下粤港澳三地首次合作共建的超大型跨海交通工程，同时作为世界总体跨度最长、钢结构桥体最长、海底沉管隧道最长的公路跨海大桥，也是公路建设史上技术最复杂、施工难度最大、工程规模最庞大的桥梁，港珠澳大桥在管理机制、建设理念、科研技术等方面进行了一系列的创新。港珠澳大桥科技创新工作始终坚持"项目来源于工程，研究依托于工程，成果应用于工程、服务于行业"的理念，注重科研与生产的紧密结合，突出科研成果应用。在科学技术部、交通运输部的支持下，"港珠澳大桥跨海集群工程建设关键技术研究与示范"于2010年列入"十二五"国家科技支撑计划，由交通运输部组织实施，研究参与单位包括21家企事业单位、8所高等院校，组成了以企业为龙头，产学研用相结合，覆盖桥、岛、隧工程全产业链的"智囊团"，科研队伍人数超过500人，共设5大课题、19个子课题、73项课题研究。一系列的研究成果大范围应用于项目实践，解决了工程推进中的重点难题，积累形成了数百项发明专利和一系列科技成果，构建了跨海集群工程建设关键技术的体系，有力支撑了港珠澳大桥工程建设，对我国大型跨海通道工程技术进步发挥了重要推动作用。

2019—2022年，四年总结凝练深化创新成果。4年来，管理局克服疫情等种种困难，组织编写组人员查阅、收集、整理相关工程设计施工咨询监理等档案资料，对港珠澳大桥项目建设总体组织、桥梁工程、人工岛工程、隧道工程和交通工程等方面的先进做法、关键技术以及由大桥工程推动的产业变革进行了总结提炼；同时，通过深入调查研究、广泛征求意见、反复修改完善，编制完成这套"港珠澳大桥跨海集群工程建设技术总结与应用成果书系"。

这套丛书包括总体篇、桥梁篇、人工岛篇、隧道篇和交通工程篇5个分册，贯穿港珠澳大桥跨海集群工程可行性研究到工程建设的全周期。丛书的出版，将有利于推动港珠澳大桥主体工程技术协同管理与创新成果的公开，有利于加强科技成果的推广应用，为我国跨海交通集群工程建设与管理提供借鉴和范式，有利于中国桥梁建设技术走出国门，为构建"一带一路"作出新的贡献，为世界桥梁建设贡献中国智慧。

港珠澳大桥管理局局长
本书系编审委员会主任 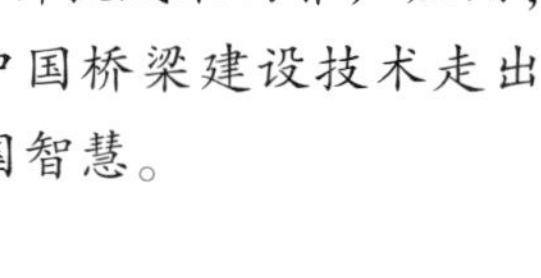

2022年10月

PREFACE | 前　言

港珠澳大桥东、西人工岛为桥隧转换人工岛，该类型人工岛在国内尚无先例，在国际上也仅有日本东京湾木更津人工岛、美国切萨皮克湾人工岛、丹麦-瑞典厄勒海峡人工岛等极少数工程。此类人工岛的功能要求极高，它是连接桥梁与隧道的重要载体，涉及深厚软土地基处理、陆域形成、岛壁结构、岛隧结合部结构、隧道暗埋段结构、隧道敞开段结构、深基坑支护结构等大量复杂的工程设计和施工，同时还要面临外海环境下的波流、潮位影响，而人工岛的建设又在很大程度上制约整个工程的施工进度，可以说港珠澳大桥人工岛的建设难度在国际上是罕见的。

本书着重围绕外海人工岛设计施工、快速成岛、深厚软基处理以及物理模型试验等技术的研究与实践，依托港珠澳大桥东西人工岛工程建设实际与国家科技支撑计划项目“港珠澳大桥跨海集群工程建设关键技术研究与示范”，对港珠澳大桥人工岛建设的成功经验与科技创新成果进行了系统介绍。

全书共分为六章，第一章综述了港珠澳大桥人工岛的建设背景、项目概况及面临的建设重难点等；第二章分析了外海水文情况，重点分析了人工岛区域的水文地质参数的研究及确定过程；第三章系统讲述了深插大圆筒外海快速成岛所面临的建设挑战、解决思路、钢圆筒设计制作及振沉施工技术等；第四章介绍了外海深厚软基人工岛地基处理与基础施工关键技术，包括挤密砂桩（Sand Compaction Pile，SCP）地基处理关键技术及降水联合堆载预压地基处理关键技术等；第五章介绍了人工岛模型试验技术，包括人工岛波浪断面物理模型试验、人工岛波浪整体物理模型及岛桥结合部引桥波浪上托力和水平力试验、人工岛堤头冲刷及防护试验等；第六章进行了总结，并对未来海上人工岛的建设与研究进行了展望。

在本书编写过程中，得到了港珠澳大桥管理局、招商局重庆交通科研设计院有限公司、中国交通建设股份有限公司与南京水利科学研究院等单位相关领导和同事的大力支持和帮助，在此表示感谢。

限于编者的水平和经验以及技术资料的完整性，书中错误、疏漏及片面之处在所难免，恳请读者批评指正。

作　者

2022年6月

CONTENTS | 目　录

第 1 章　人工岛设计施工综述

1.1　概述 …… 002
1.2　建设条件 …… 007
1.3　人工岛岛体工程 …… 019
1.4　人工岛接合部工程 …… 037
1.5　岛上道路与附属设施 …… 044
1.6　人工岛岛上建筑工程 …… 056
1.7　人工岛耐久性措施 …… 061
1.8　本章小结 …… 063

第 2 章　设计水文地质关键参数研究及确定

2.1　设计波浪推算 …… 066
2.2　设计流速推算 …… 090
2.3　地震危险性分析 …… 105
2.4　人工岛工程地质勘察 …… 121
2.5　本章小结 …… 136

第 3 章　深插钢圆筒外海快速成岛技术

3.1　工程技术难点分析 …… 140

3.2 插入式钢圆筒结构设计 …… 140
3.3 人工岛深基坑支护渗流及围护结构稳定性 …… 143
3.4 钢圆筒制作工艺及振沉施工关键技术 …… 148
3.5 止水弧形钢板副格结构施工关键技术 …… 169
3.6 岛内回填砂成岛技术 …… 177
3.7 岛壁施工 …… 183
3.8 离岸海上人工岛深基坑支护施工关键技术及监控技术 …… 195
3.9 本章小结 …… 207

第 4 章 外海深厚软基人工岛地基处理与基础施工关键技术

4.1 工程技术难点分析 …… 210
4.2 人工岛工程地质与地基土物理力学特性 …… 210
4.3 外海深厚软基挤密砂桩(SCP)地基处理关键技术 …… 213
4.4 外海软基降水联合堆载预压地基处理关键技术 …… 229
4.5 外海人工岛沉降变形分析与智能监测预警技术 …… 237
4.6 岛上隧道段地基处理及基础施工关键技术 …… 242
4.7 本章小结 …… 251

第 5 章 港珠澳大桥人工岛模型试验技术

5.1 概述 …… 254
5.2 人工岛波浪断面物理模型试验 …… 254
5.3 人工岛波浪整体物理模型及岛桥接合部引桥波浪上托力和水平力试验 …… 261
5.4 人工岛堤头冲刷及防护试验 …… 267
5.5 人工岛防撞波浪断面物理模型试验 …… 274
5.6 人工岛岛隧接合部沉放区掩护方案数学模型试验 …… 289
5.7 本章小结 …… 297

第 6 章 结语

参考文献

CHAPTER ONE

第1章

人工岛设计施工综述

1.1　概述

1.1.1　项目概况

港珠澳大桥连接香港、内地和澳门，是集桥梁、隧道、人工岛于一体的超级综合集群工程，建设目标为“建设世界级跨海通道，为用户提供优质服务，成为地标性建筑”。港珠澳大桥分六大部分建设，总投资超千亿元，其中海中主体工程全长30km，三地共建共管，属地工程包括香港接线12km桥梁、香港口岸130hm^{2}人工岛、珠海接线14km桥梁、珠澳口岸210hm^{2}人工岛、澳门接线0.3km桥梁。岛隧工程是港珠澳大桥的控制性工程，全长7440.546m。东、西人工岛各长625m，沉管隧道（含暗埋段）全长6700m，其中沉管段长度5664m。

岛隧工程起于粤港分界线（K5+972.454），沿23DY锚地北侧向西，穿越珠江口铜鼓航道、伶仃西航道，止于西人工岛接合部非通航孔桥西端（K13+413），全长7440.546m。人工岛是整个岛隧工程的枢纽，其基本功能是实现海上桥梁和隧道的顺利衔接，满足岛上建筑物布置需要，并提供基本掩护功能，保障主体建筑物（岛上隧道）的顺利建设和正常运营，见图1.1-1。人工岛要保证自身稳定耐久，控制岛内地基沉降，为岛上建筑物提供防浪、防冲、防船撞等保护条件。两个离岸人工岛面积各约10万m^2，水深约10m，软土层厚度20～30m，采用直径22m钢圆筒插入不透水黏土层形成止水型岛壁结构，回填砂形成陆域，采用塑料排水板联合降水预压方案进行软基处理。

图1.1-1　港珠澳大桥岛隧工程鸟瞰效果图

桥岛接合部采用非通航孔桥梁连接桥梁和人工岛岛体，如图 1.1-2 所示。东人工岛接合部非通航孔桥连接香港侧接线桥梁和东人工岛以实现桥隧转换，与香港接线桥共用的界面墩位于粤港分界线以东 10m 的香港境内，西端桥台位于东人工岛岛壁附近，桥梁全长 386.25m。西人工岛接合部非通航孔桥连接西人工岛和深水区非通航孔桥以实现桥隧转换，东端桥台位于西人工岛岛壁附近，西端终点通过界面墩和深水区 110m 跨钢箱梁非通航孔桥相接，桥梁全长 250.25m。

图 1.1-2　东、西人工岛接合部非通航孔桥照片

1.1.2　人工岛总体设计

1.1.2.1　人工岛功能定位

东、西人工岛作为海上桥隧间一个重要的连接枢纽，是一个集交通、管理、服务、救援和观光功能为一体的综合运营中心，设计及勘察工作极为复杂。人工岛的基本功能是实现海上桥梁与隧道的连接，同时根据运营管理研究结论，在隧道附近需设置隧道管理所，安排隧道救援、养护等场所，在海中安排服务型设施。经分析，可利用两隧道人工岛上富余土地安排隧道救援、养护设施及服务设施。由于东岛距离香港较近，西岛位于海中，考虑救援、养护设施的合理间距，确定西人工岛以满足项目管理功能为主，功能包括管理运营、养护救援、环保安保、基础设施。东人工岛除了管理养护功能外，主要以旅游开发为主，功能包括旅游开发、养护救援、环保安保、基础设施。两座人工岛均设置码头及直升机停机坪，满足紧急情况救援需要。

1.1.2.2　人工岛位置确定

1）人工岛位置的受控条件

（1）项目设计起点为粤港分界线，东人工岛主体布置不应跨境。

(2)受香港侧布线的限制,隧道东端及东人工岛采用半径为5500m的大圆曲线。

(3)按通航批复要求,西人工岛应位于-10m等深线以西的位置,东人工岛建设应尽可能减少对23DY锚地的影响;隧道区铜鼓(预留)及伶仃西航道间2810m的范围内,隧道埋深应不小于设计最低通航水位(-1.18m)以下29m。

(4)东、西两人工岛的口门间宽度不小于4100m。

(5)受香港大屿山国际机场航空限高的要求,东人工岛上建设的隧道风井高度不应超88m。

2)人工岛位置、平面线形与起、终点

人工岛平面设计除了平面线形设计外,还需考虑满足人工岛口门间宽度、降低阻水率、减小船撞风险、有效控制工程规模与造价等方面的因素,综合确定东、西人工岛的合理位置。

东人工岛东堤头距本项目设计起点粤港分界线约366m,东人工岛西堤头距铜鼓航道中心距离为1563m,尽可能减小了对23DY锚地的影响;西人工岛东堤头距-10m等深线326m,距伶仃西航道中心距离为2018m。结合交通运输部通航批复意见以及隧道区的海床、海势等,确定两人工岛口门间的宽度为5584m,满足两人工岛间的最小通航宽度4100m,且管顶回填厚度有限,能够补偿泄洪、纳潮面积,还可有效降低阻水率。

东人工岛设计起点里程K6+339、终点里程K6+964,西人工岛设计起点里程K12+548、终点里程K13+173。

1.1.2.3　人工岛的构思与文化理念

作为连接桥梁和海底隧道的重要连接点,人工岛是港珠澳大桥建设项目中的一大亮点,其设计构思应综合考虑地域文化、环境特征与人文内涵等因素。在人工岛的构思上,作为海上桥隧的连接枢纽,应具有项目管理和养护救援功能,根据交通工程附属设施的需求,考虑对社会、环境的影响,还应具有旅游观光、环保安保和基础设施用房等功能。两人工岛在设计上兼顾了交通功能以及东西岛的管理和观光功能,并进行了详细的人性化景观设计,使人工岛为人们提供了一个别具特色的观赏大桥的绝佳景点,也因此构成了港珠澳大桥独特的人文景观。

1)人工岛文化与理念演变

东、西人工岛是港珠澳大桥的桥与隧道衔接的关键部分,同时也是整个大桥的景观重点,因此我们在设计中对岛型进行不断探讨和研究,以期达到既满足功能需求,又经济、美观的效果,使其成为未来港珠澳大桥的标志性工程。

人工岛布置尽量将人工岛设于水深较浅处，减小阻水比；同时岛型在设计上采用椭圆形，利于水的自然流动，尽量减少对附近水域水动力的影响。经过综合比较，最后演变成以“蚝贝”为理念的岛型作为本次设计的岛型，见表 1. 1-1。

人工岛文化与理念演变汇总表　　表 1. 1-1

序号	构思与理念	效果图	特点及对环境影响	景观	备注
1	扬帆起航	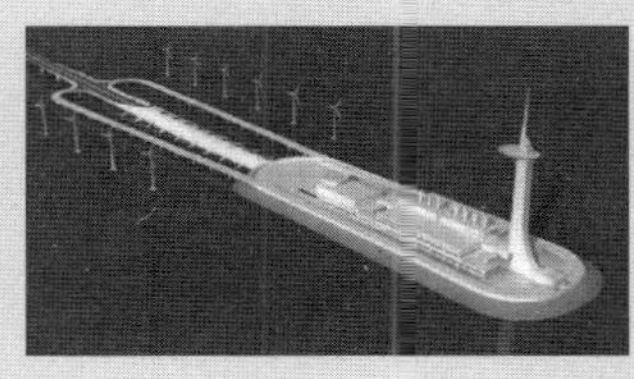	圆弧形岛壁利于水的自然流动；岛面积缩小有利于海上环保	一般	东、西人工岛各长 770m，引导段长 331m，暗埋段长 384m
2	抱珠		减少岛的长度避免阻水，减少对环境的影响；呈锐角的岛尖，利于水流，建筑分散布置，建筑高度较低	现代感强，良好	
3	中华盘龙	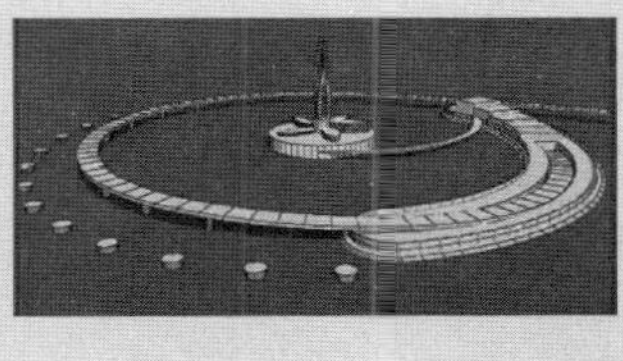	减少人工岛阻水率；缓解车速；环形观景	形式简洁，良好	
4	海螺	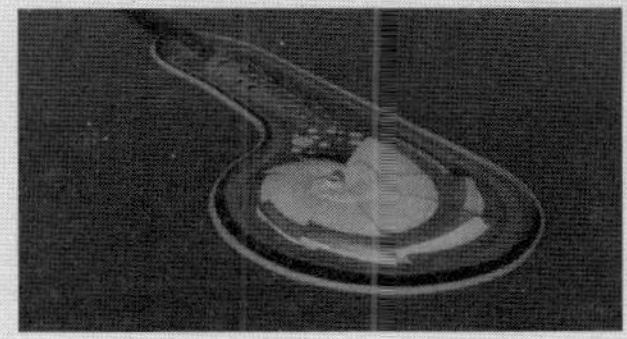	缩小岛的面积；突出海洋文化；岛和建筑融为一体	生态感强，景观效果佳	
5	生态绿岛	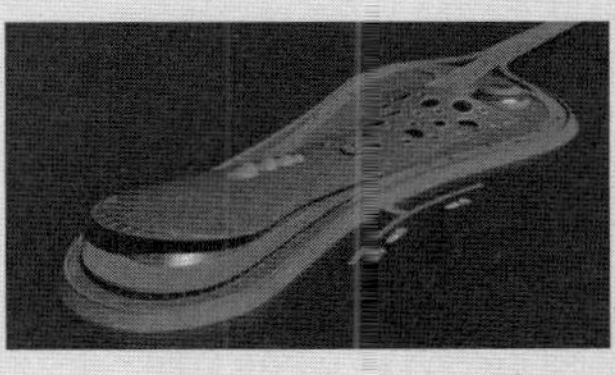	绿色生态；利于水的自然流动	现代感强，景观效果佳	

续上表

序号	构思与理念	效果图	特点及对环境影响	景观	备注
6	蚝贝	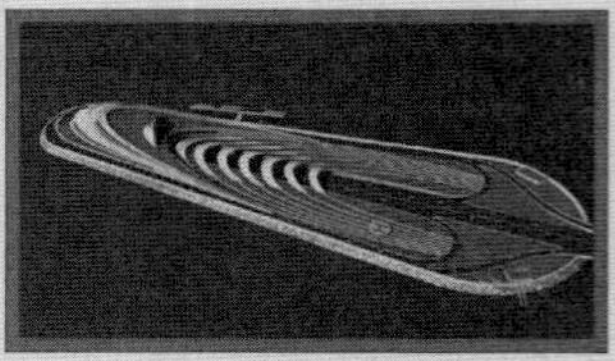	生态岛，与周围环境协调；利于水的自然流动；减少人工岛阻水率；建筑采用低矮下沉的形式	现代、大方，景观效果突出	

2）人工岛模型试验

“蚝贝”岛方案作为岛型的推荐方案。我们对该方案做了关于岛型、阻水、冲刷等相关模型试验，进一步论证“蚝贝”岛方案对水流、阻水、冲刷等方面的影响。海洋环境中结构物的存在将使其周围的波浪和水流条件发生改变，从而导致局部范围内海床地形的冲淤变化。东、西人工岛作为海洋环境中填海形成的人工岛，也会存在此类问题。通过模型试验，“蚝贝”岛方案更利于水的自然流动、环保，其模型见图1.1-3。

图1.1-3　东、西人工岛模型试验图

1.1.2.4　人工岛总平面设计

港珠澳大桥香港侧着陆点位于香港大屿山石散石湾，澳门侧着陆点为明珠点，珠海侧着陆点为拱北。其桥隧主体工程总长约35km（其中香港界内约6km），采用桥隧组合方案。全桥共设六处通航孔，其中在伶仃西和铜鼓航道处拟采用海底隧道，隧道出口与桥梁相接处修建东、西人工岛衔接，两岛间直线距离为5584m。东西人工岛一侧与隧道相接，另一侧与桥相接，两座人工岛平面基本呈椭圆形，从人工岛挡浪墙外边线计算两岛均长625m,其中西人工岛横向最宽处约163m,东人工岛横向最宽处约为215m,人工岛内隧道分为暗埋段和引道段,其中暗埋段长度为163m,引道段长度为330m,岛内隧道纵向坡度为2.98%。

1.1.3 工程建设重难点

人工岛工程是岛隧工程的先导工程,其工程建设重难点在于:

(1)须尽快为首节沉管提供安装对接条件,外海、深水、无掩护及深厚软土地基条件下修筑安全可靠的人工岛,建设工期极为紧迫。

(2)隧道人工岛内须提供使用期长达5年的,具有高可靠度止水能力的,地处于外海的,结构安全、可靠,具备强大防台能力的深基坑干施工环境,来保障岛上段现浇隧道高效和优质的施工。

(3)人工岛是沉管隧道安装对接的基点,同时也是岛上隧道和建筑结构的支撑,同时还是实现隧道基础纵向刚度均匀和协调的重要一环,人工岛的工后沉降要求严格。人工岛修筑需回填约20m厚松散砂,且下卧有30~50m厚的软黏土,快速密实回填砂及加固深厚软土地基并高标准地控制沉降是一个巨大的挑战。

(4)工程所在水域为珠江口航运咽喉区段,水上交通最繁忙、通航环境最复杂,安全管理难度大;工程穿越中华白海豚保护区,环保要求严苛。

(5)深插钢圆筒筑岛系统用于外海筑岛兼深基坑止水围护结构,尚属国内外首次,无相关设计标准可循,无工程经验可借鉴。

1.2 建设条件

1.2.1 工程气象条件

本区域位于珠江口外伶仃洋海域,北靠亚洲大陆,南临热带海洋,属南亚热带海洋性季风气候区,受欧亚大陆和热带海洋的交替影响,气候温暖潮湿,天气复杂多变,灾害性天气频繁。年平均气温22.3~23℃,历年极端最高和极端最低气温分别为38.9℃和-1.8℃。多年平均降水量介于1800~2300mm之间。年内降水主要集中在汛期(4—9月),约占全年降水的83%~86%;冬半年(10月—次年3月)降水只占全年的14%~17%。

本区域年盛行风向以东南偏东和东风为主,但季节变化明显。

本区域雾天主要发生在每年的1—4月,其中以3月为最多,平均7.3天。雷暴天气主要集中出现在4—9月，约占全年的89%~93%，11月至次年1月较少出现雷暴天气。本区域灾害性天气主要有热带气旋、暴雨、龙卷风、雷击、短时雷雨大风，其中热带气旋强度强、频率高、灾害重，是对工程勘察设计、建设和营运极具威胁的自然灾害之一。

1.2.2 工程水文条件

港珠澳大桥位于珠江口的伶仃洋海域，伶仃洋是一个呈NNW~SSE方向的喇叭形河口湾，位于广东省中南部。伶仃洋汇集珠江入海八个口门中的虎门、蕉门、洪奇沥和横门四个口门的径流，为珠江主要出海口和最大的河口湾。从湾顶虎门口至湾口桂山岛，南北长约70km，湾顶沙角与大角山嘴之间宽约4km，湾中唐家湾至赤湾间宽约27km，湾口澳门至香港间宽约58km，水域面积约2100km^2。

伶仃洋水下地形西北高、东南低，水深从湾内向湾口逐步增加。湾内浅滩和深槽相间，自西向东有西部浅滩—伶仃水道—中部浅滩(矾石浅滩)—矾石水道—东部浅滩，水下地形构成三滩二槽结构。湾内有大铲、小铲、内伶仃岛和淇澳岛等岛屿。伶仃洋内地形复杂、岛屿众多，受地形、潮汐、径流等的综合作用，水动力条件比较复杂，在不同水域表现出不同的水文特征。

1.2.2.1 潮汐

1)潮汐特征

本次研究采用的高程基准面为1985国家高程基准(简称85黄海基面)，潮位和高程数据均以此基面起算。

伶仃洋内水面高度是不一致的，一般相差可达30~100cm。在纵向上(S-N)，高潮水位时水面坡降一般是正向的，即北高南低；而当低水位时，水面坡降则呈逆向状况，即以中部(以横门为代表)较高，向南、北两端降低。横向上，受西北部三个口门汇入的径流影响，形成西高东低的水面横比降，落急时最大可达50~70cm，涨急时，横比降较小，但一般仍以西岸水位为高。

工程水域高水位由外海向珠江口内逐渐增大，低水位由外海向珠江口逐渐降低。由表1.2-1可见，2004年6月水文测验期间实测最高水位由桂山站的1.51m增大至内伶仃站的1.74m，最低水位由桂山站的-0.79m减小至内伶仃站的-0.87m。同期澳门港务局验潮站实测最高水位为1.63m，最低水位为-0.55m，1925—2003年实测平均高水位为1.05m，平均低水位为0.00m。珠海海洋环境监测站2003年实测平均高水位为

1.05m,平均低水位为 -0.20m。

各观测站潮汐特征值统计表　　表 1.2-1

观测站	桂山站	九洲港	内伶仃	澳门	珠海
最高水位(m)	1.51	1.50	1.74	3.52	2.51
最低水位(m)	-0.79	-0.84	-0.87	-1.24	-1.28
平均高水位(m)	0.92	0.97	1.10	1.05	1.05
平均低水位(m)	-0.17	-0.19	-0.07	0.00	-0.20
最大潮差(m)	2.25	2.28	2.51	3.50	3.04
最小潮差(m)	0.04	0.11	0.13	0.02	0.11
平均潮差(m)	1.06	1.14	1.16	1.06	1.24
平均海平面(m)	0.44	0.44	0.44	0.54	0.48
资料期限	2004 年 6 月 11—26 日			1925—2003 年	2003 年

潮差也有由外海向珠江口内逐渐增大的趋势。水文测验期间各站实测最大潮差 2.25 ~2.51m,最小潮差 0.04 ~0.13m,平均潮差 1.06 ~1.16m。本区域属于弱潮海湾。据澳门站 1925—2003 年资料统计,最大潮差为 3.50m,最小潮差为 0.02m,平均潮差为 1.06m。香港大澳站 1985—1997 年实测最大潮差为 3.58m,最小潮差为 0.05m。

2)桥位处设计水位

桥位附近有澳门港务局、香港大澳、桂山岛、九洲港、大万山等潮位观测站,其中多数为短期测站,只有澳门港务局验潮站有 1925—2003 年长期完整的潮位观测记录,可作为本工程设计水位推算的主要依据。《港珠澳大桥工程可行性研究阶段水文分析计算报告》中依据上述各站潮位观测资料推算了该站不同重现期设计水位和潮差(表 1.2-2),并结合工程附近其他潮位站资料综合分析得出了桥位处(含隧道区)不同重现期设计水位。由于隧道设计需要,表中补充了 1000 年一遇的设计水位值。桥位处高潮累积频率 10% 设计高水位取 1.65m,低潮累积频率 90% 设计低水位取 -0.78m。

澳门港务局验潮站及桥位处设计水位和潮差(85 黄海基面)　　表 1.2-2

重现期(年)	澳门港务局验潮站			桥 位 处		
	高水位(m)	低水位(m)	潮差(m)	高水位(m)	低水位(m)	潮差(m)
1000	4.19	-1.52	3.81	4.19	-1.75	3.95
500	3.98	-1.46	3.69	3.98	-1.67	3.82

续上表

重现期(年)	澳门港务局验潮站			桥位处		
	高水位(m)	低水位(m)	潮差(m)	高水位(m)	低水位(m)	潮差(m)
300	3.82	-1.42	3.61	3.82	-1.63	3.74
200	3.69	-1.38	3.55	3.69	-1.57	3.67
100	3.47	-1.33	3.44	3.47	-1.51	3.56
50	3.26	-1.27	3.32	3.26	-1.44	3.43
20	2.97	-1.19	3.17	2.97	-1.35	3.27
10	2.74	-1.13	3.06	2.74	-1.27	3.15
5	2.51	-1.07	2.94	2.51	-1.20	3.03
2	2.15	-0.98	2.76	2.15	-1.08	2.84

1.2.2.2　潮流

伶仃洋内潮流基本为沿槽线走向的周期性往复流，内伶仃岛以内流向以 NNW ~ SSE 向为主，内伶仃岛以外流向转为 S ~ N 向。潮流动力东部水域较强，西部水域较弱，落潮流速一般都大于涨潮流速。流速分布受水下地形影响较大，深槽涨落潮流速均大于浅滩，东槽(矾石水道)潮流强于西槽(伶仃水道)，同一横断面东槽落潮流速高于西槽 0.15 ~ 0.25m/s。伶仃洋内潮流流速总体上不大，其最大潮流流速出现在虎门—舢板洲附近，表层落潮流流速可达 2.0m/s。根据 1988 年洪、枯季水文测验资料，香港大屿山岛西侧深槽处洪季最大流速明显大于枯季(表 1.2-3)，实测洪季最大涨潮流速表层、0.6H(H 为水深)和底层分别为 98cm/s、70cm/s 和 60cm/s，垂线平均值约为 84cm/s；实测最大落潮流速表层、0.6H 和底层分别为 179cm/s、110cm/s 和 69cm/s，垂线平均值约为 123cm/s。洪季受径流影响，表层流速和底层流速相差较大。

大屿山西侧水域最大流速及流向　　表 1.2-3

深度			表层	0.2H	0.6H	0.8H	底层
洪季	涨潮	流速(cm/s)	98	84	70	109	60
		流向(°)	10	7	10	360	8
	落潮	流速(cm/s)	179	176	110	83	69
		流向(°)	180	182	185	189	189
枯季	涨潮	流速(cm/s)	70	87	81	70	54
		流向(°)	360	30	30	30	360
	落潮	流速(cm/s)	116	118	108	104	111
		流向(°)	135	135	135	145	145

2004年6月在本工程桥位沿线海域进行了大、中、小潮水文观测，布设海流周日连续观测站9个。根据实测资料分析，各站潮流性质系数$(W_{K1}+W_{O1})/W_{M2}$在0.59～1.09之间，均大于0.5并小于2.0，表明本海区潮流属于不规则半日潮类型。该区表征浅水效应强弱的W_{M4}/W_{M2}比值较大，介于0.09～0.34之间，浅水效应较为显著，具体表现为涨、落潮流的不对称性及涨、落潮历时不等。总体上看，各测站平均落潮流历时大于平均涨潮流历时。这两方面因素表明该海区的潮流属于不规则浅海半日潮流类型。潮流运动形式可依主要分潮流的椭圆率$|K|$来判定。全部测站的$|K|$值在0.01～0.33之间，平均为0.10，因此该海区潮流呈现往复流运动形式。

由于河口湾水域有径流注入，伶仃洋内落潮流流速一般大于涨潮流流速。2004年6月实测最大流速都发生在落潮期间，以SW2和SW3站为例，大潮时两站实测表层最大涨潮流流速分别为52cm/s和80cm/s，表层最大落潮流流速分别为132cm/s和137cm/s。各站实测最大垂线平均涨、落潮流速见表1.2-4，最大值为99cm/s，出现在SW3站。各站平均流速均较小，大潮时SW1、SW2、SW3和SW4站表层平均落潮流速依次为47cm/s、55cm/s、57cm/s和84cm/s，平均涨潮流流速依次为42cm/s、32cm/s、39cm/s和46cm/s；SW7、SW8、SW9和SW5站大潮表层平均落潮流流速依次为51cm/s、65cm/s、55cm/s和41cm/s，平均涨潮流流速分别为34cm/s、30cm/s、46cm/s和30cm/s；SW6测站大潮表层平均落潮流流速为36cm/s、平均涨潮流流速为24cm/s。可见工程水域潮流流速总体较小。桥区潮流涨急时垂线平均流向大致为N向，落急时垂线平均流向大致为S向。

各测点最大垂线平均涨、落潮流速(cm/s)及其对应流向(°) 表1.2-4

测点	大潮				中潮				小潮			
	涨潮		落潮		涨潮		落潮		涨潮		落潮	
	流速	流向	流速	流向	流速	流向	流速	流向	流速	流向	流速	流向
SW01	55	32	84	214	51	32	71	218	53	60	44	204
SW02	75	0	92	190	56	360	77	190	56	11	61	173
SW03	60	349	99	175	69	359	70	160	43	355	74	155
SW04	66	2	71	189	63	350	65	169	39	356	60	162
SW05	48	354	65	177	44	359	59	177	23	355	38	179
SW06	45	331	67	171	47	342	48	159	30	357	31	153
SW07	77	12	97	192	59	9	85	195	40	18	66	191
SW08	52	349	88	180	56	349	71	169	37	357	52	169
SW09	63	354	77	172	68	14	76	162	36	342	48	163

2007 年 4 月—2008 年 3 月和 2008 年 6—10 月在桥位附近 A 点进行了水流和波浪同步观测，该站各层实测涨潮的最大流速为 64～153cm/s；涨潮最大流速对应流向以 N～ENE 向为主。各层落潮最大流速为 71～222cm/s；落潮最大流速对应流向以 S 向为主。涨潮最大流速垂线平均值为 122cm/s，对应流向 17°。落潮最大流速垂向平均值为 162cm/s，对应流向 178°。2008 年 7—9 月在大万山南侧 B 点进行水流和波浪同步观测，实测各层涨潮最大流速为 31～70cm/s；涨潮最大流速对应流向以 WNW～NNW 向为主。各层落潮最大流速为 27～108cm/s；落潮最大流速对应流向以 E～SSE 为主。涨潮最大流速垂向平均值为 55cm/s，对应流向 300°。落潮最大流速垂向平均值为 92cm/s，对应流向 109°。

根据 2009 年 3 月 27 日、2007 年 4 月 2 日珠江口内枯季水文测验资料，最大流速发生在落潮期间，出现在测点 CL05，垂线平均流速为 136cm/s，流向为 166°；最大涨潮流速出现在测点 CL10，垂线平均流速为 96cm/s，流向为 5°。

1.2.2.3　波浪

珠江口附近沿海的大浪一般发生于 4—9 月，由台风引起，大浪持续时间一般为 1 天至数天不等。根据珠江口外大万山海洋站 1986 年波浪资料统计，出现 $H_{1/10}$（1/10 波高）大于 5.0m 的大浪共计 3 次，波向分别为 SSW 向和 SE 向，均出现于台风影响期间。其中实测最大波高出现于 1986 年 7 月 12 日，最大 $H_{1/10}=9.1\text{m}$，$H_{\max}$（最大波高）$=11.9\text{m}$，$T=12.6\text{s}$，波向为 SSW 向。由大万山站 1986 年资料统计得到的各级波高出现频率波浪玫瑰图见图 1.2-1。由图可见，该站常浪向是 ESE 和 SE 向，出现频率分别为 38.14% 和 25.86%，强浪向为 SE～SSW 向。根据香港外海横澜岛测波站 1971—1977 年测波资料统计，横澜岛实测最大有效波高为 7.1m，最大波高为 10.7m，发生于 1976 年 9 月 19 日 7619 号台风期间，当时香港实测风力约 8 级，大万山风速 30m/s。由上述资料可见，珠江口外海大浪主要是台风浪，台风大浪的波向主要为向岸的 SE～SSW 向，这些方向的波浪通过折射、绕射传播至伶仃洋水域。

本工程所在的珠江口内伶仃洋水域缺乏长期实测波浪资料，只有澳门港务局所设九澳波浪观测站资料较完整，有 1986—2001 年的波浪观测资料（这期间有个别年份和月份缺测），该站设于澳门路环岛九澳角，波浪仪位于澳门机场跑道南端以东 1.3km，其位置为 21°56′N、113°43′N。测站靠近拟建大桥西部澳门段约 10km，测点水深约 5m。该站波浪观测资料对珠江口外海来浪具有较好的代表性。根据澳门九澳站 1986—2001 年波浪统计资料，该区域各级波高出现频率波浪玫瑰图见图 1.2-2。由图可见，该站常浪向是

SE、ESE 和 S 向，出现频率分别为 20.024%、18.693% 和 16.907%，强浪向为 ESE ~ S 向。实测最大有效波高 H_s = 2.86m，对应波周期 T_s = 10.1s，波向为 SE 向，出现于 1989 年 7 月 18 日 8908 号（Gordon）台风期间；其次为 1993 年 9 月 17 日 9316 号（Becky）台风期间，H_s = 2.65m，T_s = 8.3s，波向为 ESE 向。大于 2.0m 的波高出现频率约为 0.05%。

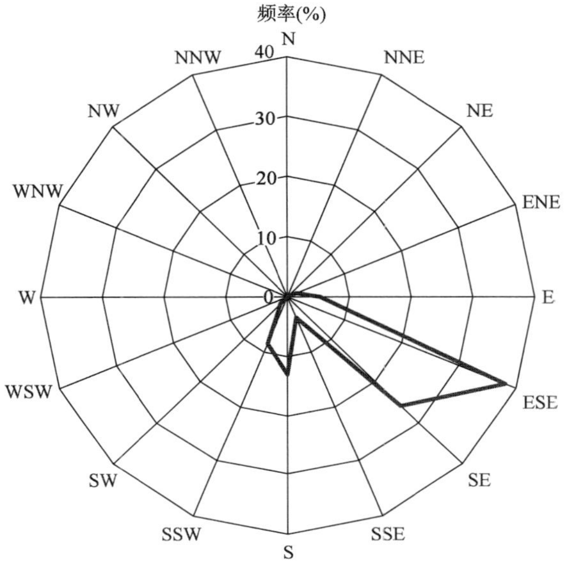

图 1.2-1　大万山站波浪玫瑰图

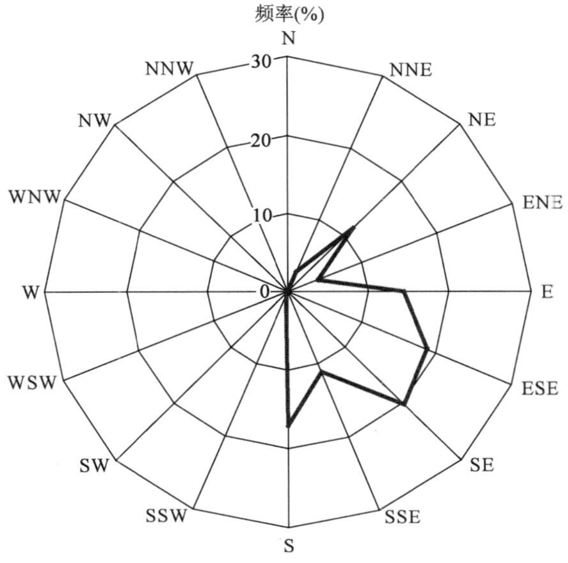

图 1.2-2　澳门九澳站波浪玫瑰图

表 1.2-5 列出了测波点 A 完整一周年(2007 年 4 月—2008 年 3 月)各方向分级波高 H_s 的出现频率,图 1.2-3 是测波点各向波高出现频率玫瑰图。由图 1.2-3 和表 1.2-5 可以看出,桥位测点处常浪向为偏南向,其中 S、SSW 方向波浪出现频率分别为 16.49% 和 13.05%,SSE ~ SW 四个方位合计出现频率达 44.4%;其次为偏北向,N 向出现频率为 14.17%,NNW ~ NNE 三个方位波浪合计出现频率为 30.6%。

测波点 A 各级各向波高 H_s 分级出现频率(%)(2007 年 4 月—2008 年 3 月)　　表 1.2-5

波向	<0.4	0.5 ~ 0.6	0.7 ~ 0.8	0.9 ~ 1.0	1.1 ~ 1.2	1.3 ~ 1.4	1.5 ~ 1.6	合计
N	4.56	5.44	3.00	1.00	0.17	0.00	0.00	14.17
NNE	4.01	2.60	0.58	0.08	0.02	0.00	0.00	7.29
NE	3.67	1.15	0.13	0.00	0.00	0.00	0.00	4.94
ENE	3.48	1.31	0.39	0.00	0.00	0.00	0.01	5.19
E	2.38	0.50	0.06	0.00	0.00	0.00	0.00	2.94
ESE	2.32	0.18	0.03	0.01	0.00	0.00	0.01	2.56
SE	3.25	0.30	0.01	0.00	0.01	0.01	0.00	3.58
SSE	7.74	0.97	0.07	0.01	0.00	0.00	0.00	8.79
S	12.79	3.14	0.49	0.07	0.00	0.00	0.00	16.49
SSW	7.87	3.78	1.24	0.16	0.00	0.00	0.00	13.05
SW	3.92	1.89	0.25	0.01	0.01	0.01	0.00	6.09
WSW	1.59	0.13	0.03	0.00	0.00	0.00	0.00	1.75
W	1.12	0.02	0.00	0.00	0.00	0.00	0.00	1.14
WNW	1.04	0.02	0.00	0.01	0.00	0.00	0.00	1.07
NW	1.59	0.13	0.02	0.00	0.00	0.00	0.00	1.74
NNW	3.33	3.68	1.73	0.33	0.09	0.01	0.00	9.17
C	0.02	0.00	0.01	0.00	0.00	0.00	0.00	0.03
合计	64.67	25.24	8.04	1.69	0.31	0.03	0.02	100.0

为便于对比分析珠江口外和桥位处波浪的差异,2008 年 7—9 月在万山群岛外侧海图水深约 -20m 处另设一个测点(B 点),开展为期 3 个月的观测。根据该测点波浪统计资料,7—9 月各月常浪向是分别是 S、S、SE,出现频率分别为 46.24%、35.75%、18.89%,次常浪向分别为 SSW、SSW、SSE,出现频率分别为 35.48%、29.30%、17.50%。观测期间最大波高 H_s = 8.07m,对应波周期 T_s 为 11.38s,波向为 SE 方向,出现在 0814 号强台风"黑格比"过境期间。另外,0812 号台风"鹦鹉"期间,观测点 B 测得最大波高

$H_s = 6.19\text{m}$,对应波周期 T_s 为 7.01s,波向为 S 方向。

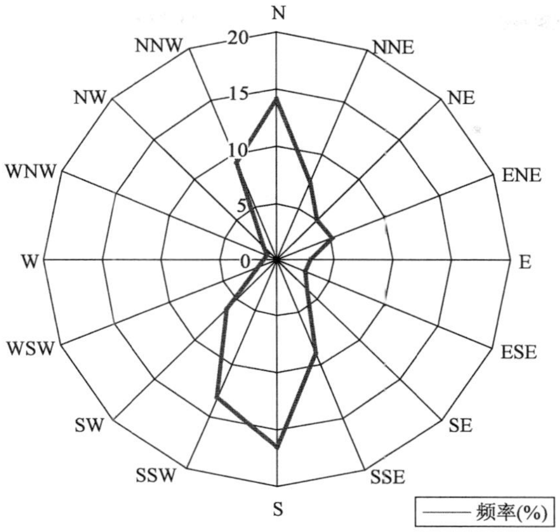

图 1.2-3 桥位测波点(2007 年 4 月—2008 年 3 月)各向波浪出现频率(%)

对比珠江口内、外各波浪观测站波浪要素可见,由于珠江口有万山列岛、佳蓬列岛等一系列星罗棋布的岛屿掩护,波浪传入本工程附近水域时波高显著减小。

1.2.2.4 台风暴潮

影响珠江口水域的台风平均每年出现 2 次左右,一般多出现于 7—9 月。台风过境时,由于台风在海面切应力的作用和台风中心低气压的影响,在近岸水域产生明显的水位升降,即台风暴潮。在北半球台风呈反时针旋转,台风登陆前后,在台风前进方向右侧吹向岸风,出现风暴增水;而在台风中心左侧吹离岸风,出现风暴减水。因此,当台风在珠海、澳门以西一侧登陆时,珠江口水域以增水为主;当台风在香港以东一侧登陆时,珠江口水域以减水为主。表 1.2-6 列出了广东沿海部分测站风暴增水统计,其中位于珠江口东岸的深圳赤湾站 1966—1980 年最大增水为 1.96m。

据 1906—1993 年香港潮汐资料统计,台风引起的维多利亚港的最大增水值为 1.98m,出现在 1937 年 9 月 1 日 19 时。1949—1993 年间,最大增水值为 1.77m,出现在 1962 年 9 月 1 日 03 时,是由 6213 号(Wanda)台风引起的。香港南部的芝麻湾在 1963—1981 年间观测的台风暴潮期间最大增水值为 2.32m,为 1964 年 9 月 5 日 15 号台风引起。

根据 2008 年强台风“黑格比”期间观测,2008 年 9 月 23—24 日在大桥点(观测点 A)引起的增水达 1.48m,最大减水为 0.23m;在万山点(观测点 B)引起的最大增水

1.07m，最大减水 0.35m。

广东沿海部分测站各级增水次数统计　　表 1.2-6

站名	实测最高水位(m)	各级增水发生次数				最大增水(m)	资料统计年份
		0.50～0.99m	1.00～1.49m	1.50～1.99m	2.00m以上		
东溪口	3.08	17	1		2	2.47	1959—1980
汕头	3.10	18	4	1	2	3.14	1959—1980
海门	2.02	15	1	2		1.97	1957—1980
汕尾	1.66	11	2	2		1.72	1959—1979
赤湾	1.81	20	7	1		1.96	1966—1980
泗成	2.09	23	8	4	2	2.62	1964—1980
黄埔	2.17	37	13	5	3	2.52	1954—1980
南沙	2.31	38	11	5	3	2.45	1954—1980
横门	2.26	63	15	3		1.75	1953—1980
灯笼山	2.15	55	11	1		1.68	1960—1980
黄金	1.82	50	7	1		1.68	1960—1980
黄冲	2.25	53	11		1	2.08	1960—1980
北津	3.14	38	11	3	2	2.55	1957—1980
广州	2.41	33	10	1		1.57	1954—1980

1.2.3　地形地貌与泥沙

1)地形地貌

人工岛位于港珠澳大桥线路中部附近，该区属于伶仃洋水域，包括部分南黄海北部海域地貌区。伶仃洋是珠江喇叭口形的河口湾，湾顶在虎门一带，宽 3km，中部宽 27km，在澳门—香港之间宽 58km。伶仃洋水域地形复杂，可分两槽三滩。内伶仃岛以北发育中部浅滩(矾石浅滩)，中部浅滩以东称东槽，又称矾石水道，水深大于 10m，向南接暗士顿水道，水深达 20～49m。中部浅滩以西为西槽，又称伶仃水道，水深较浅，内伶仃岛以南方达 10m 以上。西槽以西为西滩，水深一般为 2～4m，东槽以东为东滩，水深一般为 3～4m。珠江口以南为南海海域，水深 10～30m。伶仃洋水域尤其珠江口一带岛屿众多，较大的有淇澳岛、内伶仃岛、桂山岛、万山群岛、大蜘州岛等。高程一般为 100～200m，以低丘为主，高丘分布在内伶仃岛和大万山岛，大万山岛的大万顶海拔达432m。主要发育高程200m、100m两级夷平面。

西人工岛区域海底地形平缓，泥面高程为 -7.17 ~ -8.70m，地貌形态较为简单。东人工岛位于中部伶仃洋水域与东部低山丘陵区之间，海底泥面高程一般为 -9.50 ~ -10.10m，水下地形较平坦，地貌形态较为简单。

2）泥沙

本工程附近水域的含沙量分布特点是西侧高于东侧，落潮大于涨潮。涨、落潮平均含沙量为 $0.012kg/m^3$，实测最大含沙量为 $0.141kg/m^3$。

1.2.4 工程地质条件

本探区地层主要由第四纪覆盖层（地层代号①～④）、残积土（地层代号⑤）和全、强、中、微风化混合花岗岩（地层代号$⑦_1$～$⑦_4$）组成。

1）第一大层

$①_1$淤泥（Q_4^m）：灰色，流塑状，个别钻孔呈流动状，高塑性，含有机质，有臭味，局部混少许粉砂。平均标贯击数 $N<1$ 击。该层厚达1.50～4.50m。

$②_2$淤泥（Q_4^m）：灰色，流塑状，高塑性，含有机质，有臭味，局部混少量粉细砂，夹粉细砂薄层和贝壳碎屑。平均标贯击数 $N<1$ 击。

$①_3$淤泥质黏土（Q_4^m）：褐灰色，流塑～软塑状，中塑性，局部夹粉细砂薄层和少量贝壳碎屑。部分钻孔该层夹有淤泥夹层及透镜体。平均标贯击数 $N=1.8$ 击。

第一大层的层底高程：西岛为 -25.00 ~ -41.10m，东岛为 -18.10 ~ -33.60m。

2）第二层

$②_{1-1}$粉质黏土（Q_3^{al+pl}）：灰黄色，可塑状，局部软塑状，中塑性，混较多粉细砂，夹粉细砂薄层，偶见钙质结核。平均标贯击数 $N=5.6$ 击。该层仅在部分钻孔中揭露。

3）第三大层

$③_2$粉质黏土夹砂（Q_3^{m+al}）：褐灰色，灰黄色，粉质黏土为主，可塑～硬塑状，中塑性，混大量粉砂，夹粉砂薄层，土质不均匀。平均标贯击数 $N=13.0$ 击。

$③_3$粉质黏土（Q_3^{m+al}）：褐灰色，灰黄色，可塑状～硬塑状，中塑性，混粉细砂，局部夹粉砂薄层和腐殖质。平均标贯击数 $N=8.8$ 击。

$③_4$黏土（Q_3^{m+al}）：褐灰色，灰黄色，可塑状～硬塑状，高塑性，混粉细砂，局部夹粉砂薄层。平均标贯击数 $N=9.8$ 击。

③$_5$粉质黏土(Q_3^{m+al})与③$_4$黏土(Q_3^{m+al})呈互层分布。在个别钻孔该层上部分布有软塑状淤泥质粉质黏土透镜体。

4)第四大层

④$_1$粉细砂(Q_3^{al}):灰色,灰黄色,稍密状~中密状,混黏性土。平均标贯击数 N=28.3击。

④$_3$中砂(Q_3^{al}):灰色,灰黄色,密实状为主,局部中密状,混黏性土,局部夹圆砾薄层和粉质黏土薄层,偶见腐殖质和朽木。平均标贯击数 N=38.2 击。该层多以夹层形式存在于④$_5$ 粗砾砂(Q_3^{al})层上部。

④$_5$粗砾砂(Q_3^{al}):灰色,灰黄色,密实状为主,局部中密状,混黏性土,局部夹圆砾薄层和粉质黏土薄层,偶见卵石、腐殖质和朽木,土质不均匀。

5)基岩层

⑦$_1$全风化混合片岩(Z):灰白色,灰绿色,原岩结构已破坏,除石英外,绝大部分矿物风化呈黏土混砂状,遇水极易崩解或软化。

⑦$_2$强风化混合片岩(Z):灰白色、灰绿色杂灰褐色,岩石结构基本破坏,局部可见原岩片麻状混合结构,风化裂隙极发育,大部分矿物风化成砾砂或黏土矿物。平均标贯击数 N>50.0 击。

⑦$_3$中风化混合片岩(Z):灰黑色,灰白杂灰~深灰色条带,粒状结构,片麻状混合构造,主要矿物为石英、长石和黑云母。风化裂隙发育,岩芯破碎,主要呈碎块状、短柱状,岩体完整性较差。

1.2.5　地震

根据现行国家标准《中国地震动参数区划图》(GB 18306)和《建筑物抗震设计规范》(GB 50011),珠海和深圳地区基本地震烈度为Ⅶ度,地震动峰值加速度为 0.1g,抗震设计烈度采用基本抗震烈度,抗震设计时可根据地震动峰值加速度 0.10g 选用相关参数。香港地区设计使用年限为 100 年的工程在抗震设计时,通常根据地震动峰值加速度 0.15g 选用相关参数。采用120 年超越概率 10% 的地震动参数进行人工岛抗震设计时,人工岛工程场地地表水平峰值加速度如表 1.2-7 所示。

人工岛工程场地地表水平峰值加速度　　表 1.2-7

概率水平	西人工岛 均值	东人工岛 均值
120 年,10%	0.186g	0.176g

1.3　人工岛岛体工程

东、西人工岛工程主要包括岛壁结构(钢圆筒围堰、护岸结构)、地基处理、岛隧接合部(二次止水墙、岛流堤)、岛桥接合部以及救援码头等,见图1.3-1。

图1.3-1　东人工岛建成照片

1.3.1　重大方案比选与优化

1.3.1.1　优化方案概述

1)方案优化设计原则

港珠澳大桥沉管隧道位于海中间,两端连接人工岛,要先筑岛,然后才能建隧道。人工岛下方有30多米厚的软土,筑岛初步设计方案提出要挖除软土、换填砂,抛石筑堤形成围堰,吹填砂形成陆域。这种方法对海域环境影响大,工期需要3年,无法满足大桥通车目标。基于此,人工岛施工图在初步设计的基础上进行了工程方案的优化设计,其优化设计基本原则如下:

(1)整合岛壁结构与基坑围护结构,加快筑岛速度。

(2)优化基础处理措施,提高处理质量。

(3)提供基坑止水的多重保障措施,确保施工安全。

(4)控制现场水上小型船机的使用量,保障水上交通安全。

2)优化设计内容

(1)采用大型起重船将预制的大直径钢圆筒沿人工岛外圈振沉至不透水层,并在圆筒之间打设两道直线形钢板桩构成副格,构筑安全、可靠的隧道基坑施工期止水围护结构,实现快速整岛止水的同时,避免了传统基坑围护结构的内部支撑结构,扩大了岛上隧道施工的作业面。

(2)将永久的抛石斜坡堤和临时的隧道围护结构相结合,充分发挥深插式钢圆筒截断深层滑动面的构造作用,优化了岛壁结构基础挤密砂桩的置换率和打设深度,使人工岛内外两侧可以同步施工,快速筑岛。

(3)利用整岛止水条件,将地基处理方案优化为"局部开挖换填、插打塑料排水板、井点降水联合堆载"的大超载比预压的方案,加速固结并减少工后残余沉降。岛隧接合部的地基处理考虑提早对接 E1 管节要求,采用开挖换填 + 隧道两侧高压旋喷桩方案。

3)类似工程案例

采用深插式大直径钢圆筒海上建设基坑围护结构、防波堤、人工岛和护岸在日本有大量的成功实施先例。2003 年,此结构形式在广州某海堤岸壁工程中也被成功应用,创造了 64d 振沉 39 个直径 13.5m、最大下沉 32.5m 钢圆筒的速度。钢圆筒基坑围护结构应用实例见图 1.3-2。

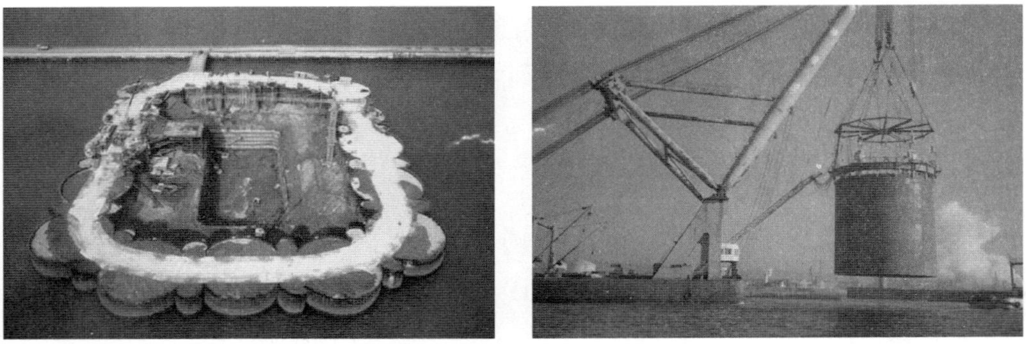

图 1.3-2 钢圆筒基坑围护结构应用实例图

1.3.1.2 优化方案比选

优化后的方案与原方案比选分析如表 1.3-1 所示。

全面优化方案与原案比较一览表　　表 1.3-1

<table>
<tr><th>比较项目</th><th>原　　案</th><th>全面优化方案</th></tr>
<tr><td rowspan="2">止水围护结构设计</td><td>①小岛周边采用格形钢板桩＋底部高压旋喷帷幕止水，底部保留 9m 厚黏土抗渗流及管涌；
②大岛周边主要采用地下连续墙＋两侧高压旋喷桩帷幕止水，底部止水与小岛相同</td><td>整岛采用连续不透水的钢圆筒和钢板桩深插入不透水层，周边止水依靠锁口；底部保留全部黏土层止水，并保留至少 9m 厚的淤泥质以防下卧的黏性土中夹有透水砂层。</td></tr>
<tr><td colspan="2">优化方案整体性好，稳定性高且施工工序少；基坑内无横撑，施工作业面连续；锁口的止水效果可靠，底部止水保留了淤泥质土层预防黏性土中夹有透水层，安全度高</td></tr>
<tr><td rowspan="2">岛壁结构</td><td>局部开挖换填＋抛石斜坡堤结构，需整体先期进行挤密砂桩施工，置换率 35%，范围大且深度深</td><td>将岛壁与基坑围护结构结合，局部开挖换填后采用插入式钢圆筒直接截断深层滑动面，外侧辅以 25% 置换率挤密砂桩＋抛石斜坡堤</td></tr>
<tr><td colspan="2">优化方案充分发挥了工程建设必需的隧道围护结构的构造作用，以钢圆筒形成整体式围闭止水岛体，使岛内、外侧的后续施工得以平行开展；岛壁结构施工期和使用期的安全富余度高，可快速形成隧道施工的海上稳固基地，同时也为优化岛体软基处理创造了有利条件</td></tr>
<tr><td rowspan="2">软基处理</td><td>局部开挖换填后在黏土层设置换填 2.4m 的普通砂桩作为固结排水通道，在余留的淤泥质土中置换 35% 的挤密砂桩并兼作固结排水通道。施工需在陆域吹填前水上进行</td><td>利用深插式圆筒的良好抗滑稳定性和形成的止水条件，局部开挖换填后先行抛填筑岛，而后陆上插打塑料排水板，并设置井点进行降水联合堆载预压</td></tr>
<tr><td colspan="2">优化方案在陆上施工排水固结通道，受恶劣天气影响小，施工速度快其质量好；塑料排水板应用成熟，设备要求低；可实现大超载比预压，固结快且工后残余沉降小</td></tr>
<tr><td rowspan="2">耐久性</td><td>岛壁为抛石斜坡堤和素混凝土结构</td><td>通过地基土排水固结并设置到滤层，保证在运营中后期圆筒失效后，岛壁外侧抛石斜坡堤和岛内回填砂仍具有良好的整体稳定性和构造稳定性</td></tr>
<tr><td colspan="2">优化方案的设计理念仍然是抛石斜坡堤，无须采取防腐措施和进行额外运营维护</td></tr>
</table>

1.3.2　人工岛岛壁结构工程

1.3.2.1　设计要点

1)钢圆筒围堰设计

采用直径为22.0m钢圆筒作为快速筑岛的主体结构,钢圆筒沿人工岛外围振沉至不透水层,壁厚16mm,最大筒高50.5m,最大振沉深度30.0m,西人工岛61个,东人工岛59个,共120个钢圆筒,如图1.3-3和图1.3-4所示。

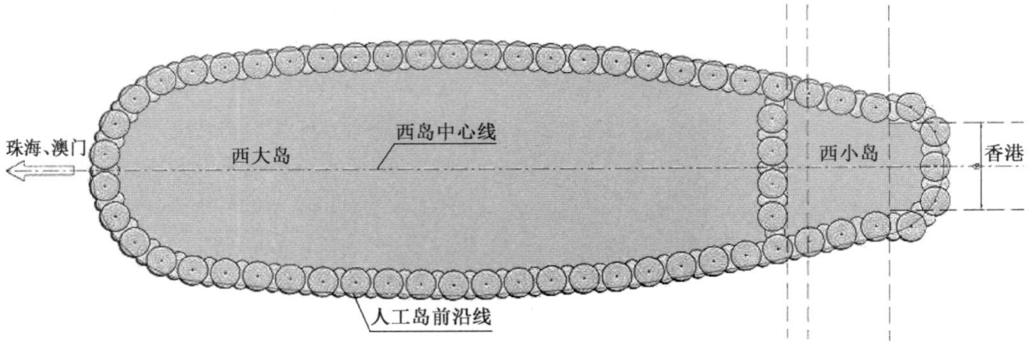

图1.3-3　西人工岛钢圆筒平面布置图

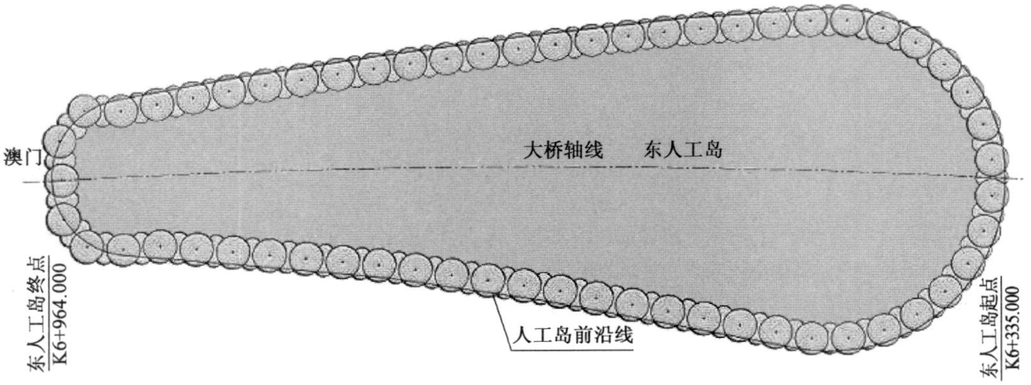

图1.3-4　东人工岛钢圆筒平面布置图

为满足钢圆筒振沉期间的强度要求,需对钢圆筒纵、横向、筒顶及筒底进行加固。钢圆筒工厂内预制,每个钢圆筒分上下两段拼装,每段钢圆筒垂直分6片板单元,图1.3-5为钢圆筒加工制造过程。

图 1.3-5　钢圆筒加工制造

根据止水弧形钢板结构研究成果,钢圆筒之间采用宽榫槽与弧形钢板组合的副格结构相连,弧形钢板半径 3.0m、高 32.0m。

2)止水结构设计

围堰结构止水设计包括周边止水、底部止水和连接处止水三个关键部分。

(1)周边止水。基坑四周通过钢圆筒、副格仓进入不透水层≥6.5m,实现整岛止水。

(2)底部止水。底部止水采用三种措施:①岛隧接合部的开挖深度优化至 -18m,保留≥9m 的淤泥质土不透水层,以防其下卧的黏土层中局部夹有透水通道而发生管涌;②软基处理的塑料排水板不穿透黏土层,保持距离下卧砂层≥5m;③采用塑料排水板替代砂桩作为软基处理的排水固结通道,缩小渗流管径。

(3)钢圆筒与副格仓的连接止水。副格仓端部焊接 T 形锁口与钢圆筒宽榫槽相连,连接处填充止水材料,内侧采用高压旋喷作为备用止水措施,见图 1.3-6。

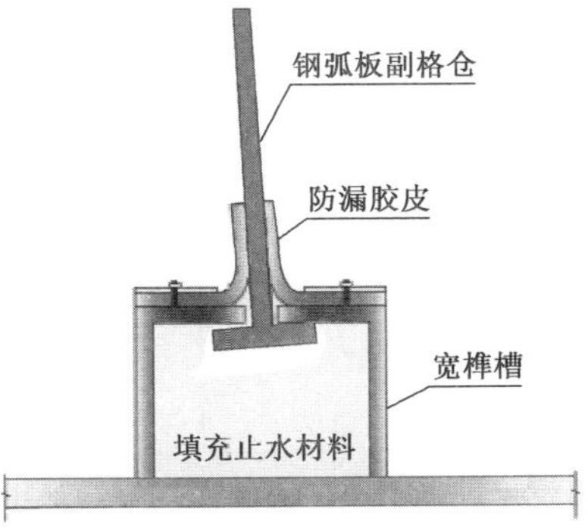

图 1.3-6　钢圆筒与副格仓锁口连接

3)护岸结构设计

将永久的抛石斜坡堤和临时的隧道围护结构相结合。钢圆筒外侧采用抛石斜坡堤,堤心由倒滤结构和 10 ~ 100kg 块石组成,堤心外侧安放消浪性能良好的 5t 扭工字块体,块体下设置 300 ~ 500kg 垫层块石,在 +3.0m 高程处设置消浪戗台。坡脚采用 100 ~ 200kg 护底块石。抛石斜坡堤基础采用部分开挖换填,下部软土采用挤密砂桩处理,钢围堰+岛外侧抛石斜坡组合结构见图1.3-7。经理论计算和物模试验验证,为提高人工岛内防越浪能力,东、西人工岛挡浪墙高程进行过一次变更,最终采用的西人工岛南侧挡浪墙高程为+9.5m,北侧挡浪墙高程为+8.0m;东人工岛南侧挡浪墙高程为+8.5m,北侧调整为+8.0m。为使岛上构筑物统一美观,挡浪墙内外侧采用饰面清水混凝土。

图1.3-7　钢围堰+岛外侧抛石斜坡组合结构

1.3.2.2　施工要点

1)钢圆筒围堰主要施工工序

(1)钢圆筒围堰平面施工顺序要求先完成南侧再推进北侧,合龙口选在北侧。

(2)中部位置。施工方可根据现场的船机布置和具体情况做进一步调整。

(3)在钢圆筒、副格仓施打推进过程中,非台风、寒潮期钢圆筒的施打可适当超前于副格仓的施打,施工方应加强现场地形观测,如冲刷大于1.0m,需考虑相应的防护措施。台风及寒潮来袭前所有钢圆筒之间的副格仓应施打就位,并按“钢圆筒施工期防台结构图”进行防台。

(4)挤密砂桩施打前应铺设2.0m厚的碎石垫层,粒径20~40mm。

2)钢圆筒围堰主要施工过程

围堰主要施工过程如图1.3-8~图1.3-11所示。

3)护岸结构的施工工序

施工推进顺序总体上紧随挤密砂桩施工,分阶段推进施工。以东人工岛为例,其主要施工工序如下。

图 1.3-8　弧形钢板副格仓起吊、振沉

图 1.3-9　钢圆筒吊运

(1)第一阶段:要求分层推进至 -6.0m。设计断面 -6.0m 平台处需预留 80cm 沉降,静载时间不少于 2 个月。沉降值为理论计算值,需根据现场检测数据调整。该阶段护坡结构必须分层回填,回填高差不大于 3.0m。岛桥侧冲刷较为严重的区域,施工期根据具体流场分布,再行确定回填碎石是否需要改为袋装碎石。

图 1.3-10　钢圆筒振沉

图 1.3-11　副格仓振沉

(2)第二阶段:要求分层推进回填至 +3.0m。此阶段护岸的推进中,坡面外侧未安放扭工字块护面块体的堤身结构不得超过 30m。整个护岸推进过程中应处理好与周边结构,如救援码头、岛头防撞等的施工顺序,预留必要的放坡距离。

(3)第三阶段:主要为倒滤结构和挡浪墙的施工,挡浪墙下钢圆筒、副格仓切割至 +1.0m 高程,分层现浇,在工程进度安排许可的前提下尽量滞后施工,并预留 30cm 的沉降。

4)抛石斜坡堤施工工艺流程

抛石斜坡堤施工工艺流程为:碎石抛填→二片石抛填→堤心石抛填→垫层块石、护面护底块石抛填→筒内抛石→扭工字块预制与安装→现浇挡浪墙施工→排海箱涵施工→岛头减载结构施工。

西人工岛护岸见图 1.3-12。

图 1.3-12　西人工岛护岸

1.3.3　人工岛软基处理工程

1.3.3.1　设计要点

根据地质报告，场区内的软土层主要有①、③土层，其中$①_1$、$①_2$、$①_3$、$③_1$、$③_{1-1}$属于欠固结土，软土层的厚度为 16～40m。这几层土都具有压缩性高、含水率和孔隙比大的特点。除此高压缩土层外，下卧$③_2$、$③_3$、$③_4$、$④_7$为软塑、可塑或硬塑的正常固结黏土层。这些土层均须经过处理才能满足工后残余沉降要求。根据地质特点，并结合该地区其他类似工程的经验和本工程岸壁结构稳定要求，岛内及岸壁圆筒范围采用部分开挖换填+排水固结法，岛外区采用挤密砂桩。

1）岛内及岸壁圆筒区地基处理设计

人工岛围闭钢圆筒围堰，结合回填砂与下卧深厚软土相连的地基条件，使人工岛具备了采用深井降水密实饱和回填砂及超载预压深层软土地基同步快速加固技术的条件。采用膨润土类止水材料进行钢圆筒锁口止水形成围闭的止水条件，设置深插塑料排水板加快深层软黏土排水固结，深埋管井进行饱和回填砂快速排水。岛内塑料排水板间距及降水井均呈正方形布置，塑料排水板间距 1.0m，降水井间距 30m；岛壁区塑料排水板间距 1.1m，呈正方形布置，圆筒及副格内均布置一口降水井；地基固结度不低于 80% 时才可以卸载。降水井平面布置见图 1.3-13。

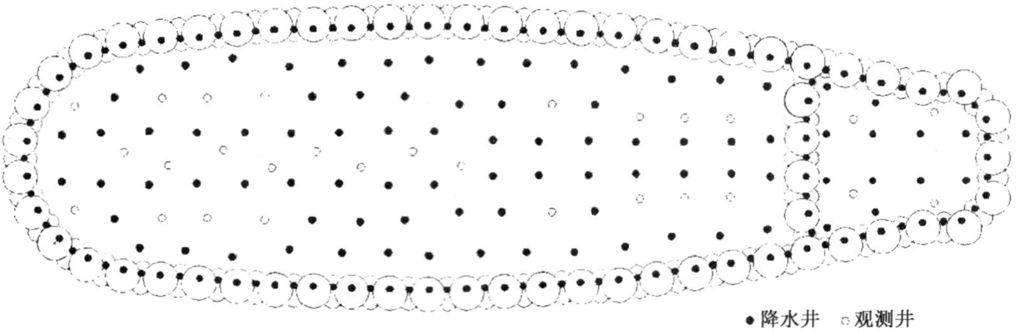

图 1.3-13　降水井平面布置图

2)岛外区地基处理设计

为了水工岸壁结构稳定的需要,岸壁圆筒外地基须进行处理。挤密砂桩在软土处理中起到挤密和排水固结双重作用,且在技术和造价上又优于碎石桩和水泥土搅拌桩等复合地基方法,故岛外区采用部分开挖+挤密砂桩方案。挤密砂桩水上施打,桩径 1.6m,有两种布置形式:护岸区域,垂直于护岸方向桩间距 2.9m,平行护岸方向桩间距 2.7m,呈矩形布置,置换率 25.6%;码头区域,桩间距 1.8m,呈正方形布置,置换率 62.0%;25.6% 置换率挤密砂桩桩顶上覆 1.5~2.0m 碎石垫层,62% 置换率挤密砂桩隆起土需进行清除,挤密砂桩桩体材料采用含泥量小于 3% 的中粗砂。置换率 25.6% 区域,标贯击数不小于 15 击;置换率 62.0% 区域,标贯击数不小于 20 击;桩顶 2.0m 范围内,标贯击数不小于 8 击。

1.3.3.2　施工要点

(1)基槽开挖、施打钢圆筒及副格,钢圆筒及副格内应同步回填中粗砂。

(2)在连接锁口处进行灌浆止水处理,如渗水量超过 $10m^3/d$,达不到止水要求,则需施打高压旋喷桩进行止水。

(3)有条件可先施打不影响大圆筒下沉区域的挤密砂桩(距离钢圆筒 10.5m 以外区域),优先施打岛隧、岛桥区域冲刷较为严重的区域。注意控制碎石垫层的抛设范围,严禁抛至钢圆筒振沉区域和岛内区域。

(4)岛内区分层回填中粗砂至高程 -6.0m,分层厚度不超过 3.0m。

(5)岛内 -6.0m 插板结束开始回填中粗砂前,岛外须回填至原泥面或岛内抽水不低于 -12.0m,抽水高程可根据监测结果进一步调整;且岛内回填和抽水应按设计要求控制速度,施工过程中加强位移观测。

(6)根据监测资料分析加固效果满足设计要求后,停止抽水,卸载。

东人工岛地基处理全景如图 1.3-14 所示。

图 1.3-14 东人工岛地基处理全景

1.3.4 人工岛岛上隧道工程

1.3.4.1 隧底地基基础工程

隧道岛上段基础属于隧道全线基础的一部分,其设计基于人工岛软基处理后的效果,结合隧道全线范围内基础总体设计,达到隧道纵向沉降均匀。设计的边界条件与前期勘察所揭示的条件有所不同,人工岛已经过大超载比的堆载预压,根据降水超载预压后的土体加固检测效果,软基处理效果好。基于这样的设计条件,同时考虑岛外基础采用挤密砂桩复合地基方案。经综合分析,上覆碎石垫层,形成桩土共同承担荷载的复合地基,一侧向敞开段逐渐过渡为天然地基,一侧向沉管段过渡为旋喷桩复合地基。隧道基础地基处理分区范围详见表 1.3-2。

隧道岛上段基础地基处理分区一览表 表 1.3-2

区段	管 节	地基处理方法
西岛岛上段	西岛暗埋段、减光段、敞开段	0W5-0W10:降水联合堆载预压 0W1-0W4:降水联合堆载预压 + PHC 桩(the prestressed high-intensity concrete,预应力高强混凝土桩)暗埋段:降水联合堆载预压 + PHC 桩
东岛岛上段	东岛暗埋段、减光段、敞开段	CE5-CE10 敞开段:降水联合堆载预压 CE1-CE4:降水联合堆载预玉 + PHC 桩 暗埋段:降水联合堆载预压 + PHC 桩

1.3.4.2 大体积混凝土浇筑

岛上沉管隧道暗埋段及敞开段采用现浇施工工艺，属于大体积混凝土浇筑，需采取相应措施严格控制大体积水化热及裂缝。

1）设备使用

在混凝土浇筑前需检查各种设备和器具运行情况，冷却循环水系统结合冰块，水温控制在10℃以下。

2）混凝土温度控制

（1）原材料

为保证混凝土原材料温度尽可能降低，在原材料到达现场后，需在船上搁置一段时间，原材料温度充分降低后进行卸船；分别在砂石料仓及料斗上方设置遮阴篷，防止阳光直射砂石料；根据现场实际情况，在水泥罐上设置了环形冷却水管，通过喷淋水泥罐降低水泥温度；在拌和站设置1台冷却水装置，确保拌和用水温度控制在5°C以下，有效降低混凝土入模温度；混凝土浇筑开始后，对混凝土出机温度、入模温度进行检测，如果出机温度超过28°C或者入模温度超过30°C，则在混凝土搅拌过程中加入碎冰，确保混凝土入模温度均未超过30°C，尽量选择温度较低的夜间浇筑。

（2）运输

为减小混凝土在运输、浇筑过程中温度的上升，在罐车罐体上包裹保温布，并在拌和站和现场卸料点设置水管向罐体上浇水。现场设置调度人员，根据浇筑情况调配两侧罐车卸料次序及拌和站是否搅拌，避免混凝土因罐车在现场停留时间过长而升温。

（3）冷却水管

在结构中设置了冷却循环水系统，结合温度监测系统，控制混凝土内温度。冷却循环水系统由焊接钢管、分流器、流量计、球阀、水泵、供水管等组成，布置情况见图1.3-15。可通过球阀的开闭调节管内流量，以满足降温需要，流量的大小可直观地在流量计上读取。

3）浇筑

混凝土浇筑前，根据施工总体方案研究分层浇筑工艺，顶、底板及侧墙每层浇筑厚度为50cm，中隔板厚度为30cm，不必分层浇筑，分层浇筑的间隔时间应不超过混凝土的初凝时间（10h）。底板及顶板皆从两侧向隧道中心线推进。因混凝土流动性大，且浇筑能力有限，在浇筑顶板及底板时，为确保浇筑面尽可能小，避免出现冷缝，采用最大速度搅拌及浇筑，混凝土入仓后延迟振捣，待流动性减小时再振捣，并浇筑下一层混凝土。中墙及侧墙浇筑时,适当减小坍落度,控制浇筑速度小于0.5m/h,为防止混凝土在下落过程中发生离析,在墙体中约每3m布置1根直径200mm的聚氯乙烯(PVC)管作为串筒。

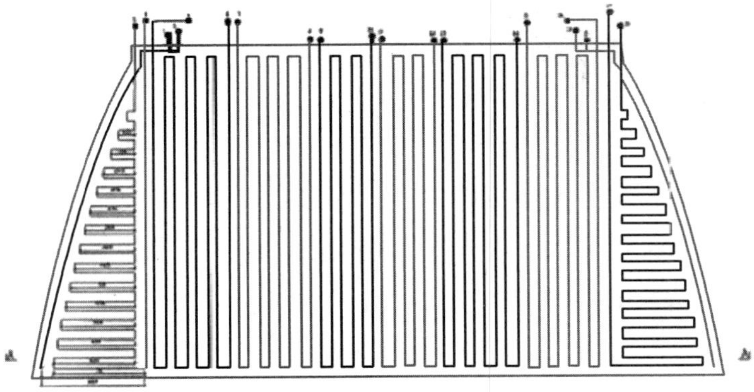

图1.3-15 冷却水管典型布置

4)温度监测

采用大体积混凝土电脑测温(一线通)系统监测暗埋段隧道的混凝土温度。通过该系统不间断地监测,采集混凝土内部温度,并传输至网络上,指导调节冷却循环水系统流量及流向,以控制混凝土内部温度。

5)养护

混凝土浇筑完毕收面之后,对平面外露混凝土面覆盖土工布及塑料布进行养护,或蓄水养护,并24h洒水保持湿润;墙体混凝土浇筑后带模养护,养护过程中在墙体顶部洒水养护,养护期到之后拆除模板。

1.3.5 救援码头与暴露试验站

1.3.5.1 救援码头

1)设计要点

(1)平面布置

为了满足使用期应急救援要求,东、西人工岛北侧各设置一座综合救援码头。码头按190吨级救援船舶靠泊进行设计。综合救援码头长65.0m,码头顶高程+3.5m,港池前沿底高程-4.55m,采用开孔消浪沉箱结构,预制沉箱尺寸为12.96m×8.6m×7.1m($L\times B\times H$),由2×3个仓格组成,单个仓格面积约为14.0m^2。

(2)结构方案

结合人工岛钢圆筒围护结构方案,由于施工期钢圆筒围护结构处于动态变化过程中，钢圆筒结构存在往复位移，传统意义上的高桩结构难以适应该位移，同时桩基施工和两侧的抛石斜坡堤施工存在相互制约，且在外海环境，高桩梁板结构的耐久性不如重力式结构。考虑到钢圆筒外侧抛石斜坡堤的地基采用了挤密砂桩处理，同时参照国外软土地基挤密砂桩上重力式结构的应用经验，挤密砂桩法可作为对承载力要求高的重力式结构的基础。对于软土地基且后方有大量回填的重力式结构地基处理，其技术经济性能有较大的优势。因此在施工图设计阶段，结合人工岛工程设计方案和方便施工组织，救援码头采用以高置换率挤密砂桩为基础的重力式方案。

本方案主体结构采用顺岸开孔消浪式沉箱结构，即以人工岛北侧圆筒外边坡结构回填块石作为码头结构基础，这样既保证了人工岛的使用要求，又形成了独立的码头作业区域。堤心石和倒滤结构与人工岛护岸结构相同。沉箱搁置在堤心石上，沉箱以下的部分堤心石进行夯实处理。沉箱后方回填10～100kg块石。沉箱前面开孔消浪，内部回填100～200kg块石。沉箱上部现浇胸墙。码头面坡度1.5%。码头前沿底部设置栅栏板护面。码头与人工岛交界处为挡浪墙，墙顶高程6.5m。码头面中部与人工岛连线处，挡浪墙预留2m的通道，并浇筑2×2m平台，平台顶高程+5.0m。平台与码头面分别通过台阶和斜坡相连，斜坡坡度为5%。码头前沿顶面安装350kN系船柱；前沿竖向配置DA型橡胶护舷DA300H×2500，每个沉箱配置2个，间距4.22m；前沿横向配置D型橡胶护舷D300×360×1500。

2）施工要点

（1）人工岛救援码头主要施工工序为：施打高置换率挤密砂桩→清除隆起→水上抛填碎石→水上抛填10～100kg基床块石并夯实→安装沉箱及沉箱内块石回填→沉箱后方10～100kg块石至+2.0m→周边安放袋装砂至+5.5m→回填10～100kg块石至+3.5m→回填砂2m堆载预压，预压时间不小于3个月→移除袋装砂→现浇沉箱上方胸墙→铺面结构施工→码头与陆域连接斜坡段护面施工、台阶施工→码头附属设施施工。

（2）胸墙应在沉降基本稳定、工程后期施工，并预留找平层。

（3）铺面结构应在工程后期施工。

（4）基床静置时间和堆载预压施工可根据沉降观测结果调整。

（5）根据挤密砂桩荷载试验以及西岛过渡段堆载预压监测数据，62%置换率挤密砂桩复合地基在约150kPa的荷载作用下沉降量值较小（5～6cm），且沉降速率较快。可调整为静置5～7d后直接强夯，安装沉箱，并适当延长堆载预压时间。

1.3.5.2　暴露试验站

工程材料腐蚀暴露站为我国首个外海环境工程材料与结构野外观测场，对高温、高湿、高盐及强辐射的外海环境具有较好的代表性。暴露试验站(图1.3-16)位于港珠澳大桥西人工岛救援码头一侧,下部采用沉箱结构,上部采用框架结构,设计使用寿命为120年,设大气区、浪溅区、水位变动区和水下区等四个典型腐蚀分区,总面积约150m^2,涵盖了典型海水环境所有腐蚀分区,试验站各区面积设置合理,能够满足野外观测场地的要求。

图1.3-16 港珠澳大桥暴露试验站

试验站制定了《港珠澳大桥暴露试验站管理维护办法》,明确了暴露日常管理、维护管理、样品取样放样管理等作业流程,且暴露试验站主体结构内设置工程耐久性监测系统,可较好地监测与评估暴露试验站的服役寿命,有效保障暴露试验工作的长期持续运行。暴露试验站现场情况如图1.3-17所示。

图1.3-17 港珠澳暴露试验站现场

1)浪溅区试验观测平台

浪溅区暴露试验平台(图1.3-18)为钢筋混凝土框架结构,面积约80m^2。以钢筋网架固定在框架横梁上,作为试件放置平台。为避免台风、热带气旋等恶劣气候造成暴露试件的丢失和损伤,采用钢筋网格进行固定。暴露试件放入钢筋网架的不同网格内,且将钢筋网架与梁上预埋件连接固定,从而确保暴露试件在台风等恶劣环境下不丢失,以及避免试件之间由于相互碰撞而造成内部损伤,同时也避免因试件相互挤压而影响试件的暴露试验环境。

图 1.3-18 浪溅区试验平台

2)水位变动区平台

水位变动区平台(图 1.3-19)位于沉箱仓格内,面积为 28m^2,高程为 +0.0m。通过在沉箱牛腿上浇筑 0.3m 厚的混凝土板作为水位变动区暴露试验平台。在浪溅区设置进入水位变动区暴露试验平台的爬梯。水位变动区暴露试件的固定方式同浪溅区相同,采用钢筋笼固定。

图 1.3-19 水位变动区试验平台

3)水下区平台

水下区平台(图1.3-20)位于沉箱的5号仓格内,面积为14m²。通过在沉箱内部回填碎石至-2.4m,在回填石上铺设0.3m厚混凝土板,作为水下区的暴露试验平台。在浪溅区设置进入水下区的入口和爬梯,并在+0.0m高程处设置1.0m×1.5m的中转平台。

图1.3-20 水下区试验平台

4)大气区平台

大气区暴露试验平台(图1.3-21)设置于沉箱3号仓格上方,大气区高程为+6.2m,面积为16m²,四周设置栏杆,从浪溅区设置不锈钢爬梯进入。

图1.3-21 大气区平台

5) 暴露试验设计

(1) 混凝土暴露试验

混凝土暴露试验部分主要针对桥梁工程(通航孔桥、非通航孔桥)、岛隧工程(沉管结构、岛桥接合部)的典型构件,成型模拟试件或构件开展暴露试验。暴露试件的成型采用施工现场拌和站混凝土,并尽量按照现场养护工艺、养护时间进行养护,养护结束后,将试件放置到大桥暴露试验站或过渡暴露试验站。

(2) 钢结构挂片暴露试验

钢结构挂片暴露试验采用与港珠澳大桥钢箱梁、钢塔柱及钢管桩等同材质的钢材制作钢挂片,放置在港珠澳大桥暴露试验站,见表1.3-3。研究不同钢材在伶仃洋外海环境下的腐蚀规律,并利用大桥工程所采用的防腐措施,制作涂层钢挂片,研究涂层的耐老化性能与长期防护效果,以便为大桥后期的科学管养提供基础数据支撑。

钢挂片制作及数量　　表1.3-3

施工标段	模拟结构部位	挂片防腐状态	试样尺寸(mm)	放置区域	数量(个)	备注
CB01	钢箱梁	裸钢	100×50×3	大气区	36	
		涂层(外侧涂装)	100×50×3	大气区	36	
		裸钢	100×50×3	浪溅区	36	
		涂层(外侧涂装)	100×50×3	浪溅区	36	
CB02	钢箱梁	裸钢	150×75×4	大气区	21	
		涂层(外侧涂装)	150×75×4	大气区	21	
		涂层(内侧涂装)	150×75×4	大气区	15	
		裸钢	150×75×6	浪溅区	21	
		涂层(外侧涂装)	150×75×6	浪溅区	21	
CB04	钢管桩	裸钢	150×70×10	水下区	25	
CB05	钢管桩	裸钢	100×50×13	大气区	20	
	钢塔柱	涂层	100×50×13	大气区	20	

1.4　人工岛接合部工程

1.4.1　岛隧接合部

1.4.1.1　二次止水墙

预制沉管对接时需拆除岛头的钢圆筒，此时西人工岛中的西小岛及东人工岛内仍需具备干施工条件，需要设置二次止水墙。二次止水墙由两部分组成，一部分为隧道结构底部止水，另一部分为隧道结构两侧与钢圆筒之间的止水。设计采用了底部高压旋喷两边现浇扶壁止水结构体系，图1.4-1为东人工岛地基处理示意图。

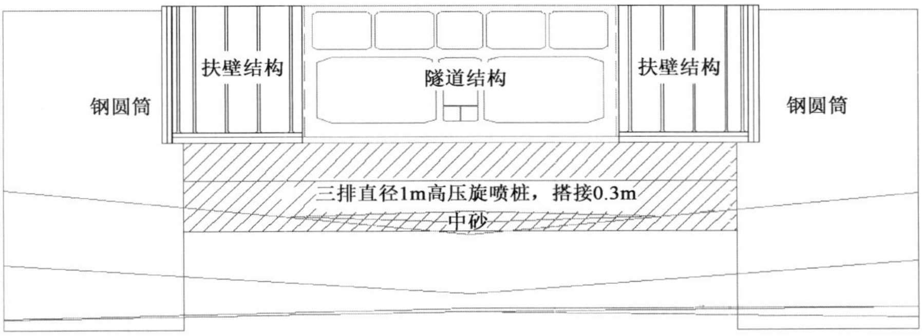

图1.4-1　东人工岛地基处理示意图

止水方案中，现浇暗埋段隧道结构底部止水由3排连续的高压旋喷桩组成，高压旋喷桩的桩径为1.0m，搭接宽度取0.3m，入土深度12.0m，高压旋喷桩深入底部不透水黏土层约8m，较好地阻断了外海水体的渗流路径。高压旋喷桩止水结构与两端的钢圆筒相连，形成完整闭合的底部止水面。隧道结构侧止水采用C30现浇钢筋混凝土扶壁结构，扶壁结构底宽13.0m，底高程与隧道结构底高程齐平。现浇扶壁侧止水方案有2个重难点：①扶壁结构与隧道结构的连接，采用的方法是扶壁前壁与隧道结构侧面牛腿间预留30mm的结构缝，设置Z9-30橡胶止水带，底部嵌入至凸榫底部，并用沥青木丝板填充；②扶壁结构与大直径钢圆筒岸壁结构的连接，采用的方法是AZ板桩一侧与钢圆筒焊接，另一侧现浇于扶壁结构前壁内，底部嵌入至高压旋喷桩榫槽中，见图1.4-2。采用钢板桩、橡胶止水带与两侧钢圆筒、隧道结构相连进行止水。

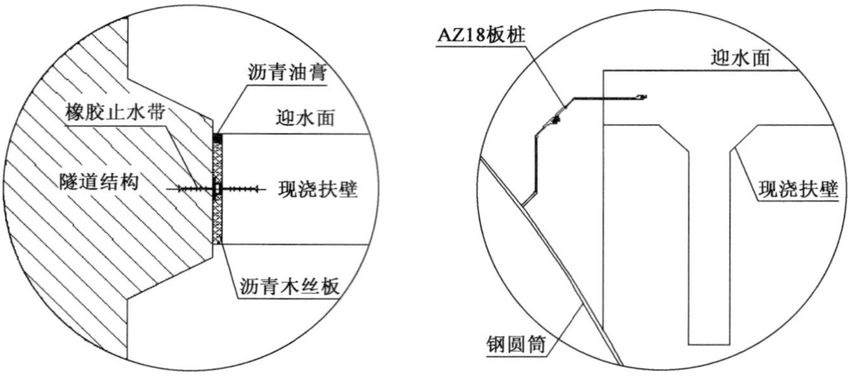

图 1.4-2　扶壁与隧道结构/扶壁与钢圆筒界面处理

1.4.1.2　减载结构

为保证岛隧接合部地基刚度平顺过渡，需在岛隧接合部设置减载结构，调节岛隧接合部的荷载过渡。岛隧接合部减载结构采用钢筋混凝土沉箱结构，沿人工岛前沿线共布置 4 榀减载沉箱，减载沉箱平面呈等腰梯形，上底宽 13.46m，下底宽 15.86m，高 8.1m，减载沉箱外围壁板厚均为 0.4m，内格板厚 0.3m。减载沉箱顶部挡浪墙结构由现浇钢筋混凝土胸墙和现浇素混凝土挡浪墙组成，减载沉箱前设置两层 5t 扭工块。减载沉箱后方的管节顶部回填轻质填料，经比选后采用回填陶粒。为确保陶粒回填后不起浮，+2.0m 以下的回填陶粒完成后，在其上覆盖 2.0m 厚的碎石层。

1.4.1.3　导流堤

为给沉管管节对接安装创造良好的水流条件，在东、西人工岛岛隧接合部的南、北两侧各布置一条导流堤。西岛岛隧接合部的两侧导流堤均为折线形布置，长度 66m。东岛岛隧接合部北侧导流堤为直线形布置，长度为 72m；南侧导流堤为折线形布置，长度为 96m。导流堤采用预制素混凝土块体结构，块体尺寸为 6m × 4m × 6m(5m)，重 317t。西岛导流堤素混凝土块体的基础采用 5 ~ 50mm 的碎石，东岛导流堤素混凝土块体的基础采用 10 ~ 100kg 块石，同时为了防止波浪作用下南侧导流堤内侧基床块石的稳定性，在南侧导流堤内侧抛填 300 ~ 500kg 护面块体。

1.4.2　岛桥接合部

根据东、西人工岛非通航孔桥平面布置与桥面结构高程要求，岛桥接合部岸壁结构顶高程降低至 +1.0m。为防止圆筒内回填砂石料的淘刷，在桥墩位置圆筒内浇筑素混凝土块体,块体顶高程 +2.50m,底高程 -3.20m。

为改良东、西人工岛岛桥接合部景观,提升本桥景观品味,经建筑及景观设计人员研究,东、西人工岛桥台连接处两侧各增设一个桥头雕塑底座,设计为六角形,沿桥边布置。西人工岛桥头雕塑底座顶高程 +10.50m,东人工岛桥头堡顶高程 +9.50m。

东、西人工岛接合部非通航孔桥梁主要设计内容包括:混凝土箱梁结构、基础及下部结构、桥面系(如护栏、桥面铺装、排水)附属设施等。

1.4.3 非通航孔桥

1.4.3.1 上部箱梁设计

非通航孔桥主梁采用混凝土现浇箱梁方案,设计要点如下:

(1)由于箱梁超宽,考虑结构横向受力,采用多腹板结构,桥面标准横坡2.5%。

(2)箱梁纵向按全预应力结构设计,预应力钢束设计张拉控制应力为 $0.75R_{yb}$,预应力钢束采用张拉吨位与引伸量双控。

1.4.3.2 下部结构设计

1)桥墩

(1)东岛接合部非通航孔桥

墩身为矩形带倒角等截面实心墙式墩,墩身顺桥向宽度为2.5m。2号~4号墩为中间墩,单幅桥采用单片设计,2号墩横桥向宽度为7.5m,3号墩和4号墩横桥向宽度为8.5m,为方便检修和更换支座需要,墩顶设置槽口,深1.0m。为适应主梁变宽要求,5号~7号单幅桥横桥向均采用双片墩结构,5号墩为过渡墩,墩身横桥向宽度为3.5m,墩底顺桥向宽度为2.5m,墩顶顺桥向宽度打开为4m。6号墩、7号墩为中间墩,横桥向宽度分别为3.5m和4m。墩身的倒角尺寸均为1.0m(横桥向)×0.2m(顺桥向)。

(2)西岛接合部非通航孔桥

为与深水区非通航孔桥墩身外观相协调,且提高防撞能力,墩身为矩形带倒角等截面实心墙Y形墩,顺桥向宽度为2.5m。12号~14号墩横桥向墩底宽度为8m,墩顶宽度打开为9.5m,15号墩横桥向墩底宽度为7m,墩顶宽度打开为8.5m。墩身的倒角尺寸为1.0m(横桥向)×0.2m(顺桥向),为方便检修和更换支座需要,墩顶设置槽口,深1.0m。

2)桥台

桥台采用整体式结构,顺桥向厚0.75m,桥台底部设台帽,高1m,左右幅桥台中间留

2cm 的缝隙,采用沥青木丝板填充。桥台背墙后侧设置牛腿和耳墙,牛腿用来放置搭板;耳墙宽 0.5m,厚 0.5m,耳墙和搭板之间留 2cm 的缝隙。桥台背墙前面两侧设置挡板,挡板宽 1.8m,厚 0.5m。台帽顶面设置主梁横向限位挡块。

3)承台

东西岛接合部非通航孔桥桥墩承台平面为矩形,角点采用圆弧倒角过渡,承台厚 3.5m,承台顺桥向宽度 8.7m。桥台承台平面均为矩形,承台厚 2.5m,承台顺向宽度 6.75m。

4)桩基础

东西岛接合部非通航孔桥桥墩承台与桥台承台下的桩基按照端承桩进行设计。

1.4.3.3　附属工程设计

1)管线槽设计

东人工岛接合部非通航桥外侧需与香港方向一致,布设管线槽,外形与香港侧接线统一。管线槽高度为 1.8m,顶面宽 2.29m,由现浇承板、预制侧板、预制盖板以及人行护栏四个部分组成,除人行护栏采用钢结构外,其余均采用混凝土结构,混凝土强度等级为 C55,与箱梁相同。管线槽现浇承板采用现浇施工和箱梁翼缘板形成整体,预制侧板通过预留后浇段与现浇承板形成整体。管线槽结构的设计和小构件预制是本桥的亮点之一,预制照片见图 1.4-3。

2)防撞护栏设计

护栏的设计考虑与主体工程的标准一致并和香港侧相协调。外侧护栏采用钢护栏,设计中根据本项目的防撞护栏碰撞试验情况,并对钢结构的构造细节进行了调整;内侧防撞护栏参考内地规范,并同香港侧保持一致,采用混凝土护栏。

(1)外侧防撞护栏

桥面外侧防撞护栏采用金属梁柱式护栏(图 1.4-4)。立柱采用钢板焊接成型,材质为 Q345C 钢,防撞护栏立柱高为 1500mm。设置 4 根横梁,横梁标准规格尺寸为 160 × 120 × 6 × 8000(mm),材质为 Q345C 钢,冷弯半径(外径)$R \leqslant 20$mm。防撞护栏立柱设在混凝土路缘石上,在施工时根据护栏立柱布置尺寸准确预埋底座预埋件。护栏底座与立柱连接的螺栓及其配套的螺母、垫圈均采用热浸锌处理,螺栓螺纹、螺母尺寸、垫圈尺寸均按相关标准要求执行。

防撞护栏各部件在焊接和安装前都应进行涂装,涂装颜色选用浅灰色。混凝土路缘石与管线槽现浇承板一同制作,采用现浇法施工。

图 1.4-3　管线槽构件预制照片

图 1.4-4　外侧钢护栏照片

(2)内侧防撞护栏

内侧防撞护栏形式与香港侧统一,采用混凝土护栏,混凝土强度等级为 C45,护栏纵向按标准间距 5m 设置 0.5cm 切缝,护栏在伸缩缝处断开。

西岛接合部非通航孔桥的内、外侧防撞护栏均采用金属梁柱式护栏,设计要点同东岛接合部非通航孔桥。

3)桥面铺装设计

桥面铺装采用三层 SMA 结构:上面层 40mm 沥青玛蹄脂碎石 SMA-13;中面层 60mm 沥青玛蹄脂碎石 SMA-16;下面层 30mm 密级配沥青混凝土 AC-10。上面层和中面层间设置改性乳化沥青黏结层;下面层下设置防水层,防水层施工前需按规范对混凝土基面进行处理。

4)桥面排水设计

为满足桥面排水要求,不影响正常行车,在桥面两侧各设置一个泄水管,泄水管标准间距为6m。桥面积水沿2.5%横坡排至桥梁两侧的泄水管,排入大海。桥面铺装应根据箱梁顶板的横坡、纵坡,进行连续地摊铺,以达到桥面排水设计要求。在铺装层与路缘结构物接合部位进行填充防水处理,防止雨水渗入铺装层内部。集水槽与盖子必须密合,铺装施工(尤其是上层铺装施工)后,集水槽进水口应略低于桥面铺装层,以保证桥面排水畅通。

5)支座设计

(1)东岛接合部非通航孔桥

支座采用同时满足常规使用功能和减隔震功能的双曲面球型减隔震支座,支座具备在罕遇地震作用下防落梁功能。

对于纵向固定支座,其纵向极限承载力为竖向承载力的10%;在正常使用情况下,所有支座横桥向均不产生滑动,仅允许发生3mm以内的微小位移,支座的横向极限承载力为竖向承载力的15%。支座震后限位力为竖向承载力的20%。

(2)西岛接合部非通航孔桥

11号桥台~14号墩的支座处于浪溅区,支座主体材料采用耐候钢加重防腐涂装方案。5号~8号墩的支座处于浪溅区,支座供应商应提出防止支座受海盐结晶等引起的滑动、转动困难的附属构造措施。15号~16号墩支座主体(上、中、下座板及限位结构)材料采用耐蚀钢,材料的屈服强度不低于现行国家标准相应指标要求,支座主体材料、锚固件须采用热喷涂+重防腐涂装体系。

6)伸缩装置设计

东西岛接合部非通航孔桥桥台位置均设置伸缩量为160mm的模数式伸缩装置。伸缩装置外露钢构件均应采用相应防腐处理措施,防腐方案可选用喷砂(抛丸)+喷涂油漆或热镀锌处理。其中东岛接合部非通航孔桥8号桥台伸缩装置处于浪溅区,采用了耐候钢或重防腐涂装方案,确保伸缩装置的耐久性。

7)交通设施基础设计

东岛接合部非通航孔桥灯柱沿顺桥向按30m间距布置,内侧灯柱基础从中央防撞护栏横向外悬650mm,根部纵向长度1350mm,端部纵向长度550mm,钢筋与防撞护栏整体设置。靠近人工岛区段由于桥面宽度较大,在外侧也设置了灯柱,外侧灯柱、交通单柱和外侧门架基础均设置于护栏底座上,内侧门架基础和内侧灯柱基础相似,由中央防撞护栏横向外悬。西岛接合部非通航孔桥灯柱沿顺桥向按34m间距布置,附着于外侧路缘石和翼缘板外侧,灯柱底座从路缘石横向外悬600mm,根部纵向长度1350mm,端部纵向长度550mm,钢筋与混凝土路缘石整体设置。交通单柱底座构造和灯柱底座构造相同,只是根据受力不同预埋件有所区别。门架基础顺桥向分两块设置,单个基础构造和灯柱构造相同,顺桥向间距 2.5m,其预埋件构造和灯柱相同。

1.4.3.4 实施过程和效果

东岛接合部桥梁主体工程于 2015 年 10 月完成施工,并于 2017 年底完成包括路面及路灯、排水系统等全部附属工程施工,完工效果见图 1.4-5。

图 1.4-5 东岛接合部桥梁完工效果

西岛接合部桥梁主体工程于 2014 年 10 月完成施工,并于 2017 年底完成全部附属工程施工,完工效果见图 1.4-6。

图 1.4-6 西岛接合部桥梁完工效果

本桥因地制宜采用混凝土桥梁方案,综合考虑采用连续梁体系,与香港侧桥梁外形较好地统一。桥梁上、下部结构施工过程均较顺利,混凝土质量控制良好;从完工的情况看,上部主体结构、下部结构、支座、护栏等附属设施、桥面铺装等外观质量良好。

1.5　岛上道路与附属设施

1.5.1　岛上道路

港珠澳大桥东、西人工岛上设有进入主线的匝道及环道道路，并配置有相应的交通附属工程（如路缘石、排水系统等），见图1.5-1。主要设计施工内容包括：东、西人工岛道路路线及平纵横、路面、路基结构、路缘石、截排水设施、防撞安全设施等，与岛上房建主体结构以及岛上交通工程设计存在界面与协调。

图1.5-1　人工岛岛上道路及附属设施照片

1.5.1.1　设计要点

1）设计内容

东人工岛设计范围包括东人工岛岛上道路、隧道主线敞开段至桥台处道路（对应的里程桩号为K6+347.454～K6+693.281，全长345.827m）以及与道路相关的部分附属工程。人工岛岛上道路包括匝道A（286.901m）、C（198.217m）、D（181.076m）、E（248.816m），以及环岛路基段B（899.755m），布置如图1.5-2所示。

西人工岛设计范围包括西人工岛岛上匝道及环岛道路（对应里程桩号为CK0+000.000～CK1+064.739，全长1064.739m）、隧道主线敞开段至连接桥桥台处道路（对应的里程桩号为K12+781.000～K13+164.000，全长383m）以及与道路相关的部分附属工程，布置如图1.5-3所示。

主要内容包括：

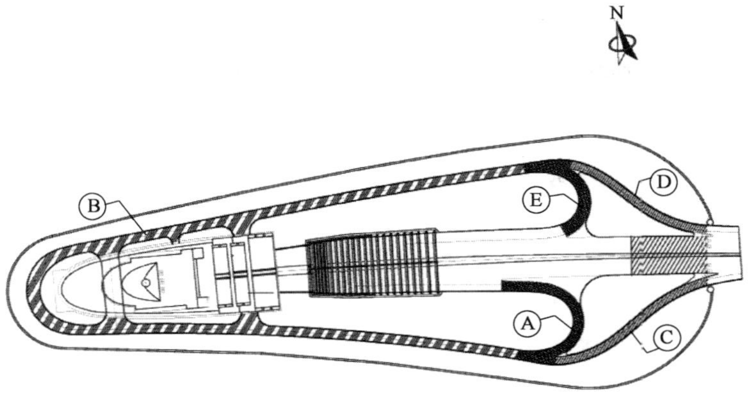

图 1.5-2 东人工岛岛上道路布置示意图

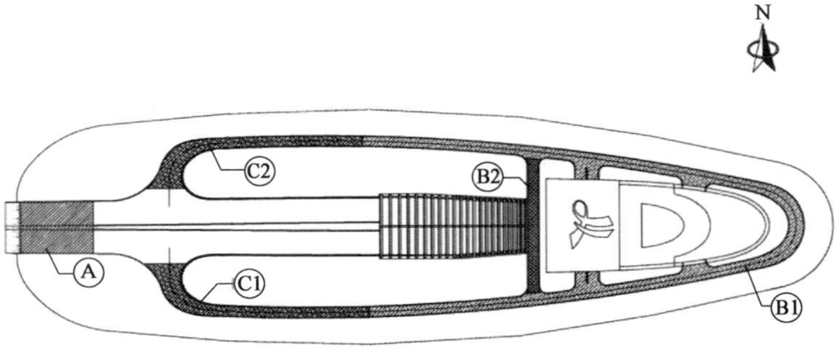

图 1.5-3 西人工岛岛上道路布置示意图

(1)隧道主线敞开段末端至连接桥桥台的道路结构设计；

(2)环岛道路的路基路面设计；

(3)进出岛匝道 U 槽结构设计；

(4)进出岛匝道路基结构设计；

(5)岛上附属设施：

①隧道主线敞开段的排水边沟、横截沟、沉沙井；

②隧道主线中央分隔带护栏、主线道路场地侧护栏；

③隧道主线灯柱基础、安全单柱及门架基础；

④中央分隔带内预留管路及手孔；

⑤隧道主线敞开段压舱混凝土、路面；

⑥匝道排水边沟、横截沟；

⑦匝道及环岛道路灯柱基础及安全单柱基础；

⑧匝道压舱混凝土、路面；

⑨岛上建筑区车行出入口与人行出入口的路面；

⑩路缘石。

2)设计方案

(1)主线道路

东岛主线道路里程桩号为K6+347.454~K6+404，共56.546m，处于OE10末端及主线连接桥桥台之间；西岛主线道路里程桩号为K13+108~K13+164，共56m，处于OW10末端及主线连接桥桥台之间。主线道路采用与敞开段相匹配协调的结构形式。道路结构采用刚性混凝土底板+沥青铺装面层的组合形式。自下而上的组成为：中粗砂路床+25cm碎石垫层+20cm素混凝土垫层+钢筋混凝土底板(横向变厚度)+20cm混凝土调平层+13cm沥青路面层，主线道路横断面如图1.5-4所示。

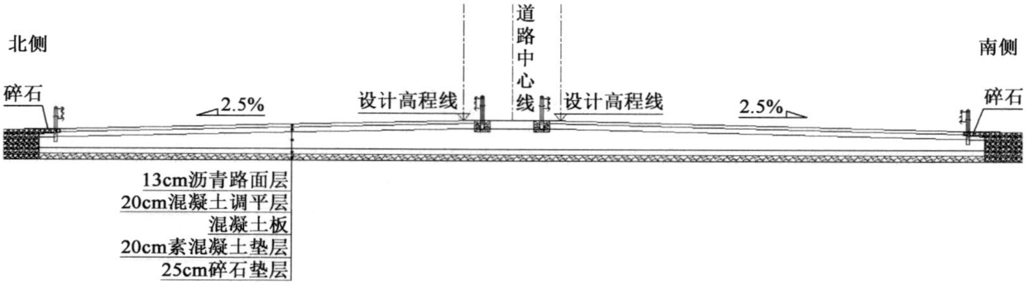

图1.5-4 主线道路典型横断面

主线道路段与敞开段过渡衔接构造如图1.5-5所示，在接缝间设剪力杆，剪力杆直径为40mm，间距为0.9m。

主线道路与桥台之间通过搭板进行过渡，搭板与底板混凝土结构间变形缝设剪力杆，剪力杆直径为40mm，间距为0.9m，如图1.5-6所示。

岛上主线及匝道的沥青混凝土面层与混凝土基层之间的接缝处设置SBS防水卷材，接缝两侧各延伸1m长度。

(2)匝道U槽

对于东岛，A、E匝道里程桩号分别为AK0+000~AK0+286.901与EK0+000~EK0+248.816，对应长度为286.901m与248.816m，其中AK0+203.8414~AK0+237段与EK0+042~EK0+085段采用与主线敞开段相同的U槽结构形式；对于西岛，两处匝道里程桩号分别为CK0+000~CK0+100.537与CK0+965~CK1064.738，对应长度为100.537m与99.738m，采用与主线敞开段相同的U槽结构形式(图1.5-7)。道路采

用刚性混凝土底板 + 沥青混凝土铺装的组合，自下而上组成为：岛上回填砂振冲加固 + 50cm 碎石垫层 + 20cm 素混凝土垫层 + 钢筋混凝土底板 + 路面调平层 + 10cm 沥青面层。

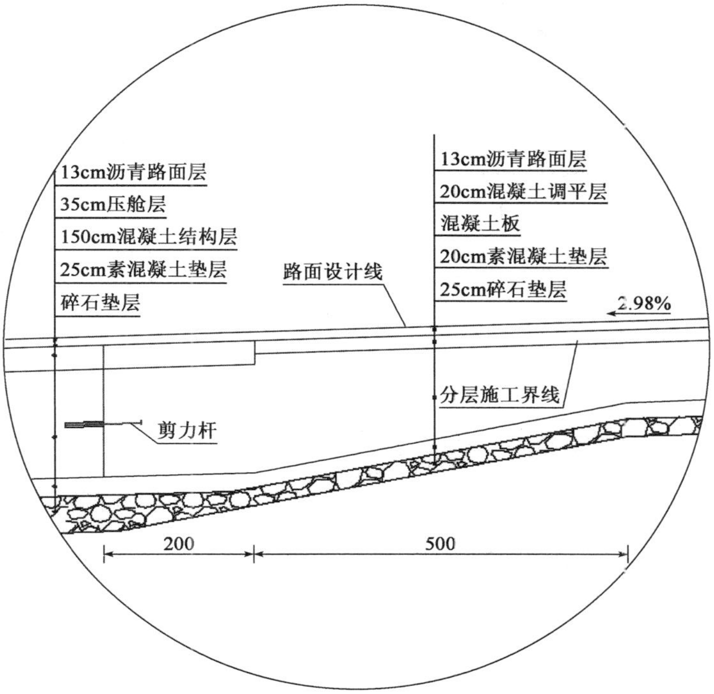

图 1.5-5 敞开段与主线路基段过渡方式(尺寸单位：cm)

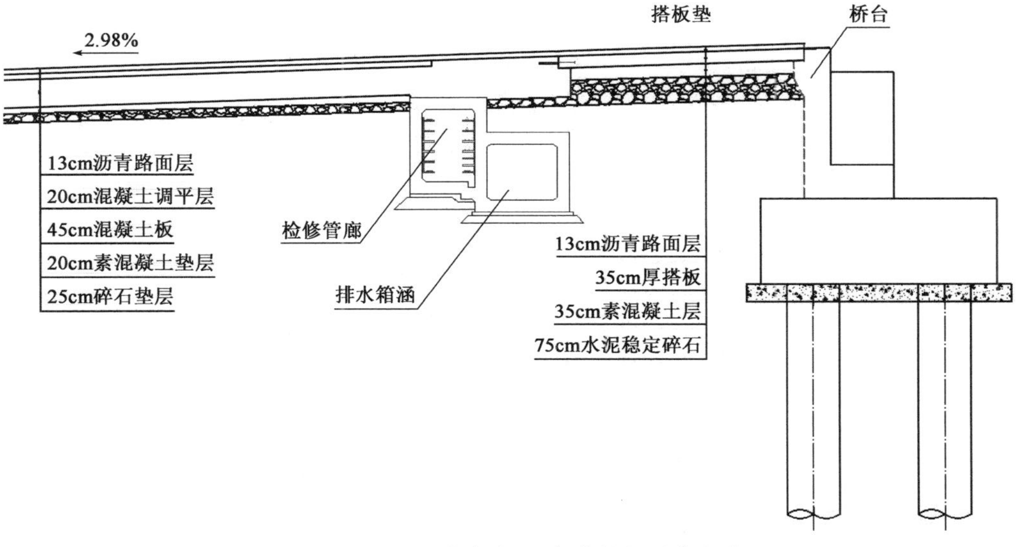

图 1.5-6 桥台搭板与主线路基段过渡方式

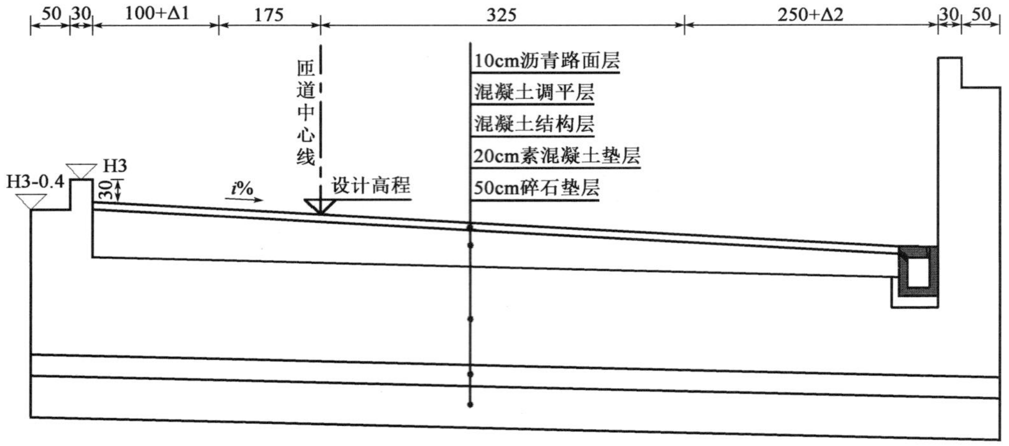

图 1.5-7　东岛匝道 U 槽结构(尺寸单位:cm)

单向单车道匝道采用单侧路拱横坡,超高旋转轴位于平面设计线处。考虑到排水需要及超高渐变的方便,对向双车道匝道采用单侧路拱横坡,超高旋转轴位于平面设计线处,匝道 U 槽结构(图 1.5-8)采用清水混凝土。

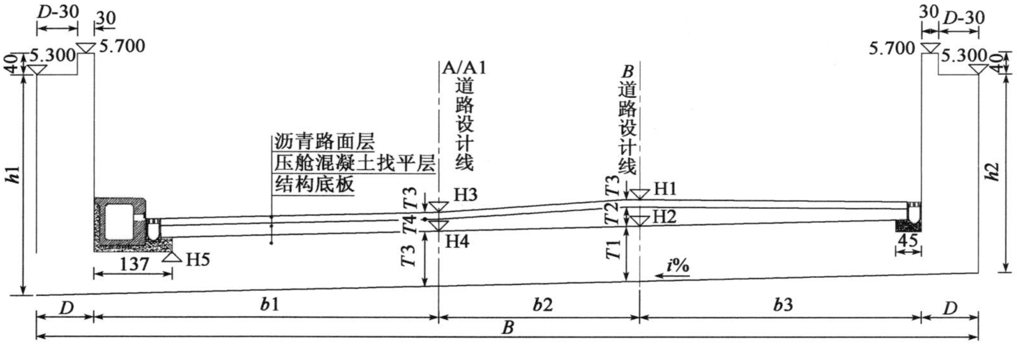

图 1.5-8　西岛匝道 U 槽结构(尺寸单位:cm)

(3)匝道路基

东岛岛上道路,C、D 匝道里程桩号分别为 CK0 + 000 ~ CK0 + 198.217 与 DK0 + 211.191 ~ DK0 + 392.267,对应长度为 198.217m 与 181.076m,路基结构见图 1.5-9。道路采用刚性混凝土底板 + 沥青混凝土铺装的组合,道路自下而上组成为:岛上回填砂振冲加固 + 30cm 碎石垫层 + 25cm 钢筋混凝土板 + 10cm 沥青面层,与主线道路及环岛段界面区采用路面层渐变处理。单向单车道匝道路基宽 8.50m,即 0.75m 土路肩 + 1.00m 硬路肩(含 0.50m 路缘带) + 3.50m 行车道 + 2.50m 硬路肩(含 0.50m 路缘带) + 0.75m 土路肩。

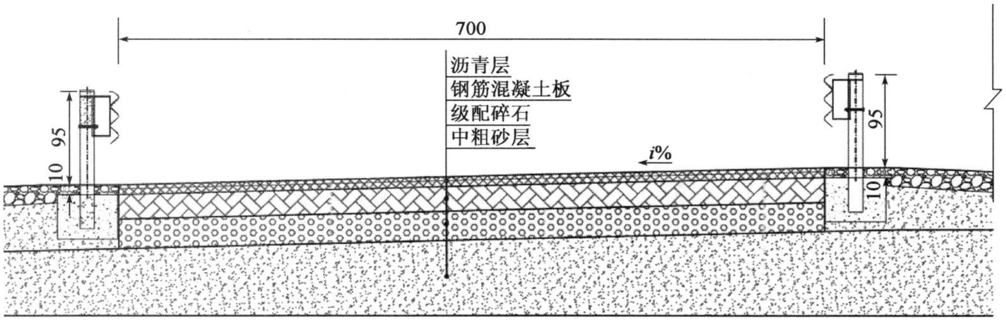

图 1.5-9 匝道路基结构(尺寸单位:cm)

(4)环岛道路

道路自下而上组成为:岛上回填砂振冲加固 +30cm 碎石垫层 +20cm 混凝土垫层 +25cm 钢筋混凝土板 +10cm 沥青面层,横断面如图 1.5-10 所示,与主线道路及环岛段界面区采用路面层渐变处理。环岛路两侧设路缘石,采用预制一体化方式,尺寸为 50cm × 22cm × 30cm。

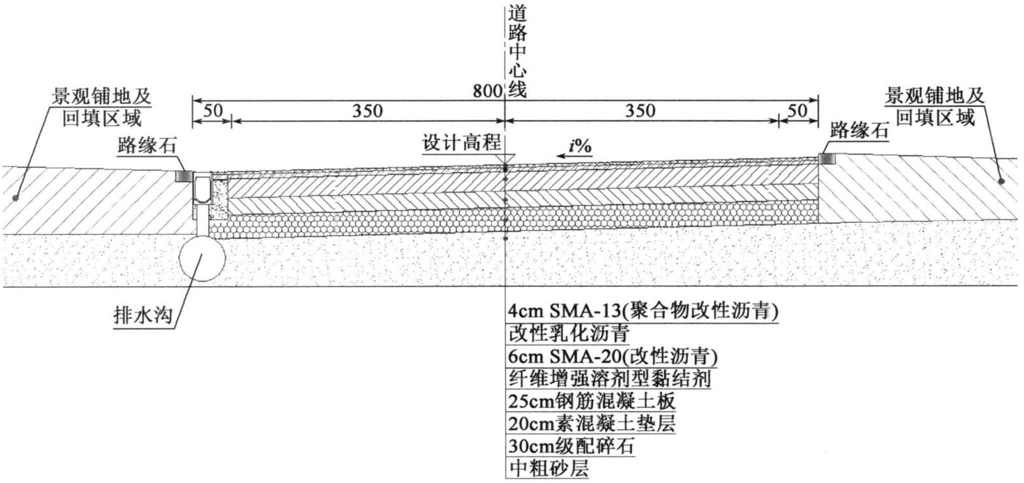

图 1.5-10 环岛道路典型横断面

3)路面结构

(1)主线道路路面结构

主线道路沥青路面层的总厚度调整为 13cm,与人工岛非通航孔连接桥的沥青面层厚度保持相同,具体路面的结构组合及厚度自上而下为:铺装上层,4cm 改性沥青 SMA-13;黏层,改性乳化沥青;铺装下层,6cm 改性沥青 SMA-16;黏层,改性乳化沥青;调平层,3cm 改性沥青 AC-10(隧道为温拌混合料);防水黏结层,改性乳化沥青,接缝处 SBS 卷材;混凝土基面,采面抛丸处理,形成整洁、牢固、粗糙界面。

(2)环岛道路及匝道路基段路面结构

环岛道路的普通路基段采用常规的路面结构,路面层结构组成如下:铺装上层,4cm 改性沥青 SMA-13;黏层,改性乳化沥青;铺装下层,6cm 改性沥青 SMA-16;防水黏结层,改性乳化沥青;混凝土基面,采面抛丸处理,形成整洁、牢固、粗糙界面。

岛上建筑车行及人行出入口道路采用沥青面层,路面结构同环岛道路。

为避免沥青混合料摊铺施工时破坏及污染检修道及排水沟,在检修道连接路面铺装边侧位置预留 20mm 宽的挡板,待铺装层碾压并冷却后取出侧模,结构层铺装完成后下部填入 3 ~5mm 粒径碎石(10cm 厚),在其上灌入 3cm 厚热灌沥青填缝料,如图 1.5-11 所示。

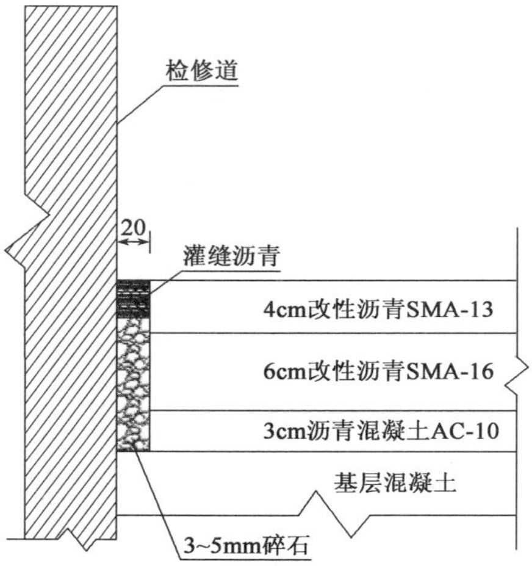

图 1.5-11　碎石盲沟设计方案

4)岛上排水

(1)排水设计思路

岛上排水共分为三部分,即岛上雨水排放、越浪量海水排放、生活污水处理。

①排水标准按重现期 100 年一遇的高水位和重现期 100 年一遇的波浪要素的组合条件下,经计算得出越浪量按 $0.005m^3$(s·m)的标准进行海水排水设防。同时按区域雨水范围内最大值深圳市雨量公式,重现期采用为 100 年一遇,流量为 1500L/s。

根据人工岛的功能要求,其隧道对排水要求较高,在结合防浪墙的设置等综合因素考虑,并采用越浪和雨水分别收集后,排至环岛排水沟,统一通过水泵排出岛外。

人工岛对雨水排放可划分两个区域,即外环区域和内环区域(以环岛道路为界),外环区域的雨水均通过竖向横坡,将雨水流至环岛排水沟,主要考虑该外环区域与越浪海水有交叉，因此采用明排的形式汇入排水沟。内环区域，靠近岛中，由于该区域不受到海水污染，因此对该区域的雨水排放进行了收集和利用，通过截水沟至雨水蓄水池（300m^3），该雨水量可保证岛内绿化 6 ~ 7 天的正常浇灌，如蓄水池灌满后可通过 2 根 ϕ50 溢流管排至环岛排水沟。建筑屋面雨水也通过排水管汇至截水沟。

根据人工岛防洪要求，设置了防浪墙，在极端工况下，对越浪海水采用设置环岛排水沟的形式进行收集，并通过泵房提升排放至岛外。根据重现期 100 年一遇的高水位和重现期 100 年一遇的波浪要素的组合条件下，越浪量为 0.005m^3（s · m）的标准进行海水排放设计，环岛排水沟采用 2m（内净宽）×2m（高）的设计，可满足排水要求。同时根据此排洪量，在全岛设置 4 座排水泵房，环岛南北侧各 2 座，每座泵房内共有 4 台水泵，分别为 2 台大泵和 2 台小泵，可满足不同流量排水的需求。2 台大泵单台流量 910L/s，扬程 7m，功率 100kW；2 台小泵单台流量 455L/s，扬程 7m，功率 55kW。为了考虑排水渠的美观，采用了 2m×2.2m 的盖板进行铺设，同时也便于维护。

由于岛上服务设施等功能划分，东人工岛每天高峰时在岛人数共计 2075 人，根据不同的用水标准，共计产生污水量 231.9075m^3/d，隧道消防清洗污水量为 35m^3/d，污水总量 266.9075m^3/d，按环保水质的排放标准，此污水不能直接排放至岛外。因此在岛上设置小型地埋式污水处理设备，处理池大小为 7m×7m×2m。

②设计也考虑了重现期 300 年一遇的高水位和重现期 300 年一遇的波浪要素的极端工况条件下东、西人工岛的排水方案。由于这是极端情况，在设计中从景观性、经济性等方面综合比较后，没有将其作为常备固定排水设施设置，而是作为临时设施考虑。针对重现期 300 年的高水位和重现期 300 年的波浪要素的极端工况条件下越浪标准按 0.015m^3（s · m）取值，经计算，在这极端情况下，增加排水设施总排水量大于 5.1m^3/s（固定设备排水总量为 7.28m^3/s），可采用 6 台单台流量 910L/s，扬程 7m，功率 100kW 的移动水泵进行排放以满足要求，该临时水泵在台风来临之前，可根据灾害预报，提前将水泵运至排水渠位置待命。该设备平时可放置于岛内设备房内，定期检修。另该设备的发电机可与隧道临时发电设备兼用。

（2）岛上段隧道排水

岛上段隧道的排水采用“截排结合、综合治理”的原则，排水总体目标是减少雨水进入隧道闭口段，对少量进入的雨水实现及时排走，不影响隧道的正常营运行车。岛上匝道 U 槽两侧根据横坡旋转方向在低侧设排水边沟，并通过横向排水暗沟将上游雨水引排，最终汇集至隧道主线洞口侧敞开段的排水边沟。隧道敞开段沿行车道路的低侧分别设排水边沟收集沿道路横向的雨水，闭合段洞口设横向截水沟收集沿道路纵坡的剩余雨水,通过闭口段截水沟汇集雨水到雨水泵房进行集中排放。为汇集敞开段及极端天气下沿纵向流入的少量桥面雨水,在减光段口部设路面排水暗沟,将上游进入排水边沟的雨水引流至室外雨水泵房提升排放。

①敞开段及暗埋段洞口外排水。

为提高隧道系统的排水能力,东、西人工岛隧道敞开段及暗埋段洞口外路面低侧设计A型排水边沟(检修道内腔)与B型纵向排水边沟(一体式成品排水沟)进行排水,排水边沟实物见图1.5-12,B型排水边沟与A型排水边沟之间设置连通管进行连通,连通管约每9m设置一道。为增大A型排水边沟(检修道内腔)过水能力,利用敞开段检修道底板下部空间(压舱混凝土层调节)进行排水。

a)A型排水边沟

b)B型排水边沟

图1.5-12　排水边沟实物图

②暗埋段洞口排水。

隧道暗埋段口部设一道路面横截沟,以拦截并汇集减光段及部分敞开段路面雨水,并通过在路面以下设置的两道排水暗沟,将雨水引流至隧道洞口雨水泵房提升排放。横向排水暗沟远离雨水泵房一侧设置缓冲段以调节水流流速。A型边沟(检修道内腔)中的水直接流入缓冲段暗沟中。B型边沟中的水通过横向连通管进入A型边沟(检修道内腔),进而汇集到缓冲段暗沟中。近雨水泵房侧A型边沟(检修道内腔)中的水沿纵向汇流,通过排水暗沟上方的OW2-2型检修道汇入排水暗沟中;B型边沟中的水通过横向连通管进入A型边沟(检修道内腔),进而汇集到排水暗沟中。

③岛上主线路基段排水。

东、西人工岛主线路基段路面雨水通过道路横坡排至场地排水设施,与主线路基段相接的敞开段OE10、OW10,在结构边墙内侧增设B型排水边沟,此段路面雨水通过排水边沟汇集至匝道横向暗埋排水沟,再由进出主线的匝道暗埋排水沟导入主线A型排水边沟。

④岛上匝道段排水。

东岛 A 匝道和 E 匝道在低点处增设横向暗埋排水沟，用于引导敞开段 OE10 路面雨水至 A 型排水沟；A、E 匝道路面较低侧均设置 B 型排水边沟，收集匝道路面雨水后接入 A 型排水沟。西岛匝道进出主线道路最低点附近位置设置横向暗埋排水沟，用于引导敞开段 OW10 路面雨水至 A 型排水沟，B 匝道边墙内侧设置 B 型排水边沟，起点位于 B 匝道横坡变向位置，接入横向暗埋排水沟；A 匝道路面较低侧设置 B 型排水边沟，收集匝道路面雨水后接入 A 型排水沟。

⑤排水边沟。

A 型排水边沟（兼检修道）：为提高隧道系统的排水能力，满足利用检修道下部空间排水及与 B 型边沟横向排水连通要求而设置的排水沟。检修道预制件具体类型及适用范围见表 1.5-1。

检修道类型及适用范围　　表 1.5-1

检修道类型	适 用 范 围	改 造 类 型
OW1 型	适用于隧道暗埋段（洞口排水暗沟以外部分）、敞开段、匝道段、一般段	底板切除
OW1-1 型	适用于检修道与 B 型边沟连通处	底板切除、侧向开孔
OW1-2 型	适用于缓冲段暗沟附近	下部切除
OW2 型	适用于排水沉沙井处，与 B 型边沟连通	侧向开孔
OW2-1 型	适用于隧道敞开段、暗埋段排水暗沟处	单侧开口
OW2-2 型	适用于隧道敞开段、暗埋段排水暗沟处	双侧开口

注：1. OW1、OW1-1 及 OW1-2 型检修道由原 OW1 型检修道预制件改造而成。
2. OW2、OW2-1 及 OW2-2 型检修道由原 OW2 型检修道预制件改造而成。

B 型排水边沟：采用整体式树脂混凝土线形排水沟，分为标准件（长 1m）、非标件及检查井三类。标准件适用于 B 型边沟一般段。检查井用于排水边沟后期的管养，布置在 B 型边沟与检修道连通位置。通过非标件实现标准件与检查井的过渡。

5）路缘石

东、西岛环岛路及建筑的出入口路缘石采用清水混凝土预制块。路缘石分两种规格，规格一：长 50cm × 宽 22cm × 高 30cm，规格二：长 50cm × 宽 22cm × 高 15cm。路缘石的布置范围如图 1.5-13 所示。

6）压舱混凝土

主线敞开段压舱混凝土采用 C30 素混凝土，压舱混凝土在排水边沟侧设置后浇带，路面层下压舱层可整体浇筑，也可以按先铺层、后铺层分步进行，后铺层（厚度在横向上有所不同)作为路面基层及调平层,浇筑时应加强控裂。压舱混凝土在结构变形缝处设置1cm缝宽。压舱层按10~15m间距设置一道横向缩缝,为假缝。如压舱混凝土中设计有横向截水沟及排水边沟等设施,混凝土施工时应注意预留。隧道主线路面横坡在敞开段K6+600~K6+660以及K12+851~K12+911之间渐变,横坡从2.5%变化为1.5%,横坡变化通过压舱混凝土厚度变化来实现。

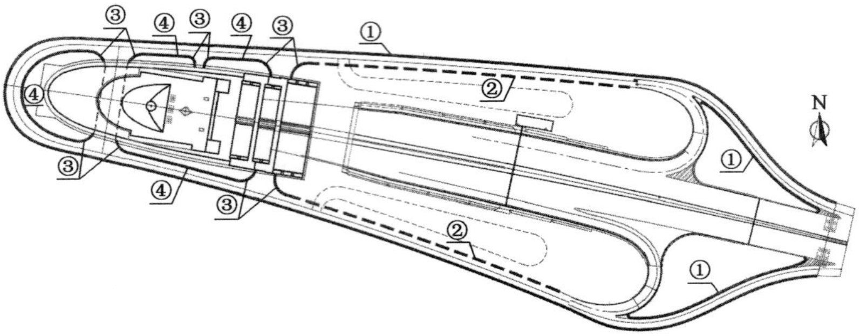

a)东岛路缘石平面布置图

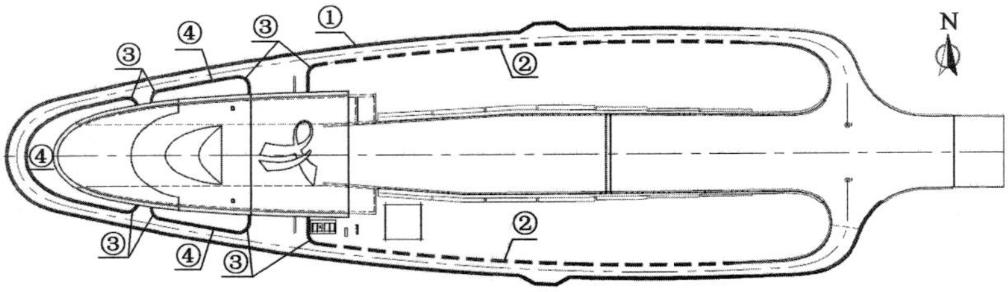

b)西岛路缘石平面布置图

图1.5-13　路缘石布置图

7)调平混凝土层

主线路基段在沥青铺装面层与道路结构混凝土之间设20cm厚混凝土调平层,调平层混凝土采用C30素混凝土。匝道U槽路面与混凝土结构层间的调平层采用C30素混凝土。

1.5.1.2　施工要点

1)主线路基段

主线路基段与敞开段相接,通过搭板段与非通航孔桥相接,形成岛桥过渡。主体采用平板结构形式,设置2.98%纵坡,如图1.5-14所示。路基段由东向西分三个节段浇筑。单节段结构尺寸偏小,结构形式与敞开段相比较为单一,可一次性浇筑成型。

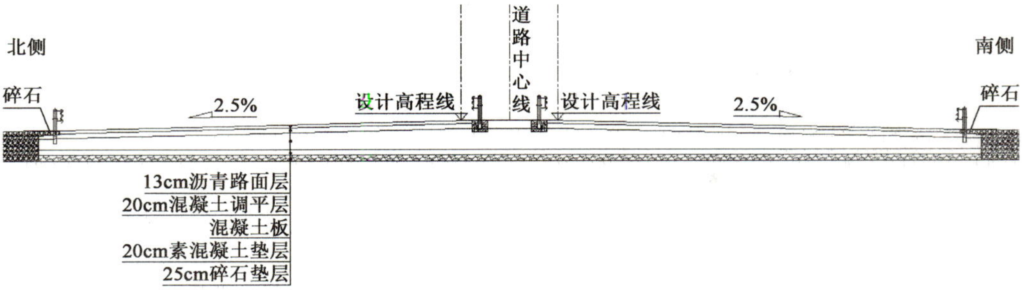

图 1.5-14 主线道路路基段总体布置图

2) 岛上道路(匝道)

U 槽段横断面为“U”形结构,分为 6 个节段,匝道由西向东逐块施工,选择跳仓施工,即施工顺序为 SRW1→SRW3→SRW2→NRW1→NRW3→NRW2。结构形式比较复杂,观感质量要求高,墙体净高低,选择一次性浇筑成型工艺。

3) 岛上道路(环岛路)

环岛道路分别与南北两侧匝道相接,主体采用平板结构形式,宽度由 7.5m 变化至 10.5m,对向双车道,道路横坡以 1.5% 为主,局部区域为 1.5% ~2.5% 的渐变段。环岛道路典型断面如图 1.5-15 所示。环岛道路可采用跳仓法进行施工,配置 8 套模板,确保一次浇筑混凝土板数量满足进度要求。

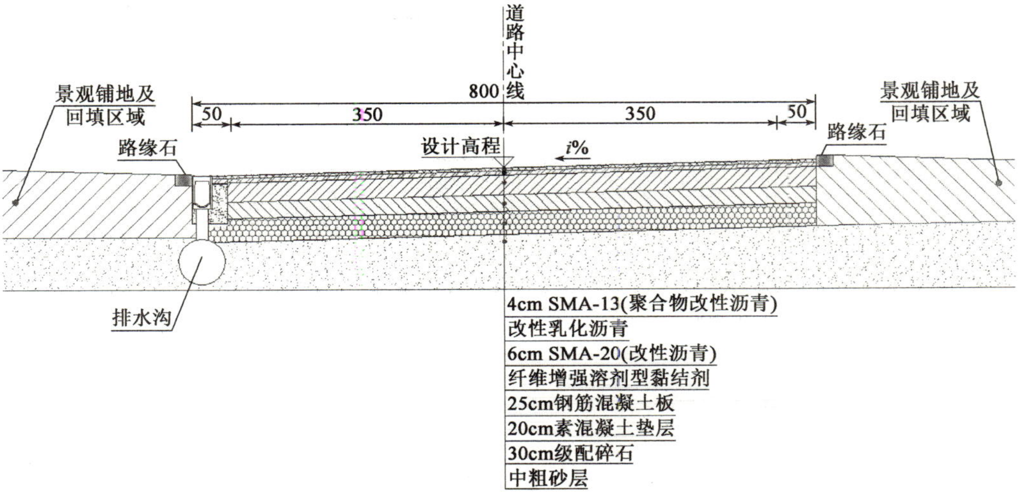

图 1.5-15 人工岛环岛道路典型断面图

4) 岛上道路附属工程

岛上道路附属工程种类多,与土建工程的交界面多,施工前应合理安排工序,减少交织干扰,确保满足交通安全、机电监控、服务保障方面的功能需要,同时使得附属工程与主体工程相互协调。

1.5.1.3 四新技术

(1)岛上匝道侧墙采用现浇清水混凝土,模板采用双层模板,工艺精细,确保混凝土表面美观。

(2)岛上排水沟系统采用树脂混凝土一体式成品,经久耐用、施工可控、景观效果好。

(3)岛上道路缘石采用预制清水混凝土小型构件,与岛上建筑场地及沥青路面相匹配,成就一道亮丽的风景线。

1.5.2 交通附属工程

1.5.2.1 防撞护栏

岛上主线道路及敞开段的中央分隔带、主线道路的场地一侧均设置防撞波形护栏,采用公路新型波形梁护栏,设计防护等级为A级。施工过程中,根据防撞护栏的材料或设备采购、安装及现场具体条件、功能需求等,对细部图纸进行调整完善。

1.5.2.2 预留预设

与岛上道路相关的预留预设主要包括路灯基础及线缆管道、门架式控制标志底座基础、下穿主线道路的管廊。

1.6 人工岛岛上建筑工程

1.6.1 人工岛造型及建筑

东人工岛建筑主要以旅游观光功能为主,西人工岛建筑主要以管理功能为主。在建筑造型上力求简洁大方,形式上追求统一,突出环保、节能的设计理念,使其与周边环境相协调,构成"岛即建筑、建筑即岛"的设计构想。在设计阶段分别提出了"扬帆起航""抱珠""海螺""中华盘龙"等多种建筑、景观造型方案构想,经过多方面的比选最终确定为以"生态岛"为理念、以海文化为背景的"蚝贝"形生态岛。该方案模拟海中的蚝贝,使岛型与环境协调,赋予工程浪漫与和谐的意义;采用曲线和椭圆的外轮廓,更接近自然的岛形。人工岛在夜景照明下,宛如一对碧玉,紧扣全线“珠联璧合”的理念。

1)建筑设计理念

岛上建筑设计要满足建筑指标及项目管理、养护救援和旅游观光等功能,突出“蚝贝”的设计理念,形成“岛即建筑、建筑即岛”的主题,将建筑与整个岛体及环境相融合。建筑设计考虑了以下几个方面:

(1)建筑外形采用平面为椭圆形的布置,与岛的轮廓相一致,顶面采用大斜坡的形式,使建筑成为岛体一部分。全岛以绿色为主调,设计了大量的绿化,建筑的屋顶设计了大斜坡的绿化,彰显了生态建筑的理念。

(2)岛上的建筑包括两个截然不同的功能形式,即营运、养护、管理、旅游部分和隧道排风设施部分。为了能使两部分的建筑内容合为一体,在设计上,采用隧道设备放置中间,营运管理用房环绕外侧的布置形式。在建筑的结构上采用内外双层建筑的形式,可以有效减小隧道排风设备的振动和噪声对管理人员及观光等人员活动的影响,满足功能需求。

(3)东人工岛具有旅游观光的功能,有较多的车辆需要停放,要求配有较大的停车场。人工岛的岛面高程为+5m,而外围防浪墙的高程在+7m左右。这样就形成了在岛的平面上视线被外围的防浪墙遮挡、无景观而言的状态。根据人工岛的实际情况,考虑将岛的一层建筑基本上设置为大面积的车辆停车场,既解决了停车的需求,也利于人员活动。

(4)在建筑节能方面设计了双层玻璃、导光管、地下热源开发等方式,提升设计品质,突出环保建筑的设计理念。

(5)建筑结构采用了清水混凝土结构。东人工岛建筑上部结构采用混凝土框架结构,1~8轴部分地面以下的部分结构直接与隧道相连接。根据建筑功能要求及地基不同情况,结构分为4部分,上部结构完全分开。部分建筑基础坐落于下部隧道结构顶板之上,结构柱直接支撑于隧道顶板。隧道两侧结构基础采用桩基础,桩基础采用挖孔灌注桩,桩底直接支承于岩层。

2)主体建筑设计

东人工岛主体建筑结构分为地下两层,地上四层,建筑高度为23.6m;西人工岛主体建筑结构分为地下两层,地上三层,建筑高度为20.2m。建筑结构形式为钢筋混凝土框架结构,主体结构和基础等结构构件设计使用年限与港珠澳大桥同为120年。

主体建筑竖向位于人工岛隧道暗埋段上,平面围绕隧道通排风防排烟孔(以下简称“中央风孔”)周边布置,建筑使用功能空间同中央风孔在平面上采用防火墙分隔,结构上采用变形缝完全隔开。主体建筑利用暗埋段空箱结构形成负二层,用作岛上建筑及隧道共用的设备用房,含35kV变电所及隧道用消防泵房等;主体建筑首层地面与隧道暗埋段顶板形成负一层,本层从东至西,层高依次递增,东部低层高区城用于管线夹层,主要用于集中布置从珠海过来的水、电管进入东人工岛,中部布置中央风孔及相应设备用房,西部稍高层高区域用于地下汽车库。首层沿中央风孔周边设置东人工岛及大桥的管理办公、养护救援等功能用房,二、三层沿着中央风孔考虑商业预留,四层布置成港珠澳大桥的模型展厅。

3)风塔造型设计

风塔是岛上唯一的高大建筑物,从整体综合功能出发,将风塔设计成曲线的三角形造型,形似贝壳的凸棱,摆脱了一般传统烟囱造型的感觉,与整体的环境协调,造型简洁统一。塔高41m,满足风塔的功能要求,与周边环境的建筑与环境相协调,成为建筑的组成部分。

1.6.2 清水混凝土

为了更好地树立港珠澳大桥的整体形象和提高耐久性,岛隧工程东、西人工岛敞开段、挡浪墙、岛上建筑的混凝土采用清水混凝土施工,成为国内最大规模清水混凝土建筑,在国内尚属首次。与传统混凝土不同,清水混凝土可以说是混凝土材料中最高级的表达形式,其表面平整光滑、色泽均匀、棱角分明、无碰损和污染,不需要二次修饰,在阳光的照射下有着大理石般的光泽,显得天然、庄重,它显示的是一种最本质的美感。

(1)清水模板制作为进一步加快进度,缩短模板现场安装时间,清水模板单元均提前制作,验收合格后运输至现场安装。主体建筑梁、板、墙的模板采用两层面板叠拼设计,内层面板紧贴混凝土构件采用PERI面板,外层衬板采用优质国产普通木面板,普通木模面板与PERI面板间用木工字梁使内、外层面板固定,内背楞为PERI木工字梁,贴面板横向放置并加固,间距为300mm;外背楞为双拼12号薄钢,竖向放置,间距1500mm。面板间采用2mm厚的黑色止浆条作为拼缝止浆措施。梁柱各倒角均无棱化,采用安装倒角条方式施工。

(2)清水混凝土施工

清水混凝土的主要施工工艺参数如表1.6-1所示。

清水混凝土浇筑工艺参数表 表1.6-1

工艺要点	具体参数	备注
分层厚度	50cm	保证振捣棒插入下层10cm左右
搅拌时间	150s	搅拌站控制

续上表

工艺要点	具体参数	备　注
间隔时间	不超过 2h	特别夏季尽量缩短
下料间距	2m	—
下料高度	≤50cm	—
振捣棒的选择	高频	—
振捣时间	25s	快速插入下层混凝土 10cm 并留振动
提棒速度	3～5cm/s	—
振捣间距	50cm	—
振捣棒距模板距离	30cm	—
二次振捣时间	1～3h	与环境温度有关,需随时观察
顶面压抹次数	3 次以上	压抹程度以表面压不动为止

(3)清水混凝土保护涂层

为保护清水混凝土成品表面清洁、便于维护、提高混凝土表面致密性及耐久性,参考国内外清水混凝土成品表面保护要求及案例,对隧道敞开段、挡浪墙、岛上主体建筑及附属建筑等部位涂刷氟硅型抗涂鸦保护剂。涂装后的清水混凝土表明光滑、色泽均匀,不沾污水、油、灰尘等杂物,外观质朴天然,如图 1.6-1 所示。

图 1.6-1　岛上建筑清水混凝土照片

1.6.3　洞口遮光建筑造型

在隧道的通道口,由于地面(敞开段)和隧道内(暗埋段)光差很大,驾驶员在强烈阳光下进入隧道洞口时,很容易造成视觉黑障,影响行车安全。因此在隧道洞口设置了光过渡路段,在敞开段设计了“光过渡结构”建筑,部分透光,光由强变暗,渐变而富有节奏,达到光线渐变的效果;在暗埋段则利用照明灯具的补充渐变布置,达到视觉上适应亮度渐变过程的目的,减光罩如图 1.6-2 所示。通过光过渡设计,在心理上和视觉上营造一个缓冲过渡期,降低交通事故的发生;造型形似贝壳中的纹理,独特优美,与主题相符,也构成了该岛一大特色景观。

图 1.6-2 洞口减光罩结构

1.6.4 泵房及管沟等附属设施

1)越浪泵房

越浪泵房建筑结构形式为钢混框剪结构,每个岛各设置 4 个,每个结构共两层,分地上、地下两部分,地下部分为钢筋混凝土水池,地上部分为变配电房,采用清水混凝土结构,混凝土强度等级为 C50。

2)雨水泵房

室外雨水泵房为钢混框剪结构,每个岛各设置 1 个,为埋地结构,共两层设计,其中负二层为水池,水池与敞开段截水沟相连,负一层主要设置水泵房及供水泵房用的变配电房,高程为 +0m ~ +5.6m,混凝土强度等级为 C50,楼梯外露部分及水泵间混凝土内墙部分采用清水混凝土结构。

3)消防废水池及消防水池

消防废水池分单层设计,每岛各设一个,混凝土强度等级为 C50。消防水池为钢混框剪结构,每岛设置 1 个,为埋地结构。消防水池分单层设计,混凝土强度等级为 C50。

4)室外管井与管沟

室外管井与管沟包含环岛排水沟、排水明沟、电缆沟、排水箱涵、沉沙井、污水井、阀门井、电缆井、检修管廊、检修竖井、隔油器基坑、化粪池、高杆灯基础等现浇钢筋混凝土结构。

1.7　人工岛耐久性措施

1.7.1　总体思路

耐久性是一项系统性工程，耐久性设计包含耐久性分析、应对措施、施工标准、运营期维护保养、监测评估以及耐久性再设计，属一种综合性体系设计。首先依据结构所处环境类别及作用等级进行耐久性分析，然后根据各结构构件不同的设计使用年限，对结构构造和材料分别提出耐久性要求，再施加合理的耐久性防护措施；施工时须达到既定的施工标准，并完成监测系统布设；运营阶段按既定方案进行维护保养，结合监测结果需进行结构状态评估，依据评估结果进行耐久性再设计。

1.7.2　耐久性设计

1.7.2.1　岛体结构构件

岛体结构构件设计采取的耐久性措施包括：

(1)选用海工耐久混凝土，控制混凝土原材料满足设计要求。

(2)所用的水泥、砂、石、水、外掺剂及混合材料的质量和规格，必须符合有关技术规范，严格按规定的配合比施工。

(3)保证保护层厚度：预制码头沉箱底板为40mm，隔板为30mm，临海侧外墙为65mm，非临海侧外墙50mm；预制减载沉箱为75mm；预制栅栏板为55mm；沉箱上部胸墙为100mm。

(4)控制计算裂缝宽度：预制码头沉箱浪溅区为0.2mm，水位变动区为0.25mm，水下区为0.3mm；预制减载沉箱为0.3mm；沉箱上部胸墙为0.2mm。

(5)预制码头沉箱选用开孔消浪沉箱结构形式，沉箱混凝土养护采用在沉箱顶布管扎喷水潮湿养护的方法，养护时间为14d。

(6)预制减载沉箱舱格内外壁和现浇胸墙海侧外表面采用硅烷浸渍防腐涂装，采用高性能双层环氧树脂涂层钢筋。

(7)钢圆筒属临时结构，不进行专门的耐久性设计，满足施工期耐久性要求即可。东、西人工岛筒壁采用Q235B碳素钢，圆筒直径22.0m，壁厚16mm，壁厚可满足30年的结构强度设计，因此也可以理解为钢圆筒的设计年限为30年。

(8)严格按照施工技术规范的规定进行施工和养护,严禁使用海水养护。

1.7.2.2　岛上道路构件

1)匝道U槽结构为钢筋混凝土结构

设计采取的耐久性措施包括:

(1)采用海工耐久混凝土,混凝土强度等级不小于C45(28d龄期)、C50(56d龄期),控制混凝土原材料耐久性指标满足设计要求。

(2)保证最小混凝土保护层厚度,迎水侧为70mm,背水侧不小于50mm,抗渗等级不小于P8。

(3)控制计算裂缝宽度小于0.20mm。

2)调平混凝土为素混凝土结构

(1)选用强度等级不小于C30的混凝土;

(2)设置完善排水系统与设施。

3)波形梁护栏为钢结构

设计采用的耐久性措施包括:

(1)A级波形梁护栏,材质为Q235钢,设计使用寿命15年。

(2)防撞护栏各部件在焊接和安装前都应进行热浸锌处理,镀锌厚度及工艺应满足《公路三波梁护栏》(JT/T 457—2007)的要求。

4)岛上道路铺装为沥青路面

具体要求包括:

(1)设计使用寿命不小于15年,沥青混合料的技术指标满足设计要求。

(2)上面层采用40mm改性沥青SMA-13,下面层为60mm厚的改性沥青SMA-20。

(3)上下面层间设改性乳化沥青黏结层。

1.7.2.3　附属工程构件

1)岛上给排水管路采用钢筋混凝土结构

设计采取的耐久性措施包括:

(1)选用强度等级不小于C40的海工耐久混凝土。

(2)保证保护层厚度不小于50mm。

(3)控制计算裂缝宽度小于0.2mm。

2）排水管路的检查盖板

盖板采用可更换成品，设计采取的耐久性措施包括：

（1）管路的检查井及人孔井盖采用球墨铸铁盖板，盖板喷涂聚脲涂料，设计厚度不应小于 1.5mm，排水明沟采用钢格栅盖板。

（2）设计使用寿命不小于 15 年。

1.7.3　耐久性维护

人工岛主体混凝土结构耐久性维护应满足以下要求：

（1）应配备海工（结构）维护工程师，进行日常、定期、特别时期的结构检查，及时发现问题并进行处理。

（2）按 1 次/6 月对岛体结构的外观状况、早期破损进行经常性检查，人工岛完工 1 年内可适当增加频次，根据检查结果查明原因后制订相应的修补措施。

（3）按 1 次/6 月对岛体结构的沉降、变形等结构健康状况进行系统全面检查，根据检查结果对结构整体性能、功能状况进行专业分析评估，形成结构安全性和耐久性年度综合评估报告，并与设计预期进行比对分析，预测后续发展趋势，必要时研究并提出处理方案。全面检查包含但不限于岛体稳定性、沉降、斜坡式岛壁滑动、护岸冲刷防护等情况。

（4）在岛体结构遭遇地震、台风、爆炸或船舶撞击等异常事件后，对遭受影响的结构立即进行详细检查，及时掌握结构受损情况，进行有针对性的抢修，并提出相应对策。

1.7.4　耐久性监测

岛隧工程采用人工巡检和自动监测系统相结合的方式对主体混凝土结构进行耐久性监测，为主体混凝土结构耐久性维护、耐久性状态评估和耐久性再设计提供基本资料和依据。

1.8　本章小结

港珠澳大桥东、西人工岛为桥隧转换人工岛，该类型人工岛在国内尚无先例，在国际上也仅有日本东京湾木更津人工岛、美国 Chesapeak 湾人工岛、丹麦—瑞典厄勒海峡人工岛等极少数工程。此类人工岛的功能要求极高，它是连接桥梁与隧道的重要载体，涉及深厚软土地基处理、陆域形成、岛壁结构、岛隧接合部结构、隧道暗埋段结构、隧道敞开段结构、深基坑支护结构等大量复杂的工程设计和施工，同时还要面临外海环境下的波流、潮位影响，而人工岛的建设又在很大程度上制约整个工程的施工进度，可以说港珠澳大桥人工岛的建设难度在国际上是罕见的。经过数年的设计施工实践，成功在外海深厚软基上建成了东、西两座人工岛，形成了成套的外海人工岛设计施工技术。

CHAPTER TWO

第2章

设计水文地质关键参数研究及确定

根据港珠澳大桥主体工程初步设计工作开展的需要，开展设计波要素和水流计算分析专题研究工作。采用理论总结和数值模拟手段，分析沿桥轴线各区段不同方位、不同重现期设计波要素和设计水流参数，为工程设计、桥墩冲刷试验、人工岛模型试验、桥墩基础波流力试验等提供基础资料。

2.1　设计波浪推算

2.1.1　外海设计波浪要素

2.1.1.1　大万山波浪资料分析

国家海洋局曾在珠江口外大万山岛设立波浪观测站，采用 HAB1-2 型岸用光学测波仪进行波浪观测，测波点位于 21°56′N、113°43′E，测波浮标处水深约 30m。该站波浪观测资料对珠江口外波浪具有一定的代表性。

依据大万山站 1986 年和 1988 年风、浪同步观测资料，通过对几个主要波向进行风-浪相关分析，得到不同方向的风浪关系如下：

$$\text{SE} \sim \text{ESE}: \quad H_{1/10} = 0.45\ V^{0.9} \tag{2.1-1}$$

$$\text{S} \sim \text{SSE}: \quad H_{1/10} = 0.27\ V^{1.0} \tag{2.1-2}$$

$$\text{SW} \sim \text{SSW}: \quad H_{1/10} = 0.17\ V^{1.2} \tag{2.1-3}$$

式中，V 为海面上 10m 高度风速。由于大万山站风和浪的相关性不是很好，上述关系式仅供参考。

依据大万山站 1986 年和 1988 年风、浪同步观测资料对 SE ~ SW 向波高和波周期进行统计分析，得到如下波高-波周期经验公式：

$$\overline{T} = 4.30{H_{1/10}}^{0.45} \tag{2.1-4}$$

2.1.1.2　台风浪数学模型

珠江口外海大浪主要是台风引起的，由于缺少实测资料，只能利用台风浪数学模型进行台风极值波浪的推算。台风浪数学模型的基本控制方程与文圣常等提出的混合型海浪数值模式相同，数值求解方法则采用稳定性较好的特征线嵌入网格法。

该风浪模式将海浪分为风浪、涌浪两部分分别计算。风浪部分采用有效波的能量平衡方程式：

$$\frac{\partial E}{\partial t}+\nabla\cdot[(\vec{C}_g+\vec{U})E]+\frac{\partial}{\partial\theta}\{[(\vec{C}_g+\vec{U})\cdot\nabla\theta]E\}+\frac{1}{2}S_{ij}\left(\frac{\partial U_i}{\partial x_j}+\frac{\partial U_j}{\partial x_i}\right)=S_w$$

(2.1-5)

式中，E 为单位截面铅直水柱内的有效波波动能量；∇为梯度算子；$\vec{C}_g$ 为有效波群速；$\vec{U}$ 为流速；S_{ij} 为辐射应力张量；S_w 为水柱内由于海面风应力输入的能量、流对浪的传输、浪的折射、能量消耗等各种作用综合导致的能量增长率。

涌浪计算采用谱分量能量平衡方程式：

$$\frac{\partial F}{\partial t}+\nabla\cdot[(\vec{C}_g+\vec{U})F]+\frac{\partial}{\partial\theta}\{[(\vec{C}_g+\vec{U})\cdot\nabla\theta]F\}+\frac{1}{2}S_{ij}\left(\frac{\partial U_i}{\partial x_j}+\frac{\partial U_j}{\partial x_i}\right)=S_s$$

(2.1-6)

式中，$F=\frac{2}{\pi}\cos^2\theta S(\omega)$，代表频率为 ω、方向为 θ 的方向谱；$S(\omega)$ 为风浪频谱，取文圣常提出的理论风浪谱谱型；$\vec{C}_g$ 为组成波群速；S_s 为源函数，它包括逆风效应项 S_{in} 和底摩擦项 S_{db}。

逆风效应项参照 Snyder 等人的结果，写成如下形式：

$$S_{in}=3\times10^{-4}\omega\frac{V\cos(\varphi-\psi)}{C}F(\omega,\theta) \tag{2.1-7}$$

式中，V 为海面上 10m 高度风速；φ 为组成波波向，ψ 为风向，且有 $\theta=\varphi-\psi$；C 为组成波速。

底摩擦项采用 Collins 的结果：

$$S_{db}=-\frac{fgk^2|\overline{C}_g+\overline{U}|<u>}{(\omega chkd)^2} \tag{2.1-8}$$

式中，f 为摩擦系数；k 为波数；d 为水深；$<u>$ 为水质点的均方根速度，其值为：

$$<u>=\left[\iint\left(\frac{gk}{\omega chkd}\right)^2F(\omega,\theta)\mathrm{d}\theta\mathrm{d}\omega\right]^{\frac{1}{2}} \tag{2.1-9}$$

采用特征线嵌入网格法计算求解。改写成：

$$\frac{\partial E}{\partial t}+(C_{gx}+U_x)\frac{\partial E}{\partial x}+(C_{gy}+U_y)\frac{\partial E}{\partial y}=G_s \tag{2.1-10}$$

式中，G_s 包含源函数项 S_v 及折射项与辐射应力项等。

引入特征线方程：

$$\frac{\mathrm{d}x}{\mathrm{d}t}=C_{gx}+U_x \tag{2.1-11}$$

$$\frac{\mathrm{d}y}{\mathrm{d}t} = C_{gy} + U_y \tag{2.1-12}$$

波能 E 在空间中的传播速度为 $(\vec{C}_g + \vec{U})$，它确定了波能 E 在空间中的传播路径。可进一步改写为：

$$\frac{DE}{Dt} = G_s \tag{2.1-13}$$

式中，$\frac{DE}{Dt} = \left\{\frac{\partial}{\partial t} + \frac{\mathrm{d}x}{\mathrm{d}t}\cdot\frac{\partial}{\partial x} + \frac{\mathrm{d}y}{\mathrm{d}t}\cdot\frac{\partial}{\partial y}\right\}\frac{D}{Dt}$，表示波能在沿特征线传播过程中随时间的变化率为 G_s。

特征线嵌入网格法的第一步是采用后退特征线法求出在 t 时刻传至网格点 (x_m, y_n) 的波能、在 $t-\Delta t$ 时刻的位置 (x_0, y_0) 及波能值 E_0。x_0、y_0 由式(2.1-14)和式(2.1-15)的差分形式求出：

$$x_0 = x_m - [C_{gx}(m,n,t-\Delta t) + U_x(m,n,t-\Delta t)]\Delta t \tag{2.1-14}$$

$$y_0 = y_n - [C_{gy}(m,n,t-\Delta t) + U_y(m,n,t-\Delta t)]\Delta t \tag{2.1-15}$$

在 $t-\Delta t$ 时刻 (x_0, y_0) 点处的波能 E_0 可通过 $t-\Delta t$ 时刻网格点上的波能值插值求得，插值公式采用四点双线性插值公式。求出 x_0、y_0、E_0 后，对时间积分即求出 t 时刻网格点 (x_m, y_n) 上的波能值：

$$E(m,n,t) = E_0 + G_s(m,n,t-\Delta t)\Delta t \tag{2.1-16}$$

进行台风风场模拟时，需选择合适的台风气压场模式。目前国内外较多采用的是藤田模式、高桥模式、Myers 模式、Jelesnianski 模式等，这些模式均将台风气压场近似处理为圆形气压场，由不同气压场模式计算的风速比较接近。国家海洋环境预报中心的台风暴潮模式在距台风中心距离 $0 \leqslant r \leqslant 2R_0$（$R_0$ 为台风最大风速半径）时采用藤田模式，在 $r > 2R_0$ 时采用高桥模式计算气压场：

$$P(r) = P_\infty - \frac{\Delta P}{\sqrt{1 + 2\left(\frac{r}{R_0}\right)^2}} \qquad 0 \leqslant r \leqslant 2R_0 \tag{2.1-17}$$

$$P(r) = P_\infty - \frac{\Delta P}{1 + \frac{r}{R_0}} \qquad 2R_0 < r < \infty \tag{2.1-18}$$

式中，$\Delta P = P_\infty - P_0$，$P_\infty$ 是台风外围气压，P_0 是台风中心气压，R_0 是最大风速半径，r 是计算点至台风中心距离。本文采用此气压模式计算台风气压场分布，并利用地面天气图对部分台风过程进行修正。

台风域中的风场由两个矢量场叠加而成，其一是与梯度风成比例的对称风场，其二是由台风移速决定的风场。梯度风速 V_1 可由下式计算：

$$V_1 = \sqrt{(r\omega\sin\Phi)^2 + \frac{r}{\rho_a}\frac{\partial p}{\partial r}} - r\omega\sin\Phi \tag{2.1-19}$$

式中，ω 为地球自转角速度；Φ 为地理纬度；ρ_a 为空气密度。

$$V_1 = r\left\{-\frac{f}{2} + \sqrt{\frac{f^2}{4} + \frac{2\Delta P}{\rho_a R_0^2}\left[1 + 2\left(\frac{r^2}{R_0^2}\right)\right]^{-3/2}}\right\},\ 0 \leqslant r \leqslant 2R_0 \tag{2.1-20}$$

$$V_1 = r\left\{-\frac{f}{2} + \sqrt{\frac{f^2}{4} + \frac{\Delta p}{\rho_a(1 + r/R_0)^2 R_0 r}}\right\},\ 2R_0 \leqslant r \leqslant \infty \tag{2.1-21}$$

台风移动产生的风场采用上野武夫的公式：

$$\overline{V}_2 = \overline{V}_d\exp\left(-\frac{\pi}{4}\frac{|r - R_0|}{R_0}\right) \tag{2.1-22}$$

式中，$\overline{V}_d$ 为台风移动速度。

台风合成风场由这两部分风速按如下形式叠加而成。

$$\begin{pmatrix} W_x \\ W_y \end{pmatrix} = C_1\frac{V_1}{r}\begin{pmatrix} -(x - x_c)\sin\beta - (y - y_c)\cos\beta \\ (x - x_c)\cos\beta - (y - y_c)\sin\beta \end{pmatrix} + C_2\overline{V}_2 \tag{2.1-23}$$

式中，β 是梯度风与海面风的订正角，取 $\beta = 20^\circ$；C_1、C_2 是常数，取 $C_1 = 0.8$，$C_2 = 1.0$。

针对本工程的台风浪数学模型计算范围约为 980km × 860km，空间网格步长取 10km，时间步长取 36s。

2.1.1.3　台风浪数学模型验证

上述风浪数学模型经过较多实测资料的检验，已被国家海洋预报中心用于中国沿海海浪数值预报。这里以 8621 号台风为例，给出台风浪数值计算结果与实测资料的比较。图 2.1-1 为计算得到的 1986 年 10 月 18 日风速、波高、波周期过程与大万山站实测数据对比，由图中可见，计算值和实测值之间符合良好，实测波高最大值和计算波高最大值基本一致。图 2.1-2 为 1986 年 10 月 18 日 06 时和 12 时珠江口附近海域的波浪场，图中箭头矢量长度表示有效波高，箭头矢量方向表示波浪传播方向。此外，还利用 2008 年万山站测波点的多次台风浪实测资料，对台风浪数学模型进行了验证。0809 号、0812 号和 0814 号台风万山站波浪计算值和实测值的对比结果见图 2.1-3，从图中可见，三次台风计算值和实测值基本符合，计算的 0809 号台风最大有效波高比实测值大一些，0812 号和 0814 号台风的最大有效波高计算值和实测值很接近。

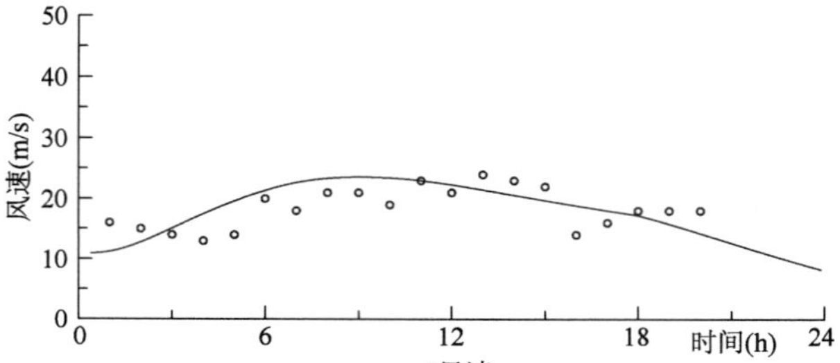

a)风速

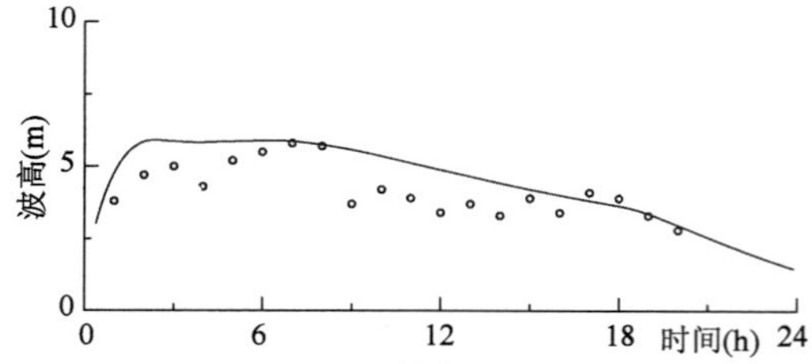

b)波高$H_{1/10}$

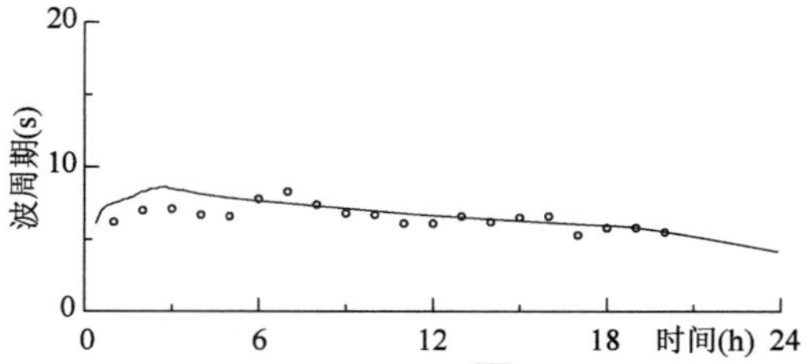

c)波周期$\overline{T}$

图 2.1-1　8621 号台风浪数值计算结果与万山站实测资料比较(1986 年 10 月 18 日)

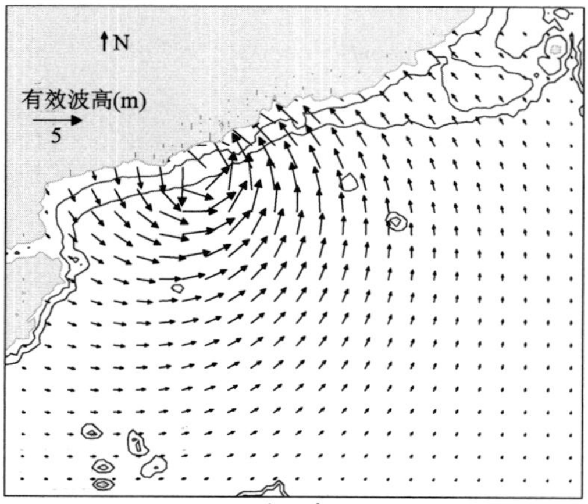

a)06时

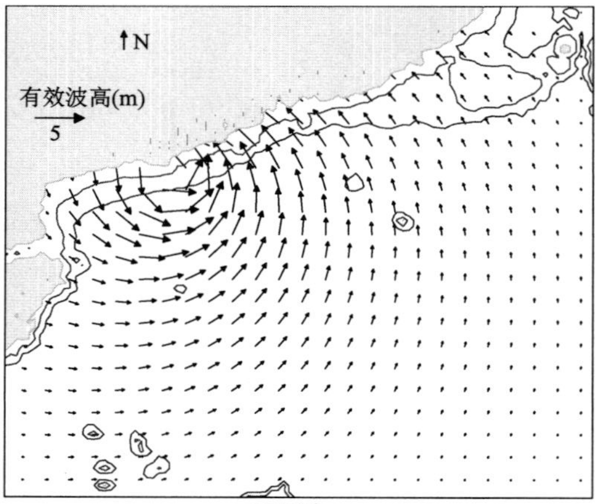

b)12时

图 2.1-2　1986 年 10 月 18 日 8621 号台风波浪场

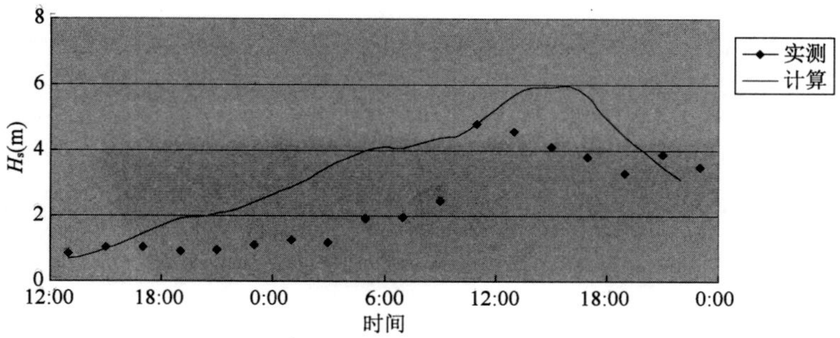

a)0809号台风

图　2.1-3

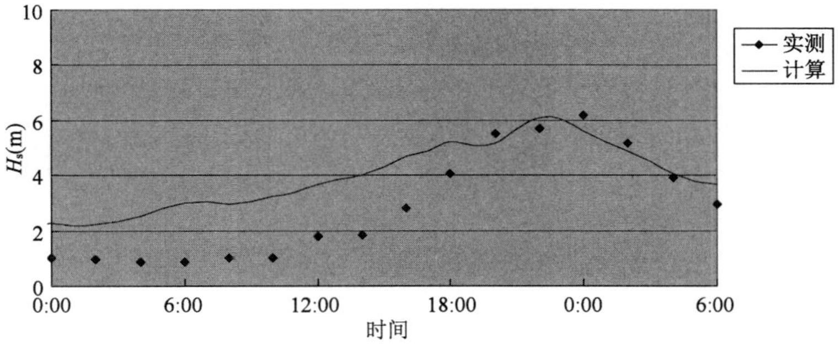

b)0812号台风

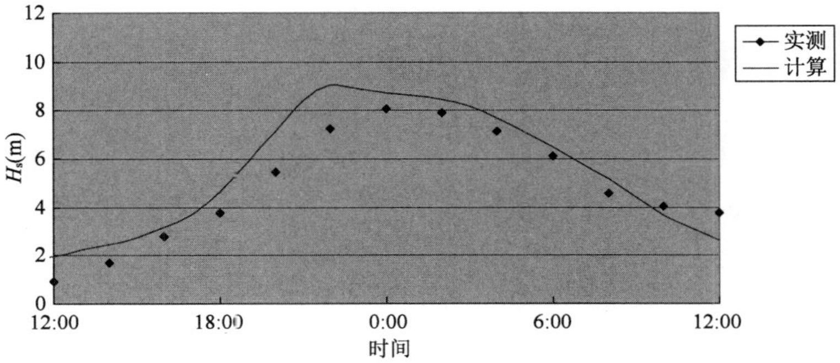

c)0814号台风

图 2.1-3 0809 号、0812 号和 0814 号台风万山站波高计算值和实测值比较

2.1.1.4 外海波要素计算结果

依据 1949—2008 年共计 60 年的台风资料,采用台风浪模型计算了对工程水域有较大影响的 137 次台风在珠江口外产生的台风浪,得到位于珠江口外海 -40m 水深处历次台风过程的波要素。对台风浪推算结果采用 Poisson 复合 P-Ⅲ分布进行分方向频率分析。该方法是对每一次台风浪过程中选取指定波向上的最大 $H_{1/10}$,采用 P-Ⅲ分布拟合这些极值波高的经验频率点,按最小二乘准则估计 P-Ⅲ分布的参数。而台风大浪的出现是一随机点过程,基本满足平稳性、独立增量性和普通性条件,故一年中台风大浪的出现次数近似服从 Poisson 分布。根据随机点过程理论,可按 Poisson 复合 P-Ⅲ分布计算不同重现期波高,计算公式如下:

$$\frac{1}{T_R} = p = P\{H \geqslant H_p\} = 1 - \exp\{-\lambda[1 - F(H_p)]\} \tag{2.1-24}$$

式中,λ 为台风大浪的年平均出现次数,T_R为波浪重现期,p 为波浪出现频率,H_p表示重现期为 T_R的波高,$F(x)$为 P-Ⅲ分布。

采用上述方法计算出 SE ~ ESE、S ~ SSE 和 SW ~ SSW 三个主要方向的不同重现期

波高(见表2.1-1)。

外海(-40m处)设计波要素　表2.1-1

重现期(年)	SE ~ ESE			S ~ SSE			SW ~ SSW		
	$H_{1/10}$ (m)	H_s (m)	$\overline{T}$ (s)	$H_{1/10}$ (m)	H_s (m)	$\overline{T}$ (s)	$H_{1/10}$ (m)	H_s (m)	$\overline{T}$ (s)
1000	18.76	15.81	16.1	14.72	12.24	14.4	15.14	12.61	14.6
300	16.76	14.03	15.3	13.32	11.02	13.8	13.27	10.98	13.8
200	16.06	13.41	15.0	12.83	10.60	13.6	12.62	10.42	13.5
100	14.85	12.35	14.5	11.97	9.86	13.1	11.49	9.45	12.9
50	13.60	11.27	13.9	11.07	9.09	12.7	10.33	8.46	12.3
20	11.84	9.75	13.1	9.79	8.01	12.0	8.72	7.11	11.4
10	10.40	8.53	12.3	8.72	7.11	11.4	7.37	5.99	10.6
5	8.75	7.14	11.4	7.48	6.08	10.6	5.83	4.71	9.5
2	5.75	4.65	9.4	5.07	4.09	8.9	3.95	3.18	8.0

2.1.2　桥梁和人工岛区段设计波要素

根据技术要求,采用波浪数学模型,推算桥梁和人工岛区段沿线、隧道沿线的波浪要素。

采用波浪数学模型推算桥梁和人工岛区段波浪要素,其中桥区波浪计算考虑波浪重现期为2年、5年、10年、20年、50年、100年、200年和300年的设计波要素。其中10年、100年、200年和300年一遇设计波要素的计算水位采用相应重现期的高水位、设计高水位(高潮累积频率10%,下同)、平均水位和设计低水位(低潮累积频率90%,下同)四种组合,2年和5年一遇设计波要素的计算水位采用设计高水位和设计低水位两种组合,50年一遇和20年一遇设计波要素的计算水位采用相应重现期的高、低水位两种组合。波向为:外海传入波浪计算方位考虑SSW、S、SSE、SE和ESE向;有限风区浪考虑W、NW、NNW、N和NE向。桥位沿线波浪计算点坐标列于表2.1-2,位置见图2.1-4。

沿桥轴线特征点位置 表2.1-2

点位	位置名称	坐标（X,54北京坐标）	坐标（Y,54北京坐标）	水深（85黄海基面,m）
CW-1	东人工岛	2465017.8	38484256.0	9.9
CW-2	西人工岛	2465239.5	38477666.4	8.5
CW-3	K15+850	2465225.3	38474633.3	5.8
CW-4	青州航道桥	2465208.8	38472005.2	6.2
CW-5	K23+80	2463563.4	38467883.2	4.9
CW-6	江海直达船航道桥	2461464.0	38463911.0	4.9
CW-7	K31	2460066.8	38460923.7	4.5
CW-8	九州航道桥	2458331.2	38458340.5	4.3
CW-9	大桥西端	2456972.9	38456409.1	2.8

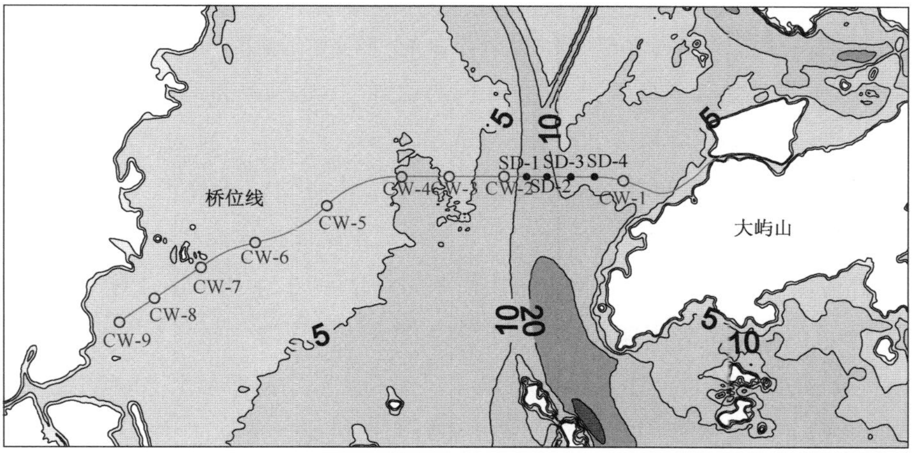

图2.1-4 波浪计算点位置示意图

隧道区段波浪要素推算，波浪重现期为10年、50年、100年、300年、1000年的设计波要素；计算水位采用相应重现期的高、低水位两种组合；波向：SSW、S、SSE和SE向。沿隧道区特征点位置列于表2.1-3，位置见图2.1-5。

沿隧道区特征点位置 表2.1-3

点　　位	坐标（X）	坐标（Y）	水深（85黄海基面,m）
SD-1	2465231.8	38478904.8	14.5
SD-2	2465231.4	38480029.5	17.9
SD-3	2465232.0	38481347.0	8.9
SD-4	2465242.7	38482667.9	10.0

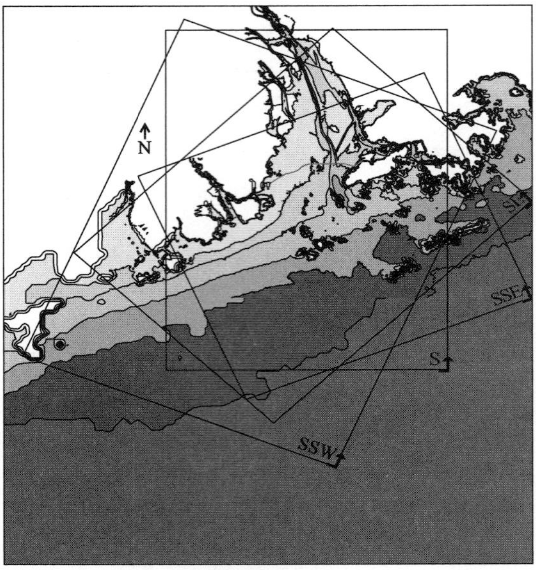

图 2.1-5　外海波浪各方向计算区域示意图

“港珠澳大桥气象与风参数研究、设计风速论证”专题推算得到横澜、珠海两站 10m 高度各风向、各重现期设计风速,其中横澜站 SE ~ SW 向风速一般大于珠海站。横澜站位于珠江口外侧,对珠江口外风速有较好代表性,珠海站位于珠海市香洲区烟墩山(22°17′N、113°35′E),距离本工程较近,对工程附近水域风速代表性较好。因此,本文计算波浪由外海向工程水域传播变形时采用横澜站设计风速,采用风浪计算方法推算 W ~ N ~ NE 向小风区波浪时采用珠海站设计风速。根据《港珠澳大桥桥位持续气象观测和风参数专题研究年度报告》,横澜站 10m 高度风速和大桥中部海面上 10m 高度风速基本一致,可不做修正。而大桥中部海面风速比大桥西岸风速大 19% 左右,因此在风浪计算时对珠海站风速取 1.2 的修正系数。

1)SSW ~ ESE 方向波浪场计算

拟建桥位横跨珠江口两岸,珠江口外有万山列岛、佳蓬列岛、担杆列岛等众多岛屿,桥址的东侧受大屿山、香港岛的掩护,西侧受澳门、横琴岛掩护,影响工程区的外海波浪主要包括 ESE ~ S ~ SSW 这几个波向。进行工程水域波浪传播数值计算时主要考虑 SSW、S、SSE、SE、ESE 几个波向,各方向起始边界条件采用表 2.1-4 中外海波浪要素。采用前一节介绍的高阶抛物型缓坡方程数学模型进行各主要波向的波浪传播变形数值计算,图 2.1-5 列出四个方向波浪数值计算区域。计算中沿波浪传播方向的计算网格空间步长为 20m,垂直于波浪传播方向的空间步长为 40m。计算中综合考虑了风能输入和底摩擦损耗的影响,底摩擦系数取 0.01,计算风速采用表 2.1-4 横澜站的对应重现期风速。

表 2.1-4

横澜、珠海各风向各重现期设计风速(m/s)

站名	重现期(年)	N	NNE	NE	ENE	E	ESE	SE	SSE	S	SSW	SW	WSW	W	WNW	NW	NNW
横澜(1961—2003年)	2	15.9	14.7	15.5	17.9	19.2	16.7	15.0	14.0	13.9	12.8	14.3	13.1	13.1	11.8	10.2	10.4
	5	20.5	19.6	20.7	22.6	24.1	22.2	19.9	18.8	19.1	17.3	18.8	16.5	17.2	15.3	13.8	14.5
	10	24.3	23.7	24.9	26.3	28.1	26.7	23.8	22.9	23.3	21.0	22.5	19.2	20.5	18.2	16.8	18.0
	20	27.9	27.6	29.0	29.9	31.8	31.0	27.6	26.7	27.4	24.5	26.0	21.9	23.7	20.9	19.6	21.3
	50	32.7	32.7	34.4	34.6	36.7	36.6	32.5	31.7	32.7	29.1	30.6	25.3	27.8	24.5	23.4	25.5
	100	36.2	36.4	38.3	38.1	40.4	40.7	36.2	35.4	36.6	32.6	34.0	27.8	30.9	27.1	26.1	28.7
	200	39.7	40.0	42.2	41.5	43.6	44.8	39.7	39.0	40.1	35.8	37.2	30.1	33.8	29.7	28.8	31.3
	300	41.8	42.4	44.6	43.6	46.2	47.3	41.9	41.3	42.8	38.0	39.4	31.9	35.8	31.3	30.5	33.8
	1000	48.1	49.0	51.0	49.7	52.6	54.8	48.4	48.0	49.8	44.2	45.5	36.4	41.3	36.0	35.5	39.4
珠海(1961—2003年)	2	10.9	10.3	13.2	14.0	16.7	14.7	12.6	8.9	9.8	9.2	11.0	10.8	10.4	8.3	10.2	11.1
	5	15.6	15.7	18.1	19.4	22.4	20.3	17.6	14.0	14.5	14.0	16.1	15.7	15.2	13.4	15.0	16.1
	10	19.4	20.2	22.1	23.8	27.1	24.8	21.5	18.1	18.3	17.9	20.2	19.7	19.1	17.7	18.9	20.3
	20	23.1	24.4	25.9	28.0	31.5	29.1	25.4	22.1	22.0	21.7	24.2	23.5	22.9	21.8	22.6	24.3
	50	27.8	29.9	30.8	33.4	37.2	34.7	30.3	27.2	26.7	26.5	29.3	28.5	27.7	27.1	27.5	29.5
	100	31.4	34.0	34.5	37.5	41.5	38.9	34.0	31.0	30.3	30.2	33.2	32.2	31.4	31.1	31.2	33.4
	200	31.8	37.8	38.0	41.1	45.7	42.8	37.5	34.6	33.7	33.5	36.7	35.6	34.7	34.8	34.5	37.2
	300	37.0	40.5	40.4	43.9	48.3	45.5	39.8	37.1	35.9	35.9	39.2	38.1	37.1	37.3	36.9	39.5
	1000	43.3	47.8	46.7	50.6	55.9	52.6	46.2	43.6	42.1	42.1	45.7	44.4	43.3	44.2	43.1	46.4

图 2.1-6 与图 2.1-7 给出了在 300 年一遇波浪重现期和 300 年一遇高水位组合条件下四个方向(SSW、S、SSE、SE)外海波浪向珠江口内传播的波高 H_s(m)数值计算分布，图 2.1-8、图 2.1-9 给出了这四个方向波高矢量图，图中箭头代表波浪方向，长度代表相对波高。

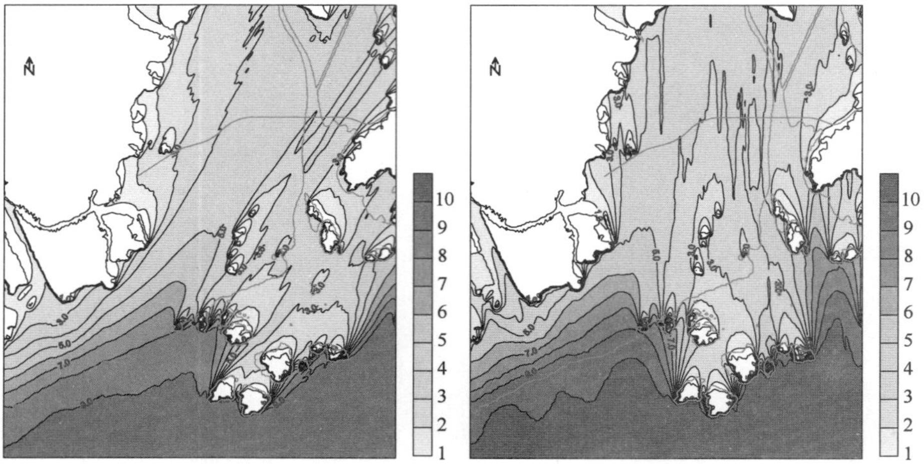

a)SSW方向　　b)S方向

图 2.1-6　SSW、S 方向 300 年一遇波浪 +300 年一遇高水位组合下波高 H_s 分布图

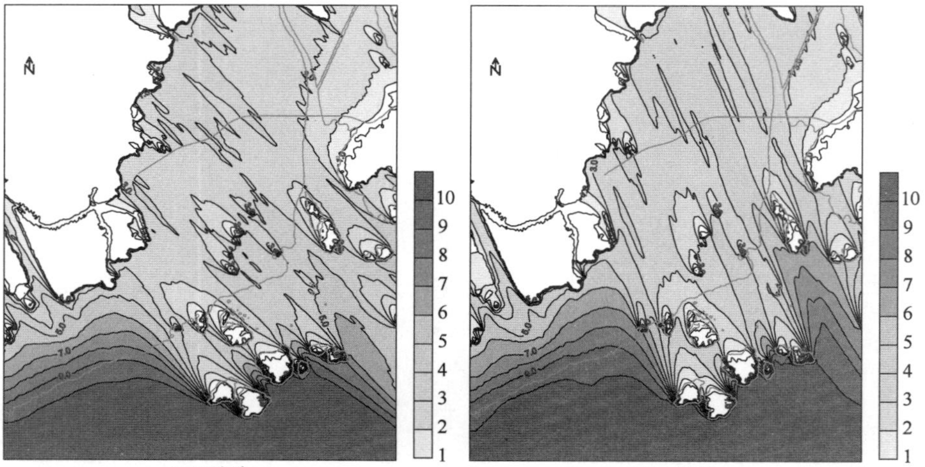

c)SSE方向　　d)SE方向

图 2.1-7　SSE、SE 方向 300 年一遇波浪 +300 年一遇高水位组合下波高 H_s 分布

表 2.1-5 ~ 表 2.1-7 分别列出桥区计算点 CW-1 ~ CW-9 在波向分别为 SSW、S、SSE、SE 方向，波浪重现期为 300 年一遇，以及对应高、低水位条件下的波浪要素计算结果；表 2.1-8 ~ 表 2.1-10 是桥区计算点四个方向，波浪重现期为 300 年一遇设计高、低水位

组合下的波浪要素计算结果;表 2.1-11 ~ 表 2.1-13 是桥区计算点 ESE 方向,波浪重现期为 300 年一遇和对应重现期水位、设计高、低水位组合下的波浪要素计算结果。表中给出了不同累积率的波高、波周期、波向等要素。确定各方向波周期时,比较了数模计算得出的混合浪波周期和由九澳站测量的波周期与波高关系式,比较结果表明数模计算得出的桥位沿线各点的波周期一般小于计算的波周期,为工程安全考虑,表 2.1-13 和表 2.1-14 中波周期计算取桥位沿线较大值作为设计值。

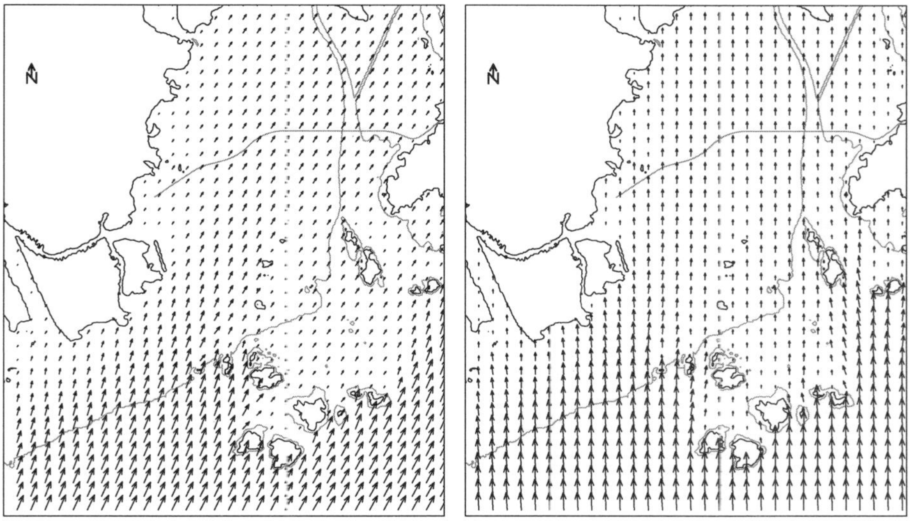

图 2.1-8 SSW、S 方向 300 年一遇波浪 +300 年一遇高水位组合下波高矢量图

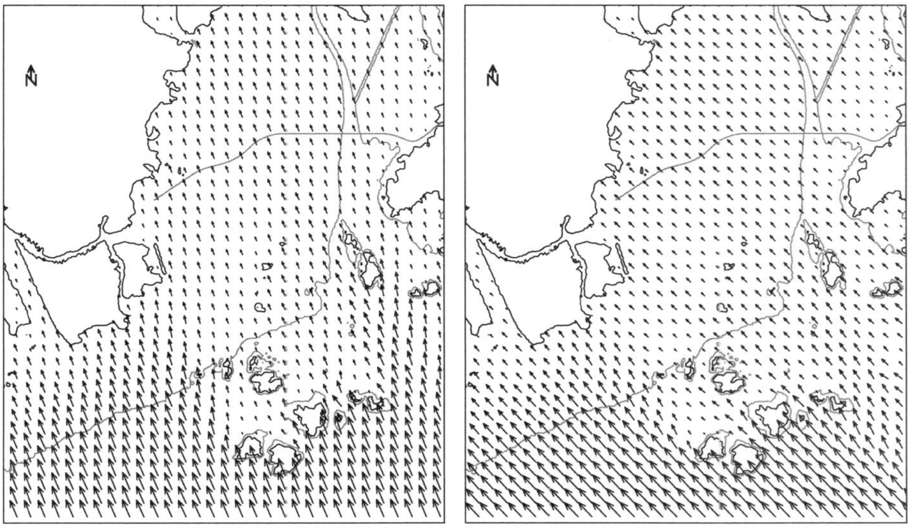

图 2.1-9 SSE、SE 方向 300 年一遇波浪 +300 年一遇高水位组合下波高矢量图

桥址计算点 SSW 方向 300 年一遇波浪要素　　表 2.1-5

水位	300 年一遇高水位							平均水位						
计算点	$H_{1\%}$ (m)	$H_{1/10}$ (m)	$H_{5\%}$ (m)	H_s (m)	$\overline{T}$ (s)	$\overline{L}$ (m)	波向 (°)	$H_{1\%}$ (m)	$H_{1/10}$ (m)	$H_{5\%}$ (m)	H_s (m)	$\overline{T}$ (s)	$\overline{L}$ (m)	波向 (°)
CW-1	4.78	4.12	3.99	3.40	10.8	115.4	203	4.43	3.84	3.73	3.20	10.8	102.8	203
CW-2	5.70	4.93	4.78	4.09	10.8	118.4	203	4.91	4.26	4.14	3.56	10.8	106.5	202
CW-3	5.57	4.92	4.79	4.19	10.8	99.1	203	3.82	3.82	3.82	3.50	10.8	82.2	202
CW-4	5.52	4.87	4.74	4.14	10.8	99.6	201	3.88	3.88	3.88	3.55	10.8	82.8	202
CW-5	5.23	4.83	4.72	4.15	10.8	94.4	200	3.27	3.27	3.27	3.27	10.8	75.9	202
CW-6	5.21	4.61	4.50	3.94	10.8	92.9	201	3.27	3.27	3.27	3.25	10.8	73.9	203
CW-7	3.91	3.41	3.32	2.86	10.8	92.9	202	3.04	2.71	2.64	2.32	10.8	73.9	203
CW-8	3.21	2.77	2.69	2.30	10.8	92.4	203	2.45	2.14	2.08	1.80	10.8	73.2	203
CW-9	2.53	2.18	2.12	1.81	10.8	83.8	203	1.78	1.56	1.52	1.32	10.8	60.8	203

桥址计算点 S 方向 300 年一遇波浪要素　　表 2.1-6

水位	300 年一遇高水位							平均水位						
计算点	$H_{1\%}$ (m)	$H_{1/10}$ (m)	$H_{5\%}$ (m)	H_s (m)	$\overline{T}$ (s)	$\overline{L}$ (m)	波向 (°)	$H_{1\%}$ (m)	$H_{1/10}$ (m)	$H_{5\%}$ (m)	H_s (m)	$\overline{T}$ (s)	$\overline{L}$ (m)	波向 (°)
CW-1	4.07	3.48	3.38	2.86	10.5	111.6	180	3.59	3.09	3.00	2.55	10.5	99.5	180
CW-2	5.70	4.93	4.78	4.09	10.5	114.5	180	5.42	4.73	4.60	3.97	10.5	103.1	180
CW-3	5.45	4.80	4.68	4.08	10.5	96	180	3.82	3.82	3.82	3.82	10.5	79.7	180
CW-4	5.43	4.78	4.66	4.06	10.5	96.5	180	3.88	3.88	3.88	3.74	10.5	80.3	180
CW-5	5.23	4.69	4.58	4.02	10.5	91.5	180	3.27	3.27	3.27	3.27	10.5	73.6	180
CW-6	5.23	4.65	4.54	3.98	10.5	90.1	181	3.27	3.27	3.27	3.27	10.5	71.7	180
CW-7	5.00	4.51	4.40	3.86	10.5	90.1	180	3.04	3.04	3.04	2.94	10.5	71.7	180
CW-8	4.48	3.94	3.84	3.34	10.5	89.6	179	2.98	2.98	2.91	2.58	10.5	71.0	180
CW-9	3.31	2.90	2.82	2.44	10.5	81.2	180	2.02	1.86	1.82	1.60	10.5	59.0	180

桥址计算点 SSE 方向 300 年一遇波浪要素　　表 2.1-7

水位	300 年一遇高水位							平均水位						
计算点	$H_{1\%}$ (m)	$H_{1/10}$ (m)	$H_{5\%}$ (m)	H_s (m)	$\overline{T}$ (s)	$\overline{L}$ (m)	波向 (°)	$H_{1\%}$ (m)	$H_{1/10}$ (m)	$H_{5\%}$ (m)	H_s (m)	$\overline{T}$ (s)	$\overline{L}$ (m)	波向 (°)
CW-1	3.24	2.76	2.67	2.25	10.5	111.6	158	3.13	2.68	2.60	2.20	10.5	99.5	158
CW-2	6.07	5.26	5.11	4.38	10.5	114.5	157	5.36	4.67	4.54	3.92	10.5	103.1	157
CW-3	5.40	4.75	4.63	4.04	10.5	96	158	3.82	3.82	3.82	3.61	10.5	79.7	158
CW-4	5.73	5.06	4.94	4.32	10.5	96.5	158	3.88	3.88	3.88	3.88	10.5	80.3	158
CW-5	5.23	4.79	4.68	4.11	10.5	91.5	157	3.27	3.27	3.27	3.27	10.5	73.6	157
CW-6	4.70	4.14	4.03	3.52	10.5	90.1	157	3.27	3.27	3.27	3.21	10.5	71.7	157
CW-7	5.00	4.58	4.47	3.93	10.5	90.1	158	3.04	3.04	3.04	2.93	10.5	71.7	158
CW-8	4.94	4.43	4.32	3.79	10.5	89.6	158	2.98	2.98	2.92	2.59	10.5	71.0	158
CW-9	3.98	3.98	3.98	3.63	10.5	81.2	158	2.02	2.02	2.02	1.98	10.5	59.0	158

桥址计算点 SE 方向 300 年一遇波浪要素　　表 2.1-8

水位	300 年一遇高水位							平均水位						
计算点	$H_{1\%}$ (m)	$H_{1/10}$ (m)	$H_{5\%}$ (m)	H_s (m)	$\overline{T}$ (s)	$\overline{L}$ (m)	波向 (°)	$H_{1\%}$ (m)	$H_{1/10}$ (m)	$H_{5\%}$ (m)	H_s (m)	$\overline{T}$ (s)	$\overline{L}$ (m)	波向 (°)
CW-1	3.03	2.58	2.50	2.10	10.4	110.3	135	2.64	2.25	2.18	1.84	10.4	98.5	135
CW-2	4.51	3.87	3.75	3.18	10.4	113.2	135	4.27	3.68	3.57	3.05	10.4	102.0	135
CW-3	5.05	4.42	4.31	3.74	10.4	95	135	3.82	3.82	3.82	3.59	10.4	78.9	135
CW-4	5.26	4.61	4.50	3.91	10.4	95.4	135	3.88	3.88	3.88	3.54	10.4	79.5	135
CW-5	5.23	4.65	4.54	3.98	10.4	90.5	135	3.27	3.27	3.27	3.27	10.4	72.9	135
CW-6	5.10	4.50	4.39	3.84	10.4	89.1	135	3.27	3.27	3.27	3.23	10.4	71.0	135
CW-7	4.80	4.24	4.13	3.61	10.4	89.1	135	3.04	3.04	3.04	2.88	10.4	71.0	135
CW-8	4.80	4.23	4.13	3.61	10.4	88.6	135	2.98	2.98	2.98	2.73	10.4	70.3	135
CW-9	3.98	3.98	3.98	3.64	10.4	80.4	135	2.02	2.02	2.02	1.98	10.4	58.5	135

桥址计算点 SSW 方向 300 年一遇波浪要素

表 2.1-9

水位	设计高水位							设计低水位						
计算点	$H_{1\%}$ (m)	$H_{1/10}$ (m)	$H_{5\%}$ (m)	H_s (m)	$\bar{T}$ (s)	$\bar{L}$ (m)	波向 (°)	$H_{1\%}$ (m)	$H_{1/10}$ (m)	$H_{5\%}$ (m)	H_s (m)	$\bar{T}$ (s)	$\bar{L}$ (m)	波向 (°)
CW-1	4.58	3.96	3.85	3.29	10.8	110.8	203	4.28	3.73	3.63	3.13	10.8	96.3	203
CW-2	5.27	4.57	4.44	3.81	10.8	88.4	202	4.59	4.00	3.89	3.35	10.8	100.5	203
CW-3	4.48	4.32	4.22	3.73	10.8	88.9	203	3.02	3.02	3.02	3.02	10.8	73.0	203
CW-4	4.54	4.38	4.28	3.78	10.8	82.8	202	3.08	3.08	3.08	3.08	10.8	73.7	202
CW-5	3.93	3.93	3.93	3.79	10.8	81.0	202	2.47	2.47	2.47	2.47	10.8	65.5	202
CW-6	3.93	3.93	3.88	3.44	10.8	81.0	202	2.47	2.47	2.47	2.34	10.8	63.1	203
CW-7	3.39	2.98	2.90	2.53	10.8	80.4	203	2.24	2.24	2.13	1.89	10.8	63.1	203
CW-8	2.77	2.41	2.35	2.02	10.8	69.6	203	1.91	1.68	1.63	1.42	10.8	62.3	203
CW-9	2.12	1.85	1.80	1.55	10.8	110.8	203	0.94	0.82	0.80	0.69	10.8	46.5	203

桥址计算点 S 方向 300 年一遇波浪要素

表 2.1-10

水位	设计高水位							设计低水位						
计算点	$H_{1\%}$ (m)	$H_{1/10}$ (m)	$H_{5\%}$ (m)	H_s (m)	$\bar{T}$ (s)	$\bar{L}$ (m)	波向 (°)	$H_{1\%}$ (m)	$H_{1/10}$ (m)	$H_{5\%}$ (m)	H_s (m)	$\bar{T}$ (s)	$\bar{L}$ (m)	波向 (°)
CW-1	3.73	3.21	3.11	2.64	10.5	103.9	180	3.46	2.99	2.90	2.48	10.5	93.4	180
CW-2	5.50	4.77	4.64	3.99	10.5	107.2	180	5.17	4.53	4.41	3.83	10.5	97.3	180
CW-3	4.48	4.48	4.48	3.97	10.5	85.7	180	3.02	3.02	3.02	3.02	10.5	70.8	180
CW-4	4.54	4.47	4.36	3.86	10.5	86.2	180	3.08	3.08	3.08	3.08	10.5	71.5	180
CW-5	3.93	3.93	3.93	3.93	10.5	80.3	180	2.47	2.47	2.47	2.47	10.5	63.6	180
CW-6	3.93	3.93	3.93	3.82	10.5	78.5	181	2.47	2.47	2.47	2.36	10.5	61.3	180
CW-7	3.70	3.70	3.70	3.69	10.5	78.5	180	2.24	2.24	2.24	1.99	10.5	61.3	180
CW-8	3.64	3.64	3.61	3.20	10.5	78.0	180	2.18	1.98	1.93	1.70	10.5	60.5	180
CW-9	2.68	2.51	2.45	2.16	10.5	67.6	180	1.16	1.16	1.16	1.16	10.5	45.2	180

桥址计算点 **SSE** 方向 **300** 年一遇波浪要素　　表 2.1-11

水位	设计高水位							设计低水位						
计算点	$H_{1\%}$(m)	$H_{1/10}$(m)	$H_{5\%}$(m)	H_s(m)	$\overline{T}$(s)	$\overline{L}$(m)	波向(°)	$H_{1\%}$(m)	$H_{1/10}$(m)	$H_{5\%}$(m)	H_s(m)	$\overline{T}$(s)	$\overline{L}$(m)	波向(°)
CW-1	3.17	2.71	2.63	2.22	10.5	103.9	158	3.07	2.64	2.56	2.18	10.5	93.4	158
CW-2	5.72	4.98	4.84	4.17	10.5	107.2	158	5.04	4.41	4.29	3.72	10.5	97.3	158
CW-3	4.48	4.32	4.22	3.73	10.5	85.7	158	3.02	3.02	3.02	3.02	10.5	70.8	158
CW-4	4.54	4.54	4.54	4.15	10.5	86.2	158	3.08	3.08	3.08	3.08	10.5	71.5	158
CW-5	3.93	3.93	3.93	3.88	10.5	80.3	157	2.47	2.47	2.47	2.47	10.5	63.6	157
CW-6	3.93	3.93	3.93	3.49	10.5	78.5	157	2.47	2.47	2.47	2.29	10.5	61.3	158
CW-7	3.70	3.70	3.70	3.63	10.5	78.5	158	2.24	2.24	2.24	1.99	10.5	61.3	158
CW-8	3.64	3.64	3.64	3.31	10.5	78.0	158	2.18	2.00	1.95	1.72	10.5	60.5	158
CW-9	2.68	2.68	2.68	2.68	10.5	67.6	157	1.22	1.22	1.22	1.15	10.5	45.2	158

桥址计算点 **SE** 方向 **300** 年一遇波浪要素　　表 2.1-12

水位	设计高水位							设计低水位						
计算点	$H_{1\%}$(m)	$H_{1/10}$(m)	$H_{5\%}$(m)	H_s(m)	$\overline{T}$(s)	$\overline{L}$(m)	波向(°)	$H_{1\%}$(m)	$H_{1/10}$(m)	$H_{5\%}$(m)	H_s(m)	$\overline{T}$(s)	$\overline{L}$(m)	波向(°)
CW-1	2.75	2.34	2.27	1.91	10.4	102.8	135	2.50	2.14	2.07	1.75	10.4	92.4	135
CW-2	4.39	3.78	3.66	3.12	10.4	106.0	135	4.12	3.57	3.46	2.97	10.4	96.3	135
CW-3	4.48	4.28	4.18	3.69	10.4	84.8	135	3.02	3.02	3.02	3.02	10.4	70.1	135
CW-4	4.54	4.25	4.15	3.65	10.4	85.3	135	3.08	3.08	3.08	3.08	10.4	70.8	135
CW-5	3.93	3.93	3.93	3.69	10.4	79.5	135	2.47	2.47	2.47	2.47	10.4	63.0	135
CW-6	3.93	3.93	3.93	3.65	10.4	77.7	135	2.47	2.47	2.47	2.30	10.4	60.7	135
CW-7	3.70	3.70	3.70	3.51	10.4	77.7	135	2.24	2.24	2.24	1.98	10.4	60.7	135
CW-8	3.64	3.64	3.64	3.42	10.4	77.2	135	2.18	2.10	2.06	1.82	10.4	59.9	135
CW-9	2.68	2.68	2.68	2.68	10.4	66.9	135	1.22	1.22	1.22	1.14	10.4	44.7	135

桥址计算点 ESE 方向 300 年一遇波浪要素　　表 2.1-13

水位	300 年一遇高水位							平均水位						
计算点	$H_{1\%}$ (m)	$H_{1/10}$ (m)	$H_{5\%}$ (m)	H_s (m)	$\overline{T}$ (s)	$\overline{L}$ (m)	波向 (°)	$H_{1\%}$ (m)	$H_{1/10}$ (m)	$H_{5\%}$ (m)	H_s (m)	$\overline{T}$ (s)	$\overline{L}$ (m)	波向 (°)
CW-1	3.10	2.64	2.56	2.15	10.4	110.3	112	2.86	2.44	2.37	2.00	10.4	98.5	112
CW-2	4.64	3.99	3.86	3.28	10.4	113.2	112	4.43	3.83	3.72	3.18	10.4	102.0	112
CW-3	4.71	4.11	4.00	3.46	10.4	95.0	112	3.82	3.76	3.67	3.25	10.4	78.9	112
CW-4	4.59	4.00	3.89	3.36	10.4	95.4	112	3.88	3.82	3.73	3.30	10.4	79.5	112
CW-5	5.23	4.65	4.54	3.98	10.4	90.5	112	3.27	3.27	3.27	3.27	10.4	72.9	112
CW-6	5.17	4.57	4.45	3.90	10.4	89.1	112	3.27	3.27	3.27	3.24	10.4	71.0	112
CW-7	5.00	4.55	4.44	3.90	10.4	89.1	112	3.04	3.04	3.04	2.90	10.4	71.0	112
CW-8	4.94	4.37	4.27	3.74	10.4	88.6	112	2.98	2.98	2.98	2.80	10.4	70.3	112
CW-9	3.98	3.98	3.98	3.60	10.4	80.4	112	2.02	2.02	2.02	1.98	10.4	58.5	112

2）W ~ NE 方向波浪场计算

拟建桥位位于珠江口内，湾内水域宽阔，口内东西向水域最宽处达 40km，桥位北侧水域也达 30 ~ 50km。除外海波浪外，W ~ NE 向的小风区波浪也可能对桥位沿线产生影响，有必要对这些方向的风浪进行推算。根据《海港水文规范》，当对岸距离小于 100km 时，可利用重现期风速推算相应重现期的波浪要素。为充分反映珠江口内深槽、浅滩交替的复杂水下地形，采用根据大风浪公式建立的风浪数学模型进行珠江口水域风浪数值计算。各方向重现期计算风速采用表 2.1-4 珠海站相应方向的重现期风速。计算波向考虑 W、WNW、NW、NNW、N、NNE、NE 七个方向，波浪重现期与水位计算组合与 SSW ~ SE 方向相同。

表 2.1-15 ~ 表 2.1-21 分别列出桥区计算点 CW-1 ~ CW-8 和 CW-9 点在波向分别为 W、WNW、NW、NNW、N、NNE、NE 七个方向，波浪重现期为 300 年一遇，以及对应重现期高、低水位条件下的波浪要素计算结果；表 2.1-22 ~ 表 2.1-28 分别列出桥区计算点 CW-1 ~ CW-8和 CW-9 点在波向分别为 W、WNW、NW、NNW、N、NNE、NE 七个方向，波浪重现期为 300 年一遇和设计高、低水位组合下的波浪要素计算结果。表中波周期根据桥位测波点 A 处波周期与波高关系式确定。

桥址计算点 ESE 方向 300 年一遇波浪要素　　表 2.1-14

水位	设计高水位							设计低水位						
计算点	$H_{1\%}$ (m)	$H_{1/10}$ (m)	$H_{5\%}$ (m)	H_s (m)	$\overline{T}$ (s)	$\overline{L}$ (m)	波向 (°)	$H_{1\%}$ (m)	$H_{1/10}$ (m)	$H_{5\%}$ (m)	H_s (m)	$\overline{T}$ (s)	$\overline{L}$ (m)	波向 (°)
CW-1	2.94	2.51	2.43	2.05	10.4	102.8	112	2.76	2.36	2.29	1.94	10.4	92.8	112
CW-2	4.50	3.88	3.77	3.21	10.4	106.0	112	4.03	3.49	3.39	2.90	10.4	96.7	112
CW-3	4.36	3.84	3.75	3.28	10.4	84.8	112	3.02	3.02	3.02	2.98	10.4	70.8	112
CW-4	4.50	3.98	3.88	3.40	10.4	85.3	112	3.08	3.08	3.08	3.08	10.4	71.4	112
CW-5	3.93	3.93	3.93	3.85	10.4	79.5	112	2.47	2.47	2.47	2.47	10.4	63.8	112
CW-6	3.93	3.93	3.93	3.73	10.4	77.7	112	2.47	2.47	2.47	2.33	10.4	61.4	112
CW-7	3.70	3.70	3.70	3.58	10.4	77.7	112	2.24	2.24	2.23	1.98	10.4	61.4	112
CW-8	3.64	3.64	3.64	3.48	10.4	77.2	112	2.18	2.18	2.17	1.93	10.4	60.7	112
CW-9	2.68	2.68	2.68	2.68	10.4	66.9	112	1.22	1.22	1.22	1.14	10.4	45.8	112

桥址计算点 W 方向 300 年一遇波浪要素　　表 2.1-15

水位	300 年一遇高水位							平均水位				
计算点	$H_{1\%}$ (m)	$H_{1/10}$ (m)	$H_{5\%}$ (m)	H_s (m)	$\overline{T}$ (s)	$\overline{L}$ (m)	$H_{1\%}$ (m)	$H_{1/10}$ (m)	$H_{5\%}$ (m)	H_s (m)	$\overline{T}$ (s)	$\overline{L}$ (m)
CW-1	4.51	3.87	3.75	3.19	5.60	46.5	4.06	3.51	3.40	2.91	5.38	41.6
CW-2	4.30	3.68	3.57	3.02	5.47	45.1	3.66	3.15	3.05	2.59	5.13	39.0
CW-3	4.07	3.53	3.43	2.94	5.41	41.1	3.23	2.82	2.75	2.38	4.95	32.3
CW-4	3.98	3.45	3.35	2.87	5.35	40.6	3.12	2.72	2.65	2.29	4.87	31.7
CW-5	3.70	3.21	3.12	2.68	5.20	37.7	2.78	2.44	2.37	2.06	4.66	28.2
CW-6	3.50	3.04	2.95	2.53	5.08	36.1	2.72	2.38	2.32	2.02	4.62	27.4
CW-7	3.12	2.69	2.61	2.23	4.81	33.2	2.53	2.21	2.15	1.86	4.46	26.1
CW-8	3.00	2.59	2.51	2.14	4.73	32.2	2.34	2.04	1.98	1.71	4.31	24.7
CW-9	2.66	2.30	2.23	1.91	4.51	28.5	1.87	1.65	1.61	1.40	3.96	19.5

桥址计算点 WNW 方向 300 年一遇波浪要素　　表 2.1-16

水位	300 年一遇高水位						平均水位					
计算点	$H_{1\%}$ (m)	$H_{1/10}$ (m)	$H_{5\%}$ (m)	H_s (m)	$\overline{T}$ (s)	$\overline{L}$ (m)	$H_{1\%}$ (m)	$H_{1/10}$ (m)	$H_{5\%}$ (m)	H_s (m)	$\overline{T}$ (s)	$\overline{L}$ (m)
CW-1	4.40	3.78	3.66	3.11	5.54	45.7	3.93	3.39	3.29	2.81	5.31	40.6
CW-2	4.27	3.66	3.54	3.00	5.45	44.9	3.65	3.13	3.04	2.58	5.12	38.9
CW-3	4.06	3.52	3.42	2.93	5.40	41.0	3.19	2.79	2.71	2.35	4.92	32.0
CW-4	3.97	3.44	3.34	2.86	5.35	40.5	3.12	2.72	2.65	2.29	4.87	31.7
CW-5	3.69	3.20	3.11	2.67	5.19	37.6	2.81	2.46	2.40	2.08	4.68	28.3
CW-6	3.54	3.07	2.98	2.56	5.10	36.3	2.72	2.38	2.32	2.02	4.62	27.4
CW-7	3.22	2.78	2.70	2.31	4.89	34.0	2.54	2.22	2.16	1.87	4.47	26.2
CW-8	2.80	2.41	2.34	1.99	4.59	30.7	2.28	1.98	1.93	1.66	4.25	24.2
CW-9	2.62	2.26	2.20	1.88	4.48	28.2	1.85	1.63	1.58	1.38	3.94	19.3

桥址计算点 NW 方向 300 年一遇波浪要素　　表 2.1-17

水位	300 年一遇高水位						平均水位					
计算点	$H_{1\%}$ (m)	$H_{1/10}$ (m)	$H_{5\%}$ (m)	H_s (m)	$\overline{T}$ (s)	$\overline{L}$ (m)	$H_{1\%}$ (m)	$H_{1/10}$ (m)	$H_{5\%}$ (m)	H_s (m)	$\overline{T}$ (s)	$\overline{L}$ (m)
CW-1	4.49	3.86	3.74	3.18	5.59	46.4	3.89	3.36	3.26	2.78	5.28	40.3
CW-2	4.28	3.67	3.56	3.01	5.46	45.0	3.68	3.16	3.06	2.60	5.14	39.1
CW-3	3.89	3.37	3.27	2.80	5.30	39.8	3.15	2.76	2.68	2.32	4.90	31.8
CW-4	3.82	3.30	3.20	2.74	5.25	39.3	3.12	2.72	2.65	2.29	4.87	31.7
CW-5	3.59	3.11	3.02	2.59	5.13	36.9	2.83	2.48	2.42	2.10	4.70	28.5
CW-6	3.40	2.94	2.86	2.45	5.01	35.3	2.69	2.36	2.30	2.00	4.60	27.2
CW-7	3.18	2.75	2.67	2.28	4.86	33.7	2.55	2.23	2.17	1.88	4.48	26.2
CW-8	2.75	2.36	2.29	1.95	4.55	30.3	2.28	1.98	1.93	1.66	4.25	24.2
CW-9	2.49	2.15	2.09	1.78	4.38	27.3	1.81	1.59	1.55	1.35	3.90	19.1

桥址计算点 NNW 方向 300 年一遇波浪要素 表 2.1-18

水位	300 年一遇高水位							平均水位				
计算点	$H_{1\%}$ (m)	$H_{1/10}$ (m)	$H_{5\%}$ (m)	H_s (m)	$\overline{T}$ (s)	$\overline{L}$ (m)	$H_{1\%}$ (m)	$H_{1/10}$ (m)	$H_{5\%}$ (m)	H_s (m)	$\overline{T}$ (s)	$\overline{L}$ (m)
CW-1	4.70	4.05	3.93	3.34	5.71	48.1	3.81	3.29	3.19	2.72	5.23	39.7
CW-2	4.92	4.23	4.10	3.49	5.81	50.1	4.29	3.70	3.60	3.07	5.51	43.8
CW-3	4.28	3.72	3.62	3.11	5.54	42.6	3.82	3.39	3.31	2.90	5.38	36.2
CW-4	4.25	3.69	3.58	3.08	5.51	42.4	3.78	3.34	3.26	2.85	5.34	36.0
CW-5	3.89	3.38	3.29	2.83	5.32	39.0	2.94	2.58	2.52	2.19	4.78	29.2
CW-6	3.76	3.27	3.18	2.74	5.25	37.9	2.83	2.49	2.43	2.12	4.71	28.1
CW-7	3.59	3.12	3.03	2.60	5.14	36.7	2.69	2.36	2.30	2.00	4.60	27.2
CW-8	3.14	2.71	2.63	2.25	4.83	33.3	2.50	2.18	2.12	1.84	4.44	25.8
CW-9	2.54	2.19	2.13	1.82	4.42	27.7	1.86	1.64	1.60	1.39	3.95	19.4

桥址计算点 N 方向 300 年一遇波浪要素 表 2.1-19

水位	300 年一遇高水位							平均水位				
计算点	$H_{1\%}$ (m)	$H_{1/10}$ (m)	$H_{5\%}$ (m)	H_s (m)	$\overline{T}$ (s)	$\overline{L}$ (m)	$H_{1\%}$ (m)	$H_{1/10}$ (m)	$H_{5\%}$ (m)	H_s (m)	$\overline{T}$ (s)	$\overline{L}$ (m)
CW-1	4.78	4.12	3.99	3.40	5.75	48.7	4.21	3.64	3.54	3.03	5.48	42.7
CW-2	4.88	4.20	4.07	3.46	5.79	49.8	4.33	3.74	3.63	3.10	5.53	44.1
CW-3	4.93	4.31	4.20	3.64	5.92	46.9	3.74	3.30	3.22	2.82	5.31	35.6
CW-4	5.01	4.38	4.27	3.70	5.96	47.5	3.88	3.43	3.34	2.93	5.40	36.6
CW-5	4.65	4.08	3.98	3.46	5.79	44.1	3.27	3.08	3.01	2.65	5.18	32.5
CW-6	3.79	3.30	3.21	2.76	5.27	38.1	2.87	2.52	2.45	2.13	4.72	28.2
CW-7	3.65	3.17	3.08	2.65	5.18	37.1	2.98	2.64	2.57	2.25	4.83	29.1
CW-8	3.57	3.10	3.01	2.59	5.13	36.5	2.73	2.40	2.34	2.04	4.64	27.3
CW-9	2.48	2.14	2.07	1.77	4.37	27.2	1.84	1.62	1.57	1.37	3.92	19.2

桥址计算点 **NNE** 方向 **300** 年一遇波浪要素　　表 2.1-20

水位	300 年一遇高水位						平均水位					
计算点	$H_{1\%}$ (m)	$H_{1/10}$ (m)	$H_{5\%}$ (m)	H_s (m)	$\overline{T}$ (s)	$\overline{L}$ (m)	$H_{1\%}$ (m)	$H_{1/10}$ (m)	$H_{5\%}$ (m)	H_s (m)	$\overline{T}$ (s)	$\overline{L}$ (m)
CW-1	4.60	3.95	3.83	3.26	5.65	47.3	4.17	3.61	3.51	3.00	5.45	42.4
CW-2	5.01	4.31	4.18	3.56	5.86	50.8	4.56	3.94	3.83	3.28	5.66	45.8
CW-3	4.57	3.98	3.87	3.34	5.71	44.5	3.82	3.55	3.47	3.05	5.49	37.2
CW-4	4.96	4.34	4.22	3.66	5.93	47.2	3.88	3.65	3.56	3.14	5.56	38.0
CW-5	4.91	4.32	4.22	3.68	5.94	45.7	3.27	3.27	3.27	2.91	5.38	34.2
CW-6	4.86	4.29	4.18	3.66	5.93	45.1	3.27	3.26	3.19	2.82	5.31	32.9
CW-7	4.74	4.17	4.07	3.55	5.85	44.3	3.04	3.04	3.04	2.70	5.22	32.2
CW-8	3.47	3.01	2.93	2.51	5.06	35.8	2.76	2.43	2.36	2.06	4.66	27.5
CW-9	3.33	2.91	2.83	2.45	5.01	33.3	2.02	2.02	2.02	1.96	4.56	23.3

桥址计算点 **NE** 方向 **300** 年一遇波浪要素　　表 2.1-21

水位	300 年一遇高水位						平均水位					
计算点	$H_{1\%}$ (m)	$H_{1/10}$ (m)	$H_{5\%}$ (m)	H_s (m)	$\overline{T}$ (s)	$\overline{L}$ (m)	$H_{1\%}$ (m)	$H_{1/10}$ (m)	$H_{5\%}$ (m)	H_s (m)	$\overline{T}$ (s)	$\overline{L}$ (m)
CW-1	4.35	3.73	3.62	3.07	5.51	45.3	3.86	3.33	3.24	2.76	5.27	40.1
CW-2	4.84	4.16	4.04	3.43	5.77	49.5	4.21	3.63	3.53	3.01	5.46	43.2
CW-3	4.80	4.19	4.08	3.53	5.84	46.1	3.82	3.62	3.54	3.12	5.54	37.7
CW-4	4.63	4.04	3.93	3.39	5.74	45.1	3.88	3.54	3.46	3.04	5.48	37.3
CW-5	4.53	3.97	3.87	3.36	5.72	43.3	3.27	3.27	3.27	2.95	5.42	34.4
CW-6	4.51	3.96	3.86	3.36	5.72	42.9	3.27	3.27	3.21	2.84	5.33	33.0
CW-7	4.30	3.77	3.67	3.18	5.59	41.5	3.04	3.04	3.04	2.73	5.24	32.3
CW-8	3.13	2.70	2.62	2.24	4.82	33.2	2.46	2.15	2.09	1.81	4.41	25.5
CW-9	3.12	2.72	2.64	2.28	4.86	31.8	2.02	2.02	2.02	2.02	4.67	24.0

桥址计算点 W 方向 300 年一遇波浪要素　　表 2.1-22

水位	设计高水位						设计低水位					
计算点	$H_{1\%}$ (m)	$H_{1/10}$ (m)	$H_{5\%}$ (m)	H_s (m)	$\overline{T}$ (s)	$\overline{L}$ (m)	$H_{1\%}$ (m)	$H_{1/10}$ (m)	$H_{5\%}$ (m)	H_s (m)	$\overline{T}$ (s)	$\overline{L}$ (m)
CW-1	4.14	3.57	3.46	2.95	5.42	42.8	3.82	3.31	3.22	2.76	5.27	38.9
CW-2	3.92	3.37	3.26	2.77	5.27	41.5	3.30	2.84	2.75	2.34	4.91	35.5
CW-3	3.52	3.06	2.98	2.57	5.11	35.4	2.75	2.42	2.36	2.06	4.66	27.4
CW-4	3.43	2.99	2.90	2.50	5.05	34.9	2.70	2.37	2.31	2.01	4.61	27.2
CW-5	3.16	2.76	2.68	2.32	4.90	31.9	2.29	2.01	1.96	1.71	4.31	22.9
CW-6	3.01	2.63	2.56	2.21	4.80	30.6	2.31	2.04	1.98	1.73	4.33	22.5
CW-7	2.75	2.39	2.32	2.00	4.60	28.8	2.17	1.92	1.87	1.64	4.23	21.8
CW-8	2.58	2.24	2.18	1.87	4.47	27.5	1.97	1.73	1.69	1.47	4.04	20.3
CW-9	2.17	1.89	1.84	1.59	4.18	22.9	1.22	1.22	1.22	1.09	3.56	13.9

桥址计算点 WNW 方向 300 年一遇波浪要素　　表 2.1-23

水位	设计高水位						设计低水位					
计算点	$H_{1\%}$ (m)	$H_{1/10}$ (m)	$H_{5\%}$ (m)	H_s (m)	$\overline{T}$ (s)	$\overline{L}$ (m)	$H_{1\%}$ (m)	$H_{1/10}$ (m)	$H_{5\%}$ (m)	H_s (m)	$\overline{T}$ (s)	$\overline{L}$ (m)
CW-1	4.18	3.60	3.50	2.98	5.44	43.1	3.68	3.18	3.09	2.65	5.18	37.9
CW-2	3.91	3.35	3.25	2.76	5.27	41.4	3.29	2.83	2.74	2.33	4.90	35.4
CW-3	3.49	3.04	2.96	2.55	5.09	35.2	2.75	2.42	2.36	2.06	4.66	27.4
CW-4	3.42	2.97	2.89	2.49	5.04	34.8	2.73	2.39	2.33	2.03	4.63	27.4
CW-5	3.13	2.74	2.66	2.30	4.88	31.8	2.29	2.02	1.97	1.72	4.32	23.0
CW-6	3.02	2.64	2.57	2.22	4.81	30.7	2.24	2.01	1.97	1.73	4.33	22.5
CW-7	2.80	2.44	2.37	2.04	4.64	29.2	2.18	1.93	1.88	1.65	4.24	21.9
CW-8	2.48	2.15	2.09	1.79	4.39	26.8	1.96	1.72	1.68	1.46	4.03	20.2
CW-9	2.15	1.88	1.83	1.58	4.17	22.8	1.22	1.22	1.22	1.08	3.55	13.9

桥址计算点 NW 方向 300 年一遇波浪要素 表 2.1-24

水位	设计高水位						设计低水位					
计算点	$H_{1\%}$ (m)	$H_{1/10}$ (m)	$H_{5\%}$ (m)	H_s (m)	$\overline{T}$ (s)	$\overline{L}$ (m)	$H_{1\%}$ (m)	$H_{1/10}$ (m)	$H_{5\%}$ (m)	H_s (m)	$\overline{T}$ (s)	$\overline{L}$ (m)
CW-1	4.14	3.57	3.46	2.95	5.42	42.8	3.45	2.98	2.89	2.47	5.03	36.2
CW-2	3.94	3.38	3.28	2.78	5.28	41.6	3.33	2.86	2.78	2.36	4.93	35.7
CW-3	3.47	3.02	2.94	2.53	5.08	35.0	2.73	2.40	2.34	2.04	4.64	27.3
CW-4	3.42	2.97	2.89	2.49	5.04	34.8	2.72	2.38	2.32	2.02	4.62	27.3
CW-5	3.16	2.76	2.68	2.32	4.90	31.9	2.47	2.21	2.15	1.89	4.49	24.2
CW-6	3.01	2.63	2.56	2.21	4.80	30.6	2.29	2.01	1.96	1.71	4.31	22.3
CW-7	2.84	2.47	2.40	2.07	4.67	29.4	2.17	1.92	1.87	1.64	4.23	21.8
CW-8	2.47	2.14	2.08	1.78	4.38	26.7	1.96	1.72	1.68	1.46	4.03	20.2
CW-9	2.08	1.81	1.76	1.52	4.10	22.3	1.22	1.22	1.22	1.06	3.52	13.7

桥址计算点 NNW 方向 300 年一遇波浪要素 表 2.1-25

水位	设计高水位						设计低水位					
计算点	$H_{1\%}$ (m)	$H_{1/10}$ (m)	$H_{5\%}$ (m)	H_s (m)	$\overline{T}$ (s)	$\overline{L}$ (m)	$H_{1\%}$ (m)	$H_{1/10}$ (m)	$H_{5\%}$ (m)	H_s (m)	$\overline{T}$ (s)	$\overline{L}$ (m)
CW-1	4.10	3.53	3.43	2.92	5.39	42.5	3.41	2.94	2.86	2.44	5.00	35.9
CW-2	4.45	3.83	3.72	3.17	5.58	45.6	4.10	3.55	3.45	2.96	5.42	41.6
CW-3	3.88	3.40	3.31	2.87	5.35	37.8	2.02	2.93	2.86	2.53	5.08	30.8
CW-4	3.65	3.19	3.10	2.68	5.20	36.4	3.08	3.08	3.01	2.67	5.19	31.9
CW-5	3.28	2.87	2.79	2.42	4.98	32.8	2.47	2.47	2.47	2.32	4.90	27.0
CW-6	3.17	2.77	2.70	2.34	4.91	31.7	2.42	2.13	2.08	1.82	4.42	23.1
CW-7	3.02	2.64	2.57	2.22	4.81	30.7	2.24	2.24	2.24	2.12	4.71	25.0
CW-8	2.75	2.39	2.32	2.00	4.60	28.7	2.18	1.87	1.83	1.60	4.19	21.3
CW-9	2.13	1.86	1.81	1.56	4.14	22.6	1.22	1.22	1.22	1.10	3.58	14.0

桥址计算点 N 方向 300 年一遇波浪要素　　表 2.1-26

水位	设计高水位						设计低水位					
计算点	$H_{1\%}$ (m)	$H_{1/10}$ (m)	$H_{5\%}$ (m)	H_s (m)	$\overline{T}$ (s)	$\overline{L}$ (m)	$H_{1\%}$ (m)	$H_{1/10}$ (m)	$H_{5\%}$ (m)	H_s (m)	$\overline{T}$ (s)	$\overline{L}$ (m)
CW-1	4.35	3.75	3.64	3.11	5.54	44.4	3.73	3.23	3.14	2.69	5.21	38.2
CW-2	4.53	3.90	3.79	3.23	5.63	46.2	4.05	3.51	3.41	2.92	5.39	41.2
CW-3	4.15	3.65	3.56	3.10	5.53	39.6	3.02	2.84	2.78	2.45	5.01	30.2
CW-4	4.28	3.77	3.68	3.21	5.61	40.5	3.08	2.98	2.92	2.58	5.12	31.3
CW-5	3.88	3.43	3.34	2.93	5.40	36.6	2.47	2.47	2.47	2.30	4.88	26.9
CW-6	3.19	2.79	2.72	2.36	4.93	31.8	2.47	2.36	2.30	2.03	4.63	24.5
CW-7	3.37	2.96	2.88	2.51	5.06	33.0	2.24	2.24	2.15	1.91	4.51	23.7
CW-8	3.04	2.66	2.59	2.24	4.82	30.7	2.18	2.07	2.03	1.79	4.39	22.6
CW-9	2.09	1.82	1.77	1.53	4.11	22.4	1.22	1.22	1.22	1.09	3.56	13.9

桥址计算点 NNE 方向 300 年一遇波浪要素　　表 2.1-27

水位	设计高水位						设计低水位					
计算点	$H_{1\%}$ (m)	$H_{1/10}$ (m)	$H_{5\%}$ (m)	H_s (m)	$\overline{T}$ (s)	$\overline{L}$ (m)	$H_{1\%}$ (m)	$H_{1/10}$ (m)	$H_{5\%}$ (m)	H_s (m)	$\overline{T}$ (s)	$\overline{L}$ (m)
CW-1	4.50	3.89	3.78	3.23	5.63	45.5	3.88	3.37	3.27	2.81	5.31	39.3
CW-2	4.85	4.19	4.07	3.48	5.80	48.6	4.21	3.65	3.54	3.04	5.48	42.3
CW-3	4.36	3.84	3.75	3.28	5.66	40.9	3.02	3.02	3.02	2.71	5.23	31.9
CW-4	4.41	3.89	3.80	3.32	5.69	41.3	3.08	3.08	3.08	2.78	5.28	32.6
CW-5	3.93	3.73	3.64	3.21	5.61	38.5	2.47	2.47	2.47	2.47	5.09	28.3
CW-6	3.93	3.62	3.54	3.11	5.54	37.2	2.47	2.47	2.47	2.45	5.01	27.0
CW-7	3.70	3.47	3.38	2.98	5.44	36.3	2.24	2.24	2.24	2.24	4.90	26.2
CW-8	3.05	2.67	2.60	2.25	4.83	30.8	2.18	2.18	2.18	2.07	4.67	24.5
CW-9	2.68	2.54	2.48	2.19	4.78	27.4	1.22	1.22	1.22	1.16	4.37	17.7

桥址计算点 **NE** 方向 **300** 年一遇波浪要素　　表 2.1-28

水位	设计高水位						设计低水位					
计算点	$H_{1\%}$ (m)	$H_{1/10}$ (m)	$H_{5\%}$ (m)	H_s (m)	$\bar{T}$ (s)	$\bar{L}$ (m)	$H_{1\%}$ (m)	$H_{1/10}$ (m)	$H_{5\%}$ (m)	H_s (m)	$\bar{T}$ (s)	$\bar{L}$ (m)
CW-1	4.05	3.49	3.38	2.88	5.36	42.1	3.72	3.22	3.13	2.68	5.20	38.1
CW-2	4.39	3.78	3.66	3.12	5.54	45.1	4.10	3.55	3.45	2.96	5.42	41.6
CW-3	4.34	3.83	3.74	3.27	5.65	40.8	3.02	3.02	3.02	2.75	5.26	32.2
CW-4	4.16	3.65	3.56	3.10	5.53	39.7	3.08	3.08	3.08	2.78	5.28	32.6
CW-5	3.93	3.65	3.57	3.14	5.56	38.0	2.47	2.47	2.47	2.47	5.11	28.5
CW-6	3.93	3.64	3.56	3.13	5.55	37.3	2.47	2.47	2.47	2.47	5.03	27.1
CW-7	3.70	3.51	3.43	3.02	5.47	36.6	2.24	2.24	2.24	2.24	4.93	26.5
CW-8	2.65	2.30	2.23	1.92	4.52	28.0	2.12	1.89	1.85	1.62	4.21	21.5
CW-9	2.68	2.47	2.41	2.12	4.71	27.0	1.22	1.22	1.22	1.22	4.48	18.2

2.2　设计流速推算

2.2.1　桥位附近实测风暴潮资料分析

影响珠江口水域的台风出现次数较多,由此产生的风暴潮引起珠江口内水位增加,出现较高的潮位和较大的潮差,并导致流速增大。因此,需要根据历史资料分析工程附近的风暴潮过程。统计数据显示大多数台风(占80%)自 E ~ SE 方向向珠江口附近海域登陆,也有部分台风自 S 或 SW 方向袭击珠江口。

在珠江口东侧登陆的台风,一般不引起珠江口内水位增加。引起珠江口内水位暴增的台风一般在珠江口西侧登陆,在台风抵达珠江口海域时候,引起较短时间潮位明显增加,产生极大值,在台风过境之后,潮位过程在较短时间内恢复正常。这样的风暴潮的潮差大,属不规则半日潮,涨落潮历时均较短,对应的涨、落潮流速也大。珠江口自 1925 年以来引起的最大和次大高水位分别是 1993 年 Becky 台风、1948 年台风(编号 194812,未命名)移动到珠江口时候,适逢与天文大潮叠加而产生极大潮位。

离珠江口较近的过境台风,在珠江口内产生的风暴潮过程一般潮差大、潮型接近全日潮、涨落潮历时较长,对应的涨、落潮流速不是特别大。珠江口历史上第4、第5大高水位属于此类,分别出现由2008年Hagupit台风、1989年Gordon台风斜向过境引起。离珠江口较远的台风引起珠江口内风暴潮的高水位较高、潮差不大,为不规则半日潮,涨落潮历时较短,对应的涨、落潮流速不是特别大。珠江口历史上第6、第10大高水位属于此类,分别由1974年Bess台风和1966年Elsie台风引起。

2.2.2 桥梁和人工岛区段设计流速

2.2.2.1 水情工况

按照设计要求,港珠澳大桥工程区的水动力计算要包括如下水情条件:

(1)重现期为300年的上游设计洪水与外海大潮潮型组合。

(2)重现期为1000年、300年的外海风暴潮潮型与上游一般洪水组合。

根据收集到的广东省水利厅2006年6月发布的“西、北江下游及其三角洲网河河道设计洪潮水面线”(试行)文件中给出的资料,进入珠江三角洲的不同重现期设计洪水流量组合如表2.2-1所列。

不同重现期珠江三角洲各入流河道设计洪水流量组合(m^3/s) 表2.2-1

重现期	西江	北江	潭江	西南涌	白坭水	东江
	马口站	三水站	石嘴	西南闸	老鸦岗	博罗
$p=0.33\%$	51625	18975	1930	1100	1200	5730
$p=1\%$	47894	17306	1930	1100	1200	5730
$p=5\%$	43074	15226	1930	1100	1200	5730
$p=10\%$	40324	14076	1930	1100	1200	5730
$p=100\%$	27679	9121	1930	1100	1200	5730
说明	按马口—三水最新分流比确定		$p=100\%$表示多年平均设计洪水流量			

不同重现期风暴潮过程根据澳门验潮站1925~2003年长期实测潮位资料分析确定。澳门验潮站历史最高水位和最大潮差均出现在1993年9月17日,上午10时最高水位3.52m,当日潮差达3.50m,由1993年16号台风Becky引起。该次台风9月17日凌晨到达澳门外海,由于台风的增水使得17日潮位剧增,实测潮位过程见图2.2-1。

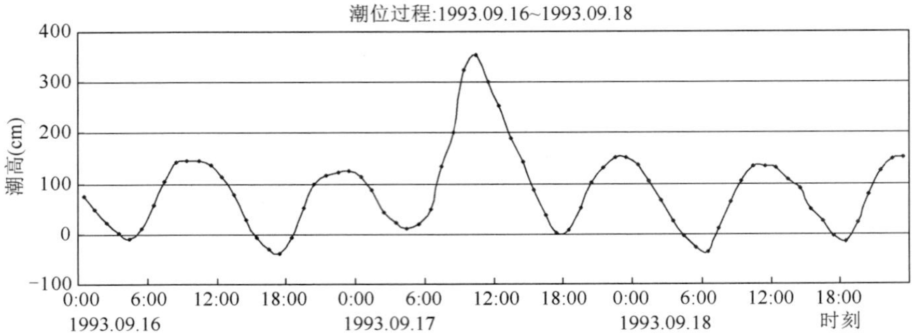

图 2.2-1　澳门验潮站实测最大风暴潮过程(85 黄海基面)

从其潮位过程来看,该次风暴潮的潮差大,且为半日潮,涨落潮历时均较短,对应的涨、落潮流速也大,是历史上对桥位处影响最大的典型风暴潮。依据该次风暴潮过程,结合澳门站不同重现期高水位和潮差,推算出不同重现期风暴潮潮型,如图 2.2-2 所示。

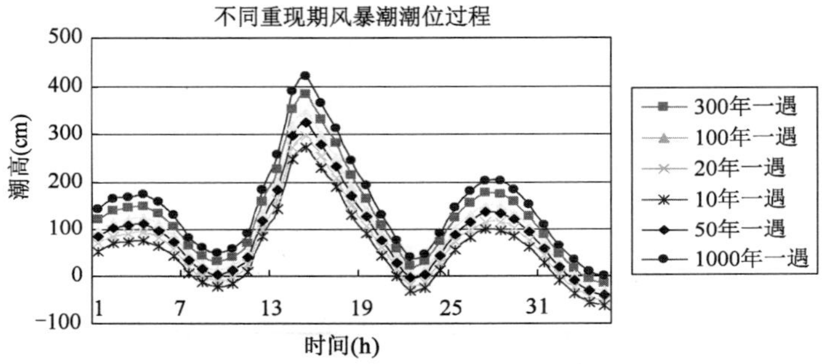

图 2.2-2　不同重现期风暴潮潮型

2.2.2.2　设计风暴潮水情计算结果

根据外海五组频率的风暴潮潮型与上游一般洪水的组合,分别进行了潮动力的数值模拟。各水情工况大桥线位附近采样点最大流速及对应流向的计算结果如表 2.2-2 所列,不同工况各点流速、潮位的变化过程可查阅表 2.2-3 ~ 表 2.2-8,风暴潮水情伶仃洋涨、落急时刻的平面流态如图 2.2-3、图 2.2-4 所示。模型计算得到如下结果:

(1)1000 年一遇风暴潮涨潮最大流速为 2.15m/s,位于东人工岛西侧的隧道区 SD-4 点,落潮最大流速 2.05m/s,出现在隧道区的 SD-2 点。

(2)隧道区的最大流速均出现在涨潮时刻。随着风暴潮频率的增加,桥区和隧道区的潮流流速逐渐减小。

(3)涨潮最大流速出现在隧道偏东人工岛区,落潮最大流速则出现在隧道靠近西人工岛水域。

不同重现期风暴潮水情取样点垂线平均流速极值统计(m/s/°)　　表 2.2-2

采样点	风暴潮				
	P=0.1%	P=0.33%	P=1.0%	P=5.0%	P=10.0%
CW-1	1.92/210	1.83/031	1.80/031	1.70/032	1.67/032
SD-4	2.15/023	2.07/023	2.02/024	1.89/024	1.85/024
SD-3	2.12/016	2.03/017	1.98/017	1.86/017	1.82/017
SD-2	2.08/006	1.99/006	1.94/006	1.82/006	1.79/006
SD-1	2.04/003	1.96/003	1.91/003	1.80/003	1.77/003
CW-2	2.00/003	1.92/003	1.88/003	1.77/003	1.73/003
CW-3	1.88/003	1.79/004	1.73/004	1.61/004	1.57/004
CW-4	1.82/004	1.74/004	1.68/004	1.57/004	1.53/004
CW-5	1.62/006	1.55/005	1.51/005	1.42/004	1.38/004
CW-6	1.49/005	1.43/004	1.38/004	1.29/004	1.27/004
CW-7	1.49/320	1.37/320	1.23/003	1.15/003	1.12/003
CW-8	1.39/316	1.25/316	1.04/317	0.83/010	0.81/010
CW-9	1.46/314	1.22/315	0.96/316	0.66/317	0.55/341

1000 年一遇风暴潮流速过程(m/s)　　表 2.2-3

时刻	桥线位								
	CW-1	CW-2	CW-3	CW-4	CW-5	CW-6	CW-7	CW-8	CW-9
1	0.78	0.82	0.89	0.94	1.14	1.29	1.49	1.39	1.46
2	0.67	0.52	0.48	0.52	0.43	0.28	0.24	0.20	0.18
3	0.08	0.13	0.11	0.12	0.10	0.06	0.05	0.08	0.10
4	0.25	0.17	0.22	0.22	0.21	0.15	0.11	0.10	0.09
5	0.37	0.35	0.40	0.40	0.43	0.46	0.45	0.42	0.33
6	0.28	0.23	0.25	0.25	0.23	0.22	0.21	0.20	0.10
7	0.45	0.43	0.40	0.33	0.30	0.28	0.24	0.16	0.20
8	1.38	1.28	1.17	1.11	0.99	0.90	0.80	0.62	0.41
9	1.77	1.88	1.70	1.64	1.53	1.44	1.31	0.97	0.66
10	1.90	2.00	1.88	1.82	1.62	1.49	1.31	0.91	0.44
11	1.06	1.25	1.21	1.20	1.04	0.96	0.79	0.43	0.19
12	0.28	0.14	0.16	0.16	0.07	0.10	0.13	0.34	0.41
13	0.80	0.54	0.52	0.48	0.50	0.47	0.47	0.49	0.35

续上表

时刻	桥线位								
	CW-1	CW-2	CW-3	CW-4	CW-5	CW-6	CW-7	CW-8	CW-9
14	1.25	0.99	0.91	0.88	0.83	0.78	0.72	0.65	0.31
15	1.22	1.20	1.09	1.08	0.97	0.90	0.82	0.71	0.29
16	1.55	1.57	1.34	1.31	1.13	1.03	0.92	0.77	0.32
17	1.92	1.96	1.64	1.61	1.38	1.28	1.14	0.96	0.45
18	1.88	1.93	1.58	1.56	1.28	1.15	1.01	0.84	0.36
19	1.27	1.34	1.06	1.07	0.83	0.70	0.58	0.49	0.13
20	0.27	0.43	0.24	0.23	0.13	0.12	0.13	0.07	0.26
21	0.56	0.24	0.45	0.48	0.59	0.60	0.58	0.47	0.38
22	0.65	0.39	0.56	0.60	0.64	0.63	0.60	0.48	0.34
23	0.43	0.25	0.35	0.42	0.43	0.42	0.39	0.31	0.20
24	0.17	0.03	0.08	0.17	0.17	0.14	0.11	0.06	0.03
25	0.25	0.33	0.21	0.12	0.08	0.07	0.05	0.06	0.04
26	0.53	0.64	0.52	0.45	0.40	0.36	0.32	0.26	0.16
27	0.85	0.93	0.79	0.75	0.67	0.62	0.56	0.45	0.26
28	0.96	1.04	0.85	0.84	0.73	0.67	0.60	0.51	0.25

1000 年一遇风暴潮流向过程(°) 表 2.2-4

时刻	桥线位								
	CW-1	CW-2	CW-3	CW-4	CW-5	CW-6	CW-7	CW-8	CW-9
1	29	350	343	340	331	326	320	316	314
2	39	17	19	16	22	25	23	39	20
3	240	325	323	354	27	34	39	109	178
4	205	189	188	189	192	193	189	179	197
5	207	170	166	167	171	177	179	191	187
6	217	206	210	203	197	188	183	196	202
7	30	343	335	332	333	337	337	331	302
8	33	2	3	3	3	1	1	11	352
9	31	358	356	356	355	354	354	1	337
10	31	3	4	4	6	5	3	8	333
11	28	7	9	9	14	11	7	4	258

续上表

时刻	桥线位								
	CW-1	CW-2	CW-3	CW-4	CW-5	CW-6	CW-7	CW-8	CW-9
12	222	355	354	351	350	319	262	231	211
13	208	162	157	158	160	166	170	187	177
14	212	177	176	177	179	180	179	190	186
15	208	175	173	175	178	180	179	189	190
16	210	176	175	178	180	180	178	187	184
17	210	176	174	177	181	181	180	190	186
18	211	176	175	178	181	181	178	188	186
19	211	179	180	183	188	186	182	190	215
20	214	185	203	210	267	307	329	341	334
21	25	5	2	358	358	358	1	15	357
22	28	348	353	354	355	357	359	12	354
23	32	337	348	355	356	358	1	14	352
24	49	188	41	27	28	28	29	42	264
25	207	188	184	179	179	173	159	160	183
26	210	177	173	173	176	178	177	186	178
27	212	176	173	175	176	176	174	185	170
28	211	178	177	178	180	180	178	190	185

1000 年一遇风暴潮潮位过程(m) 表 2.2-5

时刻	桥线位								
	CW-1	CW-2	CW-3	CW-4	CW-5	CW-6	CW-7	CW-8	CW-9
1	1.28	1.31	1.37	1.46	1.65	1.80	1.86	1.91	1.85
2	1.56	1.30	1.13	1.03	0.99	0.98	0.95	0.96	1.01
3	0.81	0.82	0.82	0.81	0.79	0.78	0.77	0.78	0.79
4	0.87	0.87	0.88	0.88	0.88	0.85	0.84	0.84	0.86
5	0.64	0.63	0.62	0.61	0.61	0.61	0.61	0.63	0.65
6	0.63	0.64	0.63	0.61	0.56	0.50	0.46	0.42	0.39
7	1.11	1.15	1.17	1.18	1.24	1.28	1.26	1.27	1.27
8	1.91	1.93	1.94	1.92	1.94	1.96	1.96	1.97	1.98
9	2.83	2.83	2.81	2.80	2.81	2.83	2.84	2.86	2.87

续上表

时刻	桥线位								
	CW-1	CW-2	CW-3	CW-4	CW-5	CW-6	CW-7	CW-8	CW-9
10	3.93	3.89	3.86	3.84	3.84	3.86	3.88	3.90	3.91
11	4.12	4.08	4.07	4.08	4.06	4.02	4.01	3.99	3.98
12	3.62	3.63	3.64	3.67	3.65	3.62	3.61	3.58	3.55
13	2.86	2.85	2.86	2.88	2.88	2.87	2.86	2.85	2.84
14	1.93	1.97	1.99	2.00	2.00	1.99	1.99	1.99	2.00
15	1.65	1.68	1.71	1.73	1.74	1.72	1.72	1.71	1.69
16	1.17	1.22	1.26	1.29	1.30	1.29	1.30	1.30	1.29
17	0.71	0.76	0.79	0.83	0.82	0.80	0.80	0.80	0.80
18	0.29	0.37	0.39	0.42	0.44	0.45	0.47	0.48	0.48
19	0.37	0.42	0.41	0.39	0.41	0.44	0.45	0.46	0.46
20	0.89	0.95	0.97	0.98	1.06	1.10	1.11	1.13	1.13
21	1.43	1.44	1.44	1.44	1.47	1.49	1.50	1.52	1.53
22	1.73	1.70	1.69	1.68	1.68	1.69	1.69	1.70	1.71
23	1.94	1.91	1.91	1.91	1.90	1.88	1.87	1.86	1.85
24	1.86	1.85	1.86	1.87	1.87	1.87	1.88	1.89	1.90
25	1.56	1.55	1.55	1.55	1.54	1.53	1.52	1.51	1.50
26	1.19	1.21	1.23	1.25	1.26	1.26	1.27	1.27	1.27
27	0.82	0.84	0.84	0.84	0.82	0.79	0.79	0.79	0.79
28	0.51	0.55	0.57	0.58	0.59	0.59	0.59	0.59	0.60

300 年一遇风暴潮流速过程(m/s)　　表 2.2-6

时刻	桥线位								
	CW-1	CW-2	CW-3	CW-4	CW-5	CW-6	CW-7	CW-8	CW-9
1	0.68	0.73	0.80	0.85	1.06	1.20	1.37	1.25	1.22
2	0.61	0.46	0.44	0.46	0.37	0.25	0.20	0.15	0.13
3	0.11	0.09	0.07	0.08	0.06	0.05	0.04	0.05	0.08
4	0.29	0.22	0.26	0.26	0.23	0.17	0.13	0.13	0.11
5	0.38	0.39	0.43	0.43	0.45	0.46	0.45	0.42	0.34
6	0.28	0.24	0.24	0.24	0.20	0.18	0.17	0.16	0.08
7	0.42	0.39	0.38	0.31	0.29	0.26	0.22	0.15	0.19

续上表

时刻	桥线位								
	CW-1	CW-2	CW-3	CW-4	CW-5	CW-6	CW-7	CW-8	CW-9
8	1.33	1.21	1.11	1.05	0.95	0.86	0.76	0.60	0.39
9	1.70	1.79	1.53	1.57	1.47	1.38	1.25	0.93	0.63
10	1.83	1.92	1.79	1.74	1.55	1.43	1.26	0.89	0.44
11	1.05	1.22	1.18	1.17	1.01	0.93	0.77	0.43	0.17
12	0.25	0.16	0.17	0.18	0.10	0.12	0.13	0.28	0.34
13	0.75	0.52	0.51	0.47	0.49	0.46	0.46	0.46	0.33
14	1.21	0.96	0.88	0.85	0.80	0.76	0.70	0.62	0.31
15	1.19	1.16	1.04	1.03	0.92	0.85	0.76	0.66	0.27
16	1.47	1.49	1.27	1.24	1.07	0.97	0.85	0.72	0.30
17	1.83	1.87	1.56	1.54	1.32	1.22	1.08	0.91	0.42
18	1.82	1.87	1.51	1.50	1.22	1.10	0.96	0.81	0.34
19	1.25	1.33	1.04	1.05	0.81	0.69	0.58	0.49	0.14
20	0.30	0.46	0.25	0.25	0.14	0.11	0.12	0.07	0.24
21	0.49	0.19	0.40	0.43	0.54	0.56	0.54	0.44	0.36
22	0.60	0.34	0.52	0.56	0.60	0.60	0.57	0.46	0.33
23	0.42	0.22	0.35	0.41	0.42	0.42	0.39	0.31	0.20
24	0.16	0.06	0.09	0.16	0.16	0.13	0.11	0.06	0.03
25	0.24	0.34	0.20	0.12	0.09	0.07	0.06	0.06	0.04
26	0.53	0.63	0.50	0.44	0.39	0.35	0.31	0.25	0.16
27	0.81	0.90	0.76	0.72	0.64	0.60	0.54	0.43	0.25
28	0.92	1.00	0.82	0.81	0.70	0.64	0.57	0.48	0.24

300 年一遇风暴潮流向过程(°)　表 2.2-7

时刻	桥线位								
	CW-1	CW-2	CW-3	CW-4	CW-5	CW-6	CW-7	CW-8	CW-9
1	29	350	342	338	329	325	320	316	315
2	42	24	27	20	23	33	35	53	26
3	233	316	319	356	30	40	39	125	199
4	207	188	187	188	192	193	192	193	208
5	207	170	167	168	171	176	178	191	188

续上表

时刻	桥线位								
	CW-1	CW-2	CW-3	CW-4	CW-5	CW-6	CW-7	CW-8	CW-9
6	216	201	204	198	194	184	177	191	195
7	29	340	330	326	327	334	2336	330	301
8	33	2	2	3	3	1	1	11	352
9	31	358	356	356	355	354	354	1	338
10	31	3	4	4	5	4	3	8	335
11	29	7	9	9	14	11	8	6	268
12	225	353	351	349	343	321	280	235	214
13	208	162	157	158	160	166	169	185	173
14	212	177	175	177	178	179	178	189	184
15	208	175	173	176	179	180	179	189	189
16	210	176	175	177	180	180	178	187	183
17	211	176	174	177	181	181	180	190	185
18	211	176	175	178	182	181	179	188	186
19	211	178	179	182	187	185	181	189	207
20	214	185	203	209	262	303	327	336	333
21	25	7	2	358	357	358	1	15	357
22	27	349	354	354	355	356	359	12	354
23	29	338	351	355	356	358	1	15	354
24	43	179	41	26	27	24	24	34	287
25	210	185	179	174	173	168	155	158	177
26	211	177	172	174	177	179	177	186	179
27	212	175	172	174	175	175	174	184	169
28	211	178	177	178	180	180	178	190	184

300 年一遇风暴潮潮位过程(m)　　表 2.2-8

时刻	桥线位								
	CW-1	CW-2	CW-3	CW-4	CW-5	CW-6	CW-7	CW-8	CW-9
1	1.11	1.13	1.19	1.28	1.46	1.61	1.66	1.63	1.51
2	1.34	1.14	0.98	0.88	0.85	0.85	0.82	0.82	0.85
3	0.65	0.65	0.63	0.62	0.62	0.61	0.60	0.62	0.64

续上表

时刻	桥线位								
	CW-1	CW-2	CW-3	CW-4	CW-5	CW-6	CW-7	CW-8	CW-9
4	0.66	0.66	0.66	0.66	0.66	0.64	0.64	0.65	0.68
5	0.47	0.46	0.46	0.46	0.47	0.46	0.46	0.47	0.49
6	0.45	0.45	0.43	0.40	0.38	0.34	0.31	0.27	0.25
7	0.90	0.94	0.95	0.95	1.01	1.06	1.05	1.06	1.07
8	1.68	1.71	1.73	1.72	1.74	1.75	1.74	1.76	1.77
9	2.56	2.55	2.53	2.51	2.52	2.53	2.53	2.55	2.55
10	3.59	3.55	3.52	3.49	3.50	3.51	3.53	3.55	3.57
11	3.76	3.73	3.72	3.73	3.72	3.69	3.69	3.67	3.66
12	3.30	3.29	3.30	3.32	3.30	3.27	3.25	3.20	3.16
13	2.58	2.57	2.59	2.62	2.62	2.61	2.61	2.60	2.60
14	1.70	1.73	1.75	1.76	1.75	1.73	1.72	1.72	1.72
15	1.39	1.43	1.46	1.49	1.50	1.49	1.49	1.47	1.45
16	0.97	1.02	1.05	1.08	1.09	1.09	1.10	1.10	1.09
17	0.53	0.58	0.60	0.64	0.63	0.61	0.61	0.61	0.60
18	0.16	0.23	0.25	0.28	0.30	0.30	0.32	0.33	0.34
19	0.21	0.26	0.25	0.23	0.25	0.28	0.29	0.30	0.31
20	0.71	0.75	0.77	0.78	0.86	0.91	0.92	0.93	0.93
21	1.22	1.23	1.23	1.23	1.26	1.28	1.29	1.31	1.32
22	1.50	1.48	1.46	1.45	1.45	1.45	1.45	1.46	1.47
23	1.71	1.68	1.67	1.67	1.66	1.65	1.64	1.63	1.63
24	1.63	1.62	1.63	1.64	1.64	1.65	1.66	1.66	1.66
25	1.35	1.34	1.34	1.34	1.33	1.32	1.31	1.30	1.30
26	1.00	1.02	1.04	1.06	1.07	1.07	1.07	1.07	1.07
27	0.65	0.66	0.66	0.66	0.65	0.63	0.62	0.62	0.62
28	0.35	0.39	0.40	0.41	0.42	0.41	0.42	0.42	0.42

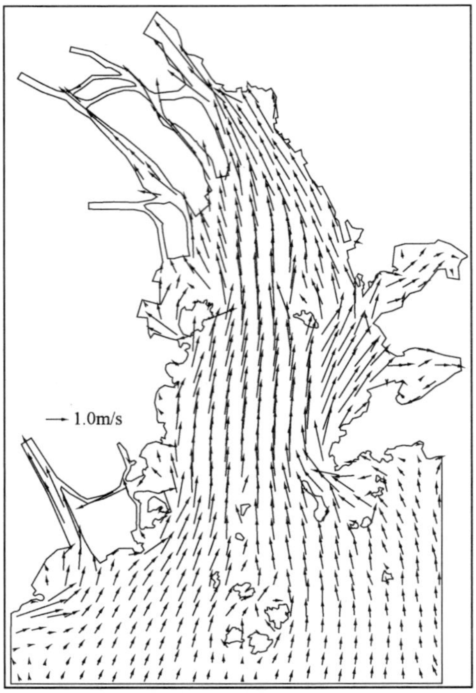

图 2.2-3　1000 年一遇风暴潮涨急时刻平面流态

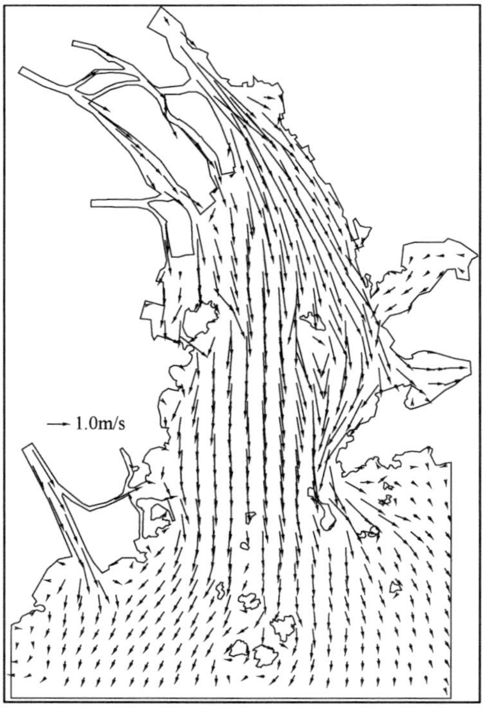

图 2.2-4　1000 年一遇风暴潮落急时刻平面流态

2.2.2.3　设计洪水水情计算结果

根据上游四组频率的洪水过程与下游大潮的组合，采用模型分别计算了相应洪水水情下桥区的潮流运动，四组洪水水情下大桥线位附近采样点的最大流速及对应流向的统计结果见表2.2-9，各点流速和潮位的变化过程见表2.2-10～表2.2-12。

设计洪水极大值统计表（m/s/°）　　表2.2-9

采样点	洪水频率			
	P=0.33%	P=1.0%	P=5.0%	P=10.0%
CW-1	1.47/210	1.44/209	1.41/209	1.33/210
SD-4	1.52/210	1.49/200	1.47/200	1.37/201
SD-3	1.43/190	1.41/190	1.38/190	1.27/191
SD-2	1.90/177	1.87/177	1.83/177	1.66/178
SD-1	1.82/175	1.78/175	1.75/175	1.60/175
CW-2	1.65/170	1.62/170	1.59/170	1.46/170
CW-3	1.28/165	1.35/165	1.33/165	1.20/166
CW-4	1.38/170	1.36/170	1.34/170	1.21/170
CW-5	1.12/173	1.10/173	1.08/172	0.98/172
CW-6	1.02/174	1.01/174	0.99/173	0.91/173
CW-7	0.87/171	0.86/170	0.85/170	0.78/170
CW-8	0.68/314	0.66/312	0.66/180	0.60/180
CW-9	1.34/323	1.30/327	1.23/327	1.06/326

计算结果说明：

（1）300年一遇洪水过程落潮流速最大为1.90m/s，位于隧道区中部偏西的SD-2点，SD-2点到CW-2点间落潮流速大于其他段。

（2）洪水期流速最大值出现在落潮过程中。随着洪水频率的增加，桥区和隧道区的潮流流速逐渐减小。

(3)10 年一遇的洪水落潮最大流速为 1.66 m/s,也是出现在隧道区的 SD-2 点。

300 年一遇洪水流速过程(m/s)　　表 2.2-10

时刻	桥线位								
	CW-1	CW-2	CW-3	CW-4	CW-5	CW-6	CW-7	CW-8	CW-9
1	0.73	1.23	1.22	0.91	0.68	0.50	0.36	0.29	0.30
2	0.73	0.93	0.82	0.89	0.75	0.68	0.55	0.68	1.34
3	0.04	0.28	0.17	0.18	0.13	0.13	0.19	0.18	0.18
4	0.49	0.38	0.54	0.51	0.66	0.70	0.69	0.61	0.38
5	0.69	0.63	0.72	0.72	0.74	0.72	0.66	0.56	0.45
6	0.47	0.46	0.52	0.56	0.56	0.56	0.52	0.41	0.25
7	0.10	0.18	0.17	0.13	0.13	0.11	0.09	0.09	0.10
8	0.42	0.53	0.50	0.47	0.43	0.39	0.36	0.28	0.20
9	0.54	0.62	0.55	0.54	0.46	0.41	0.36	0.30	0.15
10	0.59	0.67	0.57	0.57	0.49	0.45	0.39	0.31	0.13
11	0.63	0.72	0.58	0.60	0.49	0.43	0.36	0.29	0.10
12	0.55	0.68	0.51	0.54	0.42	0.35	0.28	0.24	0.06
13	0.30	0.48	0.33	0.36	0.27	0.22	0.18	0.17	0.06
14	0.13	0.11	0.12	0.11	0.17	0.17	0.16	0.11	0.16
15	0.46	0.19	0.36	0.35	0.39	0.38	0.35	0.27	0.23
16	0.58	0.32	0.44	0.43	0.43	0.41	0.37	0.29	0.23
17	0.44	0.23	0.32	0.33	0.32	0.30	0.28	0.21	0.14
18	0.13	0.09	0.09	0.09	0.07	0.05	0.04	0.04	0.02
19	0.24	0.38	0.31	0.28	0.26	0.24	0.22	0.19	0.12
20	0.53	0.67	0.58	0.55	0.49	0.45	0.41	0.33	0.20
21	0.91	1.06	0.92	0.89	0.78	0.72	0.64	0.51	0.27
22	1.26	1.43	1.20	1.19	1.01	0.93	0.82	0.66	0.32
23	1.47	1.65	1.38	1.38	1.12	1.02	0.87	0.67	0.33
24	1.34	1.50	1.21	1.25	0.95	0.83	0.67	0.52	0.22
25	0.99	1.16	0.85	0.90	0.62	0.50	0.37	0.29	0.06
26	0.58	0.75	0.47	0.51	0.29	0.20	0.11	0.09	0.10
27	0.21	0.37	0.13	0.15	0.11	0.13	0.16	0.13	0.23
28	0.17	0.06	0.20	0.20	0.34	0.36	0.35	0.30	0.29

300年一遇洪水流向过程(°) 表2.2-11

时刻	桥线位								
	CW-1	CW-2	CW-3	CW-4	CW-5	CW-6	CW-7	CW-8	CW-9
1	196	146	130	128	124	133	136	143	137
2	207	173	174	182	203	226	271	314	328
3	212	159	106	124	55	27	12	355	329
4	25	360	359	356	356	359	2	15	5
5	28	356	359	360	360	358	356	4	350
6	29	358	359	360	1	2	2	11	354
7	189	153	143	144	170	187	189	195	191
8	202	165	158	160	161	165	164	175	157
9	208	170	166	170	175	178	178	190	177
10	211	173	171	174	178	180	178	187	163
11	212	178	177	180	183	182	177	186	162
12	213	181	185	187	193	189	182	190	191
13	216	186	195	195	204	198	191	199	258
14	14	213	310	300	328	341	348	360	342
15	28	352	353	350	351	353	356	8	355
16	31	0	360	358	357	357	357	8	355
17	34	12	8	6	4	3	3	16	0
18	46	123	71	52	47	40	42	78	76
19	203	170	166	170	175	178	176	183	169
20	208	170	166	170	172	174	173	182	165
21	209	172	169	173	176	177	175	185	168
22	210	171	168	172	175	177	174	185	167
23	210	170	165	170	173	174	171	180	150
24	210	170	167	172	177	178	174	183	146
25	211	172	171	177	186	186	181	186	121
26	213	172	175	182	195	193	182	181	18
27	222	173	197	209	303	334	349	3	360
28	11	140	349	342	350	356	359	10	1

300 年一遇洪水潮位过程(m)　　表 2.2-12

时刻	桥线位								
	CW-1	CW-2	CW-3	CW-4	CW-5	CW-6	CW-7	CW-8	CW-9
1	-1.26	-1.24	-1.09	-0.84	-0.60	-0.46	-0.33	-0.26	-0.23
2	-1.11	-1.15	-1.21	-1.24	-1.33	-1.37	-1.30	-1.11	-1.17
3	-0.66	-0.59	-0.52	-0.48	-0.43	-0.40	-0.41	-0.34	-0.25
4	-0.23	-0.26	-0.29	-0.31	-0.30	-0.27	-0.27	-0.27	-0.26
5	0.12	0.09	0.06	0.04	0.02	0.03	0.03	0.04	0.05
6	0.37	0.37	0.38	0.39	0.37	0.35	0.36	0.36	0.35
7	0.27	0.27	0.28	0.30	0.29	0.27	0.25	0.23	0.22
8	-0.01	-0.02	-0.02	-0.02	-0.04	-0.06	-0.06	-0.06	-0.05
9	-0.35	-0.34	-0.32	-0.30	-0.28	-0.25	-0.23	-0.21	-0.20
10	-0.51	-0.49	-0.49	-0.49	-0.51	-0.52	-0.53	-0.52	-0.53
11	-0.57	-0.55	-0.55	-0.54	-0.55	-0.55	-0.55	-0.56	-0.56
12	-0.43	-0.41	-0.42	-0.42	-0.42	-0.41	-0.41	-0.40	-0.40
13	-0.14	-0.12	-0.12	-0.13	-0.12	-0.10	-0.10	-0.09	-0.08
14	0.31	0.32	0.33	0.34	0.37	0.39	0.39	0.39	0.39
15	0.70	0.70	0.70	0.71	0.72	0.73	0.73	0.73	0.73
16	1.03	1.01	1.00	1.00	1.00	1.00	1.01	1.02	1.02
17	1.17	1.17	1.17	1.18	1.19	1.19	1.19	1.19	1.19
18	1.04	1.03	1.03	1.03	1.02	1.02	1.01	1.01	1.00
19	0.83	0.83	0.83	0.84	0.83	0.82	0.81	0.80	0.80
20	0.51	0.52	0.54	0.56	0.57	0.57	0.58	0.58	0.59
21	0.02	0.03	0.06	0.09	0.08	0.07	0.08	0.08	0.08
22	-0.52	-0.49	-0.45	-0.41	-0.40	-0.42	-0.42	-0.41	-0.41
23	-1.05	-1.01	-0.98	-0.94	-0.93	-0.96	-0.95	-0.95	-0.95
24	-1.29	-1.26	-1.25	-1.23	-1.22	-1.21	-1.19	-1.16	-1.15
25	-1.19	-1.16	-1.17	-1.17	-1.16	-1.14	-1.11	-1.08	-1.07
26	-0.92	-0.90	-0.91	-0.92	-0.91	-0.87	-0.85	-0.84	-0.83
27	-0.56	-0.55	-0.55	-0.56	-0.54	-0.51	-0.50	-0.49	-0.48
28	-0.14	-0.14	-0.15	-0.16	-0.16	-0.15	-0.14	-0.13	-0.12

2.3 地震危险性分析

按照《工程场地地震安全性评价》(GB 17741—2005)的要求,本章采用综合概率分析方法,对工程场区进行地震危险性分析。其内容包括:划分潜在震源区、确定地震活动性参数和地震动衰减关系,进行地震危险性概率计算。

2.3.1 潜在震源区划分

2.3.1.1 潜在震源区划分原则

潜在震源区是指未来具有发生破坏性地震潜在可能的地区。目前,划分潜在震源区主要依据地震重复性和地震构造类比两条原则。

(1)地震重复性原则:认为历史上发生过破坏性地震的地方,将来仍有可能发生类似的地震。历史地震的地点和强度是估计未来潜在震源区的重要依据之一。一般情况下,各潜在震源区震级上限不应低于区内最大历史地震震级,在历史地震记载比较充分的情况下,可以将历史上发生的最大震级作为震级上限,在历史地震资料不完整的地区,可考虑历史地震最大震级加半级作为震级上限。此外,还需要研究近期的地震活动性,通过近期强震活动以及相关的小震活动和图像特征分析,增加潜在震源区判定的依据。

(2)地震构造类比原则:地震构造条件相同地区,其发生地震的可能性也相似。这些地区历史上虽然没有破坏性地震记载,但与已发生过破坏性地震的地区构造条件类似,也划为潜在震源区。因此,可依据前章所列的本研究区强震构造标志来划分潜在震源区。此外,活动断裂的分段性及古地震遗迹均是划分潜在震源区的重要基础资料。

潜在震源区边界和宽度的确定,一般是依据活动断裂的展布范围、几何特征、力学性质、产状、断陷盆地范围等进行圈定。同时还应考虑历史地震、古地震等资料,大震后余震分布范围以及现今小震分布范围。潜在震源区长度或分段边界是以断裂结构、活动强度的差异、地震地表破裂带的展布和中止位置来确定的。

2.3.1.2 潜在震源区划分标志

综合区域地震活动和地震构造诸多方面的研究结果,归纳出研究区强震的发震条件,并以此作为划分具有不同震级上限潜在震源区的标志和依据。

1)震级上限7.0~7.5级潜在震源区

(1)发生过7级左右地震。

(2)规模较大的北东、北东东向、北西向和近东西向断裂带,尤其是块体边界断裂带,全新世为正断活动,兼走滑性质,并有其他方向断裂交汇。

2)震级上限6.0~6.5级潜在震源区

(1)具有7级以上发震构造条件的地区均有可能发生6.0级和6.5级地震。

(2)具一定规模的北东、北东东向、北西向和近东西向活动断裂第四纪以来差异活动明显的地段,尤其晚更新世活动断裂或断裂段及多组断裂交汇区。

2.3.1.3　潜在震源区划分

根据上述潜在震源区划分的原则、标志,在2004年完成的《港珠澳大桥工程可行性研究阶段工程场地地震安全性评价报告》基础上,结合地壳应力研究所2008年完成的《穗莞深城际轨道交通线工程场地地震安全性评价报告》,对场区内一些潜在震源区边界及震级上限进行了复核与修订。主要的变化有两处:一是原珠江口6.5级潜在震源区,依据伶仃洋海域存在北西向全新世活动断层,将其北西向淇澳-桂山岛东断裂以东的东半部,划分为一个7.0级潜在震源区;二是依据地震构造条件分析,将原担杆岛潜在震源区的震级上限由原7.5级降为7.0级。

区域范围内共划分了26个潜在震源区,其中7.0级潜在震源区2个、6.5级潜在震源区6个、6.0级潜在震源区6个、5.5级潜在震源区12个。现将对场址影响较大的几个潜在震源区划分依据分述如下:

1)清远5.5级潜在震源区(2号)

位于清远和四会等地,区内发育有中、新生代百嘉盆地,沉积了近3km厚的白垩系至第三系的红色碎屑岩,第四系厚度也达20、30m。断裂构造以北东向最发育,其次为北西向和近东西向。北东向断裂主要有四会—吴川断裂和清远—高要断裂,它们第四纪活动期主要在中更新世。后者热释光测年为35万年,相当于中更新世中期。四会附近绥江北西向断裂是西江断裂的北延部分,近东西向断裂主要有清远—安流断裂(热释光测年为28万年)。历史上区内曾记载有1445年四会4.75级地震。另外,1970年在清远龙塘等地出现小震群(共165次小震),最大震级为ML(里氏震级)3.8级。其后在百嘉盆地边缘地带多次出现3级左右地震。震级上限为5.5级。

2)佛冈 5.5 级潜在震源区(3 号)

位于佛冈、龙门一带,本区深部为地球物理场变异地段,是重力异常带和航磁异常带。区内主要发育东西向断裂,其北部有佛冈—丰良断裂,其南部有清远—安流断裂。它们均是切割较深的基底断裂,在新构造运动期间有过继承性活动。近年来沿断裂附近也有过小震活动,尤其在东段河源以及西段佛冈等地小震较为密集,震级上限为 5.5 级。

3)东莞 5.5 级潜在震源区(7 号)

位于东莞市附近,区内发育有珠江三角洲三大盆地之一的东莞盆地,该盆地是一个中、新生代断陷盆地,仅晚更新世以来,就接受了厚约 40m 的沉积。区内断裂比较发育,北面主要有北东东向新塘—石滩(仙村)断裂,南面有北东向紫金—博罗断裂,西面有北西向珠江口断裂。这些断裂均为第四纪活动断裂,该区历史上没有破坏性地震记载,近年来小震活动也不多。震级上限为 5.5 级。

4)珠江三角洲 6.5 级潜在震源区(9 号)

主体位于狭义的珠江三角洲断陷盆地。东、西边界分别为西江断裂和珠江口断裂,南、北边界分别为五桂山北麓断裂(北段)和珠江口断裂带(北段),并有近东西向、北东向断裂与其构成多点交汇。调查研究表明,北西向活动断裂活动性强,其中西江断裂带区内断裂段最晚活动为晚更新世晚期。白泥—沙湾断裂区内断裂段为晚更新世中期,珠江口断裂带西支黄埔—矾石水道东侧断裂区内断裂段断错了 4.2 ~2.7 万年的地层。区内历史上发生过多次中强地震,最大震级为 5 级。依据强震构造类比,震级上限定为6.5级。

5)担杆岛 7.0 级潜在震源区(20 号)

主体为北东东向滨海断裂带、丰顺—海丰断裂带向西延伸段(东澳岛断裂)与北西向西江断裂带、淇澳—桂山岛东断裂、白坭—沙湾断裂和狮子洋东侧—东博寮海峡断裂的交汇区。北西向西江断裂带活动最新,最晚一次活动发生于晚更新世晚期—全新世初。淇澳—桂山岛东断裂的担尾水道段,浅层人工地震揭示最新断错中更新统上段,并对晚第四纪沉积有控制作用。北东东向滨海断裂带,该段据浅层人工地震资料分析,最新断错晚更新世晚期地层。区内历史上发生过 5.75 级地震。考虑该区不具备发生 7.5 级地震的构造条件,故将该潜在震源区震级上限由原 7.5 级降为 7.0 级。

6)珠江口 6.5 级潜在震源区(21 号)

为原珠江口 6.5 级潜在震源区的西半部,西以西江断裂带西侧为界。区内主要发育北西向西江断裂带,北东东向五桂山南麓断裂、白藤山—白莲洞断裂、马骝州断裂和三灶断裂以及一些北北东向和近东西向断裂。其中北西向断裂和北东东向断裂规模大,且第四纪活动较明显。西江断裂最晚活动发生在晚更新世晚期—全新世早期,五桂山—白莲洞断裂的挂淀角及白藤山段和三灶岛断裂在晚更新世中期有过明显活动。区内历史上发生过1905年5级地震。震级上限仍定为6.5级。

7)珠江口7.0级潜在震源区(22号)

为从原珠江口6.5级潜在震源中划分出来的一个7.0级潜在震源区。西以淇澳—桂山岛断裂西侧为界,东以珠江口断裂带东侧为界。主体位于伶仃洋沉陷部位。区内北西向断裂发育,北东东向五华—深圳断裂的中支横岗—罗湖断裂向西南延伸通过该区并构成交汇。据浅层人工地震资料分析,北西向断裂在区内段晚第四纪时期活动强烈,淇澳—桂山岛东断裂的南段北亚段最新断到海底,沿断裂有基性岩喷溢并出露海底。白泥—沙湾断裂在大屿山以北的海域段以及大涌、深屈断裂的海域段均断错了全新统底面,珠江口断裂带的矾石水道东侧断裂段,最新断错全新统上部淤泥底面。上述断裂段的长度一般在20~30km。依据强震构造条件类比和断层长度与震级的关系,将该震级上限提为7.0级。

8)深圳5.5级潜在震源区(23号)

位于深圳和香港等地,西面与珠江口7.0级潜在震源区相接,南面毗邻担杆岛7.0级潜在震源区,区内断裂构造发育,东有北西向大鹏湾断裂,西有北西向珠江口断裂,南有北东东向担杆列岛断裂,北有北东向横沥—樟木头断裂,中部尚有北东向五华—深圳断裂横贯全区。这些断裂在第四纪期间都有不同程度的活动。历史上区内无破坏性地震记载,但1970年地震台网建立以来,在深圳南头和香港地区发生多次小地震。震级上限为5.5级。

2.3.2　地震活动性参数确定

为反映地震活动的空间不均匀性,地震活动性参数按两级确定:首先确定地震带的地震活动性参数;其次确定各个潜在震源区的参数。

2.3.2.1　地震带的地震活动性参数

地震带的地震活动性参数同2004年完成的《港珠澳大桥工程可行性研究阶段工程场地地震安全性评价报告》,包括震级上限M_{uz}、起算震级M_0、b值、年平均发生率ν_4和本底地震,详细分析如下:

1)震级上限M_{uz}

在地震危险性分析中,通常以地震带内历史上记录到的最大地震,或用构造法确定的最高震级上限来判定地震带的震级上限M_{uz}。东南沿海地震带记录到的最大地震为

1604 年泉州以东海域发生的 7.5 级地震和 1605 年海南岛琼山发生的 7.5 级地震，考虑到海域地震资料的精确度、地震构造的研究程度均低于陆地，从工程安全性的保守原则出发，将震级上限确定为 8.0 级。

2）起算震级 M_0

在我国大部分地区，震级为 4.0 级的地震在震中附近就能造成Ⅳ度以上的影响，在大多数情况下，均将起算震级定为 4.0 级。考虑到东南沿海地震带的地震为浅源地震，所以本报告也将起算震级定为 4.0 级。

3）震级频度关系式中的 b 值

b 值代表地震带内不同大小地震频度的比例关系，其表达式为：$\mathrm{Log}N = a - bM$，是由实际资料的统计得到的，与实际资料的完整性、可靠性、统计样本的多少有关。

参照沈繁銮的做法，充分考虑地震活动空间的不均匀性和采取多种计算方案的需要，反复推敲，做到历史与现代地震活动参数的一致性和稳定性，舍去不合理数据段，计算 b 值。

具体计算中，历史地震取 1400 年以来 4.75 级以上的地震，现代地震取 1970 年以来 ML2.0 以上的地震。结果表明，在较小震级的一段，由于地震漏记或余震统计过多或规律本身的原因，偏离古登堡-里克特关系式，在大震级的一段，明显受统计时间长短的影响，也存在不确定性偏差。因此，需适当舍去偏差较大的两头的数据，并要反复调整计算，使得历史地震的长时段统计 b 值计算结果与现代小震的计算结果一致，所求得的 b 值即地震危险性计算选取的数值。图 2.3-1 给出历史地震和现代地震的震级-频度关系曲线，结果表明 b =0.66。

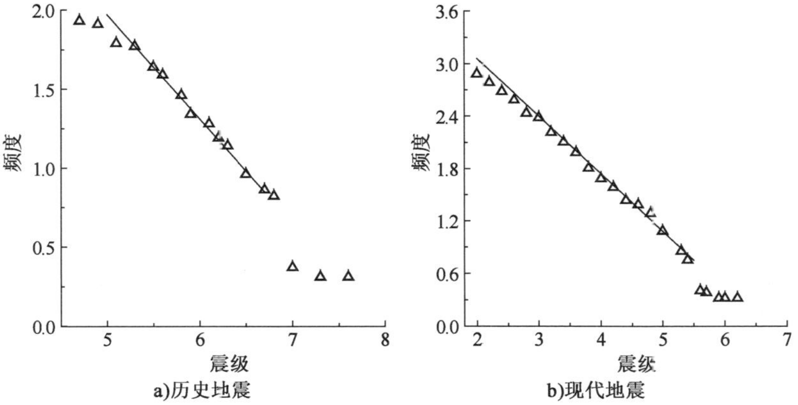

图 2.3-1　震级-频度关系

4）年平均发生率 ν_4

地震年平均发生率 ν_4 是指地震带内平均每年发生 4 级及以上的地震次数，主要影响

因素是 b 值和选取资料的统计时段,要求被统计时段的地震活动性能代表未来百年内的地震活动水平。

年平均发生率 ν_4 一般采取两种方法计算得出:①直接统计;②由 7 级以上大震的年发生率,通过震级-频度关系式外推。以近 50 年内 4.0 级地震直接统计得到 ν_4 为 1.57,按 600 年来 7 级以上大震统计外推 ν_4 为 0.95,这两个计算结果均不合适。

按重要工程设计使用期限考虑,选取时间窗长 100 年、滑动步长 50 年,对不同震级下限的地震频度进行滑动分析,取现代与历史相近、可对比且较稳定的较高震级下限的地震频度数值,换算成其年平均发生率,再通过震级-频度关系式外推 4 级以上地震年发生率 ν_4。实际结果是在 100 年内较稳定的、较高震级 6.5 级地震发生了 5 次,即 $\nu_{6.5}=0.05$,利用公式 $\nu_4=10^{0.66(6.5-4.0)}\nu_{6.5}$,得到 $\nu_4=2.23$。

5)本底地震

本底地震取潜在震源区震级上限的最低值减 0.5 级,最小潜源为 5.5 级,因此,本底地震取 5.0 级。

2.3.2.2　潜在震源区的地震活动性参数

1)潜在震源区的震级上限 M_u

潜在震源区的震级上限 M_u 是指该潜在震源区内可能发生的最大震级。各潜在震源区的震级上限见图 2.3-1。

2)空间分布函数 $f_{i,mj}$

按震级区间分配年平均发生率,需用空间分布函数 $f_{i,mj}$ 来描述地震活动的时空不均匀性。为此,参照《中国地震烈度区划图(1990)》的做法,选用潜在震源区的可靠程度、中长期地震预报成果、小震活动、大震减震作用、面积因素等因子,分 4.0 ~ 5.5 级、5.6 ~ 6.0 级、6.1 ~ 6.5 级、6.6 ~ 7.0 级、7.1 ~ 7.5 级、7.5 以上 6 个震级档,综合评判确定 $f_{i,mj}$。

3)方向性函数

在地震危险性分析计算中,等震线取向与相应潜在震源区的构造走向有关,其方向性函数可表示为:

$$f(\theta)=P_1\delta(\theta_1)+P_2\delta(\theta_2) \tag{2.3-1}$$

式中,θ 为潜在震源区内构造走向与正东方向的夹角;P_1 和 P_2 为相应的取向概率。具体确定时按以下三种情况分别取值:

(1)单一断层性质,主破裂面沿研究区构造走向,只有一个走向,其主破裂方向均取为新活动构造的走向。

(2)共轭断层性质,某些潜在震源区,两个方向的断裂相交汇,难以分清哪一组为主。两个方向的权重各占50%。

(3)一组断层为主,另一组断层为辅,主干断裂走向的概率为70%,分支断裂走向的概率为30%。

2.3.3 地震动衰减关系确定

地震动衰减关系的确定是地震危险性分析中的重要环节。针对本项工程的实际情况,需要建立周期长达17s的地震动衰减关系。所使用的长周期反应谱衰减关系为俞言祥在中国地震局"十五"重点项目"地震安全性评价研究"中得到的我国东部地区水平向加速度反应谱衰减关系。在建立本项目使用的衰减关系时,使用了具有可靠长周期信息的数字宽频带记录作为数据,统计得出参考地区的地震动衰减关系中的长周期部分,而周期小于1.7s的短周期部分,则采用了传统的模拟式强震记录统计得到的衰减关系。

基岩地震动水平向峰值加速度和反应谱衰减关系的形式为:

$$\lg A = c_1 + c_2 M + c_3 M^2 + c_4 \lg(R + c_5 e^{c_6 M}) \tag{2.3-2}$$

式中,A为峰值加速度或反应谱值;M为震级;R为震中距;$c_1 \sim c_6$为回归系数。

式中周期小于6s的长轴和短轴衰减关系系数见表2.3-1和表2.3-2,σ为衰减关系各周期的标准差。图2.3-2和图2.3-3分别为水平向基岩加速度峰值衰减关系和加速度反应谱衰减关系图。

基岩水平向峰值加速度和反应谱(阻尼比5%)的衰减关系系数(长轴) 表2.3-1

周期 T(s)	c_1	c_2	c_3	c_4	c_5	c_6	$\sigma_{\lg Sa}$
PGA	2.027	0.548	0.000	-1.902	1.700	0.425	0.240
0.040	2.115	0.539	0.000	-1.907	1.700	0.425	0.225
0.050	2.139	0.540	0.000	-1.912	1.700	0.425	0.223
0.070	2.296	0.538	0.000	-1.957	1.700	0.425	0.224
0.100	2.575	0.526	0.000	-2.004	1.700	0.425	0.229
0.120	2.525	0.533	0.000	-1.979	1.700	0.425	0.242
0.140	2.526	0.538	0.000	-1.979	1.700	0.425	0.253
0.160	2.511	0.548	0.000	-1.990	1.700	0.425	0.245
0.180	2.407	0.559	0.000	-1.969	1.700	0.425	0.248
0.200	2.322	0.555	0.000	-1.901	1.700	0.425	0.261
0.240	2.163	0.562	0.000	-1.845	1.700	0.425	0.260
0.260	2.125	0.572	0.000	-1.865	1.700	0.425	0.263
0.300	2.196	0.547	0.000	-1.823	1.700	0.425	0.282

续上表

周期 T(s)	c_1	c_2	c_3	c_4	c_5	c_6	$\sigma_{\lg Sa}$
0.340	2.096	0.574	0.000	-1.855	1.700	0.425	0.309
0.360	2.022	0.579	0.000	-1.839	1.700	0.425	0.320
0.400	1.876	0.591	0.000	-1.820	1.700	0.425	0.325
0.440	1.716	0.600	0.000	-1.784	1.700	0.425	0.333
0.500	1.433	0.635	0.000	-1.786	1.700	0.425	0.338
0.600	1.108	0.649	0.000	-1.698	1.700	0.425	0.357
0.700	0.849	0.697	0.000	-1.755	1.700	0.425	0.372
0.800	0.709	0.705	0.000	-1.740	1.700	0.425	0.380
1.000	0.375	0.747	0.000	-1.753	1.700	0.425	0.388
1.200	0.216	0.760	0.000	-1.766	1.700	0.425	0.381
1.500	0-.319	0.824	0.000	-1.794	1.700	0.425	0.336
1.700	-0.534	0.833	0.000	-1.753	1.700	0.425	0.330
2.000	-0.749	0.834	0.000	-1.700	1.700	0.425	0.327
2.400	-1.008	0.857	0.000	-1.700	1.700	0.425	0.322
3.000	-1.327	0.882	0.000	-1.697	1.700	0.425	0.306
4.000	-1.531	0.901	0.000	-1.726	1.700	0.425	0.307
5.000	-1.858	0.913	0.000	-1.673	1.700	0.425	0.324
6.000	-2.127	0.924	0.000	-1.631	1.700	0.425	0.328

注：$c_1 \sim c_6$ 为回归系数，$\sigma_{\lg Sa}$ 为标准差，下表余同。

基岩水平向峰值加速度和反应谱(阻尼比5%)的衰减关系系数(短轴)　表2.3-2

周期 T(s)	c_1	c_2	c_3	c_4	c_5	c_6	$\sigma_{\lg Sa}$
PGA	1.035	0.519	0.000	-1.465	0.381	0.525	0.240
0.040	1.120	0.510	0.000	-1.468	0.381	0.525	0.225
0.050	1.142	0.511	0.000	-1.472	0.381	0.525	0.223
0.070	1.275	0.509	0.000	-1.507	0.381	0.525	0.224
0.100	1.530	0.496	0.000	-1.543	0.381	0.525	0.229
0.120	1.493	0.503	0.000	-1.524	0.381	0.525	0.242
0.140	1.494	0.508	0.000	-1.524	0.381	0.525	0.253
0.160	1.474	0.518	0.000	-1.532	0.381	0.525	0.245
0.180	1.381	0.530	0.000	-1.516	0.381	0.525	0.248
0.200	1.331	0.526	0.000	-1.464	0.381	0.525	0.261
0.240	1.200	0.535	0.000	-1.421	0.381	0.525	0.260
0.260	1.153	0.544	0.000	-1.436	0.381	0.525	0.263
0.300	1.245	0.520	0.000	-1.404	0.381	0.525	0.282

续上表

周期 T(s)	c_1	c_2	c_3	c_4	c_5	c_6	$\sigma_{\lg Sa}$
0.340	1.128	0.546	0.000	-1.428	0.381	0.525	0.309
0.360	1.063	0.552	0.000	-1.416	0.381	0.525	0.320
0.400	0.927	0.564	0.000	-1.401	0.381	0.525	0.325
0.440	0.786	0.573	0.000	-1.374	0.381	0.525	0.333
0.500	0.501	0.608	0.000	-1.375	0.381	0.525	0.338
0.600	0.222	0.624	0.000	-1.307	0.381	0.525	0.357
0.700	-0.066	0.671	0.000	-1.351	0.381	0.525	0.372
0.800	-0.199	0.679	0.000	-1.339	0.381	0.525	0.380
1.000	-0.539	0.720	0.000	-1.349	0.381	0.525	0.388
1.200	-0.706	0.734	0.000	-1.359	0.381	0.525	0.381
1.500	-1.255	0.798	0.000	-1.380	0.381	0.525	0.336
1.700	-1.449	0.807	0.000	-1.349	0.381	0.525	0.330
2.000	-1.636	0.809	0.000	-1.308	0.381	0.525	0.327
2.400	-1.895	0.831	0.000	-1.308	0.381	0.525	0.322
3.000	-2.213	0.857	0.000	-1.306	0.381	0.525	0.306
4.000	-2.432	0.875	0.000	-1.328	0.381	0.525	0.307
5.000	-2.731	0.888	0.000	-1.287	0.381	0.525	0.324
6.000	-2.979	0.899	0.000	-1.254	0.381	0.525	0.328

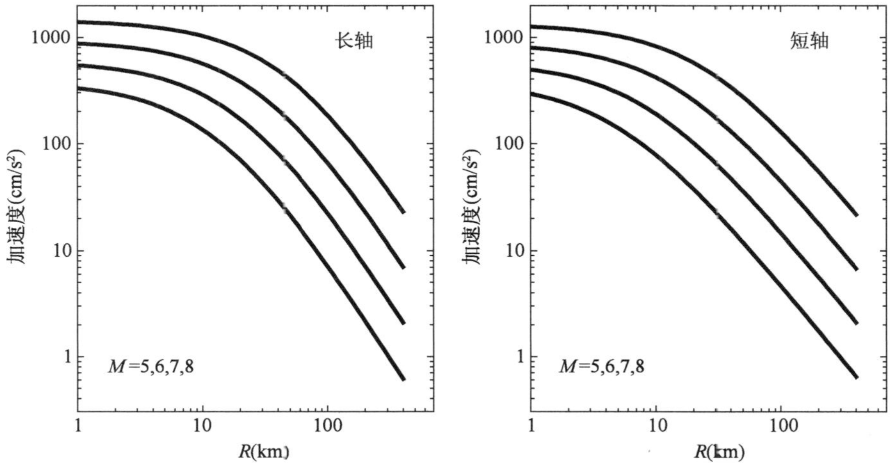

图 2.3-2　水平向基岩峰值加速度(PGA)衰减关系

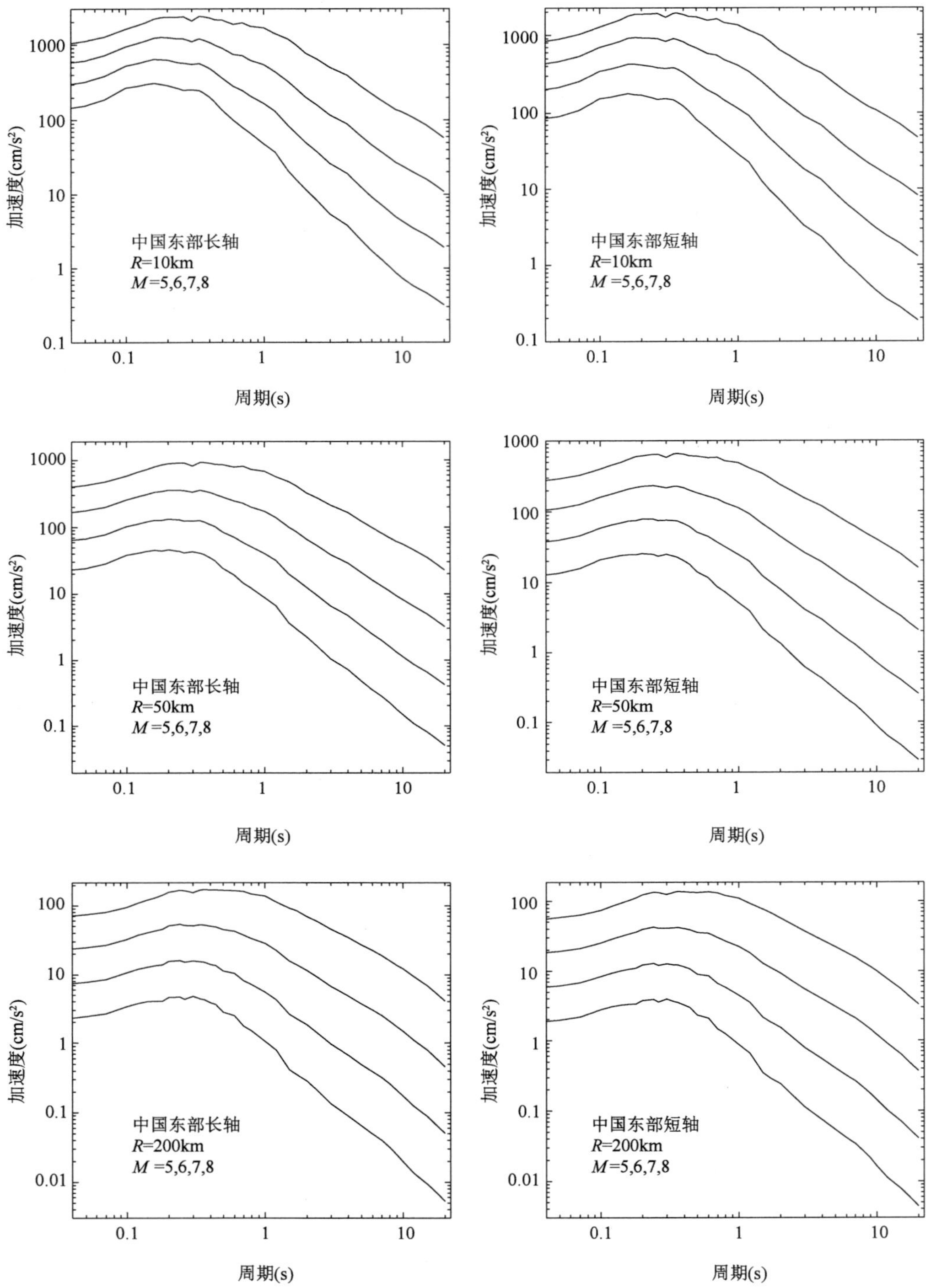

图 2.3-3　水平向基岩加速度反应谱衰减关系(R=10km、50km、200km,M=5,6,7,8)

2.3.4 地震危险性计算及结果分析

根据前面所确定的地震带、潜在震源区、地震活动性参数及地震动峰值加速度衰减关系,利用概率地震危险性分析方法,进行工程场地的地震危险性计算。基岩水平向峰值加速度计算结果见表 2.3-3。

场地基岩水平向峰值加速度(gal) 表 2.3-3

工程部位	120 年						60 年		
	63%	10%	5%	4%	3%	2%	63%	10%	2%
九州桥	51.6	142.2	183.6	198.0	217.1	245.8	33.7	108.3	198.6
江海桥	52.3	144.2	186.1	200.7	220.0	249.1	34.2	109.9	201.3
青州桥	53.0	146.8	189.5	204.3	224.1	254.0	34.7	111.6	204.9
海底隧道及东、西人工岛	52.9	147.5	190.7	205.6	225.7	256.1	34.5	111.9	206.2

表 2.3-4、表 2.3-5 给出了对场地 50 年超越概率 10% 的基岩水平峰值加速度起主要贡献的潜在震源区及其贡献百分比值。结果表明,贡献最大的为潜在震源区 21 号源,其次为潜在震源区 22 号源,另外,潜在震源区 9 号源和潜在震源区 20 号源也有一定的贡献。场址 50 年超越概率 10% 的地震危险性主要来自这 4 个潜在震源区的贡献,这与场址所处的地震构造环境是协调的。

主要潜在震源区对场址 50 年超越概率 10%地震动峰值加速度的贡献 表 2.3-4

潜在震源区编号	9	17	20	21	22
贡献值(%)	1.92	0.55	1.21	60.45	34.82

主要潜在震源区对场址 50 年超越概率 10%地震动反应谱(10s)的贡献 表 2.3-5

潜在震源区编号	9	19	20	21	22
贡献值(%)	7.54	5.33	6.58	43.05	34.06

图 2.3-4 为场地基岩地震动水平向峰值加速度超越概率曲线;120 年和 60 年不同超越概率水平的基岩地震动加速度反应谱曲线如图 2.3-5 和图 2.3-6 所示。

图 2.3-5 中曲线由下至上分别对应于超越概率为 63%、10%、5%、4%、3%、2%。

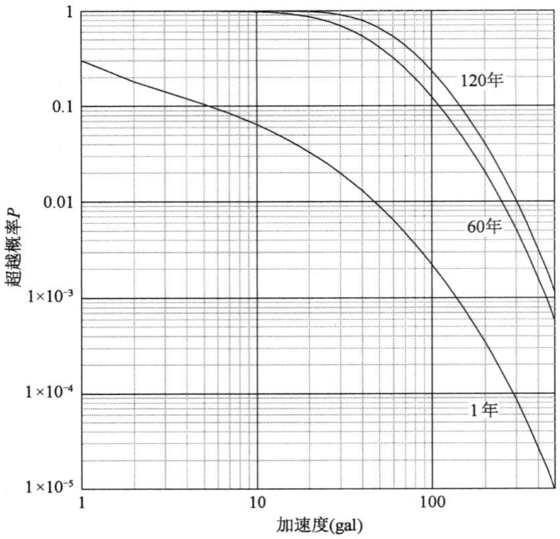

图 2.3-4　场地基岩水平向峰值加速度超越概率曲线

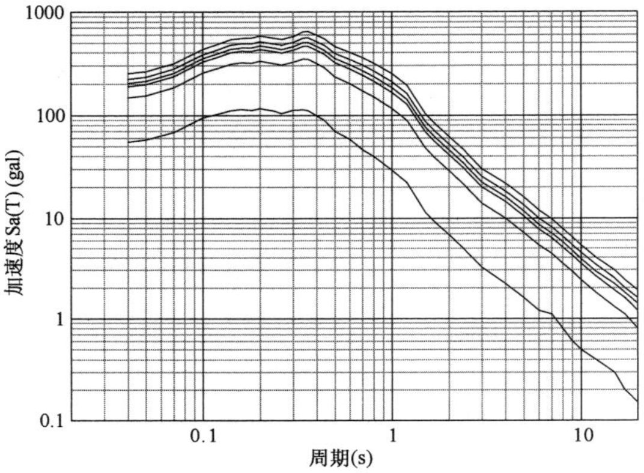

图 2.3-5　120 年不同超越概率水平的场地基岩加速度反应谱曲线

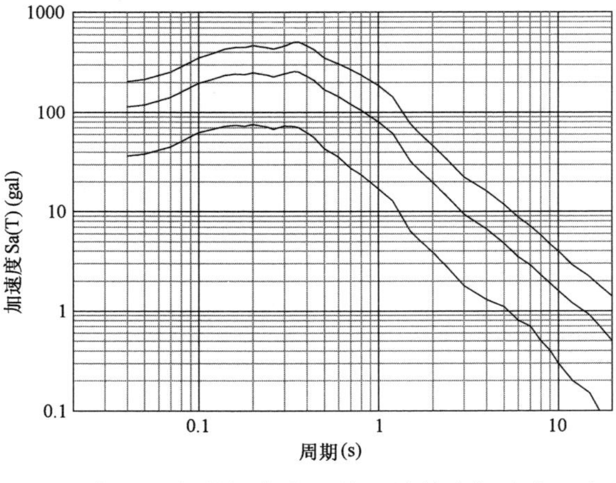

图 2.3-6　60 年不同超越概率水平的场地基岩加速度反应谱曲线

图 2.3-6 中曲线由下至上分别对应于超越概率为 63%、10% 和 2%。

2.3.5　设计地震动参数

采用拟合目标函数的三角级数叠加法合成基岩地震加速度时程，作为场地地震动反应分析的输入地震动时程。

根据工程勘察得到人工岛区域的钻孔、剪切波速等资料，建立地震反应分析力学模型，采用一维等效线性化波动方法进行土层地震反应分析计算，得到工程场地的设计地震动参数。人工岛区域除去表层淤泥后地表水平向设计地震动参数 Am 与地震系数 K 值见表 2.3-6。

设计地震动参数与地震系数 *K* 值　　表 2.3-6

场地	参数	120 年 63%	120 年 10%	120 年 5%	120 年 4%	120 年 3%	120 年 2%	60 年 63%	60 年 10%
西人工岛	Am(gal)	90	182	229	245	271	308	60	150
	K	0.09	0.18	0.23	0.25	0.27	0.31	0.06	0.15
东人工岛	Am(gal)	86	172	222	238	252	285	58	148
	K	0.09	0.17	0.22	0.24	0.25	0.29	0.06	0.15

表 2.3-7 ~ 表 2.3-11 为人工岛区域地表设计反应谱的特征参数取值。

阻尼比为 5%　　表 2.3-7

场　地	概率水平	β_m	T_0	T_1	T_g	C	α_{max}
西人工岛	120 年 63%	2.3	0.04	0.1	0.4	1.0	0.207
	120 年 10%	2.7	0.04	0.1	0.6	1.0	0.486
	120 年 5%	2.5	0.04	0.1	0.6	1.0	0.575
	120 年 4%	2.5	0.04	0.1	0.6	1.0	0.625
	120 年 3%	2.5	0.04	0.1	0.7	1.0	0.675
	120 年 2%	2.5	0.04	0.1	0.8	1.0	0.775
	60 年 63%	2.3	0.04	0.1	0.4	1.0	0.138
	60 年 10%	2.5	0.04	0.1	0.6	1.0	0.375

续上表

场地	概率水平	β_m	T_0	T_1	T_g	C	α_{max}
东人工岛	120 年 63%	2.5	0.04	0.1	0.4	1.0	0.225
	120 年 10%	2.5	0.04	0.1	0.6	1.0	0.425
	120 年 5%	2.7	0.04	0.1	0.6	1.0	0.594
	120 年 4%	2.5	0.04	0.1	0.6	1.0	0.600
	120 年 3%	2.5	0.04	0.1	0.7	1.0	0.625
	120 年 2%	2.5	0.04	0.1	0.9	1.0	0.725
	60 年 63%	2.3	0.04	0.1	0.4	1.0	0.138
	60 年 10%	2.5	0.04	0.1	0.6	1.0	0.375

阻尼比为 4%　　表 2.3-8

场地	概率水平	β_m	T_0	T_1	T_g	C	α_{max}
西人工岛	120 年 63%	2.5	0.04	0.1	0.4	1.0	0.225
	120 年 10%	2.9	0.04	0.1	0.6	1.0	0.522
	120 年 5%	2.7	0.04	0.1	0.6	1.0	0.621
	120 年 4%	2.7	0.04	0.1	0.6	1.0	0.675
	120 年 3%	2.7	0.04	0.1	0.7	1.0	0.729
	120 年 2%	2.7	0.04	0.1	0.8	1.0	0.837
	60 年 63%	2.5	0.04	0.1	0.4	1.0	0.15
	60 年 10%	2.7	0.04	0.1	0.6	1.0	0.405
东人工岛	120 年 63%	2.7	0.04	0.1	0.4	1.0	0.243
	120 年 10%	2.7	0.04	0.1	0.6	1.0	0.459
	120 年 5%	2.9	0.04	0.1	0.6	1.0	0.638
	120 年 4%	2.7	0.04	0.1	0.6	1.0	0.648
	120 年 3%	2.7	0.04	0.1	0.7	1.0	0.675
	120 年 2%	2.7	0.04	0.1	0.9	1.0	0.783
	60 年 63%	2.5	0.04	0.1	0.4	1.0	0.15
	60 年 10%	2.7	0.04	0.1	0.6	1.0	0.405

阻尼比为 3% 表 2.3-9

场地	概率水平	β_m	T_0	T_1	T_g	C	α_{max}
西人工岛	120 年 63%	2.7	0.04	0.1	0.4	1.0	0.243
	120 年 10%	3.2	0.04	0.1	0.6	1.0	0.576
	120 年 5%	3.0	0.04	0.1	0.6	1.0	0.690
	120 年 4%	3.0	0.04	0.1	0.6	1.0	0.750
	120 年 3%	3.0	0.04	0.1	0.7	1.0	0.810
	120 年 2%	3.0	0.04	0.1	0.8	1.0	0.930
	60 年 63%	2.7	0.04	0.1	0.4	1.0	0.162
	60 年 10%	3.0	0.04	0.1	0.6	1.0	0.450
东人工岛	120 年 63%	3.0	0.04	0.1	0.4	1.0	0.270
	120 年 10%	3.0	0.04	0.1	0.6	1.0	0.510
	120 年 5%	3.2	0.04	0.1	0.6	1.0	0.704
	120 年 4%	3.0	0.04	0.1	0.6	1.0	0.720
	120 年 3%	3.0	0.04	0.1	0.7	1.0	0.750
	120 年 2%	3.0	0.04	0.1	0.9	1.0	0.870
	60 年 63%	2.7	0.04	0.1	0.4	1.0	0.162
	60 年 10%	3.0	0.04	0.1	0.6	1.0	0.450

阻尼比为 2% 表 2.3-10

场地	概率水平	β_m	T_0	T_1	T_g	C	α_{max}
西人工岛	120 年 63%	3.0	0.04	0.1	0.4	1.0	0.273
	120 年 10%	3.6	0.04	0.1	0.6	1.0	0.641
	120 年 5%	3.3	0.04	0.1	0.6	1.0	0.759
	120 年 4%	3.3	0.04	0.1	0.6	1.0	0.824
	120 年 3%	3.3	0.04	0.1	0.7	1.0	0.890
	120 年 2%	3.3	0.04	0.1	0.8	1.0	1.022
	60 年 63%	3.0	0.04	0.1	0.4	1.0	0.182
	60 年 10%	3.3	0.04	0.1	0.6	1.0	0.495

续上表

场地	概率水平	β_m	T_0	T_1	T_g	C	α_{max}
东人工岛	120 年 63%	3.3	0.04	0.1	0.4	1.0	0.297
	120 年 10%	3.3	0.04	0.1	0.6	1.0	0.561
	120 年 5%	3.6	0.04	0.1	0.6	1.0	0.784
	120 年 4%	3.3	0.04	0.1	0.6	1.0	0.791
	120 年 3%	3.3	0.04	0.1	0.7	1.0	0.824
	120 年 2%	3.3	0.04	0.1	0.9	1.0	0.956
	60 年 63%	3.0	0.04	0.1	0.4	1.0	0.182
	60 年 10%	3.3	0.04	0.1	0.6	1.0	0.495

阻尼比为 1% 表 2.3-11

场地	概率水平	β_m	T_0	T_1	T_g	C	α_{max}
西人工岛	120 年 63%	3.5	0.04	0.1	0.4	1.0	0.315
	120 年 10%	4.1	0.04	0.1	0.6	1.0	0.738
	120 年 5%	3.8	0.04	0.1	0.6	1.0	0.874
	120 年 4%	3.8	0.04	0.1	0.6	1.0	0.950
	120 年 3%	3.8	0.04	0.1	0.7	1.0	1.026
	120 年 2%	3.8	0.04	0.1	0.8	1.0	1.178
	60 年 63%	3.5	0.04	0.1	0.4	1.0	0.210
	60 年 10%	3.8	0.04	0.1	0.6	1.0	0.570
东人工岛	120 年 63%	3.8	0.04	0.1	0.4	1.0	0.342
	120 年 10%	3.8	0.04	0.1	0.6	1.0	0.646
	120 年 5%	4.1	0.04	0.1	0.6	1.0	0.903
	120 年 4%	3.8	0.04	0.1	0.6	1.0	0.912
	120 年 3%	3.8	0.04	0.1	0.7	1.0	0.950
	120 年 2%	3.8	0.04	0.1	0.9	1.0	1.102
	60 年 63%	3.5	0.04	0.1	0.4	1.0	0.210
	60 年 10%	3.8	0.04	0.1	0.6	1.0	0.570

2.4 人工岛工程地质勘察

2.4.1 区域地质概况

2.4.1.1 构造

1)区域构造概况

场区位于华南褶皱系粤北、粤东北—粤中坳陷带的永梅—惠阳坳陷，经历了长期复杂的构造运动，主要有加里东、印支、燕山和喜马拉雅四期运动，以褶皱、断裂构造发育和岩浆活动强烈为特征。构造行迹以北东及北西向为主，东西向次之。

特别是上新世开始的喜马拉雅运动(第二幕)，继承性断裂的强烈活动引起地壳差异性的升降运动，使晚第三纪剥蚀面部分地段开始抬升，三角洲内某些断块下陷，最终形成珠江三角洲棋盘格状基底地貌。

经过晚第三纪至第四纪晚更新世早期的长期剥蚀之后，场区区域上新构造运动表现为地壳差异性升降运动。总体表现在珠江三角洲边缘为上升剥蚀区，内部平原为沉降区。在沉积过程中地壳间歇性升降频繁，引起海面升降交替变化，出现了三次海侵海退，形成了由河流相—三角洲相交替的三个沉积旋回。与此同时，珠江三角洲也从古三角洲发展成老三角洲，最后发展成新三角洲。

2)勘察区一带构造

根据2.3节的内容，勘察区一带构造特征如下：

(1)在大桥主体工程岛隧工程周围5km范围内共展布断裂15条，主要为北东及北西向断裂，少量近东西向断裂，均为非全新世断裂。

(2)桂山岛东侧发育全新世活动断裂，但距岛隧工程距离超过5km，对拟建构筑物安全不造成严重的影响。

(3)根据广东省地震局资料，桥址区5km范围内历史上没发生过Ms(面波震级)≥4.75级的破坏性地震。自1970年建立地震台网以来仅记录5次ML1.0级以上地震，表明港珠澳大桥场地范围地震活动水平强度和频度都相当低，是一个地震活动相对安全的地段，对拟建的港珠澳大桥工程安全相当有利。

2.4.1.2 地层

据前期及本次勘察地质资料显示，勘察区一带主要发育第四纪覆盖层与震旦纪变质岩层。第四纪覆盖层自上而下依次为：

全新世海相松散沉积层（$Q4^{mc}$）：岩性主要为淤泥、淤泥质土，局部发育有淤泥质土夹（混）砂、松散砂层。

晚更新世陆相松散沉积层（$Q3^{al+pl}$）：岩性主要为黏土，局部发育有少量砂层（细砂、中砂、粗砂等）。

晚更新世海陆交互相松散沉积层（$Q3^{al}$）：岩性主要为淤泥质土、黏土、粉质黏土及粉质黏土夹砂等，其次为粉、细砂（或夹黏性土）、中砂（或夹黏性土）等少量砂层。

晚更新世河流相冲洪积松散沉积层（$Q3^{al+pl}$）：岩性主要为粉细砂、中砂、粗砂、砾砂等砂层，局部发育有粉质黏土。

下伏基岩主要为震旦纪变质岩层，其岩性主要为全风化混合片岩、强风化混合片岩、中风化混合片岩、全风化混合花岗岩、强风化混合花岗岩及中风化混合花岗岩等。

2.4.2　人工岛工程精细化勘察

2.4.2.1　精细化勘察实施标准

本次勘察工作就高执行以下标准：

（1）BS 5930：1999；

（2）BS 1377：1990 Part 1 to 9；

（3）香港的 GEOGUIDE2 和 GEOGUIDE3；

（4）国际土力学与岩土工程协会 ISSMGE 试验程序（1999）。

2.4.2.2　国际化勘察设备

岛隧工程对地层划分及地质参数的精细化要求高，补充勘察采用国际先进的设备、方法，实施精细化勘察，以获取原位少扰动资料成果。本次采用的船机设备、取土设备、原位测试设备和室内试验设备符合国际标准，与国内常规海上勘察存在诸多不同。

1）钻探载体及钻机

钻探采用符合国际标准的海上液压升降钻探平台和分离式液压驱动钻机，排除了作业中受海上波浪冲击产生的晃动影响。

海上液压升降钻探平台是国外常用的钻探平台，通过大功率的液压驱动将平台的桩腿自由升降以适应不同水深，同时采用不同的管靴配合不同海床地质条件，可承受较大风浪，维持液压钻探平台在海上的稳定，使得海上勘察作业变成“陆域”勘察，能有效防止波浪对钻进产生的扰动。

分离式液压驱动钻机虽然采用方驳或货船作为勘察载体，但核心技术是将成套钻进系统分成控制台、液压驱动动力头、钻塔、波浪补偿系统。通过波浪补偿系统能减少波浪起伏对钻进的影响，显著提高勘察质量。

2）取土设备

（1）采取不扰动样

本次勘察为了提高取土质量，除了提高钻进质量外，还从取土设备及储存保管运输等方面进行改良。对于8击的软塑～可塑黏性土，采用长度为1000mm，直径为100或76mm，面积比小于10%的固定活塞式取土器。固定活塞式取土器是国际上应用最广泛的软土取土器，但在国内水运行业运用极少。对比国内常规的取土器，取样率更高，取样质量更好，不易掉样，不易取到残渣。对于大于8击的可塑状以上黏性土，采用敞口薄壁shelby取土器。取出的原状样竖立保管于专门土样箱里，在土样箱底部放置防振泡沫，土样之间充填木屑，采用专门储存箱保管，确保土样固定，在运输过程减少扰动。

（2）采取扰动样

主要是标准贯入试验（SPT）的扰动样，在标准贯入试验的贯入器增加镀锌衬管，所采取的扰动样达到Ⅲ级，可进行一般物理性试验。通过采集标准贯入试验样品，能直观鉴别土质。

与国内常规标准贯入试验相比，这种方法完善了国内标准贯入采取不到较好Ⅲ级样品的不足。

3）原位测试

（1）海床静力触探试验（CPTU）

静力触探试验（CPTU）是一种具有速度快、数据精度高、数据连续、再现性好、效率高、功能多、操作省力等优点的原位测试方法。针对隧道下卧层多为软土的特点，补充勘察以CPTU为主，通过CPTU数据与室内试验及其他原位测试结果，建立可靠客观的关联公式。

采用的国际标准海床式CPTU试验设备，由驱动主机和采集设备组成，可同时测量端阻、侧摩阻以及由于触探引起的孔压和探头倾斜。试验以20mm/s的速度进行，每10mm采集一次数据，采集数据的频率符合国际标准的要求，可获得大量精细的地层原位数据。

（2）标准贯入试验

采用符合国际标准的标准贯入试验设备，该设备与国内标准贯入试验设备有明显的差异：

①垫锤，质量为 15 ~ 20kg，国内的垫锤约为 3kg；

②贯入器内加镀锌内衬管。

设计在采用标准贯入试验数据时，国际上一般采用经校正后的数据如 N_{60} 或 $(N_1)_{60}$，一般需要对上覆自重压力、锤击能量传递比、贯入器内有无衬管、钻杆长度及钻孔直径的影响均进行校正。国外利用 N_{60} 或 $(N_1)_{60}$ 数据建立了标准贯入击数与物理力学指标的相关经验公式。

本次勘察为了获得准确的锤击能量传递比 E_r，引进了标准贯入分析仪（SPT Analyzer），并进行了大量锤击能量传递比测试，经过统计分析发现，所采用的标准贯入试验设备的锤击能量传递比均为 75%。

（3）十字板试验

采用了国内常用的电测式十字板剪切试验设备，但在操作工艺上进行了改进。试验钻杆外采用了更小的套管，减少深度增加造成的探杆倾斜度；每压入 3m 就清孔，下套管再重新压 3m，减少上部土层对下部土层的影响。

（4）波速测试

采用适用于海上测试的悬挂式波速测试设备。试验均为孔内激发与接收信号，改进了仅适用于陆地上的孔外激发、孔内接收的方法。利用固定的激发间距，形成了稳定的测试结果。

4）室内试验

除了采用常规的试验设备外，对于隧道设计需要的应力路径试验采用英国 GDS 仪器设备公司生产的 STDTTS 三轴仪进行。通过应力路径试验，能够获得真实应力状态下的强度指标，建立与 CPTU 数据可靠的相关性。

2.4.2.3　勘察方法

为了更精细地划分地质单元层，真实再现土层的物理力学性质，模拟构筑物施工及运营状态下的土层强度变形特征，结合考虑岛隧一带软土层深厚特点，勘察主要采用以 CPTU 和钻探取样及试验为主，现场标准贯入试验、十字板剪切试验、波速测试为辅的方法。在对前期资料分析的基础上，结合设计方案，综合本次勘察及前期成果，建立三维地质模型，全面掌握地层的三维分布规律。

国际上及香港地区大量经验表明 CPTU 有利于揭示原位地质信息，同时能够快速、可靠、连续地揭示地层，获取设计所需的岩土参数信息。本设计联合体具有准确分析

CPTU 数据的能力及经验，因此本次探孔以 CPTU 为主。另外布设一定数量的取样孔和原位试验钻孔，通过高质量的取样及室内、室外试验以验证、修正 CPTU 孔的分析结果，确保 CPTU 试验结果分析的可靠性及准确性。取样孔和原位试验钻孔须成对布置在邻近的 CPTU 孔附近，其布置原则为确保每一个管节范围内至少有一对钻孔。

1）现场勘察准备

制订勘察工作大纲、质量计划、HSE［健康（Health）、安全（Safety）和环境（Environment）］计划，并提交中交项目总经理部中国设计方、COWI（丹麦科威国际咨询公司）、监理、业主代表等相关部门审批，在获得审批同意后，方开始施工。

在外业实施前，勘察部门、设计部门就勘察方法的可行性及实施的必要性进行讨论、研究，最终达成一致意见。同时，各方安全部门、质量监管部门进行勘察人员、设备资质、HSE 方面的检查与验收。在上述内容均符合要求的情况下，才可进行现场施工。

2）现场勘察工作

项目部内部严格按照质量控制计划实施。钻孔定位要经过复测、水深图检验、室内计算检查等多道工序；钻探过程严格按操作程序进行，控制钻探回次，保证采取率，不同地层采用不同钻进及取样方法，采取岩芯按顺序放置在岩芯箱内，对采上岩芯进行照相留底，取上不扰动样品进行密封，钻探工序记录在班报表上，地质信息记录在编录表上，各种记录单均有相关人员签名，室内试验严格按照规范执行。同时，由 COWI 按照国际标准实施勘察过程监督及管理。COWI 与勘察项目组形成每周会议制度，对于不符合国际标准的勘察工作，COWI 现场代表及时与勘察项目部沟通研究，积极协助，确保改善勘察手段，达到国内国际最高水平。

外部严格按照监理制度执行，每一项目勘察程序均获得监理和业主代表的认可，与监理实行每周会议制度，针对现场的勘察工作、HSE 情况进行分析及讨论，确保勘察质量。

3）室内试验工作

严格按 BSB77：1990 或 Geospec3 相关部分进行室内试验，不追求速度，注重质量，试验要求在有资质且做过相关岩土试验的试验室进行。本次试验除了国内试验的一些常规做法外，针对工程的特殊性，还进行了以下专门试验：

（1）样品在试验室的保管始终保持垂直状态，以保持原状样品的天然状态。采用恒温槽进行颗粒分析，保持试验过程中温度一致性，以免试验过程产生误差。

（2）对于常规黏性土的抗剪强度试验，包括不固结不排水试验、固结不排水试验、无侧限抗压强度试验和固结试验等，采用国内最先进的三轴剪切试验设备和全自动固结仪进行试验；对于隧道设计需要的应力路径试验及等应变固结试验，在试验前，由设计根据拟建构筑物变形特性及 CPTU 试验结果制定样品的专项试验方案，如应力路径试验（CAU）、等应变固结试验、固结试验回弹与再加荷次数和荷重及固结不排水剪试验、不固结不排水剪试验等，并在试验过程进行全程监督。

本次隧道区室内试验的特点并不是每个样品都安排试验项目，而是要求进行的试验项目必须"真、精、准"。

①根据 CPTU 试验结果确定试验样品个数；

②先进行固结试验确定前期固结压力，再结合样品自重及隧道基础制定抗剪强度试验围压荷重；

③模拟隧道区地基的卸荷及加荷条件对地基土变形的影响，进行等应变固结试验、多次卸荷及加荷的固结试验；

④根据软基处理次固结沉降要求进行人工岛黏性土次固结试验，实施荷重条件下的多级加荷固结试验。

4）室内资料分析

本次室内资料整理无论从形式上，还是从内容上均与国际接轨，主要体现在：

（1）提供所有勘察结果的 ASCII 格式数据，满足 MAGS（土工和环境岩土工程专家协会）发布的地质勘察中岩土及环境岩土电子数据传送 3.1 版（2004）的要求。所有地质勘察及监测资料，包括钻孔、现场试验及室内试验数据，均以 CD-ROM 形式提交。

（2）钻孔柱状图及地质剖面图采用英国 gINT8.0 版地质处理软件进行处理，钻孔柱状图及剖面应包括取样位置和性质信息、标准贯入试验信息、十字板试验信息、钻探采取率以及地层描述等信息，以 DWG 格式提供。其他文字表达和表格分别采用 Word 和 Excel形式提供。

（3）引进国际复杂地质项目及大型项目中地质数据处理经验，建立三维地质模型进行地质勘察数据处理，地质数据库中可以随时获取多方面地质信息。

2.4.2.4　精细化勘察组织与实施特点

一是"高"。采用的标准高，执行当今国际上最先进的勘察标准，为确保实施过程达到国际标准，以具有丰富国际勘察经验的中交第四航务工程勘察设计院有限公司为具体勘察实施单位，联合香港辉固公司共同完成海上 CPTU 现场测试工作，以设计方的国际合作公司丹麦 COWI 公司驻场监督勘察外业工作和室内试验工作。

二是"精"。采用的装备精，采用大型钻探设备如液压升降钻探平台、分离式液压驱动钻机，能有效减少波浪对钻探的影响，从而为获得高质量的原状样、可靠原位测试数据奠定基础。

三是"多"。采取的勘察手段多，采用多种原位测试和室内试验方法，包括海床式CPTU、电测式VST（Vector Signal Transceiver，射频矢量信号收发仪）、国际标准的标准贯入试验、悬挂式波速测试等原位测试设备以及室内试验，对岩土层进行全方位、多手段的力学特性测试，从而获得各种原位测试数据并进行对比分析，为设计提供各种可靠真实的岩土设计参数，从而进行优化设计。

四是"细"。过程控制细，首先是勘察工艺流程环环相扣，并严格按国际标准要求实施；其次是根据拟建构筑物变形特性及地质特点制定详细专项室内试验方案，并由设计全程监督；最后是依据CPTU测试结果详细分析每段每米厚，甚至每厘米厚的土层物理力学指标，通过各种测试结果互相验证。

2.4.3　西人工岛工程地质勘察

2.4.3.1　场地稳定性和适宜性

西人工岛区域上属于河口三角洲相地貌，微地貌单一，地形起伏较小；未见全新世活动断裂发育，场区新构造运动不明显。

地层从上而下发育全新世海相沉积、晚更新世陆相冲积层、晚更新世海陆交互相及晚更新世陆相冲洪积层，各单元层层位和厚度相对比较稳定，物理力学性质呈现自上而下由差至好的变化趋势。上覆软弱土层在经过地基处理后能满足西人工岛建设的需要。

勘察区现阶段未见明显的不良地质现象及不利埋藏物，虽然属于抗震不利地段，存在软土震陷的可能性，但通过地基处理可以消除上述不良影响。

2.4.3.2　地基条件评价

本次勘察自上而下可分为上部全新世海相沉积层、中部晚更新世陆相冲积层和晚更新世海陆交互相积层，以及下部晚更新世陆相冲洪积层，各部分分析如下：

上部全新世海相沉积层由$①_1$淤泥、$①_2$淤泥及$①_3$淤泥质土组成，土层状态为流塑～软塑，具有高压缩性、高含水量、高孔隙比、承载力低等特点，不宜直接作为地基持力层。根据设计方案，直接作为基础持力层时应进行地基处理，构筑物采用桩基方案时应考虑可能产生的负摩阻力影响及软土震陷的可能。

中部晚更新世陆相冲积层上部由$②_{1\text{-}1}$粉质黏土（标贯平均击数$N=8.6$击）、$②_2$粉细砂(标贯平均击数 $N=12.0$ 击)、②$_4$中砂(标贯平均击数 $N=13.0$ 击)组成,本层在探区内呈不连续状揭露,其中②$_2$粉细砂、②$_4$中砂在空间上以透镜体形式出现;②$_{1\text{-}1}$粉质黏土层在里程号 K13 以东位置出露较多,具有一定力学强度,但是层厚分布不均匀。

中部晚更新世海陆交互相冲积层下部由③$_2$粉质黏土夹砂(标贯平均击数 $N=14.5$ 击)、③$_{2\text{-}1}$粉细砂、③$_{2\text{-}2}$粉细砂(标贯平均击数 $N=17.1$ 击)、③$_{2\text{-}3}$中砂(标贯平均击数 $N=19.0$ 击)、③$_{3\text{-}1}$粉质黏土(标贯平均击数 $N=7.0$ 击)及③$_{3\text{-}2}$粉质黏土(标贯平均击数 $N=15.6$ 击)组成,其中③$_{2\text{-}1}$粉细砂、③$_{2\text{-}2}$粉细砂和③$_{2\text{-}3}$中砂在探区内分布不广且呈透镜体状;③$_2$粉质黏土夹砂、③$_{3\text{-}1}$粉质黏土及③$_{3\text{-}2}$粉质黏土在探区分布连续,具有一定的力学强度。

下部晚更新世陆相冲洪积层由④$_1$粉细砂(标贯平均击数 $N=19.7$ 击)、④$_2$粉细砂(密实)、④$_3$中砂及④$_5$中粗砂、砾砂(标贯平均击数 $N=52.9$ 击)组成,本次勘察中探区揭露④$_1$粉细砂、④$_2$粉细砂及④$_3$中砂范围呈透镜状出现,主要以④$_5$中粗砂、砾砂为主;第④大层整体强度较大,具有相对较高的地基承载力。

中部晚更新世陆相冲积层、晚更新世海陆交互相及下部晚更新世陆相冲洪积层,可作为天然地基为护岸构筑物直接利用。

2.4.3.3　地基土的物理特性

从工程地质剖面图来看,从浅部往深部总体划分出 4 个单元层:

第①单元层包括①$_1$淤泥、①$_2$淤泥、①$_3$淤泥质土等亚层;

第②单元层包括②$_{1\text{-}1}$粉质黏土、②$_2$粉细砂、②$_4$中砂等亚层;

第③单元层包括③$_{3\text{-}1}$粉质黏土、③$_{2\text{-}3}$中砂、③$_{2\text{-}1}$粉细砂、③$_{2\text{-}2}$粉细砂、③$_2$粉质黏土夹砂、③$_{3\text{-}2}$粉质黏土等亚层;

第④单元层包括④$_1$细砂、④$_5$中粗砂、砾砂、④$_3$中砂和④$_2$细砂等亚层。

黏性土总体呈现出随深度增加,含水量减少、密度增大、孔隙比减小、液性指数减小的特征,侧面显示出强度由浅至深由弱变强的特征。

但需要特别说明的是,②$_{1\text{-}1}$粉质黏土沉积时因处于陆相环境,现今物理特性呈现出比下伏黏性土更好的特性。

1)地基土的压缩性

本次勘察土样的室内试验按照 BS1377:1990 相关规定进行固结试验,加荷级别根据不同土的性质及设计要求制定了 0~3200kPa 竖向荷载的加压序列,得到各级别压力下压缩稳定的孔隙比。以各级压力 p 为横坐标,对应各级压力下的孔隙比 e 为纵坐标,绘制各黏性土层的综合 *e-p* 曲线图。主要对①$_1$淤泥、①$_2$淤泥、①$_3$淤泥质土、②$_{1-1}$粉质黏土、③$_2$粉质黏土夹砂、③$_{3-1}$粉质黏土及③$_{3-2}$粉质黏土土层绘制综合 *e-p* 曲线图。

综合 *e-p* 曲线显示，压缩性从大到小依次为：①$_1$淤泥、①$_2$淤泥、①$_3$淤泥质土、②$_{1-1}$粉质黏土、③$_{3-1}$粉质黏土、③$_{3-2}$粉质黏土及③$_2$粉质黏土夹砂。100～200kPa 压力范围内的压缩系数显示：①$_1$淤泥、①$_2$淤泥和①$_3$淤泥质土为高压缩性，②$_{1-1}$粉质黏土、③$_2$粉质黏土夹砂、③$_{3-1}$粉质黏土及③$_{3-2}$粉质黏土为中等压缩性。

2）地基土的固结与渗透特性

设计考虑西人工岛挖泥至约－16m，回填11m 中粗砂至－5m，插塑料排水板后，继续回填中粗砂至＋5m，并降水至－16m。据此，各级相应荷载下各细粒土的固结系数和渗透系数总体显示出随深度增加，黏性土固结系数由小变大、渗透系数由大变小的趋势，黏性土均为不透水～弱透水土层。

次固结沉降是土层主固结沉降完成后发生的沉降，主要发生在使用期间。各细粒土层按照应变值计算的次固结系数显示：第①单元层细粒土显示中等次固结性，第②单元层细粒土显示很低次固结性，第③单元层③$_2$粉质黏土夹砂显示很低次固结性，第③单元层③$_3$亚层在不超过400kPa 荷重的固结压力下显示很低～低次固结性，在400kPa 以上荷重的固结压力下显示中等次固结性。

3）土的化学成分分析

前期勘察资料表明：海相沉积的软土和海陆交互相沉积层的黏性土层，pH 值均大于5，有机质含量均小于5%。本次勘察选取部分土样进行土的有机质含量分析，试验结果表明有机质含量均小于3%。

2.4.3.4 地基土的应力历史分析

①$_1$淤泥为正常固结土，局部呈稍欠固结状或轻微超固结状；①$_2$淤泥为正常固结土，局部呈稍欠固结状或轻微超固结状；①$_3$淤泥质土为正常固结土，局部呈稍欠固结状或轻微超固结状；②$_{1-1}$粉质黏土为超固结土；③$_2$粉质黏土夹砂为超固结土；③$_{3-1}$粉质黏土为超固结土；③$_{3-2}$粉质黏土为超固结土。OCR（Optical Character Recognition，光学字符识别）统计分析结果见表2.4-1。

OCR 统计分析结果 表2.4-1

土层名称	平均值	最大值	最小值	个数	标准差	变异系数
①$_2$淤泥	1.14	1.27	0.88	4	—	—

续上表

土层名称	平均值	最大值	最小值	个数	标准差	变异系数
①$_3$ 淤泥质土	0.86	1.10	0.68	16	0.15	0.18
②$_{1-1}$ 粉质黏土	1.37	1.62	1.08	9	0.20	0.15
③$_2$ 粉质黏土夹砂	1.65	2.19	1.04	9	0.41	0.25
③$_{3-1}$ 粉质黏土	1.85	2.88	0.98	12	0.55	0.30
③$_{3-2}$ 粉质黏土	1.99	3.09	0.96	10	0.69	0.35

2.4.3.5　地基承载力分析

根据各土(岩)层的物理力学指标及相关规范，提出西人工岛各层的地基容许承载力建议值。表2.4-2中的地基容许承载力值仅供参考，设计时应结合实际方案进行承载力计算。

地层的地基容许承载力值　　表2.4-2

地层编号	土层名称	土的状态	地基承载力(kPa)			
			查表法		公式计算法	建议值
			我国规范	BS 8004:1986	原位十字板计算	
①$_1$	淤泥	$\omega=73.3$ $e=1.977$ $I_L=1.61$	30	<75	20.7	20
①$_2$	淤泥	$\omega=61.3$ $e=1.678$ $I_L=1.20$	40	<75	48.3	40
①$_3$	淤泥质土	$\omega=49.3$ $e=1.342$ $I_L=0.87$	70	<75	87.3	70
②$_{1-1}$	粉质黏土	$\omega=27.5$ $e=0.790$ $I_L=0.47$	180	160	—	160
②$_2$	粉细砂 (或夹黏土)	稍密	100	120	—	100

续上表

地层编号	土层名称	土的状态	地基承载力(kPa)			
			查表法		公式计算法	建议值
			我国规范	BS 8004:1986	原位十字板计算	
②$_4$	中砂（或夹黏土）	稍密	170	170	—	170
③$_2$	粉质黏土夹砂	$\omega=33.0$ $e=0.944$ $I_L=0.71$	150	150	—	150
③$_{2-1}$	粉细砂	稍密	90	100	—	90
③$_{2-2}$	粉细砂（或夹黏土）	中密	150	190	—	150
③$_{2-3}$	中砂（或夹黏土）	中密	205	185	—	185
③$_{3-1}$	粉质黏土	$\omega=33.9$ $e=0.954$ $I_L=0.62$	155	130	—	130
③$_{3-2}$	粉质黏土	$\omega=33.6$ $e=0.933$ $I_L=0.50$	165	170	—	165
④$_1$	粉细砂	中密	170	180	—	170
④$_2$	粉细砂	密实	260	—	—	240
④$_3$	中砂	中密	350	—	—	350
④$_5$	中粗砂、砾砂	密实	420	400	—	400

2.4.4　东人工岛工程地质勘察

2.4.4.1　场地稳定性和适宜性

东人工岛位于中部伶仃洋水域内，与东部低山丘陵区相邻。外业勘察期间，海底

泥面高程一般为 -9.50 ~ -10.40m，地貌形态较为简单，水下地形较平坦，呈海底平原状。

勘察结果显示，东人工岛各单元层的层位与厚度相对比较稳定，岩土性质自上而下呈现出由差转好的总体变化趋势。上覆的软弱土层在经过相应的地基处理后，其土体承载力和稳定性显著提高，压缩性与土体沉降等明显降低，能满足人工岛工程建设的需要。

东人工岛地震基本烈度为7度，属于抗震不利地段。不良地质作用方面虽存在软土震陷的可能性，但可通过软基处理消除其不良作用。场区附近虽有断裂通过，但不是全新活动断裂和发震断裂，均属较稳定的断裂构造。前期勘察资料显示，基岩埋深一般为60 ~70m，岩性主要为混合花岗岩，场区一带地貌单一，海底地形相对平缓，未见岩溶、天然滑坡、危岩和崩塌、采空区及全新世活动断裂等不良地质现象。

2.4.4.2　地基条件评价

本次勘察揭露的地层自上而下可分为上部全新世海相沉积层、中部晚更新世陆相冲洪积层和晚更新世海陆交互相沉积层，以及下部晚更新世陆相冲洪积层，分述如下：

上部全新世海相沉积层主要由$①_1$淤泥、$①_2$淤泥及$①_3$淤泥质土组成（$①_4$淤泥质土混砂在空间上以透镜体形式出现）。土层状态主要为流塑～软塑，具有高压缩性、高含水量、高孔隙比、低承载力等特点，不宜直接作为地基持力层。根据设计方案，直接作为基础持力层时应进行地基处理，构筑物采用桩基方案时应考虑可能产生的负摩阻力影响及软土震陷的可能。

中部晚更新世陆相冲洪积层主要由$②_1$黏土（标贯平均击数 $N=13.6$ 击）组成，$②_4$中砂（或混黏性土）（标贯平均击数 $N=19.0$ 击）在空间上以透镜体形式出现。本层在探区内分布不连续，具有一定力学强度，但层厚分布不均匀。

中部晚更新世海陆交互相沉积层主要由$③_1$淤泥质土（标贯平均击数 $N=4.4$ 击，该亚层局部段为软～可塑黏性土）、$③_{1-1}$粉质黏土（局部为黏土）（标贯平均击数 $N=11.0$ 击）、$③_2$粉质黏土夹砂（标贯平均击数 $N=10.7$ 击）、$③_3$粉质黏土（局部为黏土，标贯平均击数 $N=17.9$ 击）组成，$③_{2-2}$粉细砂（或夹黏性土，标贯平均击数 $N=31.5$ 击）、$③_{2-3}$中砂（或夹黏性土，标贯平均击数 $N=41.1$ 击）分布不连续，主要在人工岛的东南岛壁附近揭露。该大层除$③_1$、$③_{2-2}$与$③_{2-3}$外分布较为连续，厚度较大，抗剪强度较高，压缩性中等，可以作为一般建（构）筑物的持力层使用，但需注意该沉积层土质不均，分布于上部的$③_1$淤泥质土（局部为软～可塑黏性土），抗剪强度较小，压缩性相对较高，可对人工岛的稳定和变形产生不利的影响，建议对其进行适当的地基处理，且构筑物采用桩基方案时应考虑可能产生的负摩阻力影响。

下部晚更新世陆相冲洪积层以④$_5$粗砾砂(标贯平均击数 $N=74.2$ 击)为主,④$_1$粉细砂(标贯平均击数 $N=48.5$ 击)、④$_3$中砂(标贯平均击数 $N=52.7$ 击)及④$_7$粉质黏土(标贯平均击数 $N=21.4$ 击)分布不连续,在空间上呈透镜状出现。第④大层整体强度较大,具有相对较高的地基承载力。

综上所述,晚更新世的第②单元层、第③单元层(除③$_1$亚层外)与第④单元层可作为天然地基直接为护岸构筑物直接利用。

2.4.4.3　地基土的物理特性

本次勘察根据实际揭露的地层深度,由浅部至深部总体划分出 4 个单元层,其中第①、②、③单元层主要由黏性土组成。黏性土总体上呈现出随深度增加,含水量减少、密度增大、孔隙比减小、液性指数减小的趋势,由此可从侧面大致反映出土层强度随埋深增加由弱变强的总体特征。

但需要特别说明的是,第②单元层中的②$_1$黏土沉积时因处于陆相环境,其呈现出的物理指标比下伏③$_1$、③$_{1-1}$亚层更为优良;第③单元层中不连续分布的③$_1$淤泥质土层物理性状相对较差,应考虑其可能对人工岛的稳定与变形产生的不利影响。

1)地基土的压缩性

本次勘察的固结试验按照 BS1377:1990 的相关规定执行。加荷级别的选取综合考虑了不同黏性土的性质与设计要求,得到各级压力下压缩稳定后的孔隙比 e。根据设计需要,选取设计过程中比较关注的荷载级别进行统计,得出各级别下的孔隙比平均值,并以各级压力 p 为横坐标,对应各级压力下的孔隙比 e 为纵坐标,绘制各主要黏性土层的综合 e-p 曲线图。

压缩性从大到小依次为①$_1$淤泥、①$_2$淤泥、①$_3$淤泥质土、①$_4$淤泥质土混砂、③$_1$淤泥质土、②$_1$黏土、③$_{1-1}$粉质黏土(局部为黏土)、③$_2$粉质黏土夹砂、③$_3$粉质黏土及④$_7$粉质黏土。由 100~200kPa 压力范围内的压缩系数,①$_1$淤泥、①$_2$淤泥、①$_3$淤泥质土、①$_4$淤泥质土混砂和③$_1$淤泥质土为高压缩性土,②$_1$黏土、③$_{1-1}$粉质黏土(局部为黏土)、③$_2$粉质黏土夹砂、③$_3$粉质黏土及④$_7$粉质黏土为中等压缩性土。

2)地基土的固结与渗透特性

依据室内固结试验结果,对地基土的固结与渗透特性进行定量的分析,表明总体上黏性土的渗透系数小于 10^{-6}cm/s,为不透水~弱透水土层。

由次固结系数的计算结果可知:第①单元层细粒土主要呈现出中等~低次固结性;

第②单元层细粒土显示很低～低次固结性；第③单元层中，$③_{1-1}$粉质黏土（局部为黏土）、$③_2$粉质黏土夹砂与$③_3$亚层呈现出低～很低次固结性，$③_1$淤泥质土层在200kPa与400kPa荷载下呈现很低～低次固结性，当荷载级别增加至800kPa时，该亚层呈现出中等固结性；$④_7$粉质黏土显示很低次固结性。

3）土的化学成分分析

前期勘察资料表明：海相沉积的软土和海陆交互相沉积层的黏性土层，pH值均大于5，有机质含量均小于5%。本次勘察选取部分土样进行土的有机质含量分析，试验结果说明有机质含量均小于3%。

2.4.4.4　地基土的应力历史分析

本次勘察在主要黏性土层中选取部分具有代表性的土样进行高压固结试验，并给出其先期固结压力。依据试验结果，对各个样品的OCR进行计算，结果详见表2.4-3。

OCR统计结果　　表2.4-3

土层名称	平均值	最大值	最小值	个数	标准差	变异系数
$①_2$淤泥	0.83	1.04	0.69	3	—	—
$①_3$淤泥质土	0.82	1.07	0.61	7	0.18	0.22
$①_4$淤泥质土混砂	0.80	—	—	—	—	—
$②_1$黏土	1.98	2.79	1.23	3	—	—
$③_1$淤泥质土	1.16	1.49	0.71	9	0.27	0.23
$③_{1-1}$粉质黏土（局部为黏土）	1.47	2.21	0.97	11	0.38	0.26
$③_2$粉质黏土夹砂	1.85	2.81	1.13	9	0.54	0.29
$③_3$粉质黏土（局部为黏土）	1.29	1.86	0.78	9	0.43	0.33
$④_7$粉质黏土	1.62	1.95	1.41	5	—	—

OCR统计结果显示：$①_2$淤泥、$①_3$淤泥质土为欠固结～正常固结土；$①_4$淤泥质土混砂为微欠固结土；$②_1$黏土为超固结土；$③_1$淤泥质土为正常固结土，局部呈欠固结或超固结状；$③_{1-1}$粉质黏土（局部为黏土）为超固结土，局部呈正常固结状；$③_2$粉质黏土夹砂与$④_7$粉质黏土均为超固结土，$③_3$粉质黏土为超固结土，局部呈正常固结状。

2.4.4.5　地基承载力分析

根据各主要土层的物理力学性指标及相关规范，提出东人工岛各层的地基容许承载力建议值，见表2.4-4。

地层的地基容许承载力值　　表 2.4-4

地层编号	土层名称	土的状态	地基承载力(kPa)		
			我国规范	BS 8004;1986	建议值
$①_1$	淤泥	$\omega=71.7$ $e=1.944$ $I_L=1.62$	30	<75	20
$①_2$	淤泥	$\omega=61.0$ $e=1.650$ $I_L=1.15$	50	<75	40
$①_3$	淤泥质土	$\omega=49.7$ $e=1.350$ $I_L=0.90$	70	<75	70
$①_4$	淤泥质土混砂	$\omega=56.0$ $e=1.483$ $I_L=1.05$	60	<75	60
$②_1$	黏土	$\omega=34.0$ $e=0.921$ $I_L=0.35$	180	170	170
$②_4$	中砂	中密	190	200	180
$③_1$	淤泥质土(局部为软~可塑黏性土)	$\omega=42.6$ $e=1.207$ $I_L=0.67$	90	80	80
$③_{1\text{-}1}$	粉质黏土(局部为黏土)	$\omega=40.0$ $e=1.128$ $I_L=0.59$	140	130	130
$③_2$	粉质黏土夹砂	$\omega=31.2$ $e=0.909$ $I_L=0.72$	130	130	130
$③_{2\text{-}2}$	粉细砂(或夹黏性土)	中密	150	170	150
$③_{2\text{-}3}$	中砂(或夹黏土)	中密	220	240	220

续上表

地层编号	土层名称	土的状态	地基承载力(kPa)		
			我国规范	BS 8004:1986	建议值
③$_3$	粉质黏土(局部为黏土)	$\omega=31.4$ $e=0.880$ $I_L=0.37$	200	170	170
④$_7$	粉质黏土	$\omega=23.8$ $e=0.680$ $I_L=0.32$	230	200	200
④$_1$	粉细砂	中密~密实	230	250	230
④$_3$	中砂	密实为主	370	400	370
④$_5$	粗砾砂	密实~极密实	450	—	450

2.5　本章小结

(1)根据珠江口地形条件和大万山站、澳门九澳站波浪资料分析,影响工程水域的外海波浪主要是SE~SSW向台风浪。采用台风浪数学模型推算了1949—2008年对工程水域有较大影响的137次台风过程在珠江口外产生的台风浪,对台风浪推算结果采用Poisson复合P-Ⅲ分布进行分方向频率分析,得到SE~ESE、S~SSE和SW~SSW向外海波要素。其中SE~ESE向外海波浪较大,300年一遇波高H_s为14.03m。

(2)由于桥位的特殊地理环境,桥位处的波浪是外海涌浪和局部风浪的混合浪,依据桥位波浪观测点2007年3月—2008年9月和澳门九澳站1986—2001年实测的波浪资料,分析两站的波高-波周期关系,桥位沿线偏北方向的风浪波周期由桥址测点波高-波周期关系确定,桥位沿线SSW~SE方向的波周期由九澳站波高-波周期关系确定。

(3)珠江口附近万山列岛等岛屿对桥区有较好掩护作用,桥位处波浪明显小于外海。在300年一遇波浪和300年一遇高水位组合条件下,桥位西侧计算点(CW-5以西)最大波高H_s为4.15m,波向SSW;桥位东侧计算点CW-1~CW-4最大波高H_s为4.38m,波向为SSE。W~N~NE向小风区风浪计算结果表明,300年一遇波浪和300年一遇高水位组合条件下,CW-4点N向浪最大波高H_s达3.70m,CW-1点N向浪最大波高H_s达

3.40m。

(4)300年一遇洪水过程落潮最大垂线平均流速为1.90m/s,位于隧道区中部偏西的SD-2点,SD-2点到CW-2点间落潮流速较其他段大一些;洪水期流速最大值出现在落潮过程中;典型风暴潮数模计算表明,1000年一遇风暴潮涨潮最大垂线平均流速为2.15m/s,位于东人工岛西侧的隧道区SD-4点。

(5)依据区域及近场区的地震地质和地震活动性的研究成果,确定潜在震源区、地震活动性参数和地震动衰减关系,进行地震危险性概率计算,得到人工岛区域的基岩加速度峰值和反应谱;根据工程勘察得到的人工岛区域的钻孔、剪切波速等资料,建立地震反应分析力学模型,采用一维等效线性化波动方法进行土层地震反应分析计算,得到工程场地的设计地震动参数。

(6)勘察显示,人工岛场区地形地貌简单,无全新世活动断裂,新构造运动不明显,各单元层层位、厚度、物理力学性质变化具有一定规律性,未见明显的不良地质现象;虽然属于抗震不利地段,存在软土震陷的可能性,但通过地基处理可以消除不良影响。总的来说,目前场地是稳定的,工程在施工过程或使用期,只要是加固措施及施工方法得当,场地也是稳定的,适宜采用大钢圆筒岸壁结构的人工岛建设。

CHAPTER THREE

第3章

深插钢圆筒外海快速成岛技术

3.1　工程技术难点分析

经团队分析和研究，决定研发一套外海环境下，利用深插钢圆筒作为人工岛岛壁兼作深基坑围护结构的一种全新快速筑岛技术。在快速、安全、可靠地形成岛隧工程全面建设基石的同时，全面降低珠江口因通航环境复杂而带来的项目管理风险，有效地保护珍稀的中华白海豚，并为全面系统地优化隧道基础设计施工方案，实现隧道基础的纵向刚度均匀性和协调性创造条件和奠定坚实的基础。该项技术的关键技术难点在于：

(1)港珠澳大桥岛隧工程人工岛岛壁由钢圆筒和副格钢板桩组成围闭结构，起到挡砂止水、为岛内提供干燥施工环境的作用，是人工岛成岛的最关键部分，因此合理、安全、可靠的插入式钢圆筒结构设计是确保人工岛建设与运营安全的关键。

(2)海上人工岛内进行基坑开挖并用于建设海底隧道等地下结构，是土木工程领域面临的一个新挑战，由于涉及人工岛陆域的填筑与再开挖、外海潮流、波浪等因素的作用，使得常规陆上基坑的设计与施工方法很难应用于海上基坑，需要开展全新的探索与实践。

(3)由于结构设计全新、施工环境全新，配套的施工工艺、工法、机械设备研究不足，在钢圆筒制作与振沉、止水弧形钢板副格施工、岛内回填砂成岛、岛壁施工以及安全监测等方面面临前所未有的挑战。

3.2　插入式钢圆筒结构设计

东人工岛由59个钢圆筒和59组副格组成；西人工岛内设置分隔围堰分为西小岛和西大岛，西小岛钢圆筒个数为17个(含4个分隔围堰)，西大岛钢圆筒个数为44个，总数为61个。钢圆筒直径22m、壁厚16mm，钢圆筒内侧焊接竖向和横向的加强肋加固，在指定位置设置宽榫槽作为与副格连接的接口，宽榫槽由不等边角钢组成。钢圆筒及副格顶高程均为+3.5m，筒底高程为-37.0～-47.0m不等，筒质量451.44～513.04t。圆筒间标准间距2.0m，圆筒间副格仓也采用16mm钢板和型钢等拼装焊接，与大圆筒通过宽榫槽止水锁口连接。副格仓底高程为-28.5m。

钢圆筒在陆上工厂内制造，使用大型起重船舶现场振沉，快速形成围闭岛体，创造岛体内、外侧平行开展陆域形成和抛石斜坡堤施工的作业条件。基槽开挖后，下沉钢圆筒和副格仓,筒内及副格仓内同步回填中粗砂、袋装砂至筒顶 +2.5m。钢圆筒沿人工岛岸壁前沿线布置,西人工岛内设置分隔围堰形成西小岛和西大岛。

在人工岛岸线长度一定的情况下,工程用钢量与钢圆筒的筒径无关,只跟圆筒壁厚和高度有关。圆筒直径越大,圆筒数量越少,施工速度快,但圆管的刚度会变差,厚度需增加,且对下沉设备的能力要求高。经分析,重量对起重船不是很敏感,因此,圆筒的直径主要根据结构稳定计算和振动锤费用、施工下沉能力确定。根据结构稳定计算,钢圆筒稳定直径不小于 20.0m,结合日本的经验及本工程振动锤费用、下沉能力等综合因素,钢圆筒的直径采用 22.0m。

本工程中钢圆筒直径大、埋深大,且下部土层较好,设计计算施工期的壁厚由圆筒下沉壁厚 10.63mm 控制,圆筒下沉需要较大的激振力。保证圆筒下沉期的整体刚度而不至于大变形,是钢圆筒能够顺利振沉的重要前提,因此本工程暂推荐采用 16mm 壁厚,约 1.35 的加固系数。为避免钢圆筒在营运期腐蚀对结构稳定性影响,产生在进行抛石斜坡堤的断面设计及其软基加固设计时,仅考虑钢圆筒结构在运营初期对岸坡的稳定发挥作用;在运营中后期,即使不考虑钢圆筒的作用,人工岛的抛石斜坡堤岸壁结构仍然是安全的。

圆筒结构底高程需要满足结构稳定和止水要求。由于工程区域的持力层埋深较大,圆筒底高程基本上根据持力层的埋深确定。本工程推荐采用直径 22.0m、壁厚 16mm 的钢圆筒,筒顶高程 +3.5m,筒底高程根据持力层情况确定。

钢圆筒作为空间薄壁结构,为满足圆筒下沉时的压屈稳定和防止下沉过程的整体变形,必须采取加固措施。主要加强措施包括筒顶、筒底刃角处、横向、纵向和环向内加强肋:①钢圆筒顶部需承受振沉设备较大的激振荷载,钢圆筒顶部 1.0m 范围内采用壁厚 25mm 的钢板;②为有效地将激振力均匀地自筒顶传递至筒底,沿环向间隔 10°焊接整体刚度较好的 T 型钢作为纵向加强肋,肋高 250mm、板厚 16mm,共 36 条纵肋;③为增加钢圆筒的环向刚度减少结构变形,在钢圆筒下沉面以上焊接横向加强钢板,高 234mm、壁厚 16mm、间距 3.2 ~ 3.5m;④为增加钢圆筒吊装和振沉初期的环向刚度,从而减少结构变形,在钢圆筒下沉面以下设置 3 道内加强圈,高度 100mm,内加强圈焊接于相邻 T 肋上;⑤为防止钢圆筒底部卷边,钢圆筒底部 0.5m 高范围内采用 25mm 壁厚钢板加强;⑥在指定位置设置宽榫槽,宽榫槽由不等边角钢组成,两侧采用钢板加强,标准钢圆筒上焊接 4 个宽榫槽。钢圆筒结构加固如图 3.2-1 所示。

钢圆筒之间标准净距为 2.0m,通过副格仓连接,副格仓两端焊接钢板形成 T 形锁口,与钢圆筒上宽榫槽连接。副格仓主体采用弧形钢板,设计弧长半径 6.0m,标准弦长 10842mm。钢圆筒振沉采用定位驳来定位和导向,大型起重船吊液压振动体系振动下沉。钢圆筒的插入采用8台大型液压振动锤联动振沉。在国内,有在长江口航道整治工程和广州蒲州海堤岸壁工程中使用过4台某型号液压振动锤联动振沉混凝土圆筒和钢圆筒的成功经验。

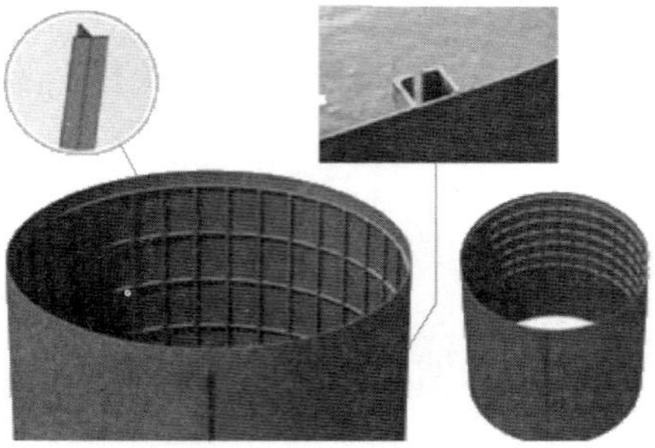

图 3.2-1　钢圆筒结构加固示意图

副格仓弧形钢板的最大长度为30.0m,若钢圆筒下沉垂直度控制在1.0%以内,则副格仓顶部与底部之间最不利弦长的偏差为±600mm;钢圆筒的平面偏差若控制在250mm以内,则副格仓整体最不利弦长的偏差为±500mm;若锁口的平面偏差控制在200mm以内,则副格仓整体最不利弦长的偏差为0～235mm。因此,副格仓弦长的偏差范围为-1070～+1305mm。

钢圆筒和副格仓打入粉质黏土夹砂、粉质黏土、黏土层不透水层。钢圆筒上宽榫槽与副格仓两端焊接钢板形成的T形锁口连接(图3.2-2),在宽榫槽外侧安装防渗角型胶皮,宽榫槽内填充止水材料。当仍不能满足止水要求时,靠海侧副格仓内需进行高压旋喷,岛内侧副格仓高压旋喷可作为备用的止水措施。

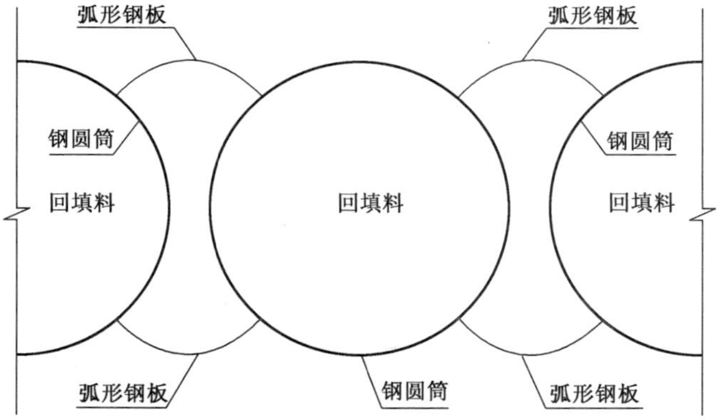

图 3.2-2　钢圆筒-弧形钢板连接示意图

钢圆筒下沉推进期间,钢圆筒下沉后,靠海侧需回填1.5m充填砂袋垫层,并根据挤密砂桩的试打情况,调整垫层设计。设计考虑20年一遇寒潮浪 $H_{1\%}=2.7\text{m}$、$L=39\text{m}$,根据计算，结构稳定满足要求，不需采取防台风、防寒潮措施。在基坑开挖过程中应加强位移监测，并将监测结果及时提交设计单位，出现异常情况时，需采取及时回填、灌水等措施，确保人员的安全和基坑稳定。西大岛软基处理期间，岛外需回填至原泥面或者采取必要措施持续降水，高程不低于 -12.0m。满载预压及基坑开挖期间，充填管带临时加高围堰后，方可铺设块石作为防冲刷措施。

3.3 人工岛深基坑支护渗流及围护结构稳定性

插入式大直径圆筒结构属于无盖、无底、无隔墙的空间薄壳结构，与筒内回填砂散体形成整体共同工作。传统钢圆筒结构属良好持力层上浅插结构，工作机理以重力式为主。深插式钢圆筒兼具重力式结构和桩基结构的受力特征，在国际上仍处于起步阶段，设计经验有限，计算理论不完善，到目前为止行业内尚无统一认可的结构稳定与变位的计算理论和方法，更没有相关标准、规范可依。此外，由于海上人工岛多处于远离大陆的开敞海域，工程受潮流、波浪、泥沙、地质等自然条件的影响极大，施工期及使用期护岸结构的整体与局部稳定、地下水渗流、变形控制及环境保护等因素成为影响海上人工岛建设成败的关键。港珠澳大桥在此技术领域进行了系统深入的探索，取得一系列研究成果，可为类似工程的建设实践提供参考。

3.3.1 离岸海上人工岛深基坑支护荷载确定方法

3.3.1.1 土压力荷载确定

根据工程实际，作用在挡土墙上的土压力是一个空间问题，而非平面问题，墙体位移模式和位移大小对挡土墙土压力分布有很大影响。研究针对大圆筒的结构特点，提出考虑土拱和位移效应土压力的计算方法。

考虑位移效应的土压力公式见式(3.3-1)：

$$\sigma' = \gamma z \tan^2\left(45° + \frac{k_\varphi \varphi}{2}\right) + 2k_c \cot\left(45° + \frac{k_\varphi \varphi}{2}\right) \tag{3.3-1}$$

式中，k_φ 为角度发挥系数，可取负值，用于主动侧土压力计算，与位移有关，可根据实测数据拟合确定；k_c 为黏聚力发挥系数；γ 为土体重度；z 为计算深度；c 为土体黏聚力；φ 为内摩擦角。

由于圆筒的结构特点，土压力分布形状为拱形。根据拱的力学平衡原理，圆筒后任一高程平面的拱轴线方程见式(3.3-2)：

$$\left[\varepsilon_0 + \frac{1}{2}\xi L\tan(k_\varphi \varphi)\right](r_0 - r\cos\theta) - \frac{1}{2}\xi r^2 \sin^2\theta - \frac{1}{2}\varepsilon\,(r_0 - r\cos\theta)^2 = 0 \tag{3.3-2}$$

根据土拱平衡条件，考虑到圆筒受力不均匀以及两圆筒之间的影响，土拱分布形式为：

$$r_0 = \frac{1}{4}\lambda L\cot k(\varphi) \tag{3.3-3}$$

上式即为考虑位移效应的大圆筒土拱分布形式。

3.3.1.2　渗透力、波浪力的确定

根据人工岛水力边界条件，通过渗流计算，即可求得不同部位的渗透力。由于港珠澳大桥东、西人工岛结构复杂，因此采用数值模型进行计算。根据对现有波浪力计算公式的分析和总结，以及港珠澳大桥主体工程波浪要素特点、针对人工岛所做的波浪模型试验，研究推荐采用合田良实计算出的岛壁结构波浪压力。

3.3.1.3　考虑潮位变化、波浪、渗流的耦合计算

模型采用古德曼（Goodman）接触单元模拟土体与钢圆筒之间的相互接触作用。采用弹塑性模型（德鲁克-普拉格模型）进行数值计算。分析模型尺寸取东人工岛一半（从 D16 至 D44）进行计算，计算区域面积达 18.5 万 m^2，其计算结果与实测结果和前述分析进行对比。按照东人工岛现场施工工序和测试时期工况，按六种工况进行模拟。

(1)计算结果表明，钢圆筒整体向岛内偏移，其中 D22～D43 间偏移量最大，当岛内降水达到 -10m、岛内回填至 -10.4m 时，钢圆筒向岛内偏移最大，达到了 1.13m。这与钢圆筒顶位移观测一致，实测 D26 筒顶最大位移 Y 方向累计达到 1.12m。随着岛内回填，钢圆筒变形明显与东人工岛钢圆筒的空间结构相关，即 D22～D43 钢圆筒 X 方向的转动轴较长，约束力要小于岛两端头。

(2)若计算中不考虑渗流与应力耦合作用，岛壁结构变形偏小。这与现有研究结论一致。

(3)取 D30 和 D40 钢圆筒计算结果与实测值对比，两者变形趋势一致。

(4)与位移相比，钢圆筒和副格仓最大拉应力为 378MPa，最小压应力为 233MPa，而 Q345 级钢材屈服强度为 345MPa，抗拉强度约为 490MPa，钢圆筒和副格仓远没有达到破

坏的强度。应指出本计算将钢圆筒与副格连接视为刚性连接,但实际上钢圆筒与副格是通过隼槽连接的。因此,钢圆筒和副格之间具有一定的独立性,实际中副格与钢圆筒之间的接触应力要小于此值。

3.3.2 离岸海上人工岛深基坑支护结构稳定性

3.3.2.1 离岸海上人工岛基坑支护结构稳定性分析方法及判别标准

研究主要借鉴日本规范 *Technical Standards and Commentaries For Port and Harbour Facilities in Japan*(简称 OCDI)和《插入式钢圆筒施工工法》对基坑支护结构稳定进行分析。

OCDI 对插入式圆筒结构计算模式为:将空间的钢圆筒简化为平面问题,在保证筒内填料和圆筒结构作为一整体的情况下,建立抗力和变位的相互关系,进而计算结构的位移和地基抗力,将截面抗剪安全系数、结构位移、地基承载力安全系数和圆筒底部抗滑安全系数作为设计判别标准。

原泥面处截面抗剪安全系数不小于 1.2。地基承载力安全系数:持久工况不小于 1.2,地震工况不小于 1.0。结构位移:根据结构的使用功能确定,作为岸壁时要求结构位移不大于墙高的 1.5%。结构位移判别标准见表 3.3-1。

结构位移判别标准(m) 表 3.3-1

墙高 H	容许位移
10	0.15
15	0.22

3.3.2.2 离岸海上基坑支护设计荷载

人工岛基坑支护结构钢圆筒上作用的荷载包括结构自重、外荷载、堆载、施工期荷载。人工岛基坑支护钢圆筒结构稳定分析考虑的外荷载有土压力、波浪力、静水压力和水流力。

3.3.2.3 离岸海上人工岛基坑支护结构稳定计算结果

按照上述人工岛基坑围护结构稳定分析理论,结合人工岛的施工工序,对西小岛、西大岛以及东人工岛进行了各种工况的计算。其结果表明,离岸海上人工岛深基坑支护结构稳定完全满足要求。

3.3.3　离岸海上人工岛深基坑渗流分析及止水技术

人工岛要为现浇隧道提供长达5年的外海深基坑干施工条件，止水是关键、是方案设计的生命线。人工岛主体采用插入式钢圆筒结构，其止水体系包括底部止水和钢圆筒连接处止水两个关键部分，而钢圆筒连接处的止水在整个止水体系中是薄弱环节。作为钢圆筒连接的副格结构，需要适应钢圆筒初始振沉偏位，以及施工期钢圆筒结构在不同受力工况下的往复变位，并保证连接处的止水功能，这对副格结构的刚度、柔度，以及止水接头的设计均有较高要求。

根据人工岛的结构和区域渗流特点，对离岸人工岛深基坑渗流及止水技术进行了两种计算分析：一是人工岛“钢圆筒＋副格仓”体系剖面渗流简化等效分析；二是人工岛“钢圆筒＋副格仓”体系水平面渗流简化分析。

3.3.3.1　人工岛“钢圆筒＋副格仓”体系剖面渗流简化等效分析

人工岛岛壁围堰体系采用的是钢圆筒与弧形副格仓形式。简化计算将“钢圆筒＋副格仓”体系等效为两道1m厚的防渗墙。等效为防渗墙时考虑下列内容：

(1)钢圆筒与弧形副格仓的形状与可能发生的缝隙的渗透特征等效；

(2)不同深度范围内围堰体系形式有差别，－26.5m以下无副格仓则钢圆筒间有较大空隙、无阻水结构，考虑到淤泥中含有砂，可能发生副格仓底部绕流情形，须对不同深度围堰形式进行不同等效。

①形式一：副格仓以下钢圆筒渗透系数等效。

在钢圆筒模型中，用延长渗径来表示水渗流经过钢圆筒中间时产生的水头损失，可通过有限元软件计算其值。其中计算模型厚度取为1m，透水层渗透系数k取1m/s，而$L=a+11$。经过有限元计算，可得延长渗径$\xi=58$m。

②形式二：钢圆筒与副格仓共同作用时缝隙渗漏的渗透系数等效。

可采用同样的方法，即通过有限元计算附加渗径，来计算等效渗透系数。

3.3.3.2　人工岛“钢圆筒＋副格仓”体系水平面渗流简化分析

根据建设场地的水文特点和地质资料，对港珠澳大桥离岸人工岛的渗流分析，采用区域多层水平面渗流有限元方法计算，即平面渗流计算方法。

该计算程序基于单层水平二维有限元程序开发，针对复杂地形特性，通过越流补给建立各透水层及地表间联系。其解算方法是简化法，忽略了次要的强透水层垂向渗流及弱透水层的水平渗流，抓住了强透水层层内流动及越流补给的主要特性，很适合区域范围大、地形多变的情况，用二维方法较好地解决了三维问题，实际为准三维分析法。在港珠澳大桥人工岛分析中，通过地层概化突出主要渗流特征，利用该计算方法可得到较大区域渗流场分布的初步认识和涌水量等结论。

计算模型建立时，首先根据人工岛所在场地的地质钻孔资料对地层结构进行分析，将实际的地层进行概化合并，以此来突出渗流特征。计算程序中主要将地层简化为强透水层和弱透水层，其中强透水层主要考虑水平向渗流，弱透水层主要考虑垂直向渗流。

"钢圆筒＋副格仓"体系的渗漏路径主要有以下两种：

(1)"钢圆筒＋副格仓"结构体系下面强透水砂层向人工岛内的渗流；

(2)钢圆筒与副格仓接缝的渗漏以及淤泥层中副格仓底的绕渗。

基于上述特点，为简化计算，在平面渗流有限元分析中进行以下两种情况的建模计算：

(1)通过下卧强透水砂层及弱透水夹砂薄层的渗流情况；

(2)副格仓底以上部分"钢圆筒＋副格仓"接缝的渗漏及淤泥层中副格仓底的绕渗情况。

3.3.3.3　人工岛渗流计算结果

通过对地质资料的细致研究，对港珠澳大桥离岸人工岛的渗流场开展了初步数值模拟，进行了剖面渗流分析、平面渗流分析，对其渗流场情况得出了初步结论：

(1)止水效果较差时，西小岛总出水量为868m^3/d，东人工岛总出水量为728m^3/d；止水效果良好时，西小岛总出水量约为659m^2/d，东人工岛总出水量为506m^2/d。

(2)经剖面分析，可知西人工岛钢圆筒底存在薄砂层，其出水主要来自筒底部砂层的涌水，东人工岛涌水主要来自副格仓以下部分的绕渗。

(3)从海床最底层砂层涌水量的分析中可以得出，东、西人工岛的涌水量主要来自"钢圆筒＋副格仓"体系渗水，海床最底层砂层渗水量较小。

(4)海床面以上"钢圆筒＋副格仓"体系缝隙渗漏及淤泥层副格仓底部绕流分析表明：单独考虑"钢圆筒＋副格仓"体系缝隙渗漏时，西人工岛总量为302m^2/d(西小岛为70m^3/d，西大岛约为232m^3/d)；只考虑副格仓底部绕流时，西人工岛总量为1204m^2/d(西小岛为263m^2/d，西大岛约为941m^2/d)；副格仓底部绕流量比上部"钢圆筒＋副格仓"缝隙渗流量要大，故对此区域渗控止水应予以特别关注。

(5)东、西人工岛由于采用的结构有利于防渗止水,因此发生渗透破坏的可能性较低。

3.4　钢圆筒制作工艺及振沉施工关键技术

首次采用8台液压锤组联动进行超大直径钢圆筒振沉,可供参考的工程案例少,作业经验缺乏,需要攻克锤组同步联动这一难题;为保证钢圆筒间弧形钢板副格的顺利插入,形成岛壁整体止水构造,对钢圆筒振沉精度包括平面偏位、宽榫槽扭角、筒身垂直度提出了严格的要求,振沉施工的实时精确定位面临重大挑战。

以“大型化、工厂化、装配化、标准化”为原则,研发深插钢圆筒施工成套技术,在确保施工精度的前提下实现快速筑岛,施工流程见图3.4-1。具体工作包括:

(1)对钢圆筒制作、运输、驻位、振沉及定位方式等进行研究,形成成套外海深插钢圆筒施工技术。

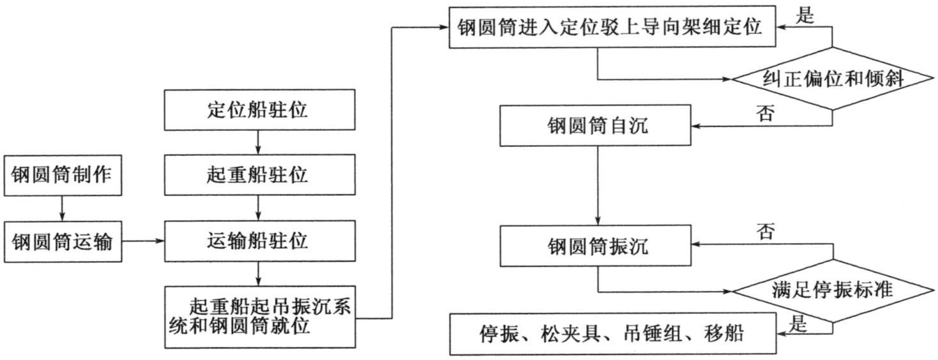

图3.4-1　钢圆筒施工流程图

(2)实现多锤联动,同步设计是关键。通过对分布于钢圆筒不同位置的多台液压振动锤的机械同步、电机同步和液压同步工作原理的分析和研究,形成具备可实施性的多锤同步联动振沉系统。系统总体装配如图3.4-2所示。

(3)开发钢圆筒平面定位系统、圆筒倾斜监测系统及可视化计算机管理系统,形成一套集GPS(全球定位系统)、自动跟踪全站仪、无线传输液位计三位一体的钢圆筒振沉施工定位可视化实时监测系统(系统主界面见图3.4-3),以实现对圆筒振沉全过程的姿态进行实时监控,确保钢圆筒振沉的施工精度。

(4)基于钢圆筒实时监测系统,根据钢圆筒振沉的实际情况,形成纠偏响应机制。

图 3.4-2　钢圆筒振沉系统总体装配图

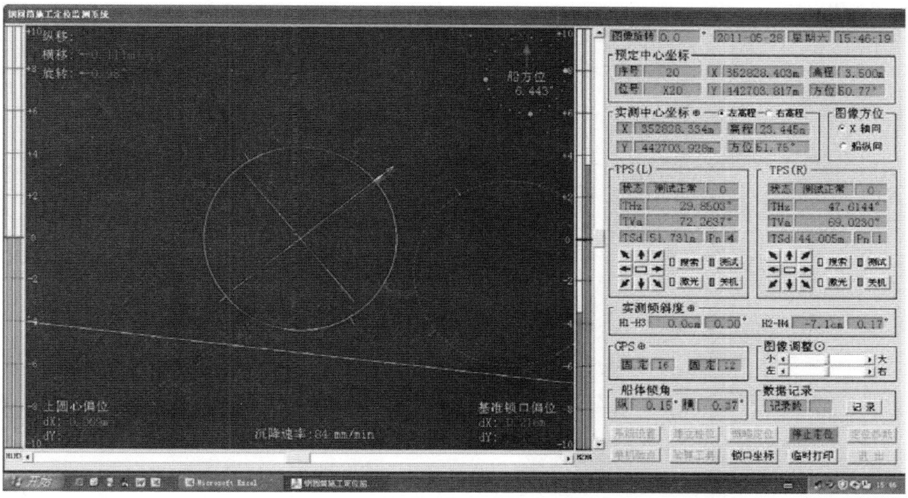

图 3.4-3　钢圆筒振沉施工定位监测系统主界面

3.4.1　制作工艺

东人工岛作为岛隧工程的重要重组成部分,采用直径 22m、高 40.5 ~ 50.5m 的钢管桩作为岛壁结构。钢圆筒主要由以下结构组成:

壁板:板厚 16mm,顶部 1000mm 区域及底板 500mm 以内区域的板厚为 25mm。

竖向筋:沿圆周均布,每个钢圆筒计 36 根,其规格为 T250 × 200 × 16 × 10。

横向筋板:PL16 × 234 板条肋,仅布置在上部 33% ~41% 高度内。

锁口结构:锁口为两条 L160 × 100 × 16 角钢及抱手组成的宽榫槽结构,标准钢圆筒配有四道锁口。

材料:钢圆筒主体钢材选用 Q235B,壁厚 16mm,顶部及底部加强钢板钢材选用 Q345B,板厚 25mm;加强竖肋(T 型钢)及宽榫槽(不等边角钢)采用 Q235B 型材。东人工岛共 59 个钢圆筒。

单只钢圆筒总体分成两段制造，每段采用竖向分块法制造，最后合拢成整体。下段筒体（以下简称“下段”）采用固定长度，即 20.9m，上段筒体（以下简称“上段”）长度随钢圆筒总体长度的变化而变化。单段筒体竖向分成 6 块板单元，每块宽约 11.5m。

制造时，上段除顶端 25mm 厚外板需卷制外，其余外板不卷制，在平胎架上安装竖向筋后，依靠弧形胎架成型，横向筋板在成型后安装；下段所有外板均先卷压成型，放置于平胎架上安装竖向筋，再吊至弧形胎架上，成型后安装环形筋。上段锁口结构在上段筒体成型后安装，下段锁口结构上、下段筒体合拢后进行安装。工艺流程见图 3.4-4。

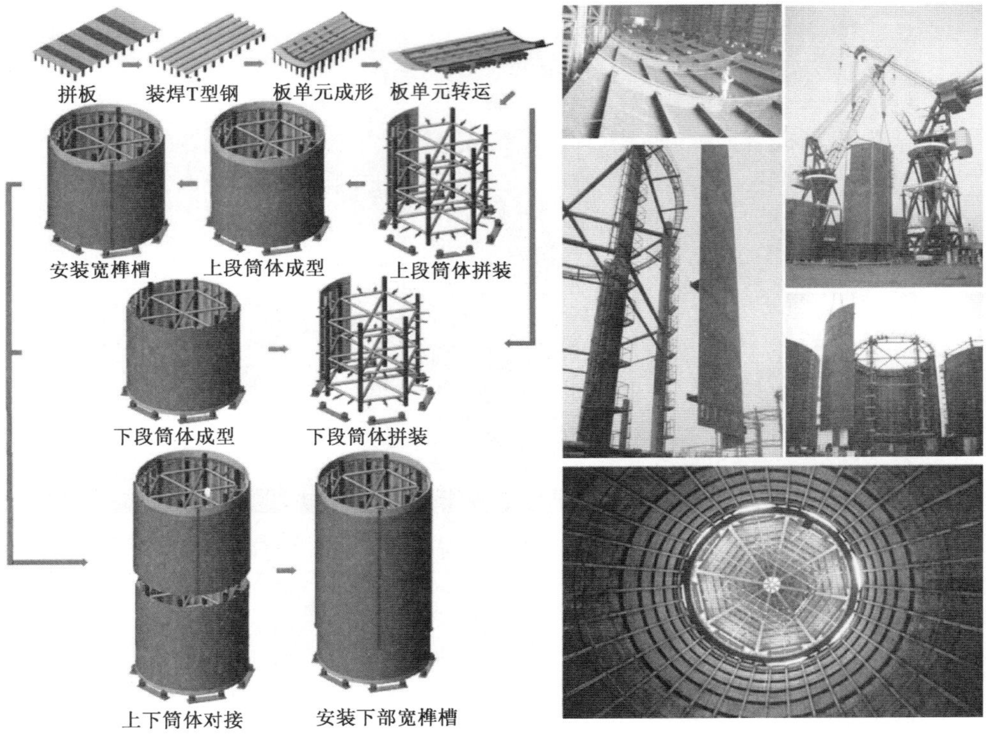

图 3.4-4　钢圆筒制作工艺流程

3.4.1.1　总体工艺流程

钢圆筒的总体制作工艺流程如图 3.4-5 所示。

3.4.1.2　工艺难点分析及对策

钢圆筒直径大、高度高、体积庞大，但径向刚度差，尤其是下部结构没有设置横向筋板。另外，钢圆筒月供量特别大，要求每月供货量达 10000t 左右。针对以上特点，工艺方案考虑难点有：

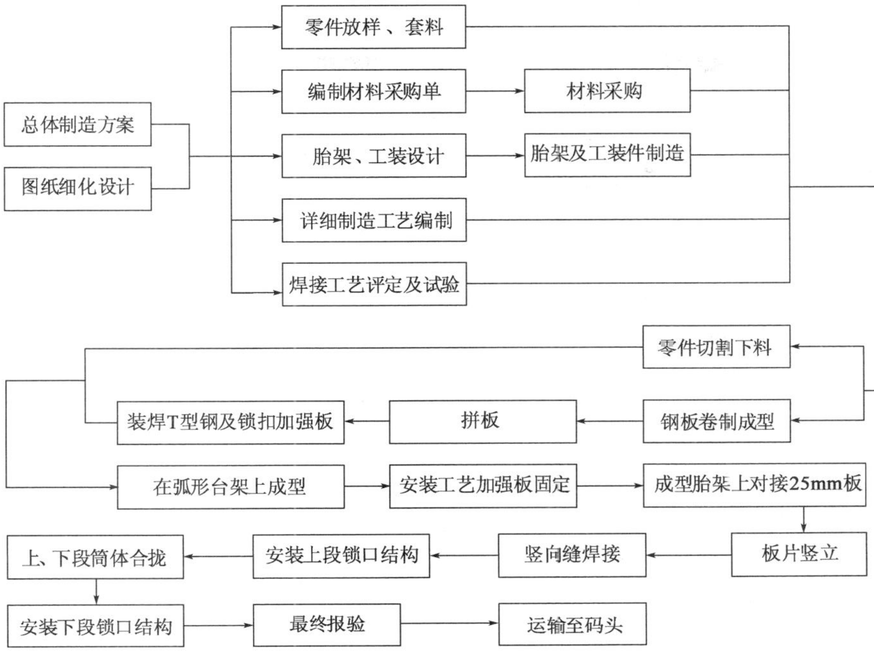

图 3.4-5　钢圆筒总体工艺流程图

(1)制造、转运过程结构变形控制难度较大

板单元制造时,两端及中间适当增加工艺加强隔板,使之易于保持圆弧度;板单元转运时,采用专用龙门搁架,从而减少运输过程中的变形;外场筒体转运时,利用方形吊架,从而避免钢丝绳横向力造成钢圆筒的变形。通过以上措施,减少和控制了钢圆筒及板单元在其制造、转运过程的变形。

(2)钢圆筒体积大,因而总装难度较高

钢圆筒高度约在40.5~50.5m之间,高度过高,高空作业难度大,安险风险高。为降低作业高度和施工难度,工艺中采取以下措施:将钢圆筒分成上、下两段,使每段筒体施工作业高度只有原筒体高度的一半。

(3)月供量大,因而要求工艺必须简单高效

由于该项目工期紧,月供量大,因此工艺方案中尽可能采用简单、高效的工艺方法。在工艺中,采取以下几项措施:①上段外板(除顶部25mm厚板外)均不卷制,直接依据弧形胎架成型,成型后安装横向筋板,对其弧度进行保持;②采用垂直分块法,避免传统横向划分法带来数量众多横焊,使每段仅6道立焊,大大提高效率;③板单元全部放在车间内制造,避免不良气候对制造效率的影响;④90%以上焊缝采用了CO_2自动焊接小车、埋弧横焊、垂直气电焊等自动焊接方法,提高焊接效率与质量。

3.4.2　钢圆筒运输

3.4.2.1　装载作业

在进行吊装上船时,采用“振华17”“振华23”“振华24”停靠于振华重工长兴基地小长兴码头,用1600t浮式起重机吊装钢圆筒。此外,钢圆筒运输根据计划,分次运输:“振华17”“振华23”“振华24”共7个航次完成人工岛钢圆筒运输。例如,第1次运输采用“振华23”装载9个钢圆筒,分别为:D57-D56-D55D-D54-D53-D52-D51-D50-D49。值得注意的是,在吊装时,1号振动锤组位于运输船的右舷,1号和5号振动锤组的连线垂直于运输船的纵向方向。

3.4.2.2　钢圆筒吊装定位及避碰措施

根据各钢圆筒与副格仓的定位关系,钢圆筒上榫槽位置具有唯一性,为保证钢圆筒振沉方向准确,各筒在运输船上的方向也必须是唯一的。我们采用2组定位支座控制钢圆筒的方向,定位支座分别预先安装于船甲板上的钢圆筒的0°线和180°线位置,并在钢圆筒0°线和180°线位置上各预制1件定位板。由于钢圆筒重量大、高度高,为保证装船时相邻筒之间不发生碰撞,采用如下办法避碰:吊装每个钢圆筒之前,在船甲板上预先画出钢圆筒轮廓线,在轮廓线内均布安装8组导向支架,使得钢圆筒可沿导向支架顺利放到船甲板上。

3.4.2.3　海运分析

海运分析包括以下几个方面。

(1)航线分析:从长兴岛(上海市)至珠海(广东省)。

(2)气象导航:航行过程中由WINI公司全程提供气象导航信息,确保“振华17”“振华23”“振华24”在设计海况条件内航行。

(3)环境参数:需要考虑航线及经过海域的环境参数。根据“振华17”“振华23”“振华24”航行线路和英国BMT公司提供的海区海浪谱数据,预计整个航线中最恶劣的海区为南中国海(40区),而40海区在5—11月期间,最恶劣的季节为9—11月。据此,以40海区11月份的海浪谱作为极限气象条件进行海运计算。

(4)海上运动计算:根据航行环境数据以及基于美国NSRDC(Naval Ship Research and Development Center,海军舰艇研究开发中心)的FRANK切片理论为基础(假定船舶各个自由度运动是线性和谐振的,船长比船宽和吃水大很多,可以将三维船体处理为二维切片),建立包括船舶升沉、纵摇、横荡、横摇、艏摇5个线性耦合的运动微分方程。利用上述切片理论可计算得到升沉、纵摇、横荡、横摇、艏摇在规则波中的频率响应函数,然后再利用线性叠加原理得到船舶在不规则波中的响应,即运动幅值和加速度。

(5)钢圆筒海运结构计算:钢圆筒筒体及下部卡板采用SHELL63单元,筒体加强筋采用BEAM188单元,建立有限元模型进行结构受力分析和稳定性分析等。此外,还需要通过数值模拟进行运输甲板强度计算及运输船抗风能力计算。

3.4.2.4 运输船的锚泊及定位

1)锚泊地域风力环境

卸船、锚泊工程区域位于亚热带季风区,该区域盛行风向的季节变化明显。根据香港气象站历史测风资料统计,该区域年盛行风向以东南偏东和东风为主。香港横澜岛测风站一年四季的盛行风向均为东风,秋冬季主导风向为东北风,春季为东和东南偏东风,夏季主导风向扇面较宽,在西南到东风之间变化,其中以西南风为主。

工程区大风主要来自热带气旋、强冷空气和强对流天气影响,但其最大风均由台风造成。香港横澜岛记录的年平均6级(1h平均最大风速≥10.8m/s)以上大风日数142.2d,年平均8级(1h平均最大风速≥17.2m/s)以上大风日数9.9d,年平均10级(1h平均最大风速≥24.5m/s)以上大风日数1.1d。由此可知,在1—5月,8级以上风力非常少见。且在6—12月,每月均有1~2d为8级以上风力(1h最大)。因此,在整个卸船施工期间,排除台风、龙卷风等极端恶劣天气后,船舶锚泊以8级风作为设计上限是合理的。

2)系泊位置

根据钢圆筒振沉顺序及浮式起重机对卸位置的要求,东人工岛共59个钢圆筒,分为7个航次运输到现场,共有1处驻船位置,选取距东人工岛西偏南方向约150m处280m×80m×(-8.5m)水域作为大船驻船位置。该区域既利于浮式起重机在动锚最少的情况下振沉所有钢管筒,同时运输船也不影响其他船的通行。

3)浮筒布置及运输船就位

艏部左右两侧在锚泊水域中分别布置1个浮筒(共2个),艉部左右两侧同样在锚泊水域中布置1个浮筒(共2个),浮筒由锚链及混凝土沉块系锚固在海底,浮筒设施应在钢圆筒运输船到达前设置到位,并留有一定的养护时间。

4)系缆布置

根据“振华17”“振华23”“振华24”在大风条件下的系泊以及在卸钢圆筒时船体准

确定位的需要,利用艏、艉各4台绞车以及绞车上的绞盘带缆,每个浮筒将有6根尼龙缆绳挂设,每根尼龙缆绳按破断力1000kN计,总计破断力6000kN。

5)浮筒及锚系计算

本部分计算内容主要包括:受风面积计算、风力计算、纵向水流计算、波浪计算、水位计算、锚链及缆绳参数计算、锚链力计算等。

以锚链力计算为例:艏部左右两侧分别在锚泊水域中布置1个浮筒(共2个),艉部左右两侧也分别在锚泊水域中布置1个浮筒(共2个),浮筒由锚链及沉块系在海底。船与缆绳-浮筒-锚链布向:与船纵向轴线成45°夹角。艏上系缆孔高度为22m(距船基线)左右(艏楼甲板),距海底约25.5m(取10m水深)。艉部缆绳系缆点高度为19.0m(距船基线)左右(艉楼甲板),距海底约22.5m。

根据东人工岛船舶锚泊水域大小,取船舶吃水6.5m,计算水深10.0m,浮筒下锚链长度110m(4节锚链,与西人工岛浮筒-锚链参数相同),浮筒-船上系缆桩间缆绳长度总长50.0m。这样,缆绳及锚链、连接件等总长160m。

取作业时的最恶劣作业工况8级风,计算风速20.7m/s,横风。在横风作用下,船舶受到的横向力为2590kN。计算有义波高为2.0m,取波浪力为风力的75%。取水流方向与艏方向成20°夹角,且从上风向作用在船体上,水流力约89.40kN。

在8级风时(风速20.7m/s),横风作用力为2590kN,假定波浪力为风力的75%,风浪联合作用力4530kN。取1.5m/s流速,流向与艏方向成20°,水流力为89.40kN,则风浪流合力为542.40kN。假定锚链及缆绳与船纵向轴线平均成45°夹角。水深为13.0m(高水位3.0m,海底高程-10.0m)。计算得一侧一个浮筒上受到的水平合力约384.00kN。实际锚链-缆绳受力情况比较复杂,考虑一侧两个浮筒上锚链-缆绳受力的不均匀性,取不均匀系数1.2,每个浮筒锚链-缆绳所受的力约473.00kN。

沉块抗拔力:取沉块埋入位置距船的距离约110m,可计算得沉块所受的垂向力约114.00kN。根据锚泊水域海底的土质,泥面下有较厚的淤泥层,若沉块由钢筋混凝土制作,埋在稀的淤泥中,取淤泥的相对密度1.4,则钢筋混凝土在淤泥中有效密度0.9t/m^3,要求沉块的垂向抗拔力大于114.00kN。

沉块形状、尺度及埋入深度:对于缆绳-浮筒-锚链-沉块系统,沉块的作用相当于锚,如沉块放在泥面上,沉块所受的水平力,将由混凝土块与泥面间的摩擦力来平衡,这要求混凝土沉块足够大。为此,混凝土块需埋入泥面下。首先,沉块不能被拔出,有足够的垂向抗拔力。同时,当锚链受力时,沉块不能有水平方向的移动,这就需要利用沉块与周围土间的摩擦力及被动土压力、主动土压力来平衡受到的水平力。

根据锚泊水域海底的土质，泥面下有较厚的淤泥层；显然，这种土产生的侧向土压力较小，将要求沉块埋入较硬的土中。较理想的是将沉块放至淤泥质黏土层。一般来说，沉块埋入后需有一定的养护时间，达到要求的水平抗拔力及垂向抗拔力。对此工程，估计不会有较富裕的养护时间，设计的安全系数应提高。

若采用长方形沉块，从抗拔力角度考虑，要求沉块体积为87.2m^3，取沉块的长×宽=6.6m×6.6m，则高度为2.0m（密度2.5t/m^3，质量220t）。沉块必须埋入泥面以下，沉块埋入后，沉块顶上应回填砂土（或石子）。取沉块的埋深为7.0m（沉块底距泥面），沉块顶距泥面约4.3m。如采用砂土，取砂土密度为1.5t/m^3，在水中，沉块顶上砂土质量达77t左右，能保证沉块达到要求的抗拔力。

3.4.2.5 卸载作业

1）运输船驻位、挂浮筒

大型运输船到达珠海指定卸船区域后，挂浮筒驻位。

2）解除钢圆筒海运绑扎

挂浮筒完毕，船员即按吊卸顺序对钢圆筒解绑，协助浮式起重机完成吊卸工作。为防范大风侵袭，每次只解绑即将吊卸的钢圆筒。

3）吊卸钢圆筒时的避碰方法

首先，运输船卸船期间，系泊在每个驻船位置的4个浮筒上，抛2个艏锚，可充分保证运输船的稳定性，不会摆动或前后移动；其次，浮式起重机臂架上左右侧各一台协助定位用的卷扬机，将减小钢圆筒起吊后的摆动；钢圆筒内的8个导向支架可确保钢圆筒在起吊后平稳上升，不会发生较大位移而引起碰撞；最后，浮式起重机吊卸钢圆筒时抛若干锚定位，待吊起钢圆筒时，浮式起重机艉部的锚绞车将绞紧，使得浮式起重机向远离运输船的方向移动，可避免被吊起的钢圆筒与其他钢圆筒的碰撞。

4）卸货期间调节压载水的要求

卸船过程中，要求船长、大副及现场工程师时刻关注主甲板是否水平。每吊卸一个钢圆筒后，立即调节压载水，保持主甲板处于水平状态，以便振动锤就位。

3.4.2.6 钢圆筒运输船舶安全措施

1）运输船舶在上海长兴基地装货时安全措施

（1）运输船舶系缆按装载4台桥式起重机情况时进行，即前后各10根缆绳，主甲板（装货甲板）钢缆作定位使用。

(2)船长必须按要求调整好吃水,在装货过程中随时调整压载水,使船舶保持正浮状态。

(3)船长在装货时必须在驾驶台,大副、二副、三副及其他船员按带缆时位置值守,有任何疑问及时报告驾驶台,与驾驶台保持通信畅通。船长必须保持与浮式起重机船长或现场装货指挥员通信畅通。

(4)如船长在装货过程中发现有任何问题时,立即通知现场装货指挥员停止装货,待问题解决后继续装货。

(5)遇台风时按防台风应急预案操作。

2)运输船离泊、航行安全措施

从码头离港时,应注意如下情况:

(1)左舷靠泊长兴基地时,在高平潮前或低平潮后,由两艘功率为2942kW 以上的全回转拖轮协助靠泊码头。

(2)离码头后进入上海长兴水道航行,船艏派大副、木匠备双锚瞭望,两艘拖轮护航,海事巡逻艇护航。进入上海港北槽或南槽航道后,一艘拖轮护航到长江口灯船。整个航段由大副、木匠备双锚瞭望,有任何情况时立即报告驾驶台。

(3)超过 7 级风(含 7 级)时不离泊。

(4)右舷靠泊长兴基地时,在高平潮后或低平潮前,由 3 艘功率为 2574.25kW 以上的全回转拖轮协助在码头前沿调头,进入上海长兴水道航行。

离开长江口灯船后进入海上航行时,应注意如下情况:

(1)舟山渔场附近渔船、渔网较多,应避开。驾驶台值班驾驶员应经常到两翼甲板瞭望,并充分利用助航仪器瞭望,如艏雷达、AIS(船舶自动识别系统)、VHF(甚高频通信系统)等。

(2)由于运输钢圆筒后驾驶台瞭望视线受阻,故整个航行过程中必须有值班人员在船艏瞭望,发现任何疑问及时报告驾驶台,保持与驾驶台的联系畅通。

(3)船长、驾驶员每天对气象进行分析研究,避开恶劣气象,有疑问随时与公司海务指导船长联系。

(4)遇 8 级以上大风时,船长应调整航向、航速,确保航行安全。

(5)大副每天至少 2 次组织船员对货物绑扎进行检查,并记录在航海日志中,发现问题及时报告船长,船长应及时报告公司海运设计部,根据公司指示进行加固。船长在接到公司指示前应注意调整航向、航速,并会同在船技术人员进行临时加固,确保货物安全。

(6)遇台风时,将按公司防台风应急预案执行操作。

3)靠泊卸货点安全措施

(1)选择风力小于5级、流缓时进行系浮筒作业(如风力达到6级时需要3艘功率为2647.8kW以上的全回转拖轮协助)。

(2)两艘功率为2647.8kW以上的全回转拖轮协助作业。

(3)两条带缆艇协助带缆。

(4)船抵卸货点前2h,运输船前后船员将前后各8根缆绳准备好,对前后绞缆机、锚机进行测试,确保其正常运行。系缆时,在两条拖轮的协助下,先带艏上风舷侧缆绳,后带艉上风舷侧缆绳,最后带下风舷侧缆绳。调整所有缆绳,使之均匀受力。

(5)运输船在狭水道航行时,艏派瞭望、备双锚。

(6)运输船在系泊卸货期间,船上安排航行值班。船艏、艉按抵港系泊时值班,确保在系泊期间前后缆绳受力均匀防止断缆的危险,大副应及时调整吃水使船舶始终保持正浮状态。船长与现场卸货指挥保持通信畅通,如有任何疑问及时通知现场指挥,停止卸货。

(7)运输船在系泊卸货期间,始终保持备车状态,电站供电充足。

(8)运输船驾驶台值守人员密切注意风向、风力变化,每2h记录气象、海况资料于甲板航海日志中。如有任何异常情况,船长及时通知现场卸货指挥,确保卸货的安全。

(9)风力达8级以上时,应停止作业,改为单点系泊(利用艏部双锚作为系泊点,浮筒上所有缆绳解除),视情况在两条拖轮(功率为2647.8kW以上的全回转拖轮)协助下抗风,或解缆驶向桂山锚地避风。

(10)遇台风时,按防台风应急预案操作。

4)锚泊安全措施

由于运输船舶满载(8~9根)钢圆筒时,受风面积较大(近6000m^2),故在海上遇到大风时,选择在开阔水域滞航或漂航,尽量不在避风锚地抛锚避风。如确需在锚地抛锚,应注意如下几点:

(1)选择宽阔、底质较好锚地抛锚,距离陆地2n mile以上(有条件)。

(2)运输船舶在锚泊期间备车,备另一锚。

(3)船长、驾驶员必须密切注意风向、风力变化。当风力达到6级以上时,船长应起锚至开阔水域滞航或漂航。

(4)在锚泊期间,风力5级以下时,值班驾驶员在交接班时应前往船艏查看锚链受力情况,风力大于5级时,应每2h查看一次锚链受力情况。

当发生走锚时,应采取如下措施:

(1)抛下另一锚,动主机,然后起原来的锚,双锚绞起,有条件时驶向开阔水域滞航或漂航。

(2)双锚绞起后,在主机配合下寻找合适的锚地抛锚,主机配合抗风。此时,艏部应安排大副或有经验人员实时观察锚链受力情况,并报告驾驶员,船长根据锚链受力情况用车,确保不走锚或断链。

(3)当走锚发生后,事故已不可避免时,船长应当机立断利用船舶优势(快速压水)选择平坦且是泥底的地方人为搁浅,把损失降至最低程度,并申请港内拖轮协助。

(4)如遇台风时,按公司防台风应急预案执行操作。

注:运输船在运输钢圆筒时,公司海务船长将全程监控运输船舶动态,包括气象监控,并且指导船长跟船同行。

3.4.3 钢圆筒振沉系统选用

3.4.3.1 振动锤选用

多台液压振动锤联动振动下沉钢圆筒,关键是选用能提供足够激振力的振动锤、解决多台振动锤的同步工作和使激振力能更均匀和有效地传递到钢圆筒底部的工艺措施。经多种方法校核激振力,同时对国内外多种振动锤及联动方案进行比选,并经专家论证,本工程选用8台进口APE600型液压振动锤联动方案振沉钢圆筒,其参数如表3.4-1所示。该振动锤夹头油缸设有液压锁,当夹头加紧后,如果夹头系统发生泄漏,保护阀可保持操作过程中的压力,以避免钢圆筒脱落。液压夹头最大开口为246.7mm(9.674in),最小开口满足夹紧厚度为25mm的钢圆筒。液压夹头有自动压力补偿系统。

APE600型液压振动锤参数 表3.4-1

主要项目	单台	8台
激振力(kN)	4948	39584
功率(kW)	671.4	5371.2
偏心矩(N·m)	2300	18400
振频(r/min)	1400	1400
上拔力(kN)	2224	17792
质量(t)	23	184

3.4.3.2　振动锤同步设计

液压振动锤同步设计通常采用电同步、液压同步和机械同步3种方式来实现。电同步：所有的动力站和振动锤必须通过中央控制面板进行操控，保证所有的动力站和振动锤同时启动和停机。液压同步：多台动力柜的液压油管相互联通，确保每台动力柜的液压油面一致，采用阀块总成集中所有的液压流量再分配到每个锤上，保证每个锤获得相同的液压和流量。机械同步：通过同步轴和同步齿轮箱的传递，保证多台液压振动锤在启动和停止阶段，所有的偏心块必须位于相同的位置。根据以上3种同步方式原理，为满足工程需要，8台APE600型液压振动锤采用双向齿轮箱多级传递以实现机械同步。

3.4.3.3　振沉体系组成

振沉体系由吊架、振动锤、同步装置、共振梁、液压夹具和液压设备等组成。其中共振梁和吊架由供锤商提供技术设计图纸，上海振华负责工艺设计并加工制造，并在供锤商工程师的指导下，在施工现场进行振沉体系的组装和调试。振沉系统如图3.4-6所示。

图3.4-6　振沉系统

振沉系统的主要设备见表3.4-2。

振沉系统主要设备　　表3.4-2

序　号	名　称	规　格	单　位	数　量
1	液压振动锤	APE600型	台	8
2	动力柜	CAT1200HP	套	8
3	液压夹具	—	个	24

续上表

序　号	名　称	规　格	单　位	数　量
4	液压油管	—	套	8
5	机械同步系统	—	套	1
6	共振梁	—	套	1
7	吊架	—	套	1

3.4.3.4　钢圆筒振沉船舶选用

西人工岛最重钢圆筒质量为513.04t，高度46.5m。振动系统总质量为560.76t，高度40m。钢圆筒振沉选用起重船要同时满足吊重1073.08t，吊高86.5m，并且为方便调节钢圆筒垂直度，必须选用双钩起重船。定位驳需独自定位，且应具有很好的稳定性。根据工程情况，需选用船型的吃水、长宽及锚系力与打桩船、起重船相似的船舶。通过比选，振驳28号船宽28m、船长82m、吃水5.2m，船型能满足要求，施工主要船机情况见表3.4-3。再按照定位船的使用要求，对振驳28号进行改造，配备6个锚机，卷扬能力40t，能够满足钢圆筒定位的要求。由于钢圆筒的运输距离远，运输船舶应具有远洋运输能力及丰富的运输经验，钢圆筒高度较高，运输船还应具有很好的稳定性、抗风浪能力。

圆筒振沉施工主要船机　　表3.4-3

序号	名称	性能	用　途	单位	数量
1	振浮8号	1600t、双钩	起吊振沉设备及钢圆筒	艘	1
2	振华16号	70000t	运输钢圆筒	艘	1
3	振华17号	70000t	运输钢圆筒	艘	1
4	振驳28号	5000t	钢圆筒细定位	艘	1
5	拖轮	3600HP 全回转	船舶拖航、驻位	艘	2
6	起锚艇	2600HP	船舶起锚、下锚	艘	1
7	起锚艇	1300HP	船舶起锚、下锚	艘	1

3.4.4　钢圆筒振沉施工

3.4.4.1　钢圆筒振沉流程

在进行钢圆筒振沉施工时，先振沉西小岛的钢圆筒再振沉西大岛的钢圆筒，流程如

图 3.4-7 所示。西小岛先振沉 X48 号钢圆筒,然后按顺时针方向振沉至 X08 号钢圆筒。再从 X16 号钢圆筒逆时针振沉至 X07 号形成围闭岛体。西大岛钢圆筒先振沉北侧再振沉南侧,北侧由 X49 号钢圆筒开始沿逆时针方向振沉至 X34 号钢圆筒,再由 X02 号钢圆筒振沉至 X33 号钢圆筒,合龙口设在南侧中部的 X30 及 X31 号钢圆筒。

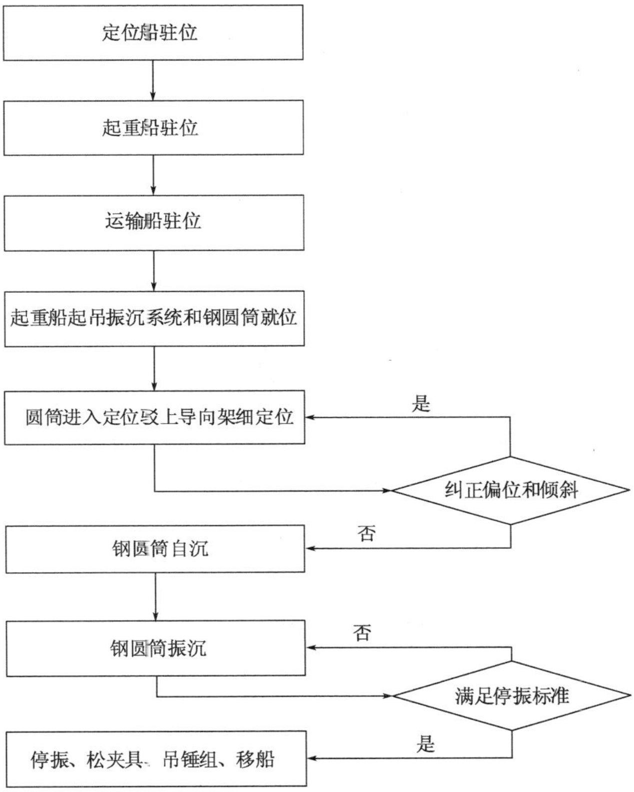

图 3.4-7　钢圆筒振沉流程图

3.4.4.2　船舶现场驻位方式

钢圆筒共分 8 船次运输,第一个钢圆筒由“振驳 28 号”运至施工现场,第 2 ~ 8 船由“振华 16 号”“振华 17 号”交替运输至施工现场。第 2 ~ 8 船驻位在西人工岛东南方向,距西人工岛东端点约 300m 位置,顺流驻位,每船驻位位置相同。定位驳驻位在起重船与待振沉钢圆筒之间。

1)钢圆筒振沉测量定位原理

在钢圆筒振沉施工定位驳上安装 2 台 GPS 接收机、2 台自动跟踪全站仪和计算机处理系统,并在振沉系统刚性振动梁上安装 4 个适配反射棱镜和 4 个液位计,组成一个定位系统,监测钢圆筒平面位置、筒顶高程和纵横向倾斜率,系统布置如图3.4-8所示。系统运行时,2台GPS接收机实时接收CORS(连续运行参考站)差分信号,获得实时三维数据;全自动跟踪全站仪在人工粗略瞄准棱镜后,能够实现实时测角、测距,4个液位计能够实时测量钢圆筒轴线上高差监测倾斜率,各测量和监测设备的数据实时传输至计算机处理系统,从而实现钢圆筒振沉定位和过程检测。

4个适配360°全反射棱镜,在360°范围内旋转反射测量,与自动全站仪搭配使用,在各种场合和方向进行自动跟踪测量从而达到人机一体化操作。4个液位计分为2组,每组液位计高差误差为±20mm,钢圆筒直径为22m,监测钢圆筒倾斜的精度为1/1100。

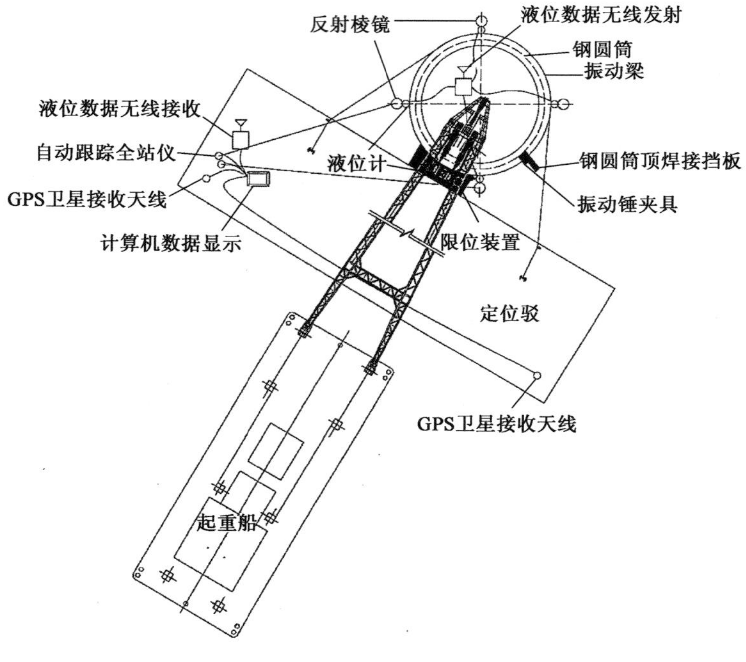

图3.4-8　各测量、监测设备布置图

2)振沉定位系统关键参数说明

测量设备在定位驳上的安装参数。在定位驳上建立船体坐标系,在此坐标系下确定GPS定位天线、自动跟踪全站仪等测量设备的安装参数(平面位置和高度)。在振动梁外侧按90°角安装4个360°反射棱镜,各棱镜中心至钢圆筒中心的距离相等(实际定位时仅用相邻两个)。

钢圆筒中心偏位和筒顶高程监测。GPS定位天线通过接收港珠澳大桥管理局测控中心建设的CORS参考站差分数据,能够实时测得WGS-84坐标(经纬度和大地高),根据WGS-84坐标系与工程施工坐标系之间的坐标转换,求得GPS定位天线点的工程施工坐标。结合 GPS 定位天线、全站仪等测量设备在船体坐标系下的安装参数以及全站仪实时测定的振动梁上反射棱镜的天顶角、水平角、斜距等参数，解算出钢圆筒中心点的工程施工坐标，与设计钢圆筒中心点坐标进行比较得到设计高程处的钢圆筒中心坐标偏位，并在定位系统计算机屏幕上显示出来，并同时显示出钢圆筒筒顶高程值。

棱镜轴线与钢圆筒轴线关系的确定。振动梁上 4 个 360°反射棱镜轴线与钢圆筒轴线的几何关系通过焊接在钢圆筒筒顶的挡板来确定。

棱镜轴线 1 号 -3 号、2 号 -4 号，对应于钢圆筒轴线为 1′号 -3′号、2′号 -4′号，棱镜轴线中心 0，对应于钢圆筒轴线中心 0′，通过钢圆筒筒顶口焊接钢挡板来固定振动锤的一个夹具，使得 1 号 -3 号//1′号 -3′号、2 号 -4 号//2′号 -4′号，则竖直方向0 =0′，从而确定棱镜轴线与钢圆筒轴线的关系。输入 1 号宽榫槽与钢圆筒轴线 1′号 -3′号的夹角 ϕ_0，并输入各宽榫槽与 1 号宽榫槽的夹角 ϕ，根据实时测量的棱镜坐标计算出 1 号 -3 号轴线方位角，从而确定 1 号宽榫槽及各宽榫槽的方位角。

预设钢圆筒振沉定位参数数据，包括钢圆筒中心坐标、设计高程、1 号宽榫槽方位角以及其余宽榫槽与 1 号宽榫槽的夹角。把上述参数汇总至一个 Excel 文件中，钢圆筒振沉定位时，导入该 Excel 文件，并选择所要振沉的钢圆筒。为了简化精度分析过程，不做严密公式推导，根据实际各设备精度指标按照最不利情况考虑，来推导定位点精度以真实反映定位系统精度。

3.4.4.3　高压油软管集束装置的设计、制作与安装

从起重船甲板上多台动力柜引出的高压油管有数十根，每根长 100m 左右，另一端分别与多台液压振动锤相连。从钢圆筒起吊到振沉结束，高压油软管的运动高程在 3 ~ 58m 之间往复升降。为了保证数十根高压油软管不受任何机械性损伤，保证液压系统的工作正常，必须有一个高压油软管的集束装置，以适应高压油软管束在 3 ~ 58m 之间的升降。

集束装置的安装要满足以下施工要求：集束架的上吊点设在起重船扒杆的适宜高度上，通过升、降滑轮组，使集束架在水面以上高程 3 ~ 58m 幅度范围内往复升降。保证数十根油管在 3 ~ 58m 幅度范围变化中，数十根油管任何部位的自由弯曲半径均不得小于 0.6m。保证整束高压油管在升降运动中，靠近动力柜的数十个油管快装接头始终维持在一个水平面上。为预防高压油管不因弯曲半径过小导致油管受损，在 3 ~ 58m 的幅度范围变化中，集束架应具备随时改变角度的功能。

高压油软管集束装置如图 3.4-9 所示。

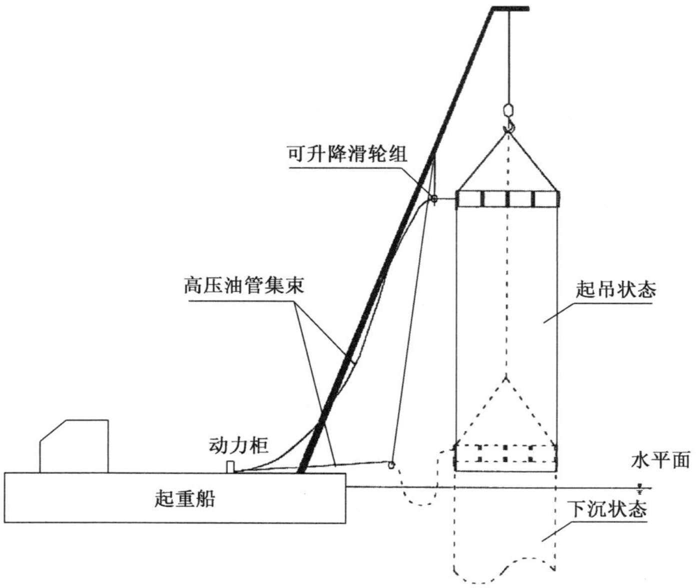

图 3.4-9　高压油软管集束装置示意图

3.4.4.4　钢圆筒振沉时保证垂直度的措施

为保证副格与钢圆筒间锁口的止水效果，在钢圆筒振沉时严格控制钢圆筒的垂直度偏差是工序控制的关键。为此，本工程研发了钢圆筒施工定位监测系统，对钢圆筒的平面位置、高程、倾斜、锁口位置进行实时监控。

施工过程中拟采用以下施工技术措施：

(1)严格控制钢圆筒的制作精度

钢圆筒制作时的垂直度必须严格控制在 0.1% 以内。

(2)钢圆筒自沉过程中垂直度控制

钢圆筒靠紧定位驳甲板一侧的限位架后，利用定位驳甲板上的两台卷扬机用尼龙绳将钢圆筒固定在定位驳上，尼龙绳可避免将钢圆筒宽榫槽损坏，尼龙绳直径 104mm，在不与钢圆筒发生接触的位置采用钢丝绳与卷扬机相连。通过卷扬机拉紧使钢圆筒与限位架靠紧。先进行粗定位，找到钢圆筒准确的中心位置后，将钢圆筒沉放至碎石层顶面以上 0.5m 时停止下沉并进行细定位，细定位时，通过起重船左右钩升降及俯仰扒杆来调整钢圆筒的垂直度，自沉时钢圆筒垂直度按 0.2% 控制，垂直度 ≤0.2% 后，将尼龙绳放松，钢圆筒迅速下沉。若在此过程中，钢圆筒垂直度仍受到少量水流力或风力的影响，则在钢圆筒底端进入碎石层后再进行垂直度的微调，确保振沉前钢圆筒垂直度偏差在 0.2% 之内。首个钢圆筒振沉前，借助目前正在施工的测量平台及现场施工船舶，对施工水域的水流速度及风力进行多次测量，指导首个钢圆筒的施工。

(3)钢圆筒振沉过程采用垂直度实时监控

钢圆筒从下沉开始至振沉结束，采用钢圆筒施工定位监测系统实时监控钢圆筒振沉过程中的姿态，及时进行调整和纠偏。

(4)钢圆筒振沉过程中纠偏措施

发现因土质不均匀等原因引起钢圆筒倾斜时，可采用延长留振时间、反复上提和振沉等手段，将钢圆筒的垂直度严格控制在0.2%以内后，再继续进行振沉。

(5)作业条件

根据设计要求，钢圆筒定位、自沉过程，其风速≤13.6m/s(6级)，$H_{13\%}$波高≤0.8m，流速≤0.5m/s。首个钢圆筒的定位、自沉和振沉选在落潮后3h潮流速度较小时进行，此条件会根据首个钢圆筒的施工积累经验后做动态调整。

3.4.4.5　宽榫槽角度保证措施

本工程钢圆筒定位时，既要保证钢圆筒中心位置的准确，还要保证宽榫槽角度的准确，由于每个钢圆筒宽榫槽间夹角都不相同，所以要确定一条基准线，来统一钢圆筒制作过程、装船过程、起吊振沉过程的角度。

把钢圆筒起吊时振动锤组的中线定义为0°~180°线，将振动锤按顺时针方向编号，依次为1号~8号振动锤，如图3.4-10所示。0°~180°线与振动锤组关系如图3.4-11所示。

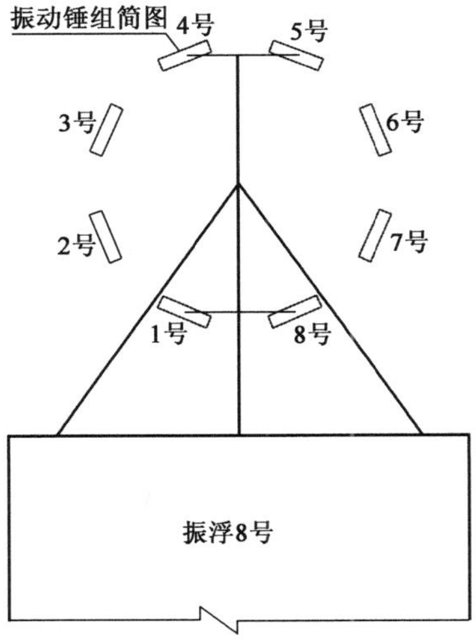

图3.4-10　起重船振动锤组

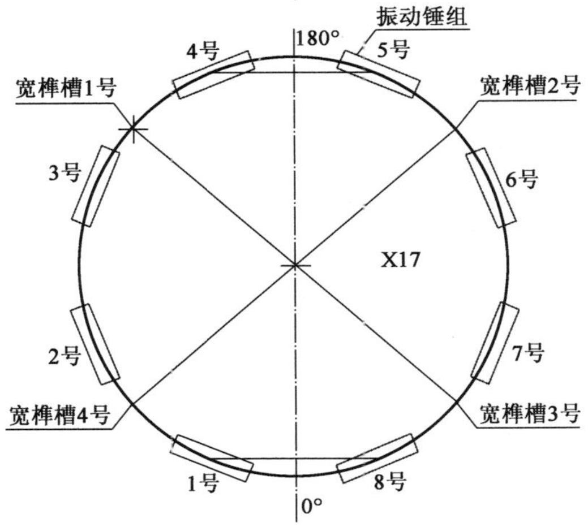

图3.4-11　0°~180°线与振动锤组关系

起吊钢圆筒时，1号锤与8号锤为靠近起重船一侧的锤组，4号锤与5号锤为远离起重船一侧的锤组。1 号锤与 8 号锤中间所夹圆弧的中点为 0°,4 号锤与 5 号锤中间所夹圆弧的中点为 180°。制作时结合 0°~180°线与 1 号宽榫槽的夹角来确定 1 号宽榫槽的位置,依次确定 2 号、3 号、4 号宽榫槽的位置。起重船起吊钢圆筒时是在运输船的右舷起吊,所以装船时 0°线在运输船的右舷,180°线在运输船的左舷,0°~180°线与运输船横轴线平行,起重船垂直于运输船纵轴线起吊钢圆筒。

3.4.4.6 振动锤夹具挡板的设置

钢圆筒振沉时,起重船方位角固定,起重船与振动锤相对位置固定,钢圆筒在整个西人工岛中宽榫槽的位置固定,所以就要求在起吊钢圆筒时,振动锤与筒壁宽榫槽的相对位置固定。为提高吊筒精度,需在钢圆筒顶部焊接振动锤液压夹具的挡板(图 3.4-12)。每个振动锤下方有 3 个液压夹具,为计算角度精确与方便,在中间夹具一侧焊接挡板,每个钢圆筒顶部焊两块挡板,分别在 1 号振动锤与 5 号振动锤中间夹具的左侧。每个挡板焊接前,需计算出挡板与 1 号宽榫槽(基准榫槽)之间的夹角,起吊时将液压夹具与挡板靠紧,振动锤组与宽榫槽之间的相对位置便固定了。

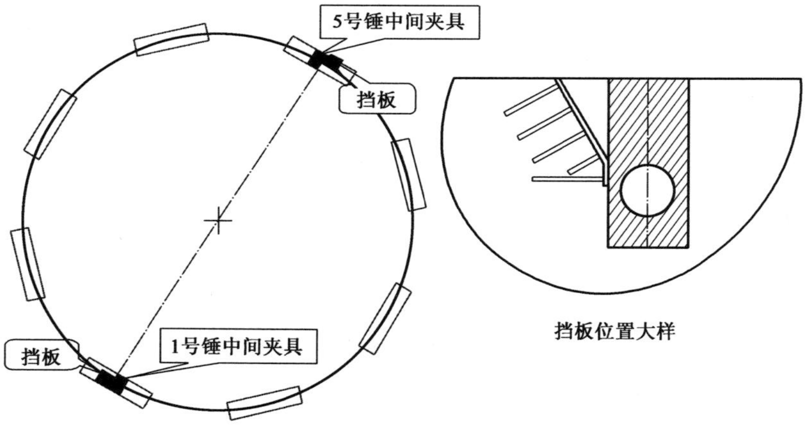

图 3.4-12 挡板形式及位置示意图

3.4.4.7 筒壁标识

为便于起吊钢圆筒时振动锤组的定位和振沉过程中观测钢圆筒下沉状态,需在筒壁标识出 0°~180°线与深度线,具体要求:1 号振动锤与 8 号振动锤中线为 0°线,4 号振动锤与 5 号振动锤中线为 180°线,线宽 8cm、长 8m、字高 0.4m。深度记号布置于筒身 4 个方向、间隔 50cm,在靠近圆筒顶部 5m 范围内间隔 10cm 划刻度,半米与整米线拉长、加粗。深度记号分布在 1 号、3 号、6 号、8 号振动锤下方。

(1)线宽、线长要求。

①整米与半米线宽度 2cm,0.1m 刻度线宽 1cm;

②0.1m 深度线长 10cm,0.5m 深度线长 20cm,1m 深度线长 30cm;

③在横向刻度线左侧端头划通长的纵向线,线宽 5cm,线长从筒顶至筒底。

(2)深度线标识顺序。

深度线喷涂时,以筒底为零刻度位置,序号向筒顶依次递增,筒顶刻度为该筒设计筒高。

(3)为便于夜间施工,涂装材料采用白色荧光漆。

3.4.4.8 钢圆筒振沉施工要点

1)起吊振动锤系统

起重船为双钩头,每个钩头的形式为山形钩,振动系统吊架有 8 个吊点,同侧的 4 个吊点钢丝绳挂在同一侧的钩头上。同一侧的 4 个吊点中,相邻的两个吊点使用同一根钢丝绳,共需两根钢丝绳,钢丝绳的弯折处挂在山形钩的一个齿上,另一根钢丝绳同理挂在山形钩的另一个齿上。起吊后确保振动锤系统水平,以有利于调整自沉和振沉过程中钢圆筒的倾斜和偏位。

2)液压夹头夹筒起吊

起重船起吊振动锤系统至钢圆筒的正上方,用起重船上的锚机绞拉悬挂在共振梁上的两根钢丝绳,慢慢地小位移量地旋转共振梁,使液压夹头与相应挡板靠紧。操纵振动锤进行试夹及夹头液压工作系统,8 组振动锤由 8 个带有绿灯的控制器控制,当控制器上的开关转向"闭合"后,如所有夹头全部夹紧则 8 个绿灯会亮起,即可起吊钢圆筒。

3)钢圆筒定位

起吊钢圆筒离甲板 20cm,仪器显示夹头压力正常,夹头无丝毫滑动,即可吊筒移船至定位方驳定位导向架内。测量人员根据钢圆筒施工定位监测系统显示的偏位、倾斜数据进行细定位,通过升降左右钩头、松紧起重船的锚缆和仰俯扒杆等动作,达到设计要求后,准备落钩自沉。

4)钢圆筒自沉

钢圆筒由自沉到振沉过程中,会出现偏位、倾斜现象。出现这些现象的主要原因有以下几个方面:

(1)振沉区域的水流潮汐及风向导致的圆筒位移和倾斜。

(2)地表硬层高差较大产生的筒体自沉倾斜。

(3)振沉穿透层土质变化不一,使得各点端阻存在较大差值,产生偏位和倾斜。振沉过程中,吊船起重量变化引起筒体偏位、倾斜以及锚缆松紧度不均产生的船体变位,出现筒体偏位和倾斜。

钢圆筒定位偏差控制在5cm以内,垂直度偏差≤0.2%状态下开始松钩自沉。自沉过程中严格控制钩头吊重,若自沉顺利,以50t为一级减载,徐徐落钩,同时收紧定位方驳锚缆以增加定位架的约束力,起重船及时仰俯扒杆,以确保钩头垂直吊钢圆筒,采取以上措施后,如果钢圆筒在自沉过程中,仍发生筒体倾斜超过0.2%时,则立即停钩,交替重复采取松紧锚缆调整船位、升降左右钩头、前后仰俯扒杆、反复上拔和下沉等措施,直至筒位倾斜≤0.2%后,继续下沉,直到自沉结束时,钩头仍显示有2000~2400kN的吊力,使筒体处于垂直度≤0.2%和偏位在10cm之内。根据以往钢圆筒振沉施工经验,在钢圆筒自沉和振沉过程中,吊钩应保持2000~2400kN的吊力,此数值为暂定数值,施工过程中根据实际情况进行调整。

5)振动下沉停锤标准

(1) 达到设计高程。

(2)钢圆筒下沉速度小于305mm/min。

6)振沉过程中偏位、倾斜的控制

钢圆筒振沉过程中,起重船的吊钩始终保持2000~2400kN的吊力,并控制钩头下降速度,以减小振沉过程中的倾斜与偏位。如果在振沉过程中,发现有微量偏位和倾斜,可随时通过调整起重船上两个钩头的快慢和扒杆的变幅来实现;如果偏位大于10cm、倾斜度超过0.2%时,可在不停锤的情况下,交替反复采取停止钩头下降、振动上拔、松紧锚缆、升降两个钩头和仰俯扒杆等措施,直至筒体垂直度和偏位控制在允许范围内,再落钩继续振沉,直至达到停锤标准。

3.4.4.9　钢圆筒下沉记录及验收标准

应对各个钢圆筒运输、吊装、定位、自沉、振沉时间进行统计,形成统计表。同时对钢圆筒的定位及相关偏位、下沉底高程、圆筒下沉速度进行记录。每个钢圆筒须保留一份完整的下沉记录并提交设计单位与监理工程师备案。记录内容应满足《港口工程桩基规范》(JTS 167-4—2012)的要求,振沉应符合表3.4-4的要求。

振沉要求　表3.4-4

步骤	平面偏差(cm)	铅垂度	备注
定位	≤15	—	锁扣平面偏位≤1°
振沉	≤25	≤0.5%	—

板片竖立后，其垂直度可用吊线锤法或经纬仪进行测量，其偏差不超过1/1000，其顶、底部直径可用拉钢卷尺法测量，其偏差不超过25mm，周长偏差控制在15mm以内，顶部端口平面度，其偏差不超过±5mm；拼接坡口的错边量不大于1mm。以筒体上0°线为基准，用拉钢卷尺法测量弧长间距（$B_1 \sim B_4$），画出宽榫槽安装位置线，其偏差不超过±5mm；宽榫槽安装偏差不超过2mm，其垂直度不超过1/1000；下段筒体上的宽榫槽直接从上段宽榫槽引下来即可，其垂直度不超过1/1000。筒体合拢后，上下两段筒体错边量B不大于2mm；在筒体圆周方向0°、90°、180°、270°四处测量上下筒体水平基准线之间的距离L，相差不大于10mm。

3.5　止水弧形钢板副格结构施工关键技术

本工程研发了新型弧形钢板副格结构，使其兼具可深插的刚度和适应相邻圆筒之间各种变位的柔度，实现钢圆筒之间的连接及止水。主要技术成果包括：

(1)通过对平面布置研究和抗隆起分析确定副格尺度，并基于可打入性和圆筒之间的变位要求，开展结构壁厚及构造研究和接头结构强度分析。

(2)开展副格的物理模型试验验证大型整体式弧形钢板副格的承载力、可打性、容差性、止水性能以及整体上拔的可行性。副格打设的有限元分析见图3.5-1。副格打设施工如图3.5-2所示。

(3)研究了整体式弧形钢板副格制作、海上远距离运输、整体深插和快速振沉施工的关键技术和关键工艺。

3.5.1　副格制作工艺

3.5.1.1　施工准备

施工准备包括技术准备和工装设备准备。学习设计文件、有关施工规范，编制施工组织设计、培训员工、评定焊接工艺、制定焊接作业指导文件。施工技术人员依据施工图纸和规范要求，编制施工方案，向班组进行技术、安全交底，并记下自检记录表，指导施工班组做好自检准备工作。制作过程中,单面自动埋弧焊后整体翻转,反面碳弧气刨埋弧焊。考虑副格整体翻转高程、长度、重量等因素,利用两根吊杆同时起吊翻转。副格板拼及T字梁焊接完成后,需将其吊入弧形底胎,调节弦长固定,进行环形肋的焊接和软连接的锚固。副格制作完成后,需将副格预制出运码头对应的轨道跨内。根据副格的结构形式和尺寸,采用特制的横移运输车,利用卷扬机牵引。装船吊点即上部吊点和下部吊点,利用两根吊杆吊装。根据工程总体要求,现场配备相应设备:切割机、电焊机、空压机、起重机等(表3.5-1)。

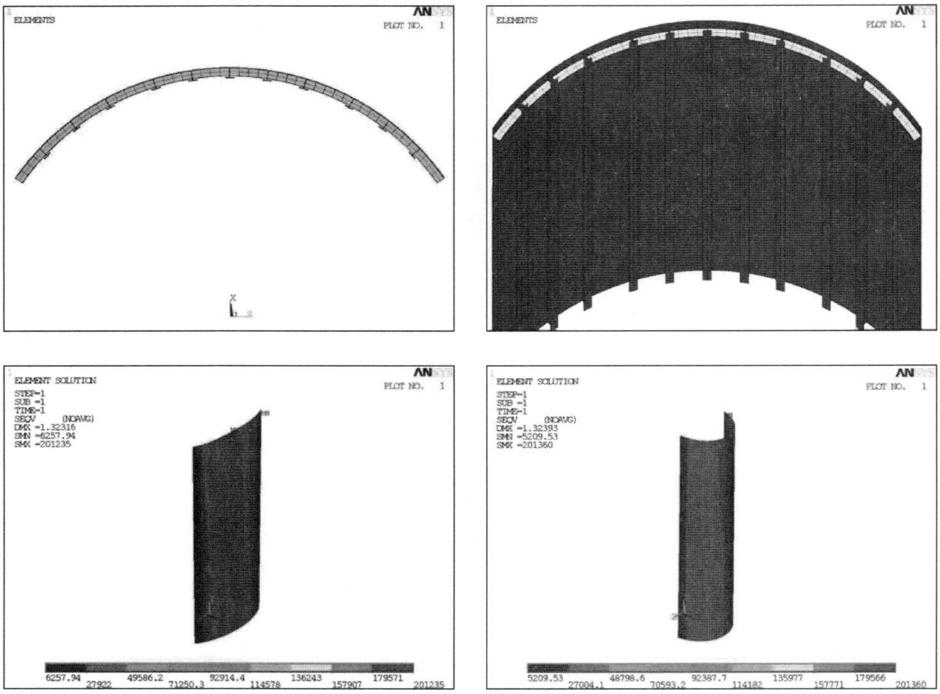

图3.5-1　副格有限元分析

图3.5-2　副格打设施工

机具需用表 表3.5-1

序 号	名 称	规 格	单 位	数 量
1	汽车起重机	25t	台	1
2	横移台车	—	台	1
3	门式起重机	126t	台	1
4	32t门式起重机	22m跨距	台	4
5	埋弧自动焊机	MZ-1000	台	14
6	碳弧气刨机	MZ-1000A	台	8
7	CO_2气体保护焊机	NB-500	台	48
8	电焊机	ZX7-400(IGBT)	个	8
9	焊剂烘箱	0~500℃	台	1
10	焊条烘箱	—	台	1
11	空压机	$10m^3$	台	5
12	数控直线切割机	—	台	1
13	半自动切割机	—	台	12
14	焊条保温筒	—	只	16
15	手扳葫芦	10t	个	24
16	手扳葫芦	6t	个	64

3.5.1.2 副格制作

副格制作的工艺流程如图3.5-3所示。

副格壁板排版根据其弧长和半径计算,预留拼板间隙,考虑焊缝收缩量,一般周长预留30mm焊接收缩量。钢板下料采用半自动切割机进行,切割预放量应根据切割机的实际风线宽度进行,一般推荐为(2±0.5)mm,对于切割完成的展开料应校验其垂直度和实际尺寸,每带板中根据实际偏差进行调整。

钢板的板边应由机械加工或火焰切割完成,板拼的整板板边直线度及对角线满足拼接要求,副格两侧丁字锁口的焊接坡口形式应符合设计和《气焊、焊条电弧焊、气体保护焊和高能束焊的推荐坡口》(GB/T 985.1—2008)要求,并根据板厚和焊接方法选择。钢板坡口完成后,应清理表面熔渣、氧化层等异物,使其露出金属光泽。

焊接工艺及设备:平板对接采用双面埋弧自动焊机进行焊接,T形纵肋、丁字锁口板采用斜角CO_2气体保护自动焊机进行焊接,夹头补强板、吊点、软连接耳板等焊缝采用半

自动 CO_2保护焊焊接。制作过程大量采用自动焊机,可以避免人工焊接时由于人为因素引起的焊缝质量不稳定等问题,同时也提高了焊接效率,降低了劳动强度,有效保证制作工期。

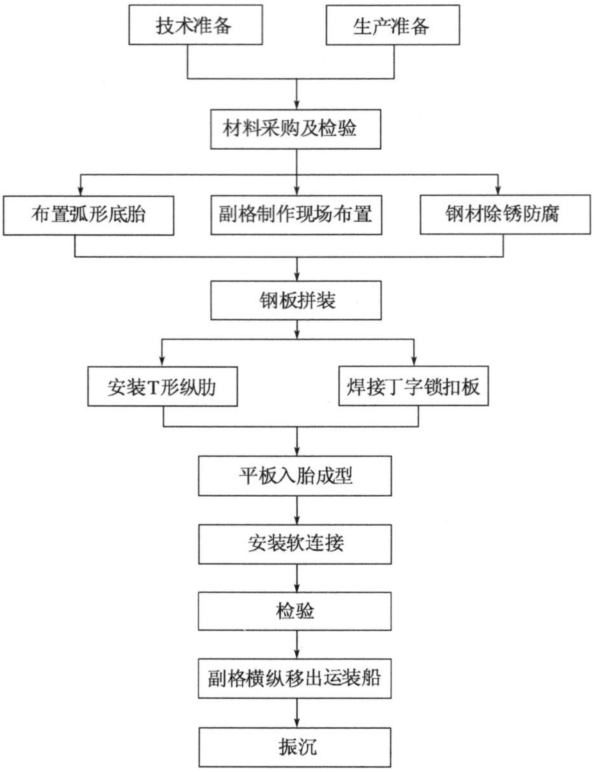

图 3.5-3　副格制作工艺流程图

焊前准备:焊接前,应将坡口及坡口两侧不小于 20mm 范围内母材表面的铁锈、渣物、油污、油漆、水和其他杂质清理干净,使其表面均匀、平滑和干净。焊剂应根据其焊接工艺规定的烘干温度进行烘干,随用随取。剩余后放回烘干箱,但烘干次数不得超过两次。

焊接操作:(1)焊接严格执行焊接工艺要求,焊接顺序:由板中间向外侧对称焊接,防止焊后出现波浪鼓变形。(2)壁板与壁板间的对接焊缝应保证完全焊透和熔合良好。(3)当需要背面清根时,采用碳弧气刨方法进行清根,然后用角向磨光机将清根表面打磨干净均匀。背面清根产生的坡口应进行目视检查,不得有裂纹、分层等缺陷。

每道焊接工序完成后进行焊缝检验,操作人员和专职检验人员都要对其焊件进行外观检查和无损探伤抽检。检验数量:外观检查 100% ,无损检测按设计要求执行:(1)所有焊缝端头、十字焊缝 1m 范围内,副格顶部、底部 3m 范围内的焊缝,应进行 100% 超声波检测,其他部位检测的长度不少于焊缝长度的20%。(2)当超声波探伤不能对缺陷作出判断时,应采用射线探伤。(3)超声波和射线照相探伤应符合《钢结构工程施工质量验收标准》(GB 50205—2001)中对二级焊缝的要求。(4)当探伤结果不符合规定时,应对不合格焊缝段的两端分别向外作与该段长度相等的延伸补充探伤检查,并按下列规定修补:①当补充检查的焊缝合格时,应对原不合格的焊缝段进行修补;②当补充检查的焊缝仍不符合规定时,应进行研究处理,并采用有效措施,确保焊缝质量最佳;③对修补后的焊缝仍应进行探伤检查,不合格焊缝的修补次数不宜超过两次。如补充检查的焊缝仍不合格时,应暂停工作进行分析研究,找出原因,并采取有效措施,确保其焊缝质量。焊缝质量评定标准见表3.5-2。

焊缝外观检查评定标准　　表3.5-2

序号	项目	质量标准		
		一级	二级	三级
1	气孔	不允许	不允许	直径小于或等于1.0mm的气孔在1m范围内不超过5个
2	咬边	不允许	深度不超过0.5mm,累计长度不超过焊缝长度的10%	深度不超过0.5mm,累计长度不超过焊缝长度的20%

焊缝外观检查缺陷的允许范围和处理方法见表3.5-3。

焊缝外观检查缺陷允许范围和处理方法　　表3.5-3

缺陷名称	允许范围	超过允许的处理方法
咬边	深度不超过0.5mm,累计长度不超过焊缝长度10%	补焊
说明超高	2~3mm	进行修正
表面裂纹未融合未焊透	不允许	刨除缺陷后重新焊接
表面气孔,弧坑,灰渣	不允许	刨除缺陷后重新焊接

缺陷修补:外观缺陷如气孔、夹渣等,应用砂轮彻底打磨干净,然后修复,对于用超声波和射线检查出的缺陷应采用电弧气刨分层进行刨修,清除缺陷后用手工电弧焊修补,对修补后的焊缝仍要进行探伤检查,同一位置不合格焊缝修补数一般不应超过两次。

3.5.1.3 副格制作总体检验

副格制作完毕后,其外形尺寸允许偏差应符合表3.5-4的规定。

副格外型尺寸允许偏差　　表 3.5-4

项　　目	允许偏差(mm)	检 测 方 法
夹头位置(弦高)	±40	用钢卷尺量
高度	+30,-0	用钢卷尺测量
丁字锁口板间距离 (弧形钢板弦长)	—	用钢尺测量(相聚两个相邻钢圆筒宽榫槽中心间距实测值量测弧长)
轴线弯曲矢高	0.1%	钢丝和角尺测量
壁板平整度	10	用靠尺和弧形尺检测

3.5.1.4　副格运输

1)运输方式

组拼后的副格从江门新会预制场出运。采用自航驳运输,在甲板上设 3 套弧形存放底胎,将副格吊放在弧形台座上,如图 3.5-4 所示。每船可装 4 片副格,加固后运输至振沉现场。为保证副格在起吊过程中弧度保持不变,将副格两侧用 8 道软连接连接,保证副格在离开弧形台座后弧度不发生变化。运输船上配备 6 套软连接循环使用。

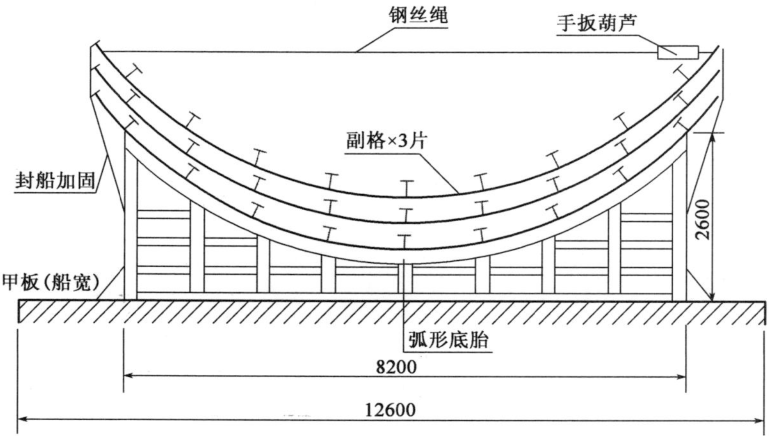

图 3.5-4　弧形台座示意图(尺寸单位:mm)

2)加固方法

弧形台座吊放至运输船上后,将弧形台座与运输船焊接成整体,避免弧形台座在运输船甲板上自由滑动,造成副格倒落。用吊带及钢丝绳将副格与弧形台座捆绑成整体,各层之间用 100 ~ 150mm 不同高程的钢凳子垫实,保证各片副格 R 值不变。

3.5.2 弧形钢板振沉施工

弧形钢板按钢圆筒的施打顺序依次推进，非台风、寒潮期，按落后于钢圆筒两个进行施打；台风及寒潮来袭前所有钢圆筒的弧形钢板全部施打就位。

3.5.2.1 振动下沉前准备

副格插入前，先精确测量要插入副格的两个钢圆筒上端宽榫槽的距离和钢圆筒的垂直度偏差，并根据垂直度偏差计算副格下端锁口间的距离。根据实测数据，分析副格能否满足钢圆筒上、下端宽榫槽的距离偏差。钢圆筒上、下端宽榫槽的距离偏差可以通过改变副格上、下端弦长的方法进行调整（调紧或调松软连接装置），如其调整范围不能满足，则可预制非标准尺寸的异形副格来适应榫槽的偏位。

3.5.2.2 副格振沉船舶设备选用

根据副格振沉试验的成功经验，本工程副格采用美国 APE200-6 型液压振动锤振沉振沉的工艺，设备参数如表 3.5-5、表 3.5-6 所示。

液压振动沉桩/拔桩锤 APE200-6 表 3.5-5

偏心力矩（kg·m）	激振力（kN）	频率（VPM）	最大拔桩力（kN）	总质量（kg）	最小宽度（mm）	长度（mm）	高度（mm）
75	2700	0～1700	1335	9977	355	3530	2260

动 力 柜 表 3.5-6

发动机型号	最大动力（kW）	最大液压压力（psi）	最大液压流量（1pm）	总质量（kg）	宽度（mm）	长度（mm）	高度（mm）
Cummins KTA19-M3	447	4500	712	7394	204	3770	2400

西人工岛采用的副格长度为 30m，岛侧副格插入时起重船舷外跨距 23m，水面以上吊高 44.5m，经过比选，三航起重 7 号满足副格沉放要求（表 3.5-7）。

副格沉放设备及要求 表 3.5-7

序 号	名 称	性 能	用 途	单 位	数 量
1	三航起重 7 号	350t 全旋转	副格振沉	艘	1
2	自航驳	2000t	副格运输	艘	2
3	拖轮	4000HP	船舶拖带	艘	1
4	起锚艇	1200HP	船舶起锚、下锚	艘	1

3.5.2.3　振动下沉工艺

为避免施工干扰,副格振沉施工船舶在西人工岛北侧,钢圆筒振沉施工船舶在南侧,筒内及副格内抛砂的皮带船在西人工岛北侧。筒内及副格内抛砂施工在起重船起吊钢圆筒的间歇时间进行,同时副格振沉船舶避让,抛砂结束后再进行钢圆筒及副格振沉施工。本工程施工船舶较多,很容易互相产生干扰,为了提高现场施工效率和船舶使用率,对在现场施工的各条船舶安装高频对讲器、AIS(船舶自动识别系统),现场调度室设有图板,随时更新现场船舶动态。现场调度通过高频对讲器指挥船舶驻位、起锚、移位等工作,使现场施工有序进行。

副格插入就位前,测量相邻两钢圆筒之间宽榫槽的距离,用软连接装置调整副格的弦长,使弦长等于两个钢圆筒上端宽榫槽的距离,以便于副格顺利插入钢圆筒上的宽榫槽。每组钢圆筒振沉结束后,用测绳端部系垂球的方法探测宽榫槽内有无阻碍物,如果从圆筒顶向下 30m 范围内有阻碍物,用高压水枪向宽榫槽内射水,射水后再用测绳测量,如阻碍物被清除则可以进行副格的振沉,如果没有被清除则继续用高压水枪射水冲击,直至清除阻碍物为止。

副格顶端与底端设置专用吊架,起重船主钩用钢丝绳与顶端吊架相连,副钩用钢丝绳与底端吊架相连。

将副格直立后,先插入一端的钢圆筒榫槽,再插入另一个钢圆筒榫槽(该端钢圆筒榫槽降低 20cm)。如副格的弧度与钢圆筒上的锁口稍有偏差,可利用软连接稍作调整,使其完全对中后,插入另一端钢圆筒的宽榫槽,然后依次拆除副格上的软连接装置,使副格顺钢圆筒上的宽榫槽徐徐插入,直至完成自沉。

此外,采用 4 个夹头布置开展了多次副格的起吊和插入试验;然而,振沉时中间两个夹头间弧形钢板横向抖动较明显,故对现有的夹头布置进行调整,在中间两个夹头中间再增加一个夹头,以增加夹头的夹持力和副格上端部的结构刚性。副格振沉前应准备的工作包括:①动力柜、振动锤、液压油管、液压夹头的检查和调试;②振沉前技术、安全交底及设置观测点。关于起重船吊起振动体系,首先将液压夹具夹住副格板后,开动液压振动锤,钢圆筒振沉过程中,振动锤启动振频 900vpm,约 1min 后提高至 1450vpm,振沉过程中起重船吊重控制在 18 ~25t 范围内,直至副格振沉到设计高程。副格振沉已经过试验验证,振沉工艺和设备能满足现场振沉需要。

3.5.2.4　副格仓止水设计

副格主体之间为钢板桩本身采用钢锁口连接，止水效果有保障。止水连接的关键在于钢圆筒宽榫槽与副格 T 形锁口的止水设计。

钢圆筒宽榫槽与副格 T 形锁口连接不具备止水功能，需进行止水处理。为防止振沉钢圆筒时，碎石进入宽榫槽内，榫槽底口（斜面）用钢板封死，避免杂物从宽榫槽底部进入。下沉前宽榫槽对接口处安装防砂胶皮，胶皮的布置形式可根据试沉试验进行优化。振沉副格前将防砂胶皮人工外翻，方便副格插入宽榫槽内。副格振沉完毕后，防砂胶皮由于自身弹性贴近副格，可防止副格仓内回填砂时，回填砂进入榫槽内。副格仓下沉后，榫槽内灌注止水材料。宽榫槽内灌注材料采用模袋 + 膨胀砂浆，模袋的主要作用是防止砂浆漏出宽榫槽。

3.6　岛内回填砂成岛技术

人工岛钢圆筒及副格振沉完成后，为确保结构整体稳定，在圆筒及副格仓内及时采用中粗砂进行回填。采用定点、接力、分层抛填的方案对钢圆筒及副格内回填砂施工，有效控制了钢圆筒围护结构在回填砂施工期间的结构稳定性，防止了不利工况的出现。在钢圆筒结构围闭过程中，持续向岛内抛填中粗砂形成陆域。人工岛上设置明挖现浇隧道，分别与沉管隧道及桥梁连接实现桥隧转换，并建设岛上建筑以发挥运营期管理控制及观光旅游作用。西人工岛靠近珠海侧，东侧与首节沉管 E1 管节连接，西侧与青州航道桥连接，东西向轴线长度 625m，横向最宽处约 183m，面积约为 9.8 万 m^2。

回填总体分两阶段进行，第一阶段采用以皮带船抛砂为主、开底驳为辅的方法进行岛内回填；第二阶段人工岛的钢圆筒已封闭，填砂采用皮带船结合皮带输送带的方式进行填充。

第一阶段回填按钢圆筒的打设顺序确定岛内区中粗砂（-18.0m ~ -6.0m）回填顺序，方量共计 93 万 m^3，抛填中粗砂在有风浪海域的自然坡度取 1:6，抛填中粗砂过程中，严格保证与未打设的钢圆筒保持安全距离（约 63m）。

第二阶段回填在塑料排水板打设完成后进行，为了加快岛内区（-6.0m ~ +5.0m）中粗砂回填速度，在岛体的最宽处布置 4 路皮带输送机，采用回填砂填筑。回填时设置皮带输送机的基础，停靠在钢圆筒外侧的皮带船通过皮带输送机把中粗砂直接送至岛内区中间位置，并配合推土机翻运、平整、压实。

人工岛围护结构施工区域海床面开挖至 -16m，钢圆筒及副格振沉顶高程为 3.5m。其中圆筒及副格内回填至 2.5m 高程，岛内回填至 5.0m 高程，进行降水联合堆载预压地基处理。岛内回填砂主要分为 3 个部分，即钢圆筒内及副格回填砂、西小岛内回填砂和西大岛内回填砂。

3.6.1　回填砂施工

3.6.1.1　施工流程

西人工岛设置钢圆筒分隔围堰将岛体分为小岛及大岛两个部分。为尽快提供首节沉管 E1 管节安装对接条件，西小岛优先成岛并开展地基处理作业，以开展对接端岛上现浇隧道结构施工。人工岛钢圆筒及副格围护结构施工过程中，首先进行圆筒内及副格仓内回填，并在结构振沉完成后尽快回填形成稳定结构。岛内回填总体分为岛体围闭前抛填及围闭后陆上回填两个部分，其中岛内回填至 -5m 高程时，场内整平后进行排水板打设及降水井埋设施工。其后，按照分层回填施工顺序，回填至 5m 高程并开展降水联合堆载预压处理。在钢圆筒及副格振沉至设计高程后，采用皮带船运砂回填工艺立即进行回填，工艺流程如图 3.6-1 所示。

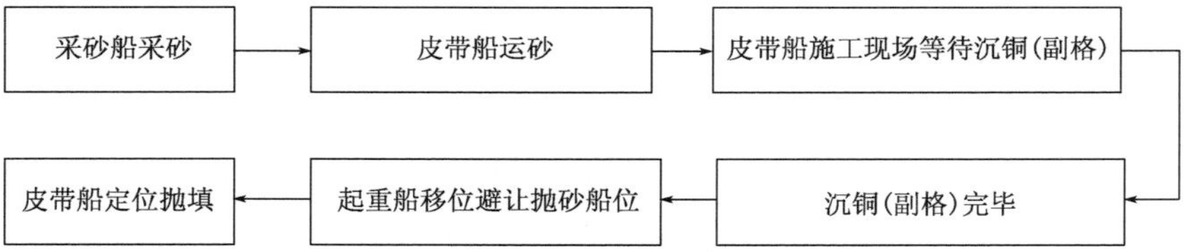

图 3.6-1　钢圆筒及副格回填流程

3.6.1.2　技术要求

(1)岛内回填中粗砂。西小岛钢圆筒合龙后采用皮带船送砂工艺；西大岛在钢圆筒形成一定的掩护后先采用开底驳抛填中粗砂的工艺，待钢圆筒合龙后再采用皮带船送砂工艺；圆筒区采用皮带船送砂的工艺，回填时尽量从圆筒中心和副格仓的中心位置开始回填。

(2)回填砂的规格和质量应满足设计要求。

(3)回填砂覆盖范围不得小于设计要求范围，且覆盖均匀，不得出现基层裸露造成挤淤现象。

(4)所用砂料为中粗砂，其中砂料含泥量(公称粒径不大于 0.075mm 的颗粒质量占砂料总质量的百分比）≤10%；西大岛和圆筒内回填高程 -5.0m 以下砂的渗透系数不小于 5×10^{-3}。砂的试验、定名执行《港口岩土工程勘察规范》（JTS 133-1—2010）和《土工试验方法标准》（GB/T 50123—1999）。砂土中粒径大于 2mm 的颗粒含量不超过 50%，粒径大于 0.25mm 的颗粒超过 50%。

（5）采用分层抛填的施工方法，分层抛砂厚度不宜大于 3.0m，前后两级间的平台间隔至少 20.0m；采用皮带船送砂的方法，分层回填砂厚度局部不宜大于 5.0m。

（6）场地填砂兼作场地软基处理的堆载砂。根据加固设计断面图的加载计划图分级施加堆载砂，分级加载强度不得超过设计分级要求，分级堆载厚度不宜超过 2.0m，回填过程中应观测整个回填区填砂高程的变化，指导施工调整和管理工作。

（7）设计回填区域竣工后的平面位置和尺度均应符合设计要求、不允许出现欠填。

3.6.1.3　施工方法

1）钢圆筒及副格内中粗砂抛填

（1）在钢圆筒或副格振沉至设计高程后，皮带运砂船在结构外侧驻位并向筒内及副格仓内直接抛填。填充料落点应在钢圆筒及副格的中心，以防钢圆筒及副格因填充料压力不均匀造成侧倾和变形。根据皮带船的抛砂效率和人工打水坨实时测定抛砂顶面高程，确保筒内及副格内抛砂高程达到设计要求，且预留一定的沉降量。

（2）抛填施工前，在已振沉完成的钢圆筒及副格顶上，用 4 根柔性标尺标定筒体中心（5m × 5m 正方形方格）位置，并在皮带船输送带前端安装 1 块挡板，确保抛填砂以自由落体形式按照预定轨迹抛至圆筒及副格中。

（3）为减少船舶重复定位造成抛填点位变化及碰撞风险，第 1 艘船驻位后不再移锚，其余运砂船直接向第 1 艘皮带船内补给中粗砂，以此避免皮带船多次重复抛锚定位，减少船舶碰撞筒体的风险，同时增加抛砂施工效率。

（4）抛填中粗砂过程中，按照每 10 ~ 15min 打 1 次水坨对不同时间段的砂面高程进行测量，确保抛填中粗砂在整个钢圆筒横向断面上的均匀性。

（5）中粗砂抛填至设计高程以后，用挖掘机进行表面细部整平。

2）操作要点

（1）钢圆筒及副格振沉完成前，抛填作业船舶即在施工现场待命，确保钢圆筒副格振沉验收完成后及时回填。抛填作业需保证在 3h 之内完成。在抛填过程中，始终保持砂均匀散落在筒体及副格中心位置，避免筒体受海浪及抛填冲击移位。

（2）皮带船抛填中粗砂过程中勤打水坨，检查抛填中粗砂过程中钢圆筒及副格断面均匀性，防止回填面局部高差太大，导致筒体的变形或一侧挤淤。如果发现局部高差过大，及时调整回填砂散落位置并修正断面的平整度。调整完成后，立刻恢复到中心位置。打水坨时，皮带船抛填中止作业，待数据分析完成后，方可继续施工。

(3) 抛填中粗砂的过程中，测量人员对钢圆筒及副格进行变形监测，一旦发现变形较大，立即停止中粗砂抛填。

(4) 皮带船向抛填船舶补给的过程中，须保证两船之间的安全距离，避免船舶碰撞影响抛填的均匀性。同时，现场安排监护人员全程监控，避免船舶对筒体直接碰撞而导致筒体及副格变形。

3)岛内回填

人工岛岛内回填按照时间先后顺序总体分为岛体围闭前回填及围闭后回填两个部分。按照高程划分，总体分为 -16m ~ -5m 回填及 -5m ~5m 回填两个部分。其中西小岛围闭前，在南侧 X05 ~ X08 号钢圆筒之间设置合龙口；西大岛在 X30 ~ X31 号钢圆筒区域设置合龙口。

(1) 合龙前回填。由于西小岛面积较小，为使放坡坡度不至过大，在合龙前，皮带船开至岛内由 X15 号圆筒倒退式回填至合龙口，并与合龙口预留足够距离，防止回填砂倾泻至合龙口造成该区域钢圆筒及副格无法下沉。回填高程按照 -8m 控制。回填过程中，船舶依靠钢圆筒上焊接的带缆点驻位及绞锚机往复抛填，确保抛填均匀。西大岛合龙前，沿南北向在钢圆筒上按照抛填断面画设标识，抛填船舶按照标识及抛填效率，参照西小岛回填方案，由四周向合龙口收缩式回填。回填面按照平均高程 -5m 进行控制，并确保各层抛填均匀，覆盖全面。防止抛填过程中因回填高差过大或覆盖不匀而造成挤淤，影响钢圆筒后期稳定性。

(2) 合龙后回填。岛体结构合龙后，采用皮带船直接向岛内进行抛填，并在钢圆筒或副格顶部开设排水口。岛内海水在回填过程中通过排水口自然外溢，防止淹没钢圆筒围护结构造成筒内回填砂流失。抛填至 -5m 后，采用水泵排除岛内积水，并下放挖掘机及推土机对岛内土体进行整平。 -5m 工作面排水板及降水井打设完成后，采用皮带船向岛内抛填砂，并采用挖掘机、推土机按照分层厚度要求整平。

4)回填操作要点

(1) 岛壁围护结构合龙前，合龙口周边应预留足够距离，防止回填砂流失影响合龙口处钢圆筒振沉作业。

(2) 回填过程中，兼顾抛填及场内整平施工效率，防止一次性抛填过厚或局部集中堆载造成钢圆筒倾斜。

(3) 水面以下回填过程中,安排专人进行监护,防止抛填船舶碰撞钢圆筒及副格,并确保回填作业过程中设备与钢圆筒围护结构具有一定的安全距离。此外,采用勤打水坨或超声波扫测等方式,及时掌握抛填高程及分层回填厚度。

(4) 回填至 -5m 高程,确保副格与钢圆筒连接宽榫槽止水材料填充饱满后,采用水泵抽水方式及时排除岛内海水,并动态观测钢圆筒围护结构沉降位移情况。遇到异常情况,应中止降水并对数据进行整理分析。

(5) 在 -5m 以上回填过程中,按照分层回填厚度接高降水井,并加强对降水井的保护。

3.6.1.4 回填砂振冲密实

根据设计要求,回填砂标贯击数小于 18 击,则须进行振冲密实施工,根据工艺性试验,确定振冲区域采用无填料振冲工艺,振冲密实桩位间距为 3.5m,按等边三角形布置。

1) 工艺流程

振冲密实工艺流程为:施工准备工作→测量定位放线→平整场地→分区域振冲地基加固→场地摊平→质量检测→资料整理→竣工验收。

振冲密实具体操作流程为:施工准备→定位放线→振冲机定位→振冲设备检查完好性→下放振冲器至砂面高程→启动水泵→启动振冲器→振冲冲孔→达到设计深度→留振、分段提升→成孔→提升 1~2m 后移至下一孔位→重复振冲→效果检测→补填平整→验收。

2) 施工方法及要点

施工中,严格控制密实电流和留振时间,孔底留振时间 10~20s,密实电流为 80~120A。施工时振冲器对准桩位,先开启高压水泵,振冲器出水口喷水后,再开启振冲器,待振冲器正常运行后,将振冲器徐徐贯入砂中,直至达到设计深度。过程中使用辅助水管进行外供水,以加快中粗砂液化,提高下沉速率。

3.6.2 塑料排水板施工

本工程中塑料排水板主要分布在圆筒区和岛内区,正方形布置,圆筒区间距 1.2m,岛内区间距 1.1m。塑料排水板至软弱土层主要作为竖向排水通道,使软基快速排水固结。

1) 工艺流程

塑料排水板打设工艺流程见图 3.6-2。

2) 工艺创新

塑料排水板打设需要穿透厚度达 20.5m 的中粗砂层、黏土层、粉质黏土夹砂层,且最大插板深度达 41.5m,施工难度非常大。针对上述工程特点,自主研发组装了 4 台液压式塑料排水板打桩机,最终实现钢套管下插力达到了 177kN,顺利穿透中粗砂层及两硬夹层,达到设计底高程,保质保量地完成了全部塑料排水板打设。

图 3.6-2　塑料排水板打设工艺流程图

3)控制要点

(1)在已放样确定的各加固块范围内,用全站仪和钢尺按正方形布置、间距 1.1m 测放出塑料排水板打设板位,测放误差控制在 ±30mm 以内。

(2)插板机移机定位,安装排水板桩靴,管靴与板位的偏差控制在 ±70mm 范围内。

(3)施工操作人员根据安装在插板机上的金属活动垂针和刻度盘,控制桩管下插时的垂直度偏差≤1.5%。

(4)一个区段的塑料排水板验收合格后,及时用砂料回填打设时在排水板周围形成的孔洞,并将排水板头埋置于砂垫层中,埋设方向与砂面平行,以确保排水畅通插板。

(5)上拔插板套管时,注意观察排水板有没有回带现象,控制回带长度小于 200 ~ 300mm。若回带长度超过 500mm,则在该板位旁 450mm 内补打一根。控制回带排水板根数不超过打设总根数的 5%。

(6)每台插板机配备一名质检员检查、记录,打设完毕剪板后全面检查板位误差、垂直度、打设深度、外露长度、回带等情况,确保符合验收标准并记录后,移机打设下一根,发现打设不合格时及时在距该板位 450mm 范围内补打。

4)降水井打设

塑料排水板打设完成后,分别在圆筒区及岛内区埋设降水井,降水井开孔和终孔直径325mm,井底高程 -22.5m,井管直径250mm,过滤管长10m。正式施工前,分别在圆筒区及岛内区进行单井抽水试验。振动沉管成孔埋井工艺主要是利用160T液压振动锤打设套管快速在土层中形成井孔,然后安放井管,最后振动上拔套管并振密井周回填砂形成降水井。

5)监测与检测

通过现场监测掌握岛内地基下卧各土层的沉降量、孔隙水压力消散程度、地表沉降及地下水位的变化情况,经过计算得到地基土的固结度及工后沉降量,从而验证地基加固的设计参数合理性;此外,通过监测数据可及时控制回填砂的施工速率,确保人工岛护岸结构的安全。

3.6.3 施工监测

3.6.3.1 钢圆筒沉降位移观测

钢圆筒围护结构在筒内及岛内回填过程中,受力工况较为复杂,结构稳定性对人工岛安全起到至关重要的作用。为此,在回填全过程中,需采取技术措施对结构沉降位移、倾斜及深层位移进行全过程观测。其中,钢圆筒及副格振沉完成后,即在圆筒顶部设置沉降位移观测点,并在施工过程中按照二等水管观测精度要求进行全过程加密观测。对于位移或倾斜超限等情况,应中止作业,按照结构受力工况进行演示分析,并采取相应的处理措施。

3.6.3.2 岛内沉降监测

人工岛回填厚度达21m。为准确反映地基处理情况,回填至 -5m 高程时,在岛内埋设深层位移观测仪或采取水下探摸等方式,对 -5m 以下回填、排水板打设期及堆载期进行连续观测。岛内沉降数据可作为地基加固的判断指标,并对应分析钢圆筒位移工况受力状态,确保回填过程中钢圆筒及副格安全。

3.7 岛壁施工

3.7.1 基本情况

岛体结构采用施工期具备止水围堰功能的插入式钢圆筒,外侧辅以抛石斜坡堤的组合结构(图3.7-1)。抛石斜坡堤堤心由10~100kg块石填筑,外坡安放消浪性能良好的5t扭工字块(外坡1:2),扭工字块体下设置300~500kg的垫层块石,厚度为1.1m,在+3.0m高程位置设置南侧宽12.0m、北侧宽8.0m的消浪戗台。斜坡堤内依次设置二片石、碎石(袋装碎石)和钢圆筒内的倒滤层形成综合倒滤结构,以防止钢圆筒自然腐蚀后回填砂漏出。经波浪物理模型试验验证,护面块体及其下垫层块石,在使用期设计和极端工况下都能保持稳定。

图3.7-1　钢围堰+岛外侧抛石斜坡组合结构

挡浪墙采用现浇L形素混凝土结构,施工后期先切割钢圆筒至+1.0m高程,墙下设置碎石基床和素混凝土找平层。西人工岛南侧挡浪墙最终设计高程为8.0m,北侧挡浪墙顶面最终设计高程为6.5m,根据理论计算和波浪物理模型试验验证,挡浪墙在设计和极端工况下保持稳定,满足允许越浪标准。考虑到人工岛施工期和交工后会产生一定的沉降变形,挡浪墙采用分段分期现浇施工(其中表层30cm素混凝土现浇时需掺抗裂纤维),同时预留一定富余高度,保证挡浪墙顶面高程不低于设计高程。

由于人工岛建设对波浪和流态的影响,周围区域会出现不同程度的冲淤变化,根据冲刷试验和理论计算,护底采用100~200kg块石,厚度1.10m,岛桥侧护底宽45.0m,其余区域宽15m。海侧抛石斜坡堤基础局部采用开挖换填碎石和挤密砂桩处理。西岛开挖底高程为-16.0m挤密砂桩置换率为25.6%,距离钢圆筒边界3.5m。南侧处理范围为45.1m,底高程为-35.0m~-30.0m。北侧处理范围为36.4m,底高程为-30.0m~-37.0m。

考虑到本工程为外海无掩护作业,受风浪影响较大,采取断面分层、纵向阶梯流水的全断面施工方法,按照“堤心石缩断面突出,防护层全断面跟进”的原则组织施工。

3.7.2　抛填施工

1)碎石抛填

根据现场施工情况,采用皮带船将碎石运至现场,现场设置定位船,利用皮带船直接抛卸到设计要求范围的施工工艺。碎石回填施工分段进行，因碎石坡度较陡，碎石抛填后及时施工二片石及块石等覆盖，为了保证回填施工质量，按 50 ~ 100m 进行分段施工，按厚度约为 3 ~ 4m 进行分层施工。

2）二片石抛填

在碎石抛填到位后立即抛填二片石，主要采用方驳配备挖掘机进行二片石抛填，使用配备 GPS 的定位船进行定位。考虑水深、水流和波浪等自然条件对石料产生漂流的影响，二片石施工亦采用分层回填方式施工，施工完成后立即抛填 10 ~ 100kg 块石，使倒滤层结构稳定。

3）堤心石抛填

在堤心石正式抛填之前，先选择 50m 长的基槽进行试抛，试验水深、波浪、海流对抛石作业的影响，并测量块石在基槽上成堆情况和石料的漂移情况，根据不同船型抛填石堆的高度，确定抛石的分层厚度，根据石堆的宽度确定定位船的横移宽度，根据石堆长度，确定定位船的纵移长度，根据石料的漂移量，最后确定定位船的最佳定位位置等。

4）垫层块石、护面护底块石抛填

水上抛填块石，根据水深、水流和波浪等自然条件对块石产生漂流的影响，确定抛石船的驻位，重点控制块石厚度不小于设计厚度，抛填块石的实际坡度不陡于设计坡度，保证垫层块石与护面石之间接触紧密，其最大缝宽不大于堤心石的粒径。

5）筒内抛石

钢圆筒和副格内倒滤层及抛填块石施工为干施工条件，施工难度相对较小。施工时，先由挖掘机开挖钢圆筒及副格内的回填砂至设计高程；然后人工配合挖掘机，按要求摊铺碎石垫层、二片石，最后由挖机抛填 10 ~ 100kg 块石至设计高程。碎石和二片石直接从海上由船载皮带机输送到钢圆筒内，块石由临时码头转运至施工区域进行抛填。

3.7.3　扭工字块预制与安装

人工岛岛壁护岸结构和岛头防护结构均采用消浪性能良好的 5t 扭工字块护面，扭工字块下部设置一定厚度的 300 ~ 500kg 块石垫层。扭工字块采用 C30 素混凝土结构，单块质量为 5t，高度为 2483mm。

1）扭工字块预制工艺流程

采用卧式半埋式工艺（图 3.7-2）进行生产，工艺流程为：模板制作→模板质量检查→模板清理→涂刷脱模剂→模板安装→搅拌站搅拌混凝土→混凝土罐车运输混凝土→运输至现场浇筑→分层振捣成型→拆模→养护→构件堆放→构件出运。

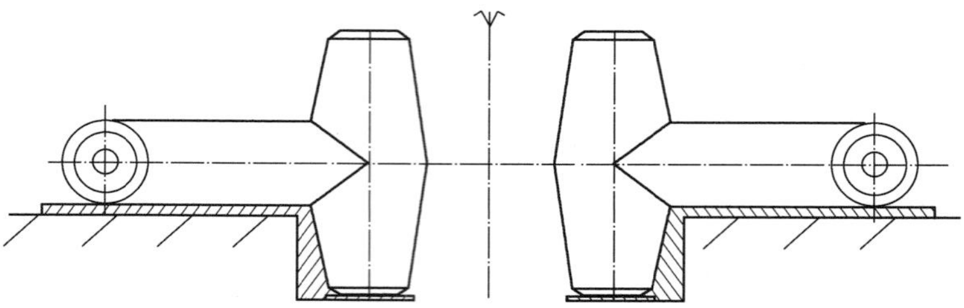

图 3.7-2　卧式半埋式工艺示意图

2)模板工艺

扭工字块预制模板采用组合定型钢模板,模板在专业模板厂家进行设计制作,制作完成并验收合格后用于现场施工,模板效果见图 3.7-3。单个扭工字块模板分 4 片(底部、上部、左侧、右侧)制作安装,每片模板外形基本一致,在上片模板布置下料孔和排气孔,站立用模板上下端无封板,平躺用模板两端布置封板。组合钢模板通过螺栓连接,模板之间接触部位粘贴止浆条进行止浆。

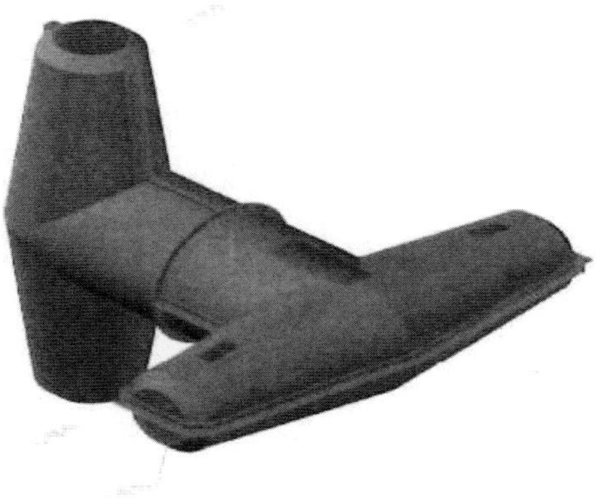

图 3.7-3　卧式模板效果图

3)混凝土工艺

扭工字块预制采用 C30 混凝土,采用罐车配合溜槽直接下灰至模板内,混凝土采用分层浇筑、分层振捣,分层厚度 30 ~ 50cm,采用 70 型插入式振捣器振捣。混凝土浇筑完成 24h 后拆除侧模板和顶模,拆模时着重控制其表面及棱角不受损坏。混凝土终凝后即对构件顶面外露面进行覆盖养护。扭工字块堆存设置专门场地,按预制顺序进行集中堆放,待出厂验收合格后采用平板车出运至码头装船。

4)扭工字块安装

为了方便施工和更好地控制扭工字块均匀分布在安装区域,确保施工质量和要求,在每个安装区域内进行网格或点位的定位划分。根据设计要求,扭工字块规则安放时,垂直杆安放在坡面下面，并压在前排的横杆上，横杆置于垫层块石上，腰杆跨在相邻的横杆上。安装的平面扭角为 20.4°，平均列间距约为 1.770m，平均排间距为 1.26m，模型安装情况如图 3.7-4 所示。

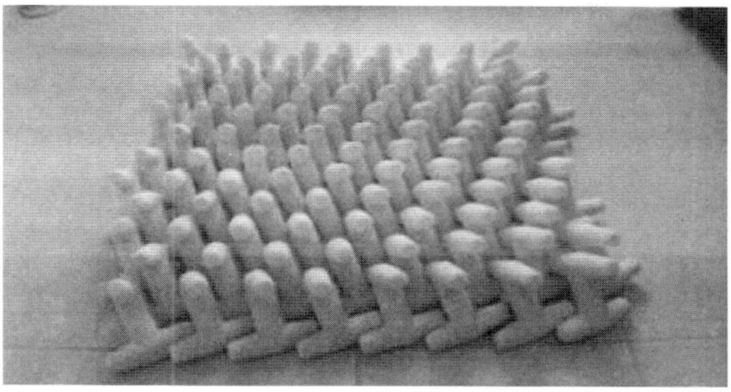

图 3.7-4　扭工字块缩微模型规则安放示意图

扭工字块采用自航驳运输，履带式起重机进行安装。钢丝绳吊装，吊装设备配有自动脱钩器(图 3.7-5)。自动脱钩为偏心构件，当其起吊时，钢丝绳紧绷，吊钩部分朝下，牢牢钩住套绳；当其卸钩时，吊钩朝上，完成脱钩。

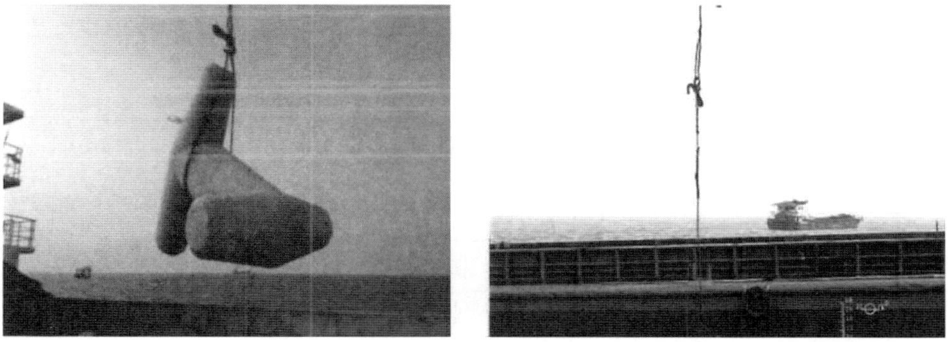

图 3.7-5　自动脱钩器

定点随机安放时，着重控制不得有漏放或过大隆起，严格控制安装数量，确保安放数量偏差在 5% 以内。-1.1m 平台扭工字块规则安装在水位较低时进行，由人工扶持，调整扭工字块姿态、角度等。垂直杆安放在靠海侧，并压在前排的横杆上，横杆置于垫层块石上，腰杆跨在相邻的横杆上，现场安装如图 3.7-6 所示。

3.7.4　现浇挡浪墙施工

挡浪墙为环人工岛护岸前沿线一周，其主要结构断面形式为 L 形，前底部有倒梯形前齿。挡浪墙混凝土强度等级为 C30，墙身为清水混凝土结构，底部为 C20 的素混凝土垫层,厚度为 20cm。挡浪墙垫层混凝土下为筒内倒滤层基础结构。

图 3.7-6　扭工字块规则安装现场

1)施工工艺流程

挡浪墙施工工艺见图 3.7-7。

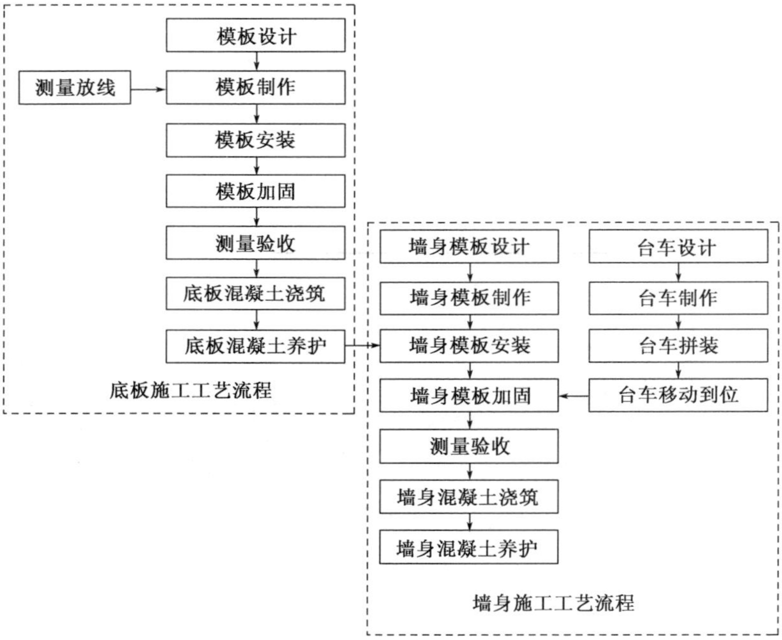

图 3.7-7　挡浪墙施工工艺流程图

2)清水混凝土墙身施工

根据设计要求,现浇挡浪墙墙身为清水混凝土结构,内侧面为清水面,墙身采用跳仓法施工,如图 3.7-8 所示。

挡浪墙墙身采用能够行走的钢结构台车(图 3.7-9)作为墙身模板支拆、吊运及工人操作的平台，台车由德国PERI公司设计并提供部分构件，由国内专业的钢结构生产厂商制作及拼装。台车的使用，使得墙身结构模板的加固简单、经济、快捷，支模及拆模时，减少了对模板的来回起吊，能有效避免起吊过程中对模板的碰撞损坏，并减少了起重设备的使用台班。台车也是一个稳固的混凝土浇筑平台，且一次拼装完成后能循环使用，一段浇筑完成后行走至下一段浇筑，节省了脚手架反复搭拆的时间，提高了工作效率。

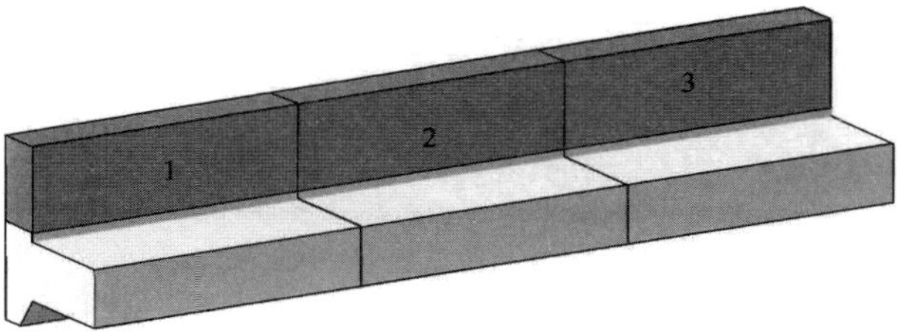

图3.7-8 跳仓法施工示意图

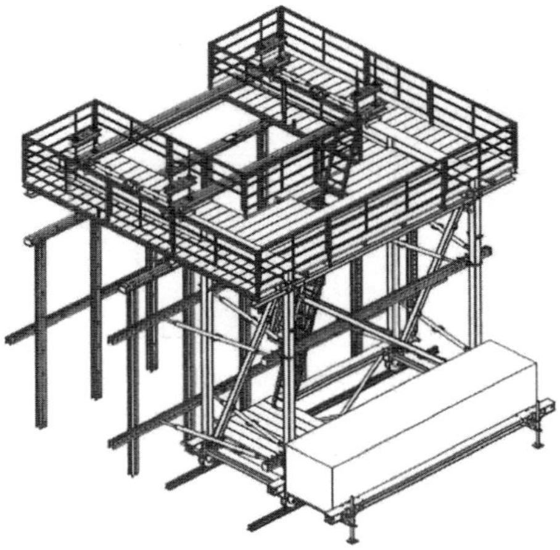

图3.7-9 台车结构图

挡浪墙内侧面的模板采用两层面板叠拼，内层面板紧贴混凝土构件采用PERI面板，外层衬板采用国产普通木面板，普通木面板与PERI木工字梁固定；内侧面(靠海侧)为单层PERI面板，如图3.7-10所示。内背楞为PERI木工字梁，贴面板横向放置并加固，间距为300mm；外背楞为双拼12号槽钢，竖向放置，间距1500mm。模板单元制作在后场进行，拼装前先加工制作牢固的作业平台，作业平台上设置相应尺寸的钢梁定位板。面板间采用1mm厚的黑色止浆条作为拼缝止浆措施。

拉杆堵头采用PERI生产的DK(Dielectric Constant，介电常数)塑料堵头(图3.7-11)，堵头小端插入PVC管内，大端垫上止浆海绵圆环后顶住模板。浇筑完成后用堵头扳手拧松堵头，然后用堵头夹钮取出DK塑料堵头，并用预制混凝土堵头封住对拉孔。

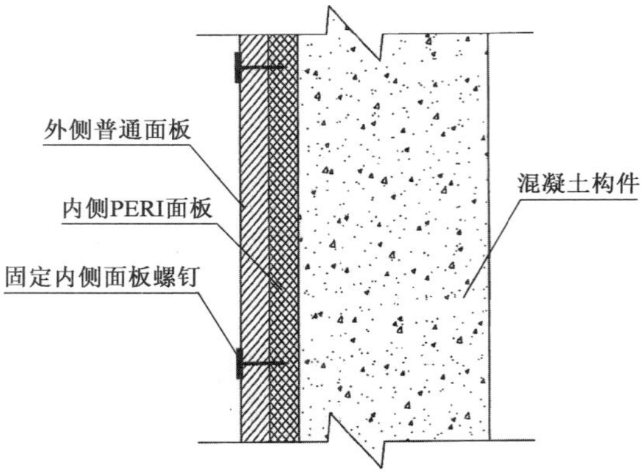

图 3.7-10　挡浪墙内侧面模板示意图

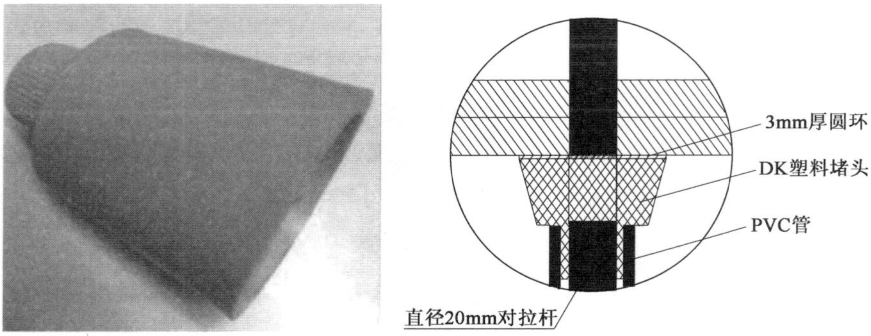

图 3.7-11　DK 塑料堵头及安装详图

结构造型缝沿墙身内侧每 3m 设置一道，主要为了规避模板单元安装时竖向拼缝或变形缝处无法较好地挤缝形成蝉缝缝宽不一致的情况，该设置巧妙地将模板安装时薄弱环节采用造型条方式加以美化，明缝共有两种形式的造型缝（图 3.7-12），分别设置在变形缝和模板拼缝处。

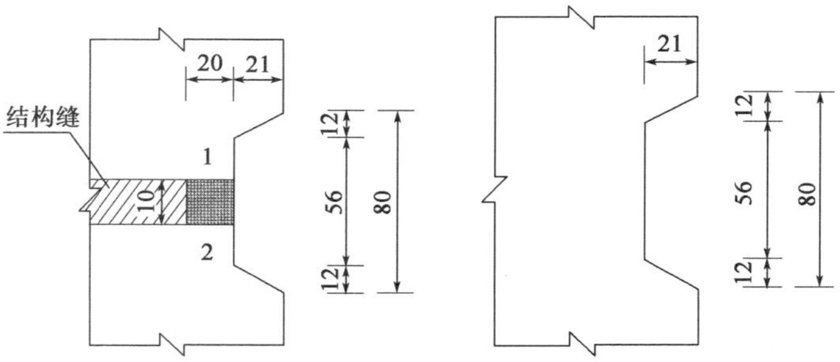

图 3.7-12　结构造型缝两种形式详图（尺寸单位：mm）

根据现场试验，PERI 油性脱模剂在混凝土外观质量及雨天施工时，均能满足施工要求,因此脱模剂选择 PERI 油性脱模剂,并配合使用高频振捣器进行混凝土振捣。模剂涂刷前将模板表面擦拭干净,且保证模板涂刷无遗漏之处。脱模剂不得混合使用,否则会影响混凝土外观质量及脱模效果。

首次模板支模完成后,将台车移动钢轨固定于混凝土底板上,并将拼装好的台车吊装于轨道梁上,穿好侧模板的对拉螺杆,然后装上端头模板及其对拉螺杆。各个配件基本固定以后,通过对各个连接件的微调以完成模板的加固。

混凝土浇筑完成,并达到 3d 强度以后进行拆模。拆模时,首先拆除对拉螺杆,然后拆除封头模板,调节水平向 SLS(选择性激光烧结成型工艺)伸缩杆及台车顶部的 SLS 伸缩杆,使侧模板与墙身表面间隔 30cm 左右,最后用手拉葫芦将台车移动到下一个施工点。

根据多次试验结果,得出清水混凝土的配合比参数及新拌混凝土的性能指标。清水混凝土浇筑工艺的参数如表 3.7-1 所示。

清水混凝土浇筑工艺参数 表 3.7-1

工艺要点	具体参数	备注
分层厚度	50cm	保证振捣棒插入下层 10cm 左右
搅拌时间	150s	搅拌站控制
间隔时间	不超过 2h	特别夏季尽量缩短
下料间距	2m	/
下料高度	≤50cm	/
振捣棒的选择	高频	/
振捣时间	25s	快速插入下层混凝土 10cm 并留振
提棒速度	3~5cm/s	/
振捣间距	50cm	/
振捣棒距模板距离	30cm	/
二次振捣时间	1~3h	与环境温度有关,需随时观察
顶面压抹次数	3 次以上	压抹程度以表面压不动为止

由于挡浪墙墙体一般分段长度为 9m,墙体厚 1.5m,高 3.5m,是典型的大体积长墙结构,由于墙身与底板存在不同步收缩,墙身混凝土受到底板约束和大体积混凝土温度应力的双重作用,易产生裂缝。经有限元温度场应力场计算分析,挡浪墙墙身冷却水管布设在厚度中心截面,管内径为 50mm,间距 0.8m,下部距离底板施工缝 0.4m。混凝土

浇筑前做好通水试验以防渗漏或堵管，混凝土浇筑完成后及时通水，待温度检测内表温差小于25°C后关闭冷却水循环。

3.7.5　排海箱涵施工

1）概述

排海箱涵（图3.7-13）位于越浪泵房处的挡浪墙靠海侧，共4个，通过排水管与位于挡浪墙内侧的各越浪泵房相连，排海箱涵结构形式为“田”字形四室现浇钢筋混凝土箱体结构。

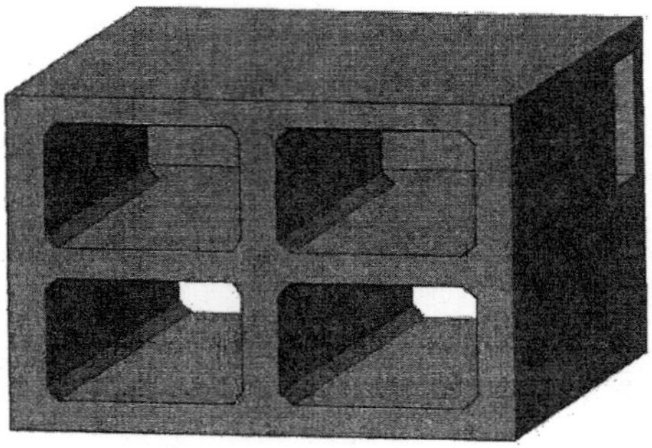

图3.7-13　排海箱涵三维示意图

2）排海箱涵基础施工

排海箱涵下部为抛石结构，每个排海箱涵靠海侧前沿下部设两个钢筋混凝土枕梁，枕梁上部设混凝土垫层，钢筋混凝土枕梁采用预制安装。枕梁安装完成后进行内侧碎石回填和20cm厚混凝土垫层施工。

3.7.6　岛头减载结构施工

1）概述

减载结构处于人工岛岛隧接合部，岛隧接合部减载结构采用钢筋混凝土沉箱结构，共安放4榀减载沉箱，沿人工岛前沿线布置，其中两榀位于管节上，减载沉箱之间设置倒滤井。减载沉箱底部抛填碎石垫层，顶部则由现浇钢筋混凝土胸墙和直角梯形现浇素混凝土挡浪墙组成。减载区域内沉管两侧包含锁定回填以及一般回填，回填材料均采用5～80mm碎石，沉管以上抛填陶粒至高程+2.0m，为保证陶粒回填后不起伏，回填陶粒完成之后在其上覆盖2.0m厚的碎石层。西人工岛岛头减载结构实际施工时间为2013年4月10日—2015年8月3日；东人工岛岛头减载结构实际施工时间为2016年3月31日—2017年9月30日。

2)基床回填及后方回填

待沉管安装完成后进行沉管两侧回填至沉管顶面高程,并回填整平减载沉箱区域基床,待减载沉箱安装完成后,回填沉管两侧碎石至设计高程,整平埋坡后回填减载沉箱后方陶粒至+2.0m,整平后回填上部碎石至设计高程,如图3.7-14所示。

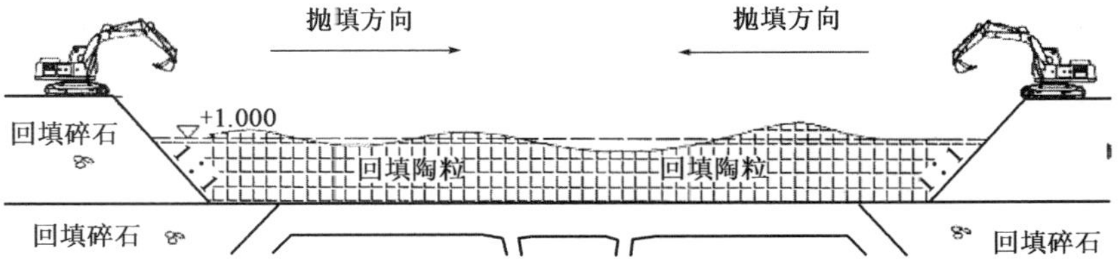

图3.7-14　岛头减载结构后方回填整平埋坡示意图

3)减载沉箱基础施工

减载沉箱下部基床抛石通过皮带船初抛,预留顶部部分采用小型开底驳精抛,整平分初平和精平两步。初平通过两侧碎石堆填形成长臂挖掘机驻位平台,然后通过长臂挖掘机进行水下初平;精平采用导轨法潜水员水下整平,整平完成后及时对减载沉箱前方约2m处安装袋装碎石并抛填前方块石压底和护面,防止边坡塌方。减载沉箱基础施工完成并验收合格后尽快进行沉箱安装。

4)减载沉箱预制

减载沉箱设计使用寿命为120年,沉箱舱格内外壁表面采用硅烷浸渍防腐涂装,钢筋全部使用高性能双层环氧树脂涂层钢筋,采用C45高性能混凝土。减载沉箱间设置倒滤井,迎水侧安插钢筋混凝土插板,采用C30混凝土。

钢筋工程:根据设计要求,减载沉箱钢筋全部采用环氧涂层钢筋,钢筋进厂前,先进行检验,检验合格后组织进厂,根据图纸进行钢筋下料,环氧钢筋切断后要及时修补,修补时在干燥的情况下采用油漆刷反复涂抹,修补厚度不得小于180μm。

模板工程:沉箱模板采用"帮包底"工艺将模板直接加固在底胎模上,底口和上口采用对拉丝加固,同时采用槽钢焊接加固侧模,保证模板不倾斜。内模底口采用倒角支撑平台,支撑平台采用圆台螺母加丝杠的形式支撑在底胎模上,待倒角支撑平台加固好后开始安装上层内模,上层内模采用桁架伸缩结构。

混凝土工程:混凝土由厂内经过澳门土木工程试验室QSPSC(香港混凝土生产和供应质量规范)认证的搅拌站集中拌和,制拌好的混凝土由混凝土罐车运至浇筑点。根据沉箱整体浇筑工艺,沉箱底板和墙身一次浇筑完成。采用汽车泵浇筑工艺,混凝土浇筑整体下料,下料导管布置如图3.7-15所示,先浇筑底板再浇筑侧墙,混凝土浇筑采用对称浇筑,确保混凝土左右压强一致。沉箱拆模后采用土工布覆盖,设专人 24h 不间断洒水养护。

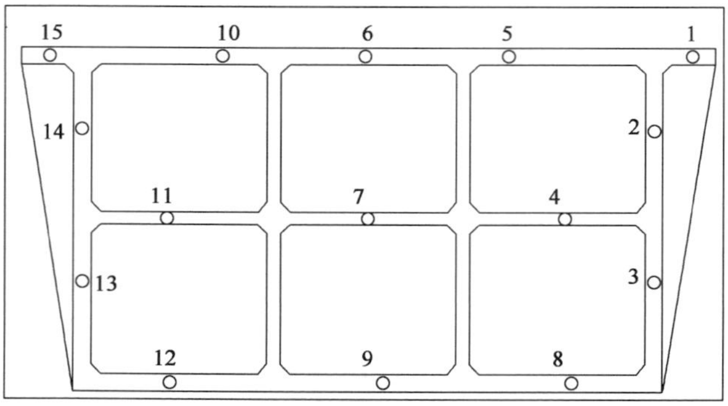

图 3.7-15　下料导管布置

硅烷浸渍施工:待混凝土浇筑完成并养护结束后,组织混凝土表面硅烷浸渍施工。硅烷浸渍采用低压喷涂的施工方法,喷涂设备采用扇形喷嘴的低压泵,喷涂时着重注意水不得进入该系统的任何部分。

沉箱转运:沉箱在厂内预制完成,并达到 100% 设计强度后组织转移,主要从预制区转移至厂区码头,然后采用 800t 起重船装船,驳运至施工现场组织安装。

5)减载沉箱安装

吊架设计:减载沉箱设置吊装孔吊装,吊装孔在沉箱顶面以下约 3.1m 处,因此需要制作吊架进行吊装,吊架吊点由 8 块 4cm 厚钢板制作,采用 H 型钢作为平面框架及支撑体系。

沉箱安装:现场安装由起重船以及吊架来完成。考虑到沉箱安装后的沉降,预留 10cm 的沉降量。安装以方位及高程控制为主,根据预制构件的安装顺序,预制构件装船按先安装的预制构件先装的原则进行。首个减载沉箱安装时只需大概确定位置即可,随即进行第二个减载沉箱安装,依靠第一个安放好的减载沉箱进行精确安装,安装到位后对第一个减载沉箱进行调位,直至达到设计位置,剩下的减载沉箱依次按上述方法进行安装。插板安装从岛内采用履带式起重机进行,安装完成后用挖掘机进行沉箱间倒滤井回填。

沉箱监测:减载沉箱安装完成后,为保证结构处于安全可控状态,按要求对减载沉箱进行监测,监测点布置在每个沉箱 4 个角点。在减载沉箱稳定后,进行胸墙施工。

胸墙施工:在减载沉箱沉降基本稳定后,进行胸墙施工,胸墙采用预制安装法施工,上部和侧面均预留钢筋作为后浇部分,其施工工艺及要点与减载沉箱预制类同。

胸墙施工完成后，按照上部挡浪墙的自重进行堆载预压，预压期间加强沉降位移观测，待其稳定后进行卸载并施工上部挡浪墙结构。

岛头防护结构施工：岛头防护结构施工在沉管安装完成后进行，岛外防护采用回填石料及扭工字块安装，施工工艺及操作要点与岛壁结构类同。

3.8　离岸海上人工岛深基坑支护施工关键技术及监控技术

3.8.1　离岸海上人工岛深基坑支护施工关键技术

离岸海上人工岛具有离岸海上人工岛基坑施工的支护结构施工难度大、基坑围护结构止水要求高、施工组织难度大、基坑开挖的土方垂直运输难度大、土方堆存压力大、安全管理突出、应急措施要完善等几个特点。因此，结合离岸海上人工岛基坑施工关键技术分析和岛隧工程人工岛基坑施工特点，进行了以下方面的研究工作。

1）基坑开挖垂直运输及出运方案

西人工岛隧道基坑属于外海深基坑，由于施工作业面小，钢圆筒及副格仓组合结构的特殊围护结构形式，使得整体开挖中砂土的垂直出运成为制约工程顺利开展的疑难点。此外，由于开挖方量较大，开挖完成后砂土的堆放及出运同样对工程的进行造成了限制。选用合适的机械及创新开挖工艺、工法成为该工程的关键。西人工岛基坑开挖实景见图3.8-1。

图3.8-1　西人工岛基坑开挖

2）人工岛内基坑干施工环境工艺

基坑开挖及后续暗埋段沉管隧道的施工都需要小岛基坑内保持干燥的施工环境，由于施工海域及施工时间段诸如暴雨、台风等恶劣天气频繁，如何使基坑降水过程保持连续,需要对降水井的布置点位及水泵的配置进行科学合理的安排,见图 3.8-2。这也是保证基坑安全的关键。

图 3.8-2 西人工岛基坑内降水井布置

3.8.1.1 人工岛基坑开挖施工技术研究

西人工岛基坑开挖可采用大型皮带机出土开挖方案或者分级阶梯接力式垂直出土开挖方案。大型皮带机出土开挖方案的优点是效率高、机械设备投入少。但是西小岛的开挖深度为 13m,中粗砂的内摩擦角约为 30°,皮带机的坡度很缓,占地面积较大,皮带机覆盖的位置挖掘机无法进行砂土挖除,并且无法保证皮带机的稳定。采用分级阶梯接力式垂直出土方案投入的设备相对较多,但方便快捷、安全稳定、可控度高。因此小岛开挖采用分级阶梯接力式垂直出土开挖方案进行施工。西小岛基坑开挖采用明挖法施工,分两级实施。一级开挖包括 K12 +593 以东开挖至底高程 -8m,以西开挖至底高程 -10m,交接面为向西倾斜 1:1.5 的斜坡;二级开挖为剩余部分。堆载预压完成后,西小岛顺利实现开挖,并进行岛内的桩基础施工,见图 3.8-3。

图 3.8-3 基坑桩基础施工

二级开挖底高程与暗埋段隧道基底高程相同。开挖至设计高程以上0.3m时采用人工清底的方法,以避免扰动基底。桩基础施工结束后,西人工岛小岛基坑内随即展开暗埋段隧道结构的施工。此时已经完成了CW1段除顶部二次止水墙外的隧道全断面施工,以及CW2段的底板浇筑施工。整个暗埋段施工过程中未发生围护结构渗水及基坑内突涌情况,保证了基坑内的干施工。

3.8.1.2 人工岛内基坑干施工环境工艺研究

1)人工岛基坑降水技术

根据渗流分析,采用降水井进行降水。降水井埋设后及时进行抽水,以降低地下水位,降水时利用钢圆筒和副格仓形成的围闭结构,将地下水位降至开挖底高程即-16.0m。在基坑施工中,通过副格内的降水井截断宽榫槽内的渗水,根据基坑内的水位情况,对降水井进行降水,保持开挖过程中的干施工环境。

2)人工岛基坑周边防浪围堰技术

施工期圆筒合龙后形成干基坑,需阻隔海水涌入基坑,10年一遇的高水位为2.74m,20年一遇高水位为2.97m,50年一遇高水位为3.26m,因此钢圆筒的顶高程确定为+3.5m。对于台风期的越浪,采用临时充填管袋对围堰加高至+7.0m,如图3.8-4所示。

图3.8-4 管袋围堰

3)人工岛基坑支护结构防水措施的加固技术

在西人工岛小岛基坑内施工期间,若遇台风及大浪天气,由于不能及时排水,副格内水位可能升至顶面,导致内侧榫槽出现最不利工况。为减小榫槽发生超过有效应力而失效的风险,对榫槽内侧用钢板进行加固。

4)人工岛基坑内排水技术

土方开挖完成后,立即对基坑底部进行硬化处理,浇筑混凝土垫层,并在最低处设置截水沟及排水沟,在排水沟的最低点设置集水井集中排水。其中截水沟为利用止水齿槛及止推齿槛，排水沟为砖体砌筑灰浆抹面的沟渠，截面为30cm×30cm。集水井为直径1.2m、深1.5m的钢管桩。现场根据实际需要配置不同功率抽水泵。

3.8.1.3　人工岛基坑施工风险分析及应急预防措施

1）人工岛基坑施工风险分析

本工程施工区域属于外海孤岛环境作业，基坑内作业面狭窄，施工机械密度较高，转移频繁，危险、危害因素相对集中。开挖过程中，随着基坑深度的增加，在极端工况作用条件下，存在基坑坍塌、副格仓漏水、流砂和管涌、台风袭击等风险。

2）人工岛基坑施工应急预防措施

从应对基坑坍塌、支护结构漏水、基坑流砂和管涌、施工遭遇台风等方面进行了离岸海上人工岛深基坑施工安全应急预案措施研究。

3.8.2　离岸海上人工岛深基坑监控技术

基坑监控技术是指在基坑开挖施工过程中，用科学仪器、设备和手段对支护结构及周边环境的位移、倾斜、沉降、应力、开裂、基底隆起以及地下水位动态变化、土层孔隙水压力变化等进行综合监控。基坑工程施工监控技术既是检验设计准确性和发展理论的重要手段，又是及时指导正确施工、避免事故发生的必要措施。通过监控，可使海上人工岛深基坑工程做到验证理论、优化设计、信息化施工、确保安全。

3.8.2.1　海上人工岛深基坑监控内容

根据海上人工岛基坑监控目的和结构特点，以及为验证离岸海上人工岛深基坑支护结构上作用的水压力、土压力等荷载及水位变化情况，同时确保海上人工岛基坑施工安全，在现场进行了以下监测测试项目。

（1）深基坑围护结构的变形监测。岛壁结构兼深基坑围护结构的钢圆筒筒体应变、深层水平位移、筒顶位移，以及筒体内土体的深层水平位移。

（2）土体变形及位移监测。人工岛深基坑内地表沉降、变形，以及土体深层水平位移的监测。

（3）深基坑内外地下水位监测。

（4）深基坑渗流及隆起监测。

（5）深基坑作用荷载测试。作用于人工岛深基坑围护结构上的水土压力荷载等有关参数的测试，或获取有关的现场测试数据进行分析。

离岸海上人工岛基坑监控项目实施方法见表3.8-1。

依托工程现场监测测试项目及方法　表3.8-1

监控范围	测试项目	安装方法	测试目的	备注
岛壁结构	钢圆筒顶位移	在筒顶安装沉降位移标志	筒顶位移	预制时安装
	钢圆筒变形测试	筒外壁焊接安装传感器	测试钢圆筒荷载作用下的变形	
		沿深度安装测斜管		
	钢圆筒外土压力	安装于圆筒外壁,沿深度间隔布置	测试岛内侧回填料及外侧土作用于筒壁上的土压力	
岛内地基	基坑内外水位	在监测断面基坑内及坑外钻孔埋设,间隔一定深度布设	测试开挖过程的基坑内水位变化情况	
	基坑内孔隙水压力	沿深度埋设孔压计	测试开挖过程中孔隙水压力的变化情况	
暗埋段基坑	基坑底土体回弹	在基坑底安装沉降观测标	测试基坑开挖过程中土体的隆起	
	钢圆筒顶位移	与岛壁结构钢圆筒顶位移监测共用		

港珠澳大桥岛隧工程东、西人工岛完成大直径钢圆筒打设、筒内砂回填以及岛内基础处理,东、西人工岛开挖后,针对东人工岛设置了以下监测项目,见表3.8-2。

人工岛深基坑监控已开展的监控项目　表3.8-2

监控范围	监测范围	监测项目	数量
岛壁结构	钢圆筒沉降位移	59组	4个测点/组
	钢圆筒测斜	2孔	D06、D50钢圆筒
	钢圆筒变形	8组	D30、D40钢圆筒
	钢圆筒深层水平位移	8处	D30、D40钢圆筒
	钢圆筒岛内外土压力	4组	D30、D40钢圆筒处岛外和岛内
岛内地基	孔隙水压力	14孔	10个/组,具体根据地质情况调整
	地下水位	32孔	底高程 -21.0m,顶高程 +6.0m
暗埋段基坑	回弹	6点	埋设位置低于开挖底高程
	钢圆筒位移	16点	共用岛壁结构沉降位移测点

圆筒结构筒体内外土压力及侧摩阻力分布规律,以及筒体极限破坏情形下的变位机制,一直是学术界与工程界关注的焦点。但模型试验只能进行一些规律探寻,无法对大圆筒结构的承载机理与破坏模式进行具体描述。本书以模型试验为指引,以原型观测为

手段,研究确立了一套较为真实地反映插入式大圆筒结构承载机理与破坏形态的计算方法和相关数值模拟分析模型。在 D30、D40 钢圆筒处进行的钢圆筒变形监控、深层水平位移监控、钢圆筒外层土压力测试,主要是为了研究海上人工岛岛壁结构(钢圆筒)变形特点。三项监测设备,将在钢圆筒预制时同时安装,并随着钢圆筒振沉一起沉入海中,这对这三项监控仪器的选择、安装和保护提出了更高的要求。

3.8.2.2　海上人工岛深基坑监测方法和仪器选择

1)海上人工岛深基坑监测方法

(1)沉降位移监测

在东人工岛附近建设稳固的测量平台,如图 3.8-5、图 3.8-6 所示。建成后,按照港珠澳大桥一级施工加密网精度要求执行。高程传递采用 GPS 水准法将高程传递到测量平台的控制点上,利用高精度 GPS 相对定位技术,结合现有的陆地、海洋重力资料及其他重力场信息和数据成果,运用国内外确定大地水准面的严密理论和算法来确定高精度的局部大地水准面,将高程基准传递到测量平台上。

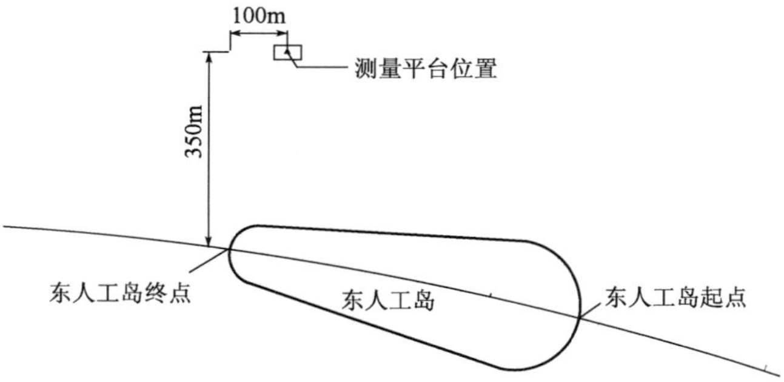

图 3.8-5　测量平台位置示意图

图 3.8-6　测量平台实景

实施沉降位移监测时,采用三角高程对向观测方法,使用高精度全站仪把测量平台上基准点的高程引测至东人工岛上的工作基点,在每次人工岛的沉降监测前进行引测。

(2)钢圆筒结构变形监测

在钢圆筒结构变形监测中采用光纤布拉格光栅传感器进行监测。

(3)钢圆筒深层水平位移监测

使用测斜仪对已埋设完毕的测斜管自下而上进行测试,测得不同深度处的倾角(每间隔0.5m为一个测点),通过计算得出各高程位置处的水平位移量。

(4)钢圆筒外土压力监测

钢圆筒外土压力监测采用常规的钢旋式土压力计。土压力计算式为:

$$p = k(f_i^2 - f_0^2)$$

式中,p为土压力(kPa);k为标定系数(kPa/Hz^2);f_i为测试频率(Hz);f_0为初始频率(Hz)。

(5)孔隙水压力监测

钢弦式孔隙水压力计由两部分组成,一部分为滤头,由透水石、开孔钢管组成,主要起隔断土压的作用;另一部分为传感部分,孔隙水压力计算式与土压力计算一致。监测时将孔隙水压力传感器数据线接入测控单元无线发送到计算机进行实时监测。

(6)地下水位监测

按照三等水准的要求测量水位管的管口高程,高程控制采用闭合水准网形式。

(7)回弹监测

暗埋段基坑开挖回弹监测采用预埋回弹沉降标的方法,监测方法同“沉降监测”。

2)离岸海上人工岛基坑监控传感器的选型

海上人工岛深基坑监控项目及其测试仪器(传感器)主要有:孔隙水压力计、土压力计、应力计或应变计、测斜仪或测力计等。各种传感器采用的测试原理不同,其类型也不同,如孔隙水压力计根据传感器类型分为差阻式、振弦式、电阻应变片式和压阻式等;土压力计分为振弦式土压力计和差阻式土压力计;测斜仪分为活动式和固定式。测试仪器和传感器类型选择应根据支护结构类型、工程所处环境、监控时间等确定。港珠澳大桥东、西人工岛深基坑采用大直径钢圆筒作岛壁结构及深基坑围护结构,大直径钢圆筒为无底薄壁结构,不设内隔墙,其筒内填筑海砂等回填料,大圆筒不但承受筒外土压力,而且还承受内填料作用的侧压力,易产生变形。因此,传感器必须便于薄壁钢圆筒表面安装。

针对港珠澳大桥人工岛深基坑岛壁和深基坑围护相结合的大圆筒支护结构方案,当前大多钢弦式传感器无法在钢圆筒等钢结构上焊接安装，钢圆筒和钢板桩振动下沉过程中，其与土体接触摩擦，安装于筒（桩）壁上的测试元件易损坏，因此，需对结构应力、应变、孔压、土压力等现有测试元件进行比选，如可安装于大圆筒（或钢板桩）壁上的测试元件及其保护方法。

人工岛远离海岸，有线传输难以实现。采用监测数据自动采集和远程传输的自动化监控技术，解决恶劣外海环境下无法现场测读数据难题。当下使用较多的几种无线联网方式有蓝牙、无线局域网（WLAN）、红外（Irda）、射频（RF）及卫星传输，需要研究、比较这些联网方式的可行性、经济性。施工监控工作是一项系统工程，监控工作的成败与监控方法的选取、测点的布设有关，监控系统设计的原则如下：

（1）可靠性原则（监测仪器可靠和保护好监测点）；

（2）多项目监测原则（具体工程具体分析，如位移、应力、水压力、土压力监测）；

（3）关键部位重点监测原则；

（4）方便实用原则（尽量做到监测与施工相互不干扰）；

（5）经济合理原则（不盲目采用昂贵而不实用的仪器）。

①沉降及位移监测仪器。

沉降监测是采用高精度全站仪结合水准仪的测量方法，原理是在岛上架设高精度全站仪，引测海上测量平台基准点的高程至人工岛上，再利用高精度电子水准仪测量各个测点的沉降量。位移监测采用高精度全站仪。本项目全站仪采用徕卡 TS30，电子水准仪采用徕卡 DN03。

②钢圆筒结构变形传感器选型。

人工岛围护结构变形监测分别选用北京基康和苏州南智光纤光栅式应变计。

③钢圆筒深层水平位移监测仪器。

深层土体侧向位移监测的传统方法是埋设测斜管后使用滑动式测斜仪人工进行测试，若要实现自动监测则必须采用固定式测斜仪，考虑到固定式测斜仪不仅成本高昂，而且由于埋设条件的限制，测点布置数量有限，不能很好地反映较大深度的土体侧向位移的变化，故本工程仍采用传统方法进行监测。在 D30、D40 钢圆筒深层水平位移监测中，考虑到此处为科研目的，因此选用 RST 公司生产的 IC35000 型数字式测斜仪。其他深层水平位移监测仪器采用美国基康 GK6000 型测斜仪，该仪器具有精度高（测量精度为 0.01mm/500mm）、反应速度快等优点，能满足本工程施工安全监测要求。

④钢圆筒外土压力监测仪器。

智能弦式数码压力计是一种埋入式通用土压力传感器。适用于各种条件下土体内部应力的测量，适应长期监测和自动化测量。

⑤孔隙水压力监测仪器。

现场使用孔隙水压力计测试孔隙水压力，也称渗压计，由测头（孔隙水压力传感器）、接收仪表和导线组成。

⑥自动采集及无线传输设备。

为实现自动化监测，必须具备一整套的数据采集与储存、传输与数据收取系统（简称测控系统）。这个系统分两大部分，即采集与储存部分和传输与数据收取部分。采集与储存部分是对预埋的每个传感器进行自动采集数据，并带有大容量存储器可存储采集的数据；传输与数据收取部分是可与计算机、有线电话、移动电话、卫星、微波、光纤通信系统连接的通信接口，传输与取回部分可采用上述各种通信手段，并与测控系统的通信接口相连，从而将监测数据传输并取回，实现实时监控。由于测控系统必须与各监测传感器相连接，若全部采用无线监测，一方面测点数量较大且分散，将导致大量地引出测线，在施工过程中极易受损；另一方面可进行无线监测的传感器价格昂贵，且由于埋设环境的限制也并不适合在本工程使用，所以经综合比选后仅对部分测点采用无线监测。

在以往的自动化监测项目中曾采用美国 SMARTDATA-2000 测控系统进行监测。可利用电缆、电话、电台、卫星及 GSM 等多种通信系统进行信号传输，但该系统防潮防雨性能差，在实际工程中运用需要采取特殊防护。中交上海港湾设计研究院自行研发的测控系统，可对各种类型传感器进行自动化监测，配有防潮机箱，可直接接入直流电源或太阳能电池板进行供电和充电，不需要任何额外设备的支持。

3.8.2.3　海上人工岛深基坑监控点布设位置确定

1）岛壁围护结构监控点布设位置

（1）钢圆筒顶位移

钢圆筒顶位移测试点布置在钢圆筒顶，共59组。

（2）钢圆筒应变计

钢圆筒安装的应变计包括光纤光栅式表面应变计、光纤光栅式温度计和金属基带状光纤光栅串式传感器。

（3）钢圆筒深层水平位移点

目前，仅 D30、D40 在钢圆筒内壁安装了测斜管。

（4）钢圆筒土压力计

在 D30、D40 钢圆筒外壁布置了土压力计。

2）海上人工岛深基坑内监控点布设位置

人工岛深基坑内监控内容主要是孔隙水压力和水位。

3)岛内暗埋段基坑监控点布设

岛内暗埋段基坑仅进行基坑底回弹和岛壁结构位移监测。回弹设置6个点,岛壁结构位移监测点和岛壁围护结构筒顶位移布置点共用。

3.8.2.4　海上人工岛深基坑监控仪器安装方法及保护措施

1)钢圆筒顶位移安装和保护

考虑到全站仪自动化观测需要,拟埋设专用L形棱镜,详见图3.8-7。采用冲击钻钻孔埋设或焊接。沉降位移测点埋设完毕后,应设警示标志,以防人为破坏。

图3.8-7　棱镜及棱镜基座图

2)应变计安装和保护

(1)安装基面准备:钢件表面应平整和清洁、无锈、无油渍及无腐蚀。用适当的清洁剂擦拭除油,然后用电动磨床或打磨机、锉、钢刷或砂纸以获得一平整、光滑的安装基面。

(2)焊接应变计:焊接时可用沾水的湿布进行冷却,焊接时应注意不能用力按压传感器中央部位,以防止传感器变形,影响测量的准确性。

(3)应变计保护:安装完应变计之后,必须防止焊点氧化腐蚀,应变计本身不会被腐蚀,因为它是不锈钢制成的,但结构件的基材本身可能被腐蚀,尤其在焊点。除非用防水复合剂进行保护,保护措施为在焊点边缘小心滴几滴黏合剂,黏合剂就会渗入焊点周边空隙。

(4)应变计光缆固定及保护:采用可粘贴于钢圆筒表面的铝箔胶带,将光缆紧贴钢圆筒,且光缆预留一定松度,以免太紧拉断光缆。在光缆接头处,再用光缆扎线或胶带将应变计光缆固定到结构上。半个筒体焊接后的应变计光缆布置及固定见图3.8-8。

图 3.8-8 筒体焊接后的应变计光缆布置及固定

应变计和光缆接头应予以保护,使其免受机械损伤,应变计由角钢做成的盖板保护,盖板扣在应变计顶部,双头螺栓可用自动焊机直接焊到盖板表面。为避免角钢盖板与钢圆筒外壁焊接时,焊接高温及火花熔断光缆,在布好光缆后采用铝箔胶带粘贴两层,将光缆封好,将保护角钢底端口封闭,做成斜坡形,有利于振沉施工和保护线缆。

3)钢圆筒测斜(深层水平位移)管安装和保护

目前用于深层水平位移测量的测斜管采用 PVC 管,其无法焊接,使得 PVC 测斜管无法直接安装在钢圆筒内(或外)壁上。基于此,先在钢圆筒壁上焊接钢管(直径大于 PVC 测斜管直径),然后在钢管内安装 PVC 测斜管,钢管随钢结构同时变形,PVC 测斜管随钢管一起变形,通过 PVC 管内测得钢圆筒的深层水平位移(测斜)。

4)土压力计的安装和保护

钢圆筒壁面安装传感器无法采用埋入法安装,只能采用焊接或粘贴方式安装。智能弦式数码土压力计采用钢材封装,灵敏度高、精度高,若直接焊接易损坏土压力计的灵敏元件,为便于土压力计的安装,先加工楔形金属底座并焊接于钢圆筒外壁上,然后将土压力计嵌入改装加工的金属底座内(图 3.8-9)。

由于土压力计要随钢圆筒振沉时埋入海底土(水)中,需对其采取保护措施,以免钢圆筒振沉施工时土压力计破坏失效,主要采取以下保护措施:

(1)导线的保护:为便于数据采集,土压力计导线需伸至钢圆筒顶部,导线沿筒壁延伸以避免振沉时导线拉断,采用角钢反扣焊接在钢圆筒外壁表面,土压力计导线从角钢内引穿至筒顶以上。

(2)保护角钢侧开口处的导线保护:土压力计导线要从保护角钢内穿线,需在角钢靠土压力计旁开孔,为避免钢圆筒振沉施工时孔口破坏导线,导线外包柔性胶布。

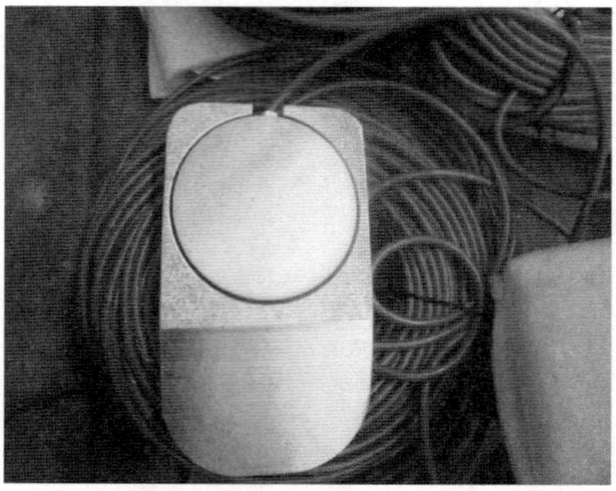

图 3.8-9　土压力计装入楔形底座内

(3)导线保护角钢底端密封:为防止钢圆筒振沉时土从角钢底端口进入角钢内,导致挤压破坏导线,将保护角钢底端口封闭,并做成斜坡形,加焊竖向钢板,便于振沉施工。

3.8.2.5　海上人工岛及基坑围护结构施工监控

1)监测频率

具体监测频率见表 3.8-3。

监测频率一览表　　表 3.8-3

项目	监测内容	测试频率
岛内区施工监测	孔隙水压力	加荷期 1~2 次/天,满载后一个月内 1 次/天
	地下水位	—
岛壁监测	测斜管	合龙前 1 次/3 天,降水期 1 次/天,插板期 1 次/3 天,回填期 1 次/天,满载期 1 次/3~7 天
	沉降位移	
暗埋段监测	回弹	基坑开挖期 1 次/天
	钢圆筒位移	基坑开挖期 1 次/天

2)监测报警值

考虑到港珠澳大桥人工岛位于海中,其变形不影响周围环境。根据人工岛护壁结构稳定计算方法,钢圆筒受力形态以重力形式为主,按抗倾覆计算其稳定安全性。宜根据整个圆筒的高度来确定岛壁沉降位移监测报警值,不宜按基坑形式要求。因此,最终人工岛监测报警值按表 3.8-4 实施。

监测报警值一览表　　表 3.8-4

项目	监测内容	监测报警值
岛内区施工监测	孔隙水压力	$\Sigma\Delta U/\Sigma\Delta P \leqslant 0.6$
	地下水位	预压期间地下水位控制在 -18.0m 以下
岛壁监测	测斜管	位移速率 < 30mm/d，累计位移 < 1.5% 筒高
	沉降位移	
暗埋段监测	回弹	隆起速率 ≤ 5mm/d，累计隆起 ≤ 50mm
	钢圆筒位移	位移速率 < 30mm/d，累计位移 < 1.5% 筒高

通过对无线测控技术在施工监测中的应用研究，建立了远程无线自动化施工监测系统，并根据工程的实际需要开发了施工监测数据管理平台，以满足施工监测数据管理的需要。通过一系列软、硬件的开发和典型工程应用，形成了成套技术。研究成果应用于港珠澳大桥岛隧工程东人工岛远程监测。所建立的远程无线自动化施工监测系统对岛隧工程东人工岛进行远程监测，利用无线传输方式为数据监测提供了极大的方便，使得数据的连续性得到保障，监测成果为指导现场施工提供了可靠依据。

3.9　本章小结

岛隧项目东、西人工岛钢圆筒及副格振沉实际施工时间为 2011 年 5 月 15 日—2011 年 12 月 15 日，历时 215 天完成了 120 个钢圆筒及副格的振沉施工，创造了“当年动工、当年成岛”的奇迹。外海快速筑岛技术成果已在港珠澳大桥人工岛中得到成功应用，插入式钢圆筒设计与施工关键技术已为行业标准所采纳，大大提高了我国水运专业领域研究水平，经济和社会效益巨大，经中国航海学会鉴定，成果总体处于国际领先水平，并获得 2016 年中国航海学会特等奖。本项技术成果创新点如下：

（1）创造性提出了深插式钢圆筒快速筑岛方案，钢圆筒作为岛壁兼岛上隧道施工时深基坑围护结构，通过工厂化预制、整体振沉快速筑岛的同时，形成了整岛止水的围护结构，解决了外海离岸、深厚软土地基上，在外荷载作用下深基坑围护结构的稳定、止水、工期和环保等问题。该方案施工速度快，缩短成岛工期 2 年；取消了岛上隧道现浇施工时的基坑支撑结构，扩大了作业面，方便了岛上现浇隧道的施工，保障了现浇隧道结构的施工质量。

（2）应用空间三维有限元数值模拟，首次系统开展了深插式大直径钢圆筒在深厚软黏土地基中的工作模式和破坏机理的研究，分析了深插钢圆筒结构在深厚软黏土地基中的受力条件、破坏形式、计算参数的选取及计算模型的简化等，填补了国内外空白，为该新型结构的计算和设计提供了理论依据。结合深插式大直径钢圆筒结构快速筑岛工程实测数据，系统研究了深插式大直径钢圆筒结构的稳定性计算方法，提出了空间三维有限元计算模型选择原则、参数选取及结构安全稳定性判别标准，完善了插入式钢圆筒结构的稳定性简化平面计算方法。对深插式大直径钢圆筒用于防波堤、护岸、码头结构等不同功能构筑物的适用原则提出了建议。

(3)针对超大直径、超埋深的空间薄壁钢圆筒结构，建立了一套新的、有效的钢圆筒振动下沉综合分析方法。首次提出通过单元划分法，获取钢圆筒不同土层深度处振动加速度与筒侧摩阻力降低系数的关系，并获取不同土层深度处的钢圆筒振幅，从而确定振沉钢圆筒所需最小激振力的分析方法，进而确定了钢圆筒振动下沉的主要技术参数。

(4)研发了外海超大型钢圆筒快速筑岛成套施工技术，联合美国 APE 公司(美国桩基设备公司，American Piledriving Equipment INC，简称 APE)首次研发并成功使用八锤联动振沉系统，超大型钢圆筒采用八台大功率液压振动锤联动振沉，解决了电气、液压和机械同步协调的难题，最快实现“一日三筒”，振沉垂直度达 1/200；首次开发了大型钢圆筒振沉施工监控管理系统，将 GPS 定位设备、自动跟踪全站仪和液位传感器等观测采集数据集成处理，通过计算机设备提供可视化操作界面，实现了钢圆筒振动下沉过程中三维姿态和位置的实时监控。

(5)首次提出了一种宽榫槽与弧形钢板组合“刚柔并济”的副格结构体系，提出了弧形钢板壁厚计算方法和副格体系的构造设计要求，研发了宽榫槽内的止水材料，实现了外海深插钢圆筒快速筑岛要求的大型整体式深插止水要求。开展了副格结构体系陆上大型物理模型试验研究工作，开发了副格振沉系统，优化了弧形钢板壁厚。

(6)基于围闭的钢圆筒围堰，创造性地提出深井降水同步密实饱和回填砂及超载预压深厚软土地基的快速加固方法。通过深井降水产生的渗透力密实饱和回填砂的同时，实现了对下卧软土地基的大超载比预压加固。该方法经济性好，大规模缩短了施工工期，显著减少了工后沉降，为后续岛上隧道基础的设计优化创造了条件。

CHAPTER FOUR

第4章

外海深厚软基人工岛地基处理与基础施工关键技术

4.1　工程技术难点分析

港珠澳大桥桥隧转换人工岛下方有30多米厚的软土,有别于普通的人工岛,其软基处理与岛上隧道段基础施工的技术难点在于:

(1)抛石堤区域采用挤密砂桩复合地基进行水下深厚软基加固,挤密砂桩作为一项水下软基加固新技术,在国内尚处于起步状态,没有技术标准可循,无论是加固机理、设计计算方法还是施工工艺都存在相当大的技术难题,而且国内仅有的挤密砂桩施工船无法满足港珠澳大桥人工岛地基加固的深度要求和穿越下卧硬土层的锤击能力要求。

(2)人工岛地基分布着非常深厚的全新统海相沉积的淤泥、淤泥质黏土,其特点是含水率大、压缩性高、强度低、透水性差、固结时间长,是地基处理的主要土层。在施工期,软土地基会产生较大的沉降,会影响钢圆筒围护结构的安全以及桥隧的顺利对接,在使用期,过大的工后沉降会影响人工岛的运营,所以,对软基沉降量的准确预估以及施工过程中的跟踪监测也是本工程的关键技术问题。

(3)隧道基础位于隧道结构下方,主要功能是承受来自隧道结构自身、回填、管顶防护层以及回淤、行车等荷载,为隧道结构提供均匀可靠的刚度支撑,并控制基础总沉降与不均匀沉降,以满足隧道沉管节段、暗埋段及人工岛间的协调变形,使隧道结构在设计荷载作用下因地基变形引起的结构内力以及变形,在结构设计可承受范围之内,满足设计要求。

4.2　人工岛工程地质与地基土物理力学特性

4.2.1　地基土层力学特性研究

开展了5组三轴CD试验(固结排水剪切试验)、3组三轴CU试验(固结不排水剪切试验)、4组固结试验、4组渗透试验和36组三轴流变变形试验。土样物理力学特性试验成果见表4.2-1。

土样物理力学特性试验成果

表 4.2-1

土样编号	取样深度	土的物理特性试验指标			土的力学特性试验指标									
		含水率	湿密度	干密度	压缩系数	压缩模量	先期固结压力	压缩指数	固结系数		渗透系数		三轴 CU	三轴 CD
									100kPa	200kPa	垂直	水平		
		w	γ	γ_d	a_v	E_s	P_c	C_c	C_v		k_{20}		C_{CU}	C_d
	m	%	g/cm³	g/cm³	MPa⁻¹	MPa	kPa	—	$\times 10^{-3}cm^2/s$		$\times 10^{-6}cm/s$		kPa	kPa
QT1-1	0 ~ 0.5	71.4	1.56	0.91									13	
QT1-3	2 ~ 2.5	63.0	1.54	0.94										2
QT1-8	8 ~ 8.5	54.8	1.67	1.08									0	
QT1-9	9 ~ 9.5	59.6	1.65	1.03	1.24	2.1	47.0	0.42	2.14	2.41	2.19	3.71		
QT1-10	10 ~ 10.5	52.9	1.68	1.10										7
QT1-16	20.1 ~ 20.3	49.7	1.69	1.13									0	
QT1-18	20.9 ~ 21.1	42.3	1.75	1.23	1.33	1.7	88.0	0.48	4.31	1.89	15.7	13.0		
QT1-19	21.3 ~ 21.5	46.4	1.72	1.17										1
QT2-3	2 ~ 2.5	57.8	1.67	1.06	1.05	2.5	50.1	0.38	3.39	4.12	0.83	19.3		
QT2-10	12 ~ 12.5	62.4	1.64	1.01	1.24	2.2	74.2	0.42	1.63	1.83	9.19	25.2		
砂	27.1 ~ 28.3			1.44										0.85
				1.546										15.05

4.2.2 颗粒分析试验及界限含水率试验

根据《土工试验方法标准》(GB/T 50123—1999)规定,颗粒分析采用筛分法加密度计法,密度计使用甲种土壤密度计,试验流程为首先取有足够代表性的全料碾散后浸泡于蒸馏水中过夜,煮沸分散,将冷却后悬液过0.075mm筛。筛上样品烘干后再逐一过筛、称重;过筛后的悬液倒入量筒,加4%浓度的六偏磷酸钠10mL分散剂倒入量筒,再注入蒸馏水达1000mL后进行密度计法试验,得到完整的颗粒分析曲线。界限含水率试验采用光电式液塑限联合测定仪进行测定,液限取17mm。测试结果见表4.2-2。试验表明,土体大部分属于高、低液限黏质土(CH、CL),局部属于含砂的黏质土(CLs)。

土的物理特性试验成果　表4.2-2

土样编号	比重	液限	塑限	塑性指数	颗粒分析/粒径大小(mm)						分类
	G_s	w_l	w_p	I_p	>2	2～0.5	0.5～0.25	0.25～0.075	0.075～0.005	<0.005	
	—	%	%	—	%	%	%	%	%	%	
QT1-1	2.72	51.7	27.5	24.2				5	64.6	30.4	CH
QT1-2	2.72	52.4	25.7	26.7				5.9	57.9	36.2	CH
QT1-3	2.72	52.3	25.6	26.7				5.9	60.0	34.1	CH
QT1-8	2.72	47.9	22.0	25.9				10.8	51.1	38.1	CL
QT1-9	2.70	47.1	22.7	24.4				12.4	51.8	35.8	CL
QT1-10	2.73	52.1	23.8	28.3				10.1	50.6	39.3	CH
QT1-16	2.72	48.1	23.8	24.3				9.2	59.4	31.4	CL
QT1-17	2.71	45.7	20.7	25.0				14.8	56.0	29.2	CL
QT1-18	2.71	45.2	21.9	23.3				13.5	56.3	30.2	CL
QT1-19	2.73	50.5	25.5	25.0				10.3	55.7	34	CH
QT2-2	2.72	46.1	21.9	24.2				12.5	55.0	32.5	CL
QT2-3	2.73	53.0	24.7	28.3				2.8	60.9	36.3	CH
QT2-8	2.72	46.0	23.8	22.2				13.4	56.4	30.1	CL
QT2-9	2.72	44.2	21.5	22.7				14.0	56.7	29.3	CL
QT2-10	2.73	48.2	23.4	24.8				12.3	56.2	31.5	CL
QT2-18	2.69	32.4	15.7	16.7	5.7	16.7	12.9	9.7	35.6	19.4	CLs

从上述试验成果可以得出：

(1)东、西人工岛除局部试样由于含砂量较多而使渗透系数差异较大外,其他各土层的物理力学性质基本相同。

(2)本次只进行了验证性试验,从相关单位的试验成果来看,本次试验值基本处于工程地质勘察试验成果值的范围内,表明试验成果是可靠的。

(3)由于澳门国际机场人工岛与本人工岛地基土的成因相同,两者各土层的物理力学特性试验成果也大致接近,其试验成果可作为参考。

(4)有限元数值分析本构模型参数的确定可根据相关单位的试验成果,并参照澳门国际机场人工岛地基土的试验成果。

4.3 外海深厚软基挤密砂桩(SCP)地基处理关键技术

港珠澳大桥主体工程采用了海上挤密砂桩工艺,对人工岛岛壁抛石斜坡堤地基和岛头沉管隧道过渡段的地基进行处理。人工岛地处外海,水深较深,风浪流条件复杂,地基的工后沉降要求较为严格,采用高置换率的挤密砂桩复合地基提高了天然地基的承载力,但是根据以往工程经验,挤密砂桩复合地基的承载力和沉降的计算与实际情况均存在较大的差异,因此该工法的加固机理、计算方法还需要进一步探索,同时传统的施工工艺、技术装备以及质量检验控制方法难以满足工程需求,因此大桥建设者就海上挤密砂桩设计计算、施工工艺装备以及质量控制等方面进行了系统深入地研究,形成了成套的技术方法体系,并成功地应用于港珠澳大桥地基处理中,取得了良好的效果。

4.3.1 挤密砂桩复合地基设计计算方法

利用离心模型试验揭露挤密砂桩的加固机理,对国内外现有挤密砂桩的设计方法、承载力计算方法和沉降计算方法进行总结和完善,结合港珠澳大桥岛隧工程项目的实测数据,对低置换率和高置换率的复合地基加固效果进行分析,以期进一步完善现有的挤密砂桩地基承载力和沉降变形设计计算方法。

4.3.1.1 挤密砂桩复合地基离心模型试验

按照试验大纲共进行了2组单桩承载力试验,以分别研究地表荷载和不同土体对单桩承载力的影响,见表4.3-1。

挤密砂桩单桩承载力试验工况

表 4.3-1

工况编号	工况分组	实际桩径	桩长	加载方式
1	桩周土为黏土，地表无荷载	1.2m	通长布桩	等速率加载（速度为 2.5mm/s）
	桩周土为黏土，地表有荷载（荷载大小 7.5kPa）			
2	桩周土为黏土，地表无荷载	1.2m	通长布桩	等速率加载（速度为 2.5mm/s）
	桩周土为淤泥，地表无荷载			

挤密砂桩复合地基试验共进行了 10 组（表 4.3-2），分别是机械手加载 5 组，条形散体堆载 3 组，分级加载 2 组。

复合地基离心试验工况

表 4.3-2

序号	置换率	工况简称	实际桩径（m）	实际桩间距（m）（正方形布置）	模型率	桩体密实度	土层
1	25%	25% 机械手刚性板加载 SCP 试验	1.2	2.13	1∶100	中密	黏土
2	25%	25% 机械手刚性板加载（淤泥）SCP 试验	1.2	2.13	1∶100	中密	淤泥
3	25%	25% 机械手刚性板加载（大桩径）SCP 试验	1.8	3.19	1∶100	中密	黏土
4	40%	40% 机械手刚性板加载 SCP 试验	1.6	2.24	1∶100	中密	黏土
5	25%	25% 散体堆载试验	1.2	2.13	1∶100	中密	黏土
6	25%	25% 散体堆载（分层）试验	1.2	2.13	1∶100	中密	黏土、淤泥
7	40%	40% 散体堆载试验	1.6	2.24	1∶100	中密	黏土
8	25%	25% 分级加载试验	1.2	2.13	1∶100	中密	黏土
9	25%	25% 分级加载（长期）试验	1.2	2.13	1∶100	中密	黏土
10	60%	60% 机械手刚性板加载 SCP 试验	1.8	2.06	1∶100	中密	黏土

以 25% 散体堆载试验为例，展示试验中的桩位布置情况和试验结束后的成桩效果，如图 4.3-1 所示，左图为试验时模型箱中的砂桩布置图，右图为剖开砂桩后的成桩效果图。

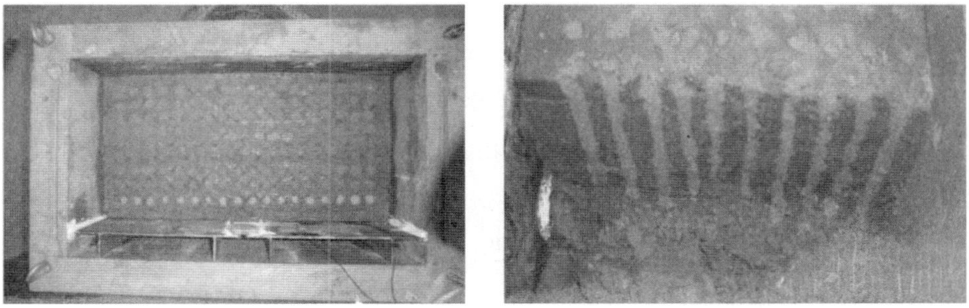

图 4.3-1 置换率 25% 的散体堆载试验桩位布置及成桩效果图

4.3.1.2 离心试验结果与分析

1)挤密砂桩单桩承载力结果分析

(1)桩周土表面荷载对单桩承载力的影响

土体表面有边载条件下(边载大小约 7.5kPa),其极限承载力约为 175kPa。土体表面无边载条件下,其极限承载力比有边载条件下单桩略小,约为 160kPa。

(2)不同土质对单桩承载力的影响

黏土条件下单桩极限承载力为 160kPa,淤泥土条件下单桩极限承载力比黏土条件下略小,约为 130kPa。

2)挤密砂桩单桩承载力计算

散体材料桩间土所能提供的侧向极限承载力 σ_{ru} 计算方法主要有:BraUns 计算法、HUghes-Withers 计算法、Wong H. Y. 计算法、被动土压力法以及圆筒形孔扩张理论计算法等。对所有情况下的单桩试验实测承载力数据与上述各理论计算数据进行对比,汇总结果见表 4.3-3。

不同工况下单桩承载力计算方法结果汇总表 表 4.3-3

工况	离心试验(kPa)	BraUns 法(kPa)	HUghes-Withers 法(kPa)	Wong H. Y. 法(kPa)	被动土压力法(kPa)	圆筒形孔扩张理论法(kPa)
有边载条件(黏土)	175	244.5	—	153.6	260.8	431.9
无边载条件(黏土)	160	196.4	250	110.6	217.9	396.4
无边载条件(淤泥)	130	184.1	234.3	97.3	182.2	326.9

注:桩体内摩擦角取 32°。

上述计算理论都不同程度地存在一些不足，如果直接采用各理论公式进行计算，其结果会产生误差。在此情况下，需对各公式进行必要的修正，得到修正系数的取值为0.67～0.82。在所有工况下，BraUns 计算法和被动土压力法的计算结果与实测数据最为接近，且其修正系数变化不大，故建议采用 BraUns 计算法或被动土压力法的修正公式对不同工况下的挤密砂桩单桩承载力进行计算。

3）挤密砂桩复合地基沉降主要规律分析

（1）桩径不同对沉降曲线的影响

25%机械手加载（桩径1.8m）SCP 试验的荷载-位移曲线与25%机械手加载（桩径1.2m）SCP 试验基本重合，可认为砂桩桩径对复合地基的沉降变形影响很小。

（2）面积置换率对沉降曲线的影响

复合地基置换率越大，代表其复合土层的压缩模量越高，相同荷载作用下地基沉降量越小。

（3）位移与固结度随时间变化规律

以面积置换率25%、分级加载（长期）工况的第一级荷载（60kPa）下的荷载-位移曲线为例进行分析，当固结时间由0s 增加到356.5s 时，即现实中的41d，由沉降曲线推算得到的固结度为60%。由实测的时间-沉降曲线推算得到的固结度-时间关系曲线，假设不考虑涂抹、井阻和竖向排水作用时，可反算出地基土的径向排水固结系数 C_h 约为 $4.84\times10^{-4}\text{cm}^2/\text{s}$，而由试验室实测的固结系数 C_{ho} 为 $2.41\times10^{-3}\text{cm}^2/\text{s}$，$C_h/C_{ho}=0.2$，可见存在固结延迟现象。

考虑挤密砂桩复合地基的应力折减效应，复合地基的沉降量 S 可按下式计算：

$$S=\beta_c\cdot\beta_s\cdot S_0 \tag{4.3-1}$$

式中，S_0 为原黏性土地基沉降（m）；β_c 为沉降折减比；β_s 为地区经验系数。

运用上述公式对置换率25%、分级加载（长期）工况第一级荷载60kPa 下的地基沉降进行计算，计算得到的复合地基沉降量为217mm，而复合地基实测最终沉降量约为240.4mm，计算值与实测值相接近。由此，认为在桩土应力比取值合理时，可以采用公式（4.3-1）来计算挤密砂桩复合地基的沉降量。

4）复合地基破坏形式分析

（1）加载方式的影响

标准砂散体堆载时，面积置换率25%的荷载-位移曲线出现两个明显拐点，两个拐点较明显，判断地基土发生整体剪切破坏。

机械手刚性板加载试验中，面积置换率25%条件下，利用 PIV（Particle Image Velocimetry，粒子图像测速法）成图进行分析，证明土体发生明显刺入剪切破坏。

分级加载试验中，面积置换率25%条件下荷载-位移曲线并没有出现明显拐点，且在试验过程中发现上覆钢板显著刺入地基土中，表明土体可能发生刺入剪切破坏。

（2）加载速率的影响

地基破坏形式与加荷速率密切相关，一般情况下，基础埋深较浅时，荷载快速施加时地基将发生整体剪切破坏。

5）复合地基桩土应力比主要规律分析

试验得到不同加载方式下的桩土应力比值，为便于比较，取各工况地基处于弹性阶段下的应力状态（80kPa）进行统计分析，经统计分析可以发现桩土应力比 $n=2.5\sim3$ 所占的比例最高，为42.9%，其次是 $n=2\sim2.5$，为28.6%。桩土应力比主要集中在 $n=2\sim3$ 之间，其占的百分比为71.5%。

（1）桩土应力比随荷载水平的变化规律

以面积置换率40%、机械手刚性板加载试验为例，其桩土应力比随着荷载的增加而减小，但减小幅度不大，随着荷载的增大，桩身应力逐渐向桩间土转移；当荷载增加到240kPa时，复合地基进入破坏阶段，此后桩土应力比迅速减小。

（2）面积置换率对桩土应力比变化规律的影响

在地基土未破坏之前，上部加载相同的条件下，面积置换率 m 越大，桩土应力比 n 值越小。这主要是因为面积置换率越大，加固效果越好，桩间土分担的荷载比例越大，所以桩与桩间土的应力比值越小。

（3）时间因素对桩土应力比变化规律的影响

桩土应力比 n 随时间的增加而增大，而后趋于平稳。有学者（韩杰等，1992）认为其原因是在加荷前期，桩间土在荷载作用下发生固结和蠕变，使得荷载向桩体集中，从而导致 n 随时间的增加而增大。

6）复合地基中孔隙水压力变化规律分析

（1）孔隙水压力随荷载变化规律

试验结果表明，与地基土中的附加应力增值相比，超孔隙水压力增值较小，这是因为在离心加载过程中，同时伴随着土体的固结沉降，在此过程中超孔压产生消散，所以在加载过程中测得的孔隙水压力变化曲线反映的是地基中孔隙水压力受荷载增加以及土体固结沉降这两者同时发生的过程，其试验数值是两者叠加的结果。

（2）孔隙水压力消散与地基破坏形式的关系

地基土进入破坏阶段后，土体的排水通道会受到破坏，孔隙水不能顺利排出，地基土中超孔隙水短时间内来不及消散,地基更容易呈现剪切破坏。

7)复合地基承载力计算

采用复合土层的内摩擦角和黏聚力,可对复合地基承载力进行计算,结果见表4.3-4。可以发现,由桩土应力比法得到的计算值与实测值偏差较大;而根据《建筑地基基础设计规范》(GB 50007—2011)中相关公式计算的地基承载力特征值与试验实测值较为接近。

不同工况下复合地基承载力计算结果对比　　表4.3-4

工　况	《建筑地基基础设计规范》(GB 50007—2011)计算复合地基承载力特征值(kPa)	桩土应力比法计算复合地基承载力特征值(kPa)	实测值(kPa)
25%机械手加载(淤泥)	89.4	103.4	比例界限值:105 极限荷载值:130
40%机械手加载	123.6	160.2	比例界限值:150 极限荷载值:240
60%刚性板等速加载	180.6	125.9	极限荷载值:390

8)泥面隆起分析

以置换率为60%的刚性板等速加载工况为例,得出泥面的总隆起量为15747cm^3,推算出泥面平均隆起为6.6cm,而灌入的总砂量为18439.65cm^3,隆起比(泥面隆起量与总砂量之比值)为0.85,隆起比偏大,其主要原因可能是由于模型箱的存在,给砂桩施加了侧限条件,挤密的土体不能向四周扩散的缘故。

4.3.1.3 港珠澳大桥岛隧工程挤密砂桩加固效果分析

1)低置换率挤密砂桩加固效果分析

(1)桩体内摩擦角的计算

对置换率为25.6%的挤密砂桩共进行了9根桩体的标贯试验,9根桩体的平均击数为34击,将该击数(34击)作为置换率为25.6%的挤密砂桩的标贯击数。标贯击数N值与内摩擦角之间存在相应关系,利用公式可近似计算砂桩桩体的内摩擦角,其值介于37.2°~41°之间。

(2)复合地基极限承载力计算

取最小值37.2°作为挤密砂桩的桩体内摩擦角φ_p;根据地质勘查报告,得到挤密砂桩桩长范围内的土体加权内摩擦角φ_S为15.8°,加权黏聚力CS为13.7kPa。砂桩置换率为25.6%,离心试验结果表明桩土应力比n可取2.55。由此,可计算得到复合地基内

摩擦角 φ_{SP} 为 26.8°，复合地基黏聚力标准值 CSP 为 10.2kPa。

根据表 4.3-4 可知，《建筑地基基础设计规范》（GB 50007—2011）中公式计算的地基承载力特征值与离心试验实测结果较为接近。因此，根据《建筑地基基础设计规范》（GB 50007—2011）中的相关公式计算得到原状土地基承载力特征值为 86.2kPa；砂桩置换率为 25.6% 的复合地基承载力特征值为 120.1kPa。

2）高置换率挤密砂桩加固效果分析

（1）复合地基沉降计算

选取东岛过渡段 A8 区中某一典型沉降观测 C5 点作为计算对象，通过计算得到上层置换率 55% 的挤密砂桩区域原状土地基总沉降量为 553.3mm；下层置换率 29% 区域原状土地基总沉降量为 39.3mm。再根据公式（4.3-1），可以求得挤密砂桩复合地基最终沉降量结果为 $S=270\text{mm}$，复合地基实测最终沉降量约为 185.8mm，计算得到的复合地基沉降量与实测沉降量相差不大。

（2）固结系数的推算

选取东岛过渡段 A8 区 F2 点的分层沉降作为研究对象，当不考虑涂抹、井阻和竖向排水作用时，可计算获得地基土的径向排水固结系数 C_h 约为 $7.86\times10^{-5}\text{cm}^2/\text{s}$，而由试验室测得到的土层固结系数 C_{ho} 为 $8.09\times10^{-4}\text{cm}^2/\text{s}$，$C_h/C_{ho}=0.1$，表明存在固结延迟现象。

4.3.1.4　挤密砂桩复合地基设计计算方法总结

通过离心试验分别对砂桩的单桩承载力和复合地基承载力进行了理论分析与计算，并结合工程现场实测沉降曲线对挤密砂桩复合地基沉降预测给出了建议公式，主要成果如下：

（1）水下挤密砂桩自由单桩离心试验结果表明，不同土质和地表荷载的存在会对挤密砂桩单桩承载力产生影响，地基土为黏性土的单柱承载力比淤泥土的单桩承载力大；土体表面有荷载时的单桩极限承载力比无荷载时的单桩极限承载力大。应用 BraUns 计算法、HUghes-Withers 计算法、Wong H. Y 计算法、被动土压力法以及圆筒形孔扩张理论计算法对单桩承载力进行计算。通过计算可知，BraUns 计算法和被动土压力法的计算结果与离心试验结果最为接近，且其修正公式的修正系数变化不大，故建议采用 BraUns 计算法或被动土压力法的修正公式对不同工况下的挤密砂桩单桩承载力进行计算，但修正系数的确定还需积累大量的实测资料来对其进行验证，以便在今后工程设计与施工中广泛应用。

(2)根据复合地基离心试验结果,分别通过《建筑地基基础设计规范》(GB 50007—2011)中的公式和桩土应力比法对试验工况进行计算,通过比较分析,由《建筑地基基础设计规范》(GB 50007—2011)计算的地基承载力特征值与试验实测值较为接近。需要注意的是,运用理论公式计算地基承载力时,桩土应力比的选取是关键。此外,通过得到的离心试验结果发现,桩土应力比对复合地基沉降计算也十分重要,在确定较合理的桩土应力比数值后,利用复合地基的内摩擦角和黏聚力值,可以采用复合地基的沉降折减法来计算挤密砂桩复合地基的沉降量。

(3)应用港珠澳大桥岛隧工程水下挤密砂桩加固软土地基效果试验测试数据,对计算理论进行分析发现,利用标贯成果计算承载力方法概念清晰,具有较好的可推广性,但此计算理论尚不完全成熟,还需积累大量的实测资料来对其进行验证,以便在今后的工程设计与施工中广泛应用。结合高置换率下的挤密砂桩地基的沉降数值和离心试验数据,通过计算分析发现,同样可采用沉降折减法对挤密砂桩复合地基的沉降量进行预测。

4.3.2　挤密砂桩施工技术与设备

20 世纪 50 年代初,我国开始引进砂桩技术,经过半个多世纪的发展,砂桩技术在陆地上已得到较好的推广使用。水下挤密砂桩施工技术起步较晚,但进展较快,中交第三航务工程局有限公司从 20 世纪 90 年代初开始涉足水下砂桩施工领域,大规模砂桩施工是从 2002 年承接洋山砂桩施工工程开始,并以此为契机,大力发展了砂桩施工技术。2006 年通过自主创新成功研制出第一代国产化挤密砂桩施工船,并经过后续不断调试和改进,在 2008 年成功应用于洋山深水港三期工程,向大规模推广迈出了坚实的一步。在港珠澳大桥岛隧工程中,对挤密砂桩设备的施工能力提出了更高的要求,主要难点如下:

(1)地质条件复杂。第一,地质资料及设计文件表明,该区域软土地基较厚,加固最深处约水下 50m;第二,加固区域存在大量硬夹层,且起伏较大。由地质资料可知,软土层埋深起伏很大,土层较多的以互层、夹层形式赋存,错层与土层缺失现象较多。夹层中存在黏土层及粉质黏土夹砂层。黏土层极限桩侧摩擦阻力达 55kPa,标准贯入击数平均值为 13.6 击,最大值达 19 击,且起伏较大,高程在 -18.1 ~ -35.71m,厚度 1 ~6m;粉质黏土夹砂层,该层极限桩侧摩擦阻力标准值 40kPa,标准贯入击数平均值为 10.7 击,最大值达 24 击。在成桩过程中,上述的黏土层及粉质黏土夹砂层为难以击穿土层,局部区域难以沉管至设计底高程。

(2)施工区域无掩护条件,水流急,尤其是东岛两端区域,船体受水流影响最大,增加了定位难度。在定位过程中均确保 GPS 处于 RTK 锁定状态,并适时调整锚位,避免在急涨、急落时移船定位，以提高定位的正位率。

(3)施工区域处于白海豚保护区，保护工作压力较大。

综上所述，人工岛施工现场位于无掩护海域，流速较大，软基加固深度深，地形起伏大，施工区域地处国家一级保护动物中华白海豚保护区，环境保护敏感度高。因此，需要确保挤密砂桩的工艺和设备满足以下要求：

(1)加固深度要求：目前的施工设备已不能满足港珠澳大桥人工岛地基加固深度的要求，需提高桩架的高度、砂桩套管的长度以及相应配套设备的能力，以满足加固深度的需求。

(2)振动能量要求：由于加固深度的增加以及硬夹层的存在，需提高振动设备的振动能力，以满足打设深度及贯穿硬夹层的要求。

(3)外海打桩的定位要求：由于在外海作业水流湍急，船体受水流影响大，定位系统应满足在定位过程中 GPS 处于 RTK 锁定状态，并能适时调整锚位。

(4)白海豚保护要求：挤密砂桩施工虽不会对水体产生污染，但会产生一些噪声，而中华白海豚对噪声比较敏感。因此需采取一系列的施工对策，避免或最大限度降低施工过程中对中华白海豚的影响。

上述的技术难点，不仅在国内是第一次遇到，在国外也未见任何文献报道，需在国内第一代挤密砂桩技术的基础上开展技术攻关，以确保港珠澳大桥水下地基加固的顺利实施。针对港珠澳大桥工程的自然条件、水深条件和软土地基分布情况确定施工设备的功能需求和关键参数，研制有关设备及操作系统，开展典型工程试验，根据试验结果确定合理的施工参数，通过土力学理论研究建立施工参数计算模型，最终形成成套施工技术。

4.3.2.1 施工设备及参数研究

由于港珠澳大桥岛隧工程地质、海况与所处自然保护区环境保护敏感性的特点，对挤密砂桩船的功能提出了较高的要求，其功能需求分析如下：

(1)需要具备较大的船体尺寸，能够在较恶劣的海况下完成施工。其船体性能能够满足作业水域的流速 <3.0m/s，风速 <17.1m/s(蒲氏 7 级风)，$H_{1/3}$波高 2m 的性能要求。同时，在蒲氏 8 ~ 9 级风，水流速度 <4.5m/s 时，在作业区水域可就地抛锚，在蒲氏 10 级及 10 级风以上时需进港避风。

(2)加固深度指标能够达到水面以下 60m，在水深 16 ~ 18m 的条件下满足工程对于加固入土深度大于 30m、最大可达 40m 的需求。

(3)能够在南方地区高温、高湿环境下长时间连续作业,具有较大的静偏心力矩、振动振幅和振动加速度,且加固深度大、作业效率高等特点,尤其适用于挤密砂桩贯入的国产电动振动锤。

(4)通过对原砂料输送计量系统进行自动化改进,实现对砂料输送的全自动计量,降低操作人员的劳动强度,提高整个砂料供给系统的效率。

(5)具备为克服硬土夹层的套管贯入辅助装置。

(6)对原接触式砂面仪进行改进,对桩管内的砂量进行检测,提高测量速度及精度,保证排出的砂量符合设计要求,避免出现由于下砂量不足造成断桩或者缩径桩,保证工程质量。

(7)改进原空气压缩输送系统,将污染、噪声,能耗较大的分布式柴油空压系统改为环保性能高的集中式电动空压系统,同时增大空气储藏容积,提高压缩空气响应速度。

(8)对原挤密砂桩进料斗结构进行改进,采用新型结构,节约压缩空气用量,防止套管进料失压对砂桩质量的影响。

根据以上功能需求研制建造了第二代挤密砂桩船,如图4.3-2所示。第二代挤密砂桩船最高达86m,船型总长 $L = 75\text{m}$,型宽 $B = 26\text{m}$,型深 $D = 5.20\text{m}$,设计吃水3.0m,为三联管设计,三联管打桩间距可调。新一代挤密砂桩船一般包括以下设备及系统:配备国产的500kW的振动锤,布置有砂料输送系统、砂料提升系统、双导门进料系统、振动锤系统、超长桩管系统、压缩空气系统和施工自动控制系统;同时引入了GPS无验潮测量定位系统,将实时潮位与挤密砂桩自动控制系统相连,确保打桩的施工高程满足设计要求;施工质量管理系统分为管理操作和打设两部分进行设计,施工人员和管理人员任务明确,管理方便。

图4.3-2 第二代挤密砂桩船

4.3.2.2　自动控制系统及施工管理软件

施工自动控制系统由控制系统及对应软件组成，是砂桩工艺实现的重要组成部分，更是砂桩工艺实现的必要部分，它使全船各个设备有机地结合在一起，在施工过程中为操作人员提供操作的指令与提示，在某些环节自动执行某些动作，在必要的场合对某些操作进行限制，同时对施工的整个过程进行记录，资料整理与保存，从而达到对砂桩施工过程全面辅助与控制的目的。

为有效实现自动控制系统要求，使整个自动化系统形成有机的整体，自动控制系统硬件框架采用上位工业控制计算机（PC）+下位可编程序逻辑控制器（PLC）的结构加以实现，控制器与上位机之间使用通信总线连接、上位机之间相互以以太网连接交换数据，但整个系统是完整的一体。此外，系统还进一步将网络扩展至GPS定位计算机相连接，使GPS高程信号可以不断地读入系统，以实现施工工艺控制过程中对高程要求的支持。

PLC通过与各种外场设备控制器、信号采集器直接连接，可以对当前全船的各种设备进行必要的控制，对各设备必要的状态进行采样与分析，并根据事先定义的各种规则实现设备的联动、联锁等控制。

PC则进行工艺相关的复杂运算，提供显示界面与用户操作接口，并对施工的过程进行记录，对施工记录进行管理。

PC与PLC利用数据通信电缆相互连接，依靠内部的数据通信协议进行数据互换与命令传达，PLC中采样所得的数据被传送至PC，供PC进行相应的运算与显示，而PC中与工艺相关的复杂运算的成果则也被回送至PLC中，以实现在各个不同的工艺阶段及不同工艺状态下参数的精确控制。

上位机包括嵌入式工业计算机、视频显示器，主要负责与控制器进行通信，对控制器的信号进行采集、计算与记录。上位机安装于驾驶室内，控制软件也运行于上位机，与控制器中的软件相比，运行于上位机中的软件可以执行更复杂的计算，在人机界面方面，基于上位机运行的软件可以更方便地提供丰富直观的用户界面与人机交互手段，操作人员可以控制打桩设备并通过设于驾驶室、机舱的可视监控站观看过程信息。

基于砂桩施工工艺的要求，需要对砂桩进行定位、潮位计算，测量工作采用了自动GPS系统来完成所需要数据的采集；在施工过程中，需要对桩管、提升斗进行驱动，分别由桩管卷扬机系统和提升斗卷扬机系统来完成；砂料输送系统完成砂料的运送，最后通过施工控制系统控制各分系统进行协调工作。故砂桩施工控制系统主要包括GPS定位系统、砂料输送系统、驱动控制系统、振动控制系统和压缩空气系统等子系统。

施工系统软件主要包含综合管理软件和施工控制软件，在软件设计中被分为两部分独立的软件进行开发，开发支持局域网通信的模块，两个应用程序之间利用多种通信手段收发指令。综合管理主要是通过软件来配置施工控制参数、施工基础信息库、施工结果数据、施工结果报表制作等管理性功能；施工控制则是负责帮助施工人员进行施工控制的管理软件，软件利用 TCP/IP 协议的通信技术与施工控制软件进行高频率的数据交换.确保数据的实时性。采用智能计算的方式得到施工过程中所使用的数据，并在软件界面中展示、绘制施工图表、判断施工状态及施工预警等，帮助施工人员完成施工。

综合管理软件设计了一个中心数据库，存储施工基础信息、配置参数、配装图、施工过程、施工结果等信息，目的是统一管理数据，因此，中心数据库只允许同综合管理软件访问。中心数据库支持多种连接方式，一般采用 TCP/IP 的连接方式。

1）综合管理软件

综合管理软件包含以下功能：系统设置、施工控制参数设置、施工显示设置，配桩基础数据管理、成桩数据配置、配装图管理、施工方案/作业管理、施工管理，成桩结果显示、窗口显示等一系列功能，软件成桩数据配置界面如图 4.3-3 所示。软件尤其实现了高程和速度双重着底标准，且同一根桩最多可以实现五段不同的桩径施工。

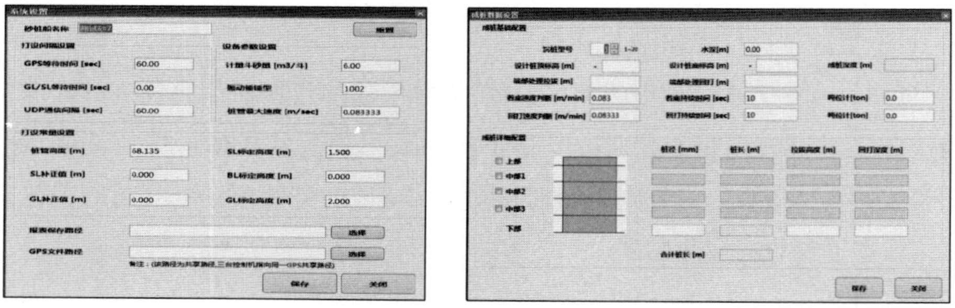

图 4.3-3　桩详细数据配置

2）施工控制软件

施工控制软件的功能是负责施工控制。其拥有一套文件配置系统、日志文件管理、通信系统、PLC 通信支持网络及图表绘制等功能，通过这些系统的动态计算以帮助施工人员实现可视化的成桩操作，从而实现成桩的准确性、标准性，在不同程度上提高了成桩的效率。施工控制界面如图 4.3-4 所示，主要分为六大板块，分别为显示设定的成桩参数，显示成桩的进程，显示进气、排气状态，导门的打开、关闭状态，显示下砂量的控制曲线，SL 曲线和 GL 曲线。通过砂桩各种参数的显示和提醒，使操作人员在控制室即可以完全掌握了解砂桩施工过程，降低劳动强度和操作难度，提高砂桩成桩质量。

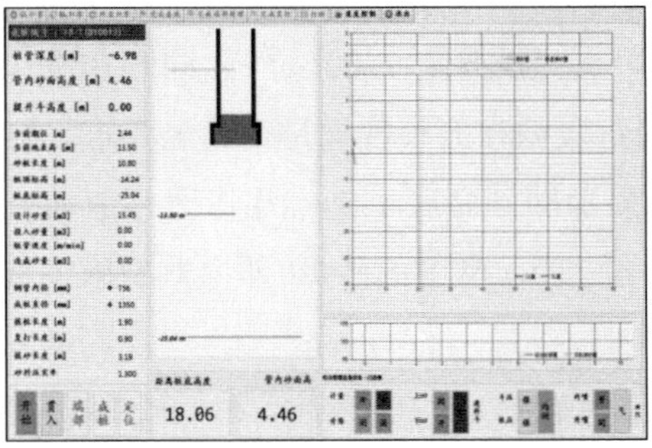

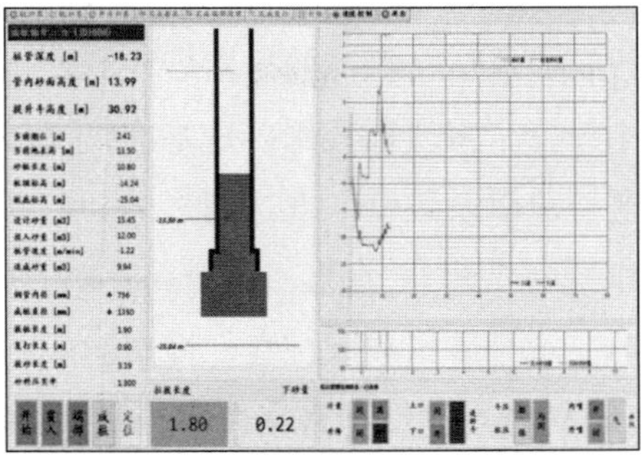

图 4.3-4 施工控制界面

4.3.2.3 工艺试验与典型施工

港珠澳大桥东人工岛挤密砂桩典型施工使用第二代挤密砂桩船完成,分别在东人工岛 C3 区和 C16 区各成桩 119 根,合计 238 根。工程量详见表 4.3-5。

东人工岛挤密砂桩典型施工工程量统计 表 4.3-5

序号	部位	根数(根)			设计砂量(m^3)	备注
		挤密砂桩	挤密砂桩+砂井	合计		
1	C3	62	57	119	4418.6	2 根标贯检测
2	C16	99	20	119	4778.2	2 根标贯检测
合计		161	77	238	9196.8	—

典型施工质量检测主要如下:

(1)原材料检验施工前和过程中,均对碎石垫层和砂料进行批量检验,每批次不超过 5000m^3,经检验均符合设计要求和规范规定。

(2)桩位正位率:砂桩沉管定位前采用 GPS 桩位监测系统对船舶绞车移位偏差进行监测,其平面定位偏差值一般在 100mm 以内,典型施工中仅有 1 根桩的偏位大于 200mm。桩身总体倾斜度控制较好,238 根桩仅有 6 根桩的倾斜度大于 1.5%。综合平面位置和桩身倾斜度,典型施工桩位正位率为 98.5%。

(3)高程控制:砂桩高程以 GPS 实时高程测验得到沉管时潮位高程,并以桩管底部(底高程)推算的实际高程进行沉管底高程控制,一般称为 GL。GL 高程通过伺候电机和编码器实时传输至砂桩管理系统,并在操控界面上实时显示。如有偏差,可及时调整管理系统中的相关参数,保持桩管底部 GL 高程始终与 GPS 系统实时高程保持一致。

(4)排砂量及成桩直径控制:为控制每隔循环高度的排砂量和成桩直径,在控制程序中设定了标准排砂速率,即 4.5m 砂柱/2.7m 拔管 = 1.667m 砂柱/1m 拔管。拔管过程中，拔管速度根据排砂速率进行自动调整，并根据拔管效果，自动适当调整管内压力，保证在拔管完成后每循环的排出砂柱高度达到4.5m（排砂量2.02 m^3）。同时在操作控制界面中设置了每段标准排砂量基准线，以判断每段循环的排砂量是否满足要求。当排砂量满足要求以及拔管高度达到2.7m后，系统提示回到高度1.7m，并将回打值动态显示在操作控制界面上，直至回打至0m，即形成一段1.0m高度的砂桩，整个典型施工均可以较好地实现排砂量和成桩直径控制。

（5）桩身连续性和密实性等检测：典型施工完成后，从C3区和C16区分别随机选取了2根砂桩（1根全挤密砂桩，1根挤密砂桩+砂井）进行标准贯入检测，根据4根砂桩检测结果，砂桩桩身完整、连续，桩身密实性符合设计要求。

通过工艺试验和典型施工，对新研制的第二代挤密砂桩船进行了工艺参数和设备性能的全方位验证，结果表明，新研制的第二代挤密砂桩船完全达到了港珠澳大桥岛隧工程水下挤密砂桩加固地基的需求。

4.3.3　挤密砂桩复合地基设计计算软件开发

4.3.3.1　软件架构

本软件采用模块式开发，主要分为核心计算模块、绘图模块、导入导出模块、数据存储模块等。

4.3.3.2　开发系统组成

1）主要功能介绍

软件主界面包含了新建、打开、保存工程，以及计算、打印和计算输出结果及报表的功能，软件主窗体内可同时运行多个计算工程。

功能性菜单中包含以下功能：打开项目、保存项目、另存为项目、关闭项目、打印、计算等项目计算软件主要功能，同时还包含了一部分报表文档操作的功能：查找、粘贴、剪切、复制、删除、取消、选择全部等辅助型功能，如图4.3-5所示。功能性菜单中包含计算按钮，该按钮位于菜单的第二个区域（操作区域）。

图4.3-5　软件功能性菜单

2)参数设置

参数设置模块是本软件外部数据的主要来源之一,参数的类别主要包括:基本参数、坡线参数、超载参数、施工参数、参数1、参数2、参数3、参数4、堤坝土层参数、地基土层参数、砂垫层参数和砂桩参数。

参数1 包括:稳定计算采用方法,稳定计算是否考虑地震力,固结度计算方法等。

参数2 包括:地基总沉降计算方法,沉降计算的分层厚度,分层沉降输出点距中线距离,沉降压缩层厚度判断应力比,沉降修正系数等。

参数3 包括:稳定计算目标,搜索范围,条分法的土条宽度,搜索时的圆心、半径步长,步长加密搜索的次数等。

参数4 包括:承载力验算公式,验算点,承载力抗力系数,复合地基计算公式等。

3)核心计算

(1)基本计算

①地基附加应力计算。计算各级加荷及总荷载下地基附加应力时,将堤坝荷载或施工荷载等划分为条形面上均布垂直荷载、上三角形分布垂直荷载、下三角形分布垂直荷载三种形式叠加计算。

②复合土层的内摩擦角和黏聚力标准值计算,参照现行有关标准中黏性土地基加固设计进行计算。

(2)沉降计算

地基的最终沉降量应包括复合地基及下卧土层的沉降量。压缩层的计算深度、下卧土层的沉降量应按现行《港口工程地基规范》(JTS 147-1)的有关规定执行。

(3)固结度计算

按现行《港口工程地基规范》(JTS 147-1)的规定计算。

(4)稳定性计算

稳定性计算方法分为总应力法和有效固结应力法,分别选用快剪与固结快剪指标,以计算短暂状况和持久状况。

(5)承载力计算

根据现行行业标准的有关规定计算复合地基承载力。

4)后处理

(1)绘图

为了使参数的计算过程更为直观,软件中集成了图形控件,控件可以将各类计算在图形上的变化直观地展示出来。

①基本参数绘图

用户可以通过图形形象地了解已经被正确赋值的参数以及未被正确赋值的参数,可以在第一时间找到需要进行修改的参数。

②计算后的绘图

计算后的绘图分为三种类型:计算简图、竣工时地基沉降量、基准期结束时地基沉降量。

(2)报表生成

报表中会展示各类计算过程的详细数据和常量信息。如果报表中展示的数据比较特殊,需要人为修改,用户还可以进行任意地编辑,然后再另存为报表文件。当生成报表时,绘图区域则自动隐藏。

4.3.3.3 计算书输出

1)计算书的显示

在界面上设置好各个参数,在菜单栏上选择计算方式,点击“计算”之后,界面就会显示出计算书,在计算书里会显示计算需要用到的参数,以及通过计算得到的结果。

2)计算书的编辑和操作

显示计算书之后,可以在相应位置对计算书进行基本的编辑操作,包括查找、复制、粘贴和保存等功能,保存文件的格式是 RTF 格式,保存的文档可以通过 WORD 打开并处理。

4.3.4 挤密砂桩施工质量检测方法

对海上挤密砂桩标准贯入试验的试验平台、试验方法进行研究,并开展了现场试验,验证了检测方法的可行性。同时,该检测方法已纳入《水运工程地基基础试验检测规范》。

4.3.4.1 试验平台

为了能够顺利高效地定位钻到桩体,保证检测过程中钻杆的垂直度,且减少船舶租赁,可直接采用砂桩船作为定位船进行标贯检测,其优点在于:

(1)船身稳定,砂桩船共抛 5 个 5t 锚,前抽芯锚及前后交叉抛锚,可保证套管的垂直度。

(2)操作室可实时显示船舶位置,可快速定位钻孔。在正式试验时,输入需要检测的桩位坐标,即可移动砂桩船使钻孔平台移至该桩位处,整个定位过程耗时不超过 5min。

4.3.4.2　试验方法

针对海上挤密砂桩检测的特点，形成了海上挤密砂桩标贯检测方法，具体步骤如下：

(1)在砂桩船船首部位搭设检测作业平台，放置钻机，根据被抽检的实际位置，利用砂桩船卫星定位系统进行定位，定位完成后下钢套管至砂桩顶面。

(2)检测时，为防止扰动孔底土，先钻孔至试验土层高程以上15cm处，清除孔底的虚土和残土，为防止钻孔中发生流砂或塌孔，现场采用陶土泥浆进行护壁。

(3)标贯试验采用自动落锤装置，锤重(63.5 ±0.5)kg，落距(76 ±2)cm，贯入前检查探杆与贯入器的接头是否已连接稳妥，然后将贯入器和探杆放入孔内，确保导向杆、探杆和贯入器的轴线在同一铅垂线上，以保证穿心锤的垂直施打。

(4)贯入试验时，贯入速率为15 ~30击/min，并记录锤击数(先打入的15cm预打不计击数，后30cm中每10cm的击数以及30cm的累计击数)，后30cm的总击数N即为贯入击数。

如为密实土层，$N>50$时，记录下50击时的贯入深度即可，不必强行打入。

(5)转动探杆，提出贯入器并取出贯入器中的砂样进行鉴别、描述、记录，必要时送试验室进行颗粒分析。

(6)沿桩体每隔1m深度做一次标贯，并保持孔内水位始终高于孔外。

4.3.5　挤密砂桩设计与施工指南编制

在全面调研总结已有的资料及技术的基础上编制《港珠澳大桥岛隧工程海上挤密砂桩(SCP)设计与施工指南》。其主要技术内容包括：设计(黏性土地基加固设计，粉土和砂土地基加固设计)、施工(装备，监控等)、质量检验(原材料的检验，施工质量检验)等。《港珠澳大桥岛隧工程海上挤密砂桩(SCP)设计与施工指南》为港珠澳大桥工程设计与施工提供了指导依据，并已成为行业标准。

4.4　外海软基降水联合堆载预压地基处理关键技术

4.4.1　塑料排水板地基处理施工技术

4.4.1.1　工作内容

本技术工作内容包括岛内区、圆筒区陆上插设塑料排水板。

4.4.1.2 技术要求

塑料排水板的规格、质量和排水性能要求必须符合《水运工程塑料排水板应用技术规程》(JTS 206-1—2009)的各项指标规定。主要性能指标如表 4.4-1 所示。

塑料排水板性能指标　　表 4.4-1

项目		单位	D 型	条件
纵向通水量		cm^3/s	≥55	侧向压力 350kPa
滤膜渗透系数		cm/s	$\geq 5\times10^{-4}$	试件在水中浸泡 24h
滤膜等效孔径		μm	<75	以 O_{95} 计
塑料排水板抗拉强度		kN/10cm	≥1.8	延伸率为 10% 时
滤膜	干态	N/cm	≥37	延伸率为 10% 时
抗拉强度		MPa	≥32	延伸率为 15% 时,试件在水中浸泡 24h

为使板材在浸水、弯曲变形等情况下保持较好的排水性,要求塑料排水板采用高性能材料,芯板材料应选用原生料;齿槽必须光滑挺直,以减小排水阻力和保证通水量;滤膜必须薄而紧密,不因外力拉伸发生变化,既能起到良好的隔土性、反滤性,又有较好的渗透性,可选用涤纶长纤维热黏无纺布滤膜。

同批次生产、用于同一工程的塑料排水板,每 20 万延米抽样检测不应少于 1 次,不足 20 万延米时应抽样检测 1 次;不同批次的塑料排水板应分批次抽验。临时堆放在施工现场的塑料排水板,应码放整齐,避免雨淋、水浸泡和暴晒。塑料排水板存放超过 6 个月,使用前应重新抽样检测。

插板施工工艺为陆上套管式施打,设备接地压力与需处理地基相适应;导架高度、打设能力应满足设计要求;机架垂直度、就位应调节方便、正确。

塑料排水板施工时宜采用液压插板机,当砂层较厚或砂层密实使得插板困难时应对液压式插板机进行改装,主要从扁型导管、机架、液压系统、反力等进行加强改装,使插板机具有插穿较厚砂层的能力,或者对砂层进行翻松。施工单位认为局部区域必须采用振动插板机进行施工时,必须得到设计组的批准方可进行。

排水板定位时板位偏差应小于 30mm;插板机定位时,管靴与板位标记的偏差不应大于 50mm。打设过程中套管的垂直度偏差不应大于 1.5%。施工时回带长度不得超过 500mm,否则在该板位旁 200mm 内重新补打一根;打设时回带长度不得超过 500mm,回带排水板根数不应超过打设总根数的 5%。

打入地基的塑料排水板宜为整板,确实需要接长时每根塑料排水板不得多于 1 个接头，且有接头的塑料排水板根数不应超过总打设根数的10%，相邻的塑料排水板不得同时出现接头。塑料排水板接长时需将待接排水板的滤膜完整地剥开，将板芯对插搭接，搭接长度不小于200mm，再将滤膜包好、裹紧后，用大号订书针连接。

在施打塑料排水板过程中严禁出现扭结、断裂和撕破滤膜等现象，如有应在插点附近补插。塑料排水板施工时采用定长打设。

塑料排水板插板深度控制办法如下：

1）岛内区

岛内区施打作业面高程为－5.0m，排水板板顶高程为－13.0m，排水板一般要求穿透淤泥至黏土层并进入下卧粉质黏土层（标贯击数约7击的深度），插板底高程根据图纸及试插板确定。

2）圆筒区

圆筒区施打高程为＋2.5m，排水板板顶高程为－13.0m，插板底高程根据图纸及试插板确定。插板深度允许偏差±20cm。拔管时带出的泥土应清除干净，切勿污染砂垫层。插板施工时，宜按10m×10m的间距进行试插板以确定插板深度，具体要求和检验数量、方法如表4.4-2所示。

塑料排水板沉设允许偏差、检验数量和方法　　表4.4-2

序号	项　目	允许偏差(mm)	检验数量	单元测点	检查方法
1	平面位置	±100	抽查10%	1	—
2	垂直度(每米)	15		1	用经纬仪或吊线测量套管

4.4.1.3　施工方案

1）施工场地降排水

施工场地的降排水主要针对岛内区，岛内区回填砂至－6.0m后，沿着圆筒内壁挖一圈深50cm、宽30cm的排水明沟，且每隔50m左右设置一只深1.3m、50cm×50cm的集水井，岛内沿纵轴线方向，每隔100m左右设置一道横向深50cm、宽30cm的排水明沟，并向两边放坡，在集水井中放置水泵将水排出岛外。

2）施工工艺

（1）塑料排水板施工流程图

塑料排水板施工工艺流程图如图4.4-1所示。

（2）施工步骤

①首先对测量控制点坐标进行复核，确认无误后方可施工，场地排水整平，施工前还

需对整平的施工场地地面高程进行复测。

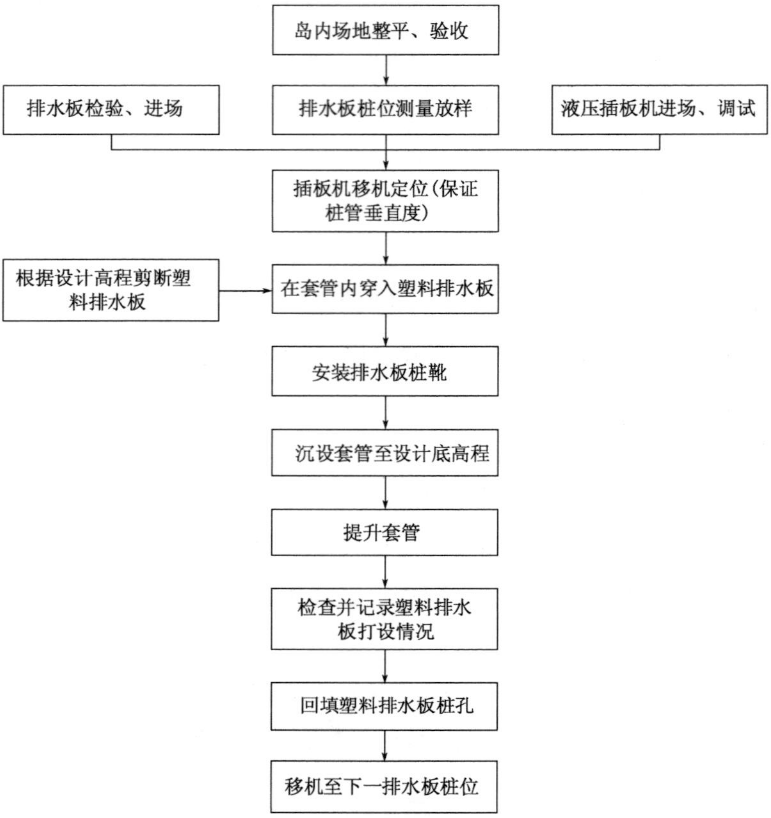

图 4.4-1　塑料排水板施工工艺流程图

②桩位布置方式和间距按照设计要求进行测放，根据点位图在吹填砂面上放出具体的桩位，并用15cm长的竹签或废弃的塑料排水板带插入砂面，做出鲜明的标志。放桩位时一般一次不宜过多，以免施工时丢失，施工中应经常注意检查和保护，丢失的应及时补上。

③塑料排水板施工采用自重不小于30t的改装式挖机配合液压式桩架进行施工。桩机架高约45m，套管长约45m，采用壁厚14mm的菱形钢管制成，钢管材料为锰钢，其强度较高。插管下端焊接一个10mm×50mm×160mm左右的矩形端头，利用$\phi \leq 30$mm的插销固定塑料排水板端头(管靴)。

④按照设计深度将塑料排水板按尺寸预先割好，施工时用导向软管将塑料排水板从插管口向管体内拉入，以至每根塑料排水板的插入深度刚好达到设计要求的桩底与桩顶高程。装机前和施工过程中，应随时进行外观检查，发现不合格应立即停止使用。

⑤导向软管采用的是强度很高的钢丝橡胶复合软管，可以从外部通过高压水泵对管

体内注水，在施工下沉插管过程中开启外部的高压泵对管体内部注入一定的水，以至插管在上拔时管体内的水向下有一定的冲击力，从而克服施工过程中的回带问题。

⑥在施工过程中，塑料排水板打设的允许偏差、检验数量和方法见表 4.4-3。

塑料排水板打设的允许偏差、检验数量和方法　表 4.4-3

序　号	项　目	允许偏差	检验单元	数　量	单元测点
1	平面位置	±100mm	每根排水板	抽查 10%	1
2	垂直度	±1.5%		抽查 10%	

⑦根据塑料排水板施打深度，调整桩机架高度。

⑧桩机架高度较高，改装式挖机举桩机架较困难时，可采用履带式起重机协助改装式挖机吊起桩机架。

⑨塑料排水板分区打设完毕后，进行工后高程测量并报现场监理。

4.4.2　降水联合堆载预压地基处理施工技术

4.4.2.1　工作内容

主要包括抽水试验和降水预压。

4.4.2.2　技术要求

1）主要施工顺序

（1）回填袋装砂和砂层；

（2）插设塑料排水板；

（3）分级堆载；

（4）打设降水井；

（5）抽水，降低地下水位进行降水预压；

（6）卸载；

（7）检测；

（8）场地密实处理。

2）塑料排水板

塑料排水板采用原生料 D 型板，按正方形布置。

3）降水井埋设

岛内区回填至设计高程后即进行降水井埋设，也可在插板时同时布设降水井，但需护井。降水井埋设主要工序：成孔、下井管、砾料围填、孔口封闭、洗井、抽水。成孔可采用泥浆护壁法。降水井开孔和终孔直径为660mm，井底位于开挖面下6.5m，高程为－22.50m。井管直径300mm，过滤管总长10m，过滤管以下为沉淀管。

4）抽水试验

大面积降水施工前，应进行抽水试验。试验前应编制试验方案报监理批准。

（1）抽水试验的目的

确定含水层的水位及水力参数；验证降水井的结构，确定单井出水量；通过试验确定抽水泵的规格型号；通过试验了解水位下降规律，为调整降水预压方案提供依据。

（2）抽水试验井的设置

圆筒区选取4口工程井作为试验井，其中2口位于钢圆筒内，2口位于副格仓内，并设置4个水位观测管；西小岛内选取1口工程井作为试验井，并设置2个水位观测管。

（3）抽水试验方法

分别对4个井进行单井抽水试验。采用非稳定流抽水试验方法，应用直线图解法和水位恢复法计算含水层的水力参数。用稳定流方法确定单井出水量和降水效果。试验过程中抽水井与观测井同步进行水位观测，水位观测时间间隔为1′、2′、3′、4′、6′、8′、10′、15′、20′、25′、30′、40′、50′、60′、90′、120′，以后每间隔30min或60min观测1次，直至抽水结束为止；抽水停泵后观测恢复水位，各井恢复水位观测时间间隔与抽水试验观测时间间隔相同，至1440min时停止观测。抽水时流量观测时间间隔为1～4h。

（4）抽水试验成果

对抽水试验数据要及时整理并提交如下成果：

①抽水孔、观测孔结构图。

②出水量-降深关系曲线及相关数据。

③单位出水量-降深关系曲线及相关数据。

④水位恢复曲线及相关数据。

⑤渗透系数、导水系数、贮水系数、越流因数、影响半径等水力参数。

（5）分级堆载

根据加固设计断面图的加载计划图施加各级荷载，分级加载强度不超过设计分级要求。根据现场监测及中间检测分析，单位面积每级堆载静压时间要求不小于设计断面加载计划图的时间，堆载速率受监测控制。堆载料利用场地填砂。通过降低地下水位法来提高场地的附加荷载，相应减少堆载土方量，避免弃土。

(6)降水预压

堆载满载后及时进行抽水,以降低地下水位,要求水位降至砂层底面。

(7)卸载

根据实测地面沉降-时间曲线,推算的圆筒区地基固结度不低于82%,岛内区地基固结度不低于80%,且工后沉降和差异沉降满足要求时方可卸载。场地使用荷载按均布20kPa布设,工后沉降要求不大于500mm(120年内)。

4.4.2.3　验收标准

降低地下水位、卸载前固结度与残余沉降不应低于设计要求,检验数量为施工单位、监理单位全数检查,检验方法为检查施工记录和监测报告。允许偏差或允许值见表4.4-4。

堆载预压地基质量检验标准　　表4.4-4

检查项目	允许偏差或允许值	检 查 方 法
预压荷载	分级厚度偏差不大于设计值的5%	水准仪,每20m^{2}一个点
	最终堆载不得小于设计总荷载	—

4.4.2.4　降水深井施工方案

1)成孔施工工艺

(1)施工流程

降水深井施工流程图如图4.4-2所示。

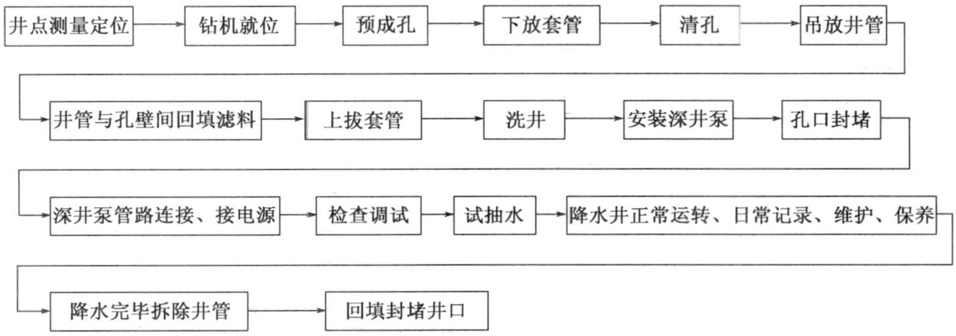

图4.4-2　降水深井施工流程图

(2)深井施工方法

①测量定位:按照设计图纸,测量放出井位,用竹签做好标记,若在塑料排水板的位置,现场可适当调整,避开塑料排水板。做好各项准备工作,如开挖泥浆池、引入水、电

源、机械设备组装调试。

②埋设护筒：护筒内径710mm，比成孔的孔径660mm略大，护筒长度2m。

③安装钻机：机台应安装稳固水平，大钩对准孔中心，大钩、转盘与孔的中心三点成一线。

④钻进成孔：采用正循环工艺，采用GXY-1型钻机钻孔。因是在砂土中成孔，所以需要加膨润土造浆进行护壁。深井管开孔孔径660mm，终孔孔径也为660mm，钻进开孔时应吊紧大钩钢丝绳，轻压慢钻，以保证开孔钻进的垂直度，钻进过程中泥浆密度控制在1.15～1.25g/cm^3，并始终保持泥浆水位在钢护筒底高程以上，防止塌孔。

⑤清孔换浆：钻孔钻进至设计高程后，在提钻杆前将钻杆提至离孔底约0.5m时进行清孔，清孔后泥浆密度为1.15g/cm^3以下，孔底淤积物厚度小于30cm。

⑥下井管：管子进场后，应做滤孔符合性检查。下管前必须测量孔深，孔深符合设计要求后开始下井管，按设计要求设置扶正器，以保证滤水管居中，下到设计深度后，井口固定居中。

⑦填砾料：砾料采用3～8mm瓜子片，填料采用管外返水快投法，即封闭井口从管内送入清水，当送入的水从孔中返回时，即可快速均匀地沿着井管四周撒入砾料，如此，砾料中的杂质可随流水带出。

⑧洗井：洗井需在填砾料后及时进行，防止泥浆、砂、砾料凝固后洗井困难。

⑨安泵抽水：潜水泵在安装前，应对水泵本身和控制系统做一次全面细致的检查，方可放入井中使用。可用绳索将深井泵吊入滤水层部位，并在井口固定。深井泵电动机、电缆及接头应有可靠的绝缘措施，每台泵应配置一个控制开关。

⑩布置排水体系：圆筒区的深井排水直接由水泵抽出排出岛外。岛内区因面积较大，且-6.0m往上回填过程中需不停地降水，所以考虑用移动方便快捷的水箱来收集降水井排出的水。

拟在中间合适的位置和岛内周边区域放置若干2m×2m、高1m的水箱，水箱周围的深井抽水收集到水箱中，中间水箱中再放置水泵抽到周边区域的水箱中，最后将水排出岛外。水箱的数量根据试抽时的出水量来确定。

2）降水运行

（1）试抽，大面积降水前，需进行抽水试验，根据设计要求，对抽水试验数据及时整理，并提交以下成果：

①抽水孔、观测孔结构图；

②出水量-降深关系曲线及相关数据；

③单位出水量-降深关系曲线及相关数据;

④水位恢复曲线及相关数据;

⑤渗透系数、导水系数、贮水系数、越流因数、影响半径等水力参数。

(2)抽水过程中需要安排人员24h现场值班,做好抽水记录,绘制涌水量与时间的相关曲线,以掌握水位动态变化,指导降水运行达到最优。

4.4.2.5 分级堆载施工方案

岛内区塑料排水板及降水井施工完成后,首先降水至-12.0m,根据加载计划静置10d,然后开始分级回填压载砂土,每级堆载厚度不超过2.0m(如果沉降速率可控,分级堆载厚度可调整为3.0m),及时整平后继续回填堆载。因岛体封闭,利用皮带驳靠泊在钢圆筒外侧,直接往岛内输送砂土,然后由岛内的推土机及挖机进行整平。在岛体的最宽处,布置皮带输送机直接输送到岛体中间,以加快回填效率。

4.5 外海人工岛沉降变形分析与智能监测预警技术

4.5.1 沉降变形数值分析

4.5.1.1 西人工岛地基数值沉降分析

西人工岛虽然上层土质最差的淤泥层基本挖除,但下层仍有厚达20m的淤泥质黏土层,压缩性高,强度低,土性差。采用插排水板降水预压的方式处理地基土,处理后地基的残余沉降要求不超过40cm。采用FLAC3D有限元软件,对西人工岛的整体和局部1-1、5-5和6-6断面模型开展了分析计算,结果见图4.5-1和图4.5-2。

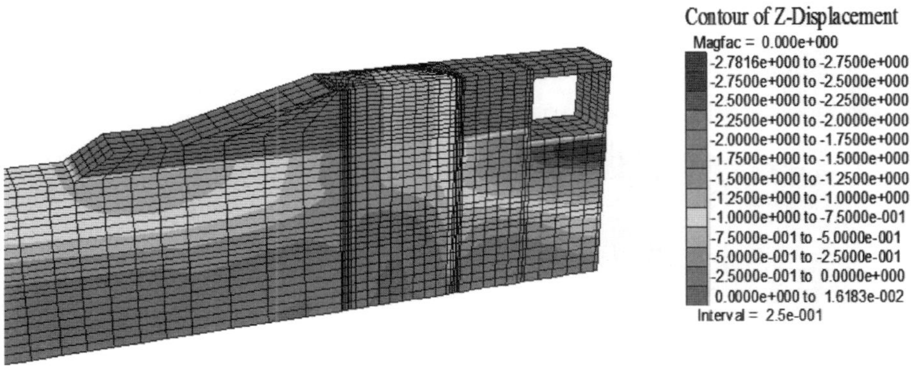

图4.5-1 西人工岛1-1断面交工时地基沉降图

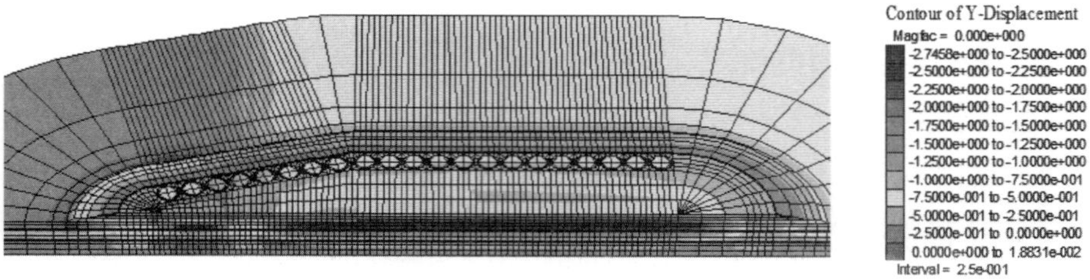

图 4.5-2　西人工岛整体模型地基沉降图

可以看出,交工时,1-1 断面沉降量最大达到约 2.46m,最大沉降发生在岛体中心轴线处。

通过计算,西人工岛模型预期的最终沉降量为 2.48m。

4.5.1.2　东人工岛地基数值沉降分析

东人工岛与西人工岛相同,选择两个典型断面 2-2 和 5-5 进行计算,断面 2-2 结果见图 4.5-3,整体模型计算结果见图 4.5-4。

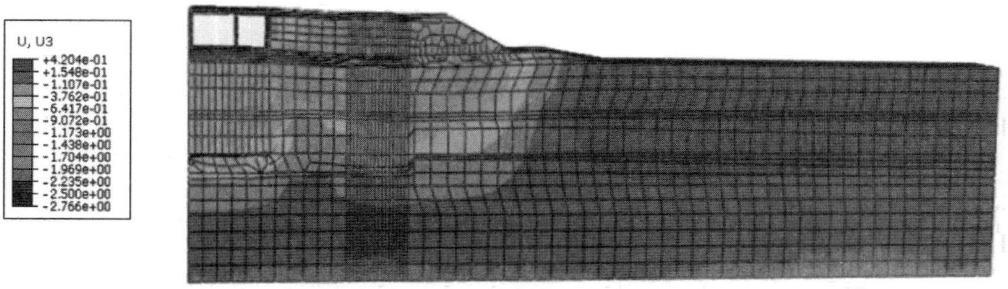

图 4.5-3　东人工岛 2-2 断面交工时地基沉降图

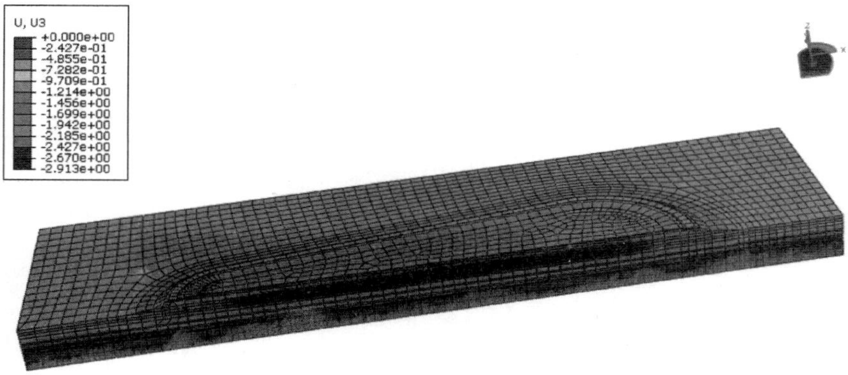

图 4.5-4　东人工岛整体模型地基沉降图

交工时,东人工岛 2-2 断面沉降量最大值为 2.81m。

可以看出，东人工岛模型预期的最终沉降量为2.93m，参数尚需通过与实测数据反分析进行修正。

4.5.1.3　施工、运营期沉降控制值及报警值

人工岛地基设计时，根据相关规范，堆载施工期地基监测控制标准如下：

(1)地表沉降速率≤20mm/d。

(2)孔隙水压力 $\Sigma\Delta U/\Sigma\Delta P\leq0.6$。

(3)对于因工程施工引起的裂缝，发现后立即做报警处理并随时监测。

该监控标准是针对周围无约束的软土地基上进行堆载预压施工所做的沉降控制规定，而对像港珠澳大桥人工岛这样特殊的情况，此标准的适用性值得商榷。

首先人工岛岛壁打设有插入硬土层的钢圆筒来作为钢围堰，钢圆筒的存在约束了软土地基的变形，阻碍了一定荷载作用下软土地基滑动面的形成，大大降低了地基剪切破坏的发生。再加上人工岛地基在堆载前，先填筑－16～－5m 厚达 11m 的回填砂，然后再进行堆载，由于上覆有如此厚的回填砂，软土地基破坏隆起相比直接在软土地基上堆载更不容易发生。因此，像人工岛这样的特殊地基，特别是西小岛地基，与规范规定的普通软土地基荷载作用下的破坏情况已不相同，沉降控制标准也应突破规范规定。实际上，在人工岛实际施工过程中，沉降控制值已大于该控制标准，地基并未发生任何开裂、破坏等现象。

所以，根据计算结果，同时结合现场实测数据，港珠澳大桥人工岛堆载施工期地基沉降控制值及报警值建议为：

(1)地表沉降限值可达7～9cm/d。

(2)孔隙水压力 $\Sigma\Delta U/\Sigma\Delta P\leq0.88$。

应该说明的是，该限值只适用于本工程，在其他工程中还应根据实际情况进行计算分析，尤其应注意远离钢围堰的软土地基的分析。在今后对类似港珠澳大桥人工岛这样具有钢围堰约束的软土地基设计时，沉降控制标准应突破该规范限值。

4.5.2　智能化监测技术研究

4.5.2.1　监测方案设计

人工岛远程自动监测的基本思路如下：根据现场测点的数量和分布情况，安装多个现场测控单元，构成现场测控网络，再通过公共信息平台如 CDMA 网络，建立与位于总

营地的中心站的通信链路，工作人员在中心站完成对现场测控单元的远程无线测控，实现远程数据采集、系统控制等功能，达到远程测控的目的，现场采集的监测数据实时传输至中心站进行存储和分析，从数据采集到监测数据分析的所有工作均在中心站的办公室完成。

所有的现场测控单元（现场测控网络）和中心站的服务器通过 CDMA 公网信号连接后，利用中心站服务器，现场测控单元之间也能相互收发数据信息，进行实时数据交换，同时外部授权用户可通过互联网（Internet）随时随地访问中心服务器，获取各个测控单元的监测数据信息，这样就建立了基于 Internet 的远程无线测控网络。如图 4.5-5 所示，是基于 Internet 远程无线测控网络架构组成的示意图。

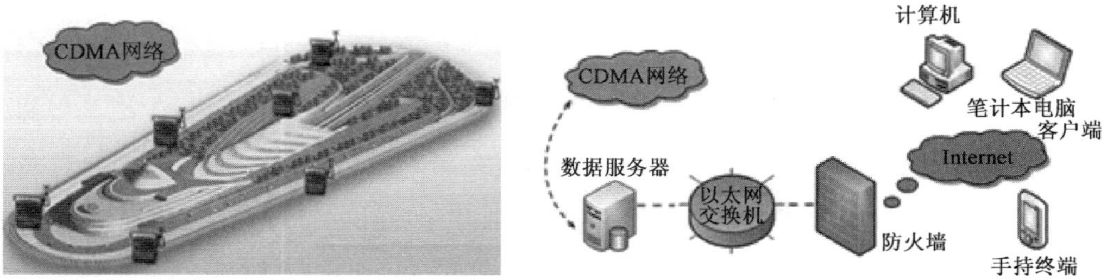

a)现场测控中心网络拓扑结构　　b)中心站网络拓扑结构

图 4.5-5　基于 Internet 的远程无线测控网络架构

工程技术人员在中心站办公室通过用户软件即可完成对现场数据采集及系统状态的监测。

4.5.2.2　远程自动化监测系统设计

现场测控单元是远程自动化测控系统的最重要组成部分，主要完成现场数据的自动采集以及与中心站数据交换等功能，现场测控单元如图 4.5-6 所示。

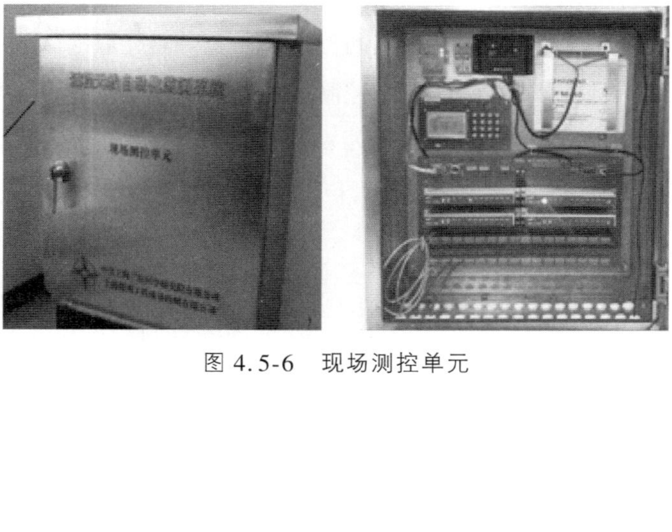

图 4.5-6　现场测控单元

1)数据采集

系统可采集的物理量有电压、电流、电阻、电容、频率、开关量、脉冲量等有源或无源传感器,针对不同的物理量需配置不同类型的数据采集模块,故在现场测控单元的安装面板上配置了4个通用插座,可在任意一个插座上插入任何一种类型的采集模块,进行相应的设置后控制器即可自动发现插入的模块,识别其类型,确保系统能正常稳定地工作。

2)数据通信

系统数据传输支持485有线传输,专用桥接设备传输,GPRS传输、MODEM有线传输方式。通过485的转换,还可以采用光纤等传输方式。在桥接设备、光纤、GPRS等有源传输模式下,系统能自动控制有源传输模块的电源,以适应电池供电模式下节省电能的需要。采用这种即插即用的方式,安装维护极其方便、快捷。

3)数据传输与存储

系统数据处理方式灵活,既可主动上传数据,也可在本地进行存储,或者两种方式相结合。本身内置4M字节存储单元,可同时存储7000次采集结果,并且所有存储结果均采用文本(ASCII码)方式,不需要借助任何专用软件就可以查看数据。存储数据可通过串口拷贝到计算机,也可用U盘拷贝到计算机。采用该方式确保了在通信中断或供电不足的情况下监测数据的完整性。

4)系统供电

基于成本考虑,在东人工岛自动监测过程中,选用蓄电池组供电方式,约30d更换一次蓄电池。

4.5.2.3 系统现场测试

测点埋设完成后,及时用手持式频率仪检测孔隙水压力传感器测点数据是否正常,如发现传感器在埋设过程中遭受损坏,应及时采取补救措施。最后,将传感器数据线按编号引至现场测控单元,如图4.5-7所示。

图4.5-7 现场测控单元安装与接线

设置好通信单元参数后上电,系统主动连接数据服务器,建立数据服务器和现场测控单元的通信链路,用户通过远程自动监测软件平台即可对现场测控单元进行远程控制,并实现监测数据的远程获取。现场的监测数据经过分析处理后,自动上传至施工监测数据信息管理平台,形成监测报告并向授权用户进行发布,施工管理人员可在第一时间内获取施工监测信息,便于科学决策。

4.6　岛上隧道段地基处理及基础施工关键技术

4.6.1　岛上隧道段地基处理设计技术

4.6.1.1　地基处理总体方案

采用常规的、成熟的施工工艺来解决沉管隧道基础的控沉要求,采用天然地基和复合地基相结合的方案,使整个纵向刚度趋于一致,控制总沉降并匹配纵向的不均匀沉降。

对于地质条件较好、沉降较小的区段,以天然地基为基础,对于地质较差、附加荷载引起的沉降较大的区段,在施工期采取措施,提前消除其主固结沉降。

通过分析未经处理的天然地基沉降曲线,确定须进行地基处理的区段,同时根据中间段天然地基沉降量值确定过渡段地基处理深度,并且使岛上段地基处理深度与过渡段深度相近,从而使整条线路沉降协调一致。

由于沉管隧道结构及工程地质条件不同,将隧道主线分为三段:岛上段、过渡段、中间段。其中岛上隧道段地基分区处理如表 4.6-1 所示。

岛上隧道段地基分区处理一览表　　表 4.6-1

序号	区　段	管　节	地基处理方法
1	西人工岛岛上段	西人工岛敞开段	塑料排水板 + 降水联合堆载预压
		暗埋段 ~ E1-S3	降水联合堆载预压 + 基础桩(高压旋喷桩/PHC 桩)
2	西人工岛过渡段	E1-S3 ~ E4-S2	SCP + 堆载预压
		E4-S2 ~ E6-S2	SCP
3	东人工岛过渡段	E30-S4 ~ E33-S3	SCP + 堆载预压
4	东人工岛岛上段	E33-S3 ~ 东人工岛暗埋段	降水联合堆载预压 + 基础桩(高压旋喷桩/PHC 桩)
		敞开段	塑料排水板 + 降水联合堆载预压

4.6.1.2　西人工岛岛上段地基处理

1)地基设计条件分析

西人工岛原泥面高程约 -8.0m,淤泥底高程约 -31.0m,淤泥及淤泥质土层下部为第三大层超固结土。岛内已清除了 -16.0m 以上淤泥，但还保留约 15.0m 厚的软弱淤泥层，该软弱土层在大超载比降水联合堆载预压处理后，淤泥的强度和变形指标都有大幅度改善。经计算，降水联合堆载预压施工期已消除了运营期荷载作用下的主固结沉降。依据软土的再压缩指数及回弹再压缩模量，结合隧道纵向荷载分布情况，对处理后的软土进行回弹再压缩沉降分析，需对岛上段隧道基础下方处理后的土体中适当设置增强体以减少基础压缩沉降及差异沉降量。

2）地基处理方案设计

由于沉管隧道中间段以天然地基为基础，沉放沉管结构及上部回填覆盖后，基础必然发生一定量的沉降，过渡段或岛上段宜采用与天然地基在刚度方面更易匹配的复合地基方案来协调隧道纵向的不均匀沉降，经分析比较，隧道岛上暗埋段及后续敞开段均采用 PHC 管桩。

岛上沉管段基础作为岛隧接合部的重要组成部分，从可选择的复合地基方案来看，高压旋喷桩、水泥土搅拌桩等柔性桩形成的复合地基与相邻过渡段的 SCP 改良地基在刚度匹配方面更有优势，但水泥土搅拌桩由于施工机械原因，处理深度有限，岛上 E1-S2 区段（在圆筒位置）砂层较厚，水泥土搅拌桩复合地基的施工工艺难以达到设计所需深度。隧道沉管段采用刚度与挤密砂桩较匹配的高压旋喷桩复合地基方案。

4.6.1.3　西人工岛敞开段与暗埋段

西人工岛敞开段包括 U 形槽段和减光段。U 形槽段长 217m，起止里程 K12 +891 ~ K13 +108；减光段长 110m，起止里程 K12 +781 ~ K12 +891；西人工岛暗埋段长 193m，起止里程 K12 +588 ~ K12 +781。敞开段及暗埋段为现浇混凝土结构，其断面宽度在纵向逐渐变化。

西人工岛敞开段及暗埋段采用直径 500mm 的 PHC 管桩形成刚性桩复合地基，正方形布置，桩间距在 2.0 ~ 3.0m，桩长随荷载大小变化；沉管结构两侧各设一排直径 600mm 的 PHC 边桩，桩顶采用素混凝土填芯后铺设碎石褥垫层，碎石垫层中铺两层土工格栅，现浇沉管结构底设置 20cm 厚素混凝土找平垫层。

1）E1-S1、E1-S2 段地基处理

包括第一个管节前两个节段（E1-S1、E1-S2），以及部分 E1-S3（3.25m），起止里程为 K12 +539.75 ~ K12 +588，其断面宽度 37.95m。

E1-S1、E1-S2 段高压旋喷桩，桩径 1.0m，桩间距 1.7m 和 1.5m，正三角形布置，桩底高程约 -34.5 ~ -36.0m。

2）复合地基处理设计要点

（1）降水联合堆载预压卸载

当推算的地基固结度不低于设计要求，且工后沉降满足要求时方可卸载。卸载后应通过钻孔取土、标准贯入、静力触探等方式，获取处理后土层的强度和变形指标，重新校核复合地基的设计。

（2）振冲密实沉管底砂层

为消除沉管下回填砂层的沉降，预压结束后宜先振冲密实沉管下的中粗砂，在振冲密实之前进行标贯试验，如标贯击数满足设计要求，则取消振冲密实工艺。

（3）基槽开挖

按照港珠澳大桥主体工程岛隧工程施工图设计中隧道及人工岛基槽开挖工程要求开挖基槽，基槽宜低于隧道结构底高程40～60cm，以便于回填桩顶碎石褥垫层。钢圆筒切除高程根据实际情况调整。

（4）铺设碎石

桩顶铺设20～50cm碎石垫层使变形协调，敞开段、暗埋段部分段陆上铺设碎石垫层，E1-S2及E1-S1部分水上铺设碎石垫层（拆除钢圆筒及副格后铺设）。

（5）高压旋喷桩

高压旋喷桩桩径1.0m，圆筒内及岛内高压旋喷桩间距为1.7m，岛外未进行挤密砂桩处理的3.25m范围，桩间距为1.5m。

（6）PHC管桩

止推段范围内设置PHC管桩复合地基，考虑到两侧边载作用，两侧边桩采用直径0.6m的PHC管桩。施工PHC管桩时须监控桩体对周围土体的挤土效应。

（7）现场试验

在大面积施工前，进行PHC管桩复合地基荷载板试验，以确定复合地基承载力及变形参数，对PHC管桩复合地基刚度进行优化确定；需要时开展高压旋喷复合地基荷载沉降试验研究。

4.6.1.4　西人工岛过渡段地基处理

1）地基设计条件分析

西人工岛过渡段（E1-S3、E6-S3）原泥面高程约－8.0～－10.0m，淤泥底高程约－31.0m，淤泥下部为第三大层超固结土。软弱淤泥层含水率高、压缩性大；下卧超固结土强度较大，抗变形能力较强。经计算，运营期荷载作用下超固结土所受应力未超过其前期固结压力，则沉降计算时只考虑其再压缩变形。依据工程地质勘察报告揭露，该超固结土再压缩指数较小，沉降量较小，故该土层不处理即能满足沉管沉降要求。过渡段沉管下软土层厚度变化较大，厚度约为 0～14.0m，对于较厚的淤泥层若不进行软基处理，在运营期荷载作用下产生最大沉降约为 1.5m，为满足地基承载力及变形要求，须对软弱淤泥土层进行处理。

2）地基处理方案设计

过渡段是连接中间段天然地基与岛上复合地基的纽带，其作用是协调岛内外沉降，使隧道主线沉降平缓过渡，为使沉降平缓过渡，宜采用控制沉降的复合地基基础。考虑到深海作业条件，采用高置换率的挤密砂桩排水固结超载预压方案；同时，为在施工期消除或减少沉管两侧护坡沉降，宜在护坡下设置低置换率的排水砂井进行排水固结。

挤密砂桩法适用于沙质土、黏质土等各种地基加固，特别适用于软弱地基基础处理。挤密砂桩施工的自动化程度高，质量容易保证，经加固后的地基承载能力提高快，残余沉降量小，地基整体稳定性得到改善，可作为对承载力要求高的重力式结构的基础。

经过计算分析，将西人工岛侧过渡段纵向分为两个区间，区间一包括 E1-S3～E4-S3，区间二包括 E4-S3～E6-S2，根据区间内对地基刚度的需求设置适宜的地基处理方案。

（1）E1-S3～E4-S3 段地基处理

E1-S3～E4-S3 段长约 413m，起止里程为 K12+126.75～K12+539.75。沉管断面宽度 37.95m，沉管两侧及上部回填碎石、块石或扭工字块（其中 E1、E2 管节护坦两侧安放扭工字块）。

E1-S3～E4-S3 段沉管下淤泥层较厚，沉管基础底拟采用挤密砂桩+堆载预压法处理软土层，安装扭工字块区段的两侧拟采用排水砂井+堆载预压法处理软土层。E1-S3 节段由于受到 E1-S2 节段下的岛头大圆筒影响，挤密砂桩施工不可能完全覆盖圆筒附近区域，综合考虑船机设备与场地条件，E1-S3 节段靠近 E1-S2 侧的 3.25m 范围采用与 E1-S2相同的高压旋喷桩复合地基。

挤密砂桩布置在沉管底部，并向两侧扩展一定的宽度，挤密砂柱两侧布置排水砂井。挤密砂桩桩径分别为 1.5m、1.6m 和 1.7m，共有 42%、55% 和 70% 三种置换率，排水砂井直径 1.0m，置换率约 11%。堆载厚度为 12～14.5m，超载比为 1.3，满载预压时间预计 3 个月。

（2）E4-S3～E6-S2 段地基处理

E4-S3～E6-S2 段长约 337.5m，起止里程为 K11+789.25～K12+126.75。沉管断面宽度 37.95m。E4-S3～E6-S2 段淤泥层较薄，厚度约 2.0～7.0m，附加荷载较小或回填荷

载小于开挖淤泥自重，总的沉降较小，采用高置换率挤密砂桩处理软土层并清除表层拱起的淤泥，无须堆载预压即可满足沉降及承载力要求。根据荷载及地质条件变化采用不同置换率的挤密砂桩，挤密砂桩桩径分别为 1.5m 和 1.6m，共有 62% 和 55% 两种置换率。

3）地基处理设计要点

（1）抛填基槽斜坡上碎石（E1-S3 ~ E4-S3 段）

抛填 2.0m 碎石形成排水碎石垫层，排水垫层施工完成后，施打排水砂井。

（2）排水砂井（E1-S3 ~ E4-S3 段）

铺填 2.0m 碎石垫层后，施打排水砂井，砂井直径 1.0m，置换率 11%，砂井顶高程为碎石垫层顶高程。砂井底端穿透淤泥层并进入下卧超固结土层 1.0m。

（3）挤密砂桩

沉管下施打挤密砂桩，挤密砂桩直径包括 1.5m、1.6m 和 1.7m，挤密砂桩底穿透淤泥土层，并进入下卧一定深度的超固结土，进入深度位置标贯击数大于 12 击。沉管两侧边缘处局部加密挤密砂桩。

（4）堆载预压（E1-S3 ~ E4-S3 段）

堆载料为碎石和块石，由于预压完成后沉管位置需开挖基槽，所以沉管的一定范围堆载碎石，两侧为防浪或冲刷回填块石和挡浪块体。堆载按厚度计，且应均匀加载，局部堆载高差不大于 3.0m，堆载至设计要求厚度时开始满载预压，满载预压预计 3 个月。

（5）卸载（E1-S3 ~ E4-S3 段）

满载预压 3 个月后，通过监测沉降固结度达到 90% 时卸载。

（6）开挖碎石（E1-S3 ~ E4-S3 段）

预压结束后开挖基槽位置的碎石，碎石坡度为 1:2，开挖过程中坡率不大于 1:2。

（7）清淤

清除挤密砂桩施打过程中拱起的淤泥，确保回填碎石垫层下不含淤泥夹层。

4.6.1.5 东人工岛过渡段地基处理

1）地基设计条件分析

沉管隧道东人工岛过渡段地质条件大致与西人工岛相同，东人工岛过渡段原泥面高程约 -8.0 ~ -10.0m，淤泥底高程约 -32.0m，淤泥下部为第三大层超固结土，但东人工岛黏土层埋深比西人工岛深，具体地质分析同西人工岛。

经过计算分析，将东人工岛侧过渡段纵向分为两个区间，区间一包括 E31-S5 ~ E33-S4，区间二包括 E30-S6 ~ E31-S5，根据区间内对地基刚度的需求设置适宜的地基处理方案。

2）地基处理方案设计

地基处理方案分析与西人工岛过渡段思想一致，参见西人工岛过渡段。具体设计如下：

（1）E31-S5 ~ E33-S4 段地基处理

E31-S5 ~ E33-S4 段长约 285.0m，起止里程为 K6 +969.00 ~ K7 +254.00。沉管结构宽 37.95m，沉管两侧及上部回填碎石、块石或扭工字块（其中 E32、E33 管顶护坦两侧安装扭工字块）。

E31-S5 ~ E33-S4 段沉管下淤泥层较厚，沉管基础底拟采用挤密砂桩 + 堆载预压法处理软土层，安装扭工字块的 E32、E33 管节的两侧拟采用排水砂井 + 堆载预压法处理软土层。挤密砂桩桩径 1.6m，共有 70%、62%、51% 和 41% 四种置换率，排水砂井直径 1.0m，置换率约 10%（部分区域为人工岛挤密砂桩，置换率约 25%）。堆载厚度为 10.4 ~ 18.8m，超载比为 1.2 ~ 1.3，满载预压时间预计 3 个月。东人工岛过渡段地质与西人工岛过渡段地质存在差异，挤密砂桩置换率结合试验分析动态调整。

（2）E30-S6 ~ E31-S5 段地基处理

E30-S6 ~ E31-S5 段全长约 176.25m，起止里程为 K7 +254.00 ~ K7 +430.25。沉管断面宽度约 37.95m。

E30-S6 ~ E31-S5 段淤泥层较薄，厚度约 2.0 ~ 7.0m，附加荷载较小或回填荷载小于开挖淤泥自重，总的沉降较小，采用高置换率挤密砂桩处理软土层并清除表层拱起的淤泥，无须堆载预压即可满足沉降及承载力的要求。

（3）其余同西人工岛过渡段。

4.6.1.6　东人工岛岛上段地基处理

1）地基设计条件分析

东人工岛岛上段地基原泥面高程约 -10.0m，淤泥底高程约 -32.0m，淤泥下部为第二大层和第三大层超固结土。岛内已清除了 -18.0m 以上淤泥，但还保留约 14.0m 厚的软弱淤泥层，该软弱土层在大超载比降水联合堆载预压作用后，淤泥的强度和变形指标大幅度改善。经计算，在施工期已消除了运营期荷载作用下的主固结沉降，依据软土的再压缩指数及回弹再压缩模量，对处理后的软土进行回弹再压缩沉降计算，回弹及再压缩量值仍不能满足沉管基础对变形的要求，故仍需在处理后的土体中设置增强体，以减少基础压缩沉降。

2)地基处理方案设计

(1)东人工岛敞开段与暗埋段

东人工岛敞开段包括U形槽段和减光段。U形槽段长179.281m,起止里程为K6+404~K6+583.281;减光段长110m,起止里程为K6+583.281~K6+693.281;暗埋段长230.719m,起止里程为K6+693.281~K6+924。东人工岛敞开段及暗埋段为现浇混凝土结构,其断面宽度在纵向逐渐变化。

东人工岛暗埋段及敞开段采用直径500mmPHC管桩形成刚性桩复合地基,桩间距在2.5m和3.0m,矩形布置,桩长在29.7~32.2m之间变化;结构两侧各扩两排桩,直径为600mm,桩间距在2.0m和2.5m,桩顶采用素混凝土填芯后铺设500mm碎石垫层,现浇沉管结构底部设置200mm素混凝土找平层。

(2)E33-S6、E33-S5段地基处理

东人工岛第一个管节前两个节段(E33-S6、E33-S5)分别长22.5m,起止里程为K6+924.0~K6+969,其断面宽度为37.95m。

E33-S6、E33-S5段以及E33-S4的前3.25m范围采用高压旋喷桩处理,桩径1.0m,桩间距1.5m,正三角形布置,桩底高程约-42.0m。

(3)其余同西人工岛岛上段。

4.6.2 基础PHC桩沉桩施工技术

4.6.2.1 沉桩定位

1)控制网布设

按照分级布网、逐级控制的原则将首级控制网和HZMB-CORS作为桩基施工的基准,布测东、西人工岛测量平台施工控制点。然后以东、西人工岛测量平台施工控制点为基准,布测东人工岛施工加密控制网进行测量控制。应尽量保证控制点与邻近的两个控制点相互通视,避免旁折光等的影响。

人工岛岛内控制点点号为DD01、DD02、DD03、DD04、DD05及DD06,岛内控制点通过钢结构焊接在东人工岛钢圆筒与副格衔接的地方,所有点位均为强制对中观测墩,点位顶高程约+8.3m,以确保相互之间的通视。

2)桩位测设

使用全站仪布设每条轴线上两个端点桩位,中间桩位采用钢尺量测,并用短钢筋或小竹棍做好标记。测量放样桩位精度控制在1cm内。测量作为关键工序,必须经过监理复查合格后才能施工。

3）高程控制

桩进场后，用墨水或油漆在桩顶处做好尺寸刻度标记，桩顶50cm范围内刻度精确到5cm。打桩时用水准仪控制桩顶高程，确保桩顶高程偏差在0～－10cm之间。

4.6.2.2　打桩工艺

1）桩的验收

（1）桩的表面应平整、密实，掉角的深度不应超过10mm，且局部蜂窝和掉角的缺损总面积不得超过桩表面全部面积的0.5%，并且不得过分集中。

（2）管桩由于收缩产生的细微裂缝深度不得大于10mm，宽度不得大于0.2mm，裂缝长度不得超过直径的一半。

（3）桩顶和桩尖处不得有蜂窝、麻面、裂缝和掉角。

（4）管桩检查时，做好记录，桩上应注明编号、制作日期和吊点位置。

（5）在现场验收运来的管桩时，应附出厂合格证，并做入场登记。

2）桩的打设

（1）桩机就位：检查桩机，确保设备正常运转后移动设备就位、对中、调直。

（2）插桩：首先用吊车取桩，将桩吊起后，缓缓地将桩一端送入桩帽中，对位准确后，再用两台经纬仪（轴线互相垂直）双向调整桩的垂直度，通过桩机导架的旋转、滑动及停留进行调整；插入时的垂直度偏差不得超过0.5%，确保位置及垂直度符合要求后，利用桩锤的自重将桩压入土中。

（3）锤击沉桩：在整个打桩过程中，要使桩锤、桩帽、桩身尽量保持在同一轴线上。必要时应将桩锤及桩架导杆方向按桩身方向调整。要注意尽量不使管桩受到偏心锤打，以免管桩弯扭破坏。打桩较难下沉时，要检查落锤有无倾斜偏心，特别是要检查桩垫、桩帽是否合适。如果不合适，需更换或补充软垫。每根桩宜连续一次打完，不要中断，以免难以继续打下。

（4）接桩施工：焊接采用粉芯焊丝CO_2气体保护半自动焊。焊接前，桩头埋设的铁件必须除锈，可采用钢丝刷将铁锈清除，露出金属光泽，焊缝必须连续饱满，并采取措施减少焊接变形。焊好后的桩接头待自然冷却后方可继续锤击，自然冷却时间不宜少于10min，严禁采用水冷却或焊好即施打。焊接质量：电焊结束后停歇时间大于1min，上下节平面偏差小于10mm，节点弯曲矢高小于1/1000L（L为两节桩长），焊缝电焊质量外观无气孔、无焊瘤、无裂缝。焊接时应沿接口圆周对称点焊6点，待上下节桩固定后，再均匀施焊。

3）送桩

在送桩之前，应预先算好送桩深度，并选择合适的送桩器，在送桩器上做明显标志。送桩杆与桩身应在同一中心线上，送桩杆上的桩帽与桩周围间隙控制在 5 ~ 10mm 之间，送桩杆与桩之间垫有一定厚度的平整弹性纸垫。送桩时要做好锤击数、锤跳高度、贯入度等原始记录。用水准仪控制桩顶设计高程的偏差，桩顶设计高程偏差应符合规范及设计要求。

4）记录

施工记录是打桩全过程的真实写照。打桩或送桩时应按有关标准详细记载每根桩的桩号、操作时间、每米锤击数、总锤击数、落锤高度、入土深度、最后十击的贯入度、桩的平面位移和倾斜、锤型落距等原始记录，同时还应记录打桩过程中发生的异常情况。

4.6.2.3　PHC 桩桩芯混凝土浇筑

1）施工流程

PHC 桩桩芯混凝土浇筑流程如图 4.6-1 所示。

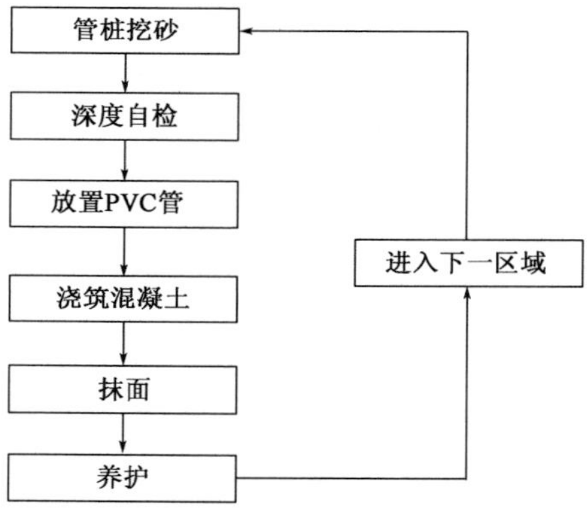

图 4.6-1　PHC 桩桩芯混凝土浇筑流程图

其中 ϕ500mm 的 B 型 PHC 桩清除管桩内余砂深度 500mm，ϕ600mm 的 B 型 PHC 桩清除管桩内余砂深度 600mm。

2）施工方法

（1）人工管桩内挖砂，孔底找平。

（2）钢尺量测深度，钢丝刷清理内壁。

（3）桩孔内放置 PVC 管。

（4）混凝土浇筑用吊机吊斗运送，并用插入式振捣棒振捣密实，表面整平抹光。

4.7　本章小结

港珠澳大桥人工岛的建设，在外海深厚软基地基处理与基础施工领域取得的系列创新成果如下：

(1)国内首次开展挤密砂桩离心模型试验，并为此开发了可保证模型制备精度的专用工具，在离心试验以及梳理总结国内外复合地基设计理论的基础上研究建立水下挤密砂桩复合地基设计计算方法。

(2)形成具有自主知识产权的挤密砂桩(SCP)海上施工设备和施工技术，实现全套设备国产化，开发了全套挤密砂桩施工控制系统和施工管理软件，具有自动化程度高、质量可控、操作便捷的特点，并可很好地适应港珠澳大桥复杂的工程地质条件。

(3)建立了适用于海上挤密砂桩施工的质量检测方法。

(4)形成了水下挤密砂桩设计与施工专用技术标准，相关研究成果纳入行业标准。

(5)开发了基于 Internet 的远程无线自动测控系统，实施了远程无线监测，以实现加密测读频次、及时报警的功能，克服了恶劣气候条件的影响，实现了外海人工岛智能化监控。

人工岛岛上段隧道地基处理与基础施工工程实践结果表明：

(1)岛-隧过渡段隧道由于埋深逐渐变浅，下卧软弱土层厚度也逐渐变化，设计时须同时考虑上述结构因素和地质因素。

(2)PHC 桩复合地基主要用于东、西人工岛上暗埋段和部分敞开段，由于桩顶设置了碎石褥垫层，相比传统的桩基础，大幅度减少了沉管段与隧道现浇段水力对接时桩顶承受的水平力，降低了桩顶的水平应力集中现象。

(3)PHC 桩桩底持力层为粉质黏土层，不进入密实砂或岩石层，减少了桩长且降低了施工难度；同时，工厂化预制的 PHC 管桩有利于保证桩身质量和施工进度。

CHAPTER FIVE

第5章

港珠澳大桥人工岛模型试验技术

5.1　概述

根据港珠澳大桥工程初步设计阶段的设计及相关研究工作的需要,开展了港珠澳大桥人工岛工程的诸多模型试验研究。

2009 年,在港珠澳大桥前期工作协调小组办公室的主持下,开展了港珠澳大桥主体工程初步设计阶段波浪模型试验专题研究。对桥墩基础、岛桥接合部引桥、人工岛岛壁结构等进行试验研究,测定上述试验对象的设计波浪要素,为基础及结构设计提供波浪力参数,验证岛壁结构各部位的稳定性,测定人工岛波浪爬高情况、岛内越浪量及越浪位置,通过试验确定人工岛冲刷防护方案,并对防护方案的防冲、抗冲刷效果进行验证,同时为结构设计和岛形优化提供依据。与人工岛相关的试验包括:人工岛波浪断面物理模型试验、人工岛波浪整体物理模型及岛桥接合部引桥波浪上托力和水平力试验、人工岛堤头冲刷及防护试验等。2011 年 8 月,协调小组建议开展港珠澳大桥主体工程岛隧工程中人工岛防撞波浪断面物理模型试验研究立项。根据隧道人工岛岛隧防撞区域的相关尺寸要求,需对设计断面的合理性进行验证和优化。同时,护面高程随隧道沉管逐步降低,需要对两个典型断面开展物理模型试验。开展的波浪断面物理模型试验需验证护面块体/块石和垫层的稳定性,并从断面稳定性角度对断面进行优化。研究各水位及相应波浪组合情况下人工岛隧道防撞断面的护面块体、护底块石等结构的稳定性。受大屿山挑流、东人工岛岛头绕流、隧道基槽等因素综合影响,东人工岛岛隧接合部沉管沉放区海流条件十分复杂,给沉管基础施工、潜水作业、沉管系泊、沉放等带来巨大风险。因此,为保障岛隧接合部管节顺利安装,第二十四次沉管安装风险评估专家咨询会专家意见指出,由两家单位平行开展东人工岛岛隧接合部掩护方案研究是必要的,最终选定由南京水利科学研究院、天津水运工程科学研究院组织开展数学模型试验工作。

已完成的模型试验及最终试验结果为设计的优化提供了重要支撑,模型试验方法也为今后类似工程建设及试验研究提供了参考。

5.2　人工岛波浪断面物理模型试验

5.2.1　人工岛波浪断面试验概况

5.2.1.1　试验断面

港珠澳大桥东、西人工岛的岛体结构设计方案主要分为两种,即斜坡堤结构形式方案和沉箱结构形式方案，分别称为方案一和方案二。

港珠澳大桥人工岛方案一的岛壁结构采用抛石斜坡堤，抛石堤堤心由 10～100kg 块石填筑，其上设置混凝土挡浪墙。外坡坡度为 1∶2，内坡坡度为 1∶1.5。堤心外侧安放二层消浪性能好的 5t 扭工字块体，护面块体下设置 200～300kg 垫层块石。为减小波浪爬高，降低挡浪墙顶高程，外坡在高程 2.0m 处设置宽度为 10.0m 的戗台。堤身内侧回填中粗砂。为防止岛内回填中粗砂从堤心漏出，回填中粗砂与堤心之间依次设置土工布、混合倒滤层及二片石。东人工岛南侧挡浪墙顶高程取 8.5m，北侧挡浪墙顶高程取 8.0m；西人工岛南侧挡浪墙顶高程取 10.0m，北侧挡浪墙顶高程取 8.0m。堤前铺设二片石及砂肋软体排并抛设护底块石，防止施工期及运营期地基冲刷，护底块石重量采用 60～100kg。

港珠澳大桥人工岛方案二的岛壁结构采用预制钢筋混凝土圆沉箱。沉箱直径 10m，东人工岛沉箱高度约 11m，西人工岛沉箱高度约 9m。沉箱下基床厚度 2m，采用抛填 10～100kg 块石，经夯实、埋坡、整平后形成抛石基床。沉箱间的结合腔内抛填袋装碎石，在沉箱外侧抛填 10～100kg 块石，并设置 300～400kg 块石护面以作为岛壁的防船撞保护。在沉箱内侧抛填 10～100kg 抛石棱体，并敷设二片石垫层和碎石倒滤层，岛内回填或吹填中粗砂。沉箱顶部浇筑钢筋混凝土挡浪墙，人工岛南侧挡浪墙顶面高程为 11.0m，北侧的顶高程为 8.0m，与沉箱一起形成直立护岸。

西人工岛围堰采用格形钢板桩作为基坑的挡土和防渗止水措施。格形钢板桩由主格和副格组成，主格直径为 22.42m，钢板桩顶高程为 +2.0m，上设临时防浪墙，防浪墙顶高程为 +6.0m。

5.2.1.2　试验波浪要素

东、西人工岛的试验波浪要素试验潮位波浪组合依据设计波要素和水流分析的相关计算报告进行选取，其中，东人工岛采用波浪计算点 CW-1 点的计算成果，西人工岛采用波浪计算点 CW-2 点的计算成果。试验潮位波浪组合包括：1000 年一遇高水位叠加 1000 年一遇波浪，300 年一遇高水位叠加 300 年一遇波浪，200 年一遇高水位叠加 200 年一遇波浪，100 年一遇高水位叠加 100 年一遇波浪，100 年一遇高水位叠加 10 年一遇波浪，10 年一遇高水位叠加 50 年一遇波浪，设计高水位叠加 50 年一遇波浪，设计低水位叠加 50 年一遇波浪，100 年一遇低水位叠加 100 年一遇波浪，200 年一遇低水位叠加 200 年一遇波浪。

5.2.1.3　试验内容

(1)测定施工期钢板桩前沿的水平总波浪力、波浪力矩(包括格形钢板桩孤立格圈状况及连续状况)。

(2)测定在设计、校核条件下的越浪量。根据越浪量测试结果及控制标准,优化东、西人工岛拟定挡浪墙的高程和结构形式,并对挡浪墙的稳定性、合理性进行验证。

(3)验证在设计、校核条件下挡浪墙、护面块体、块体下垫层、护底结构等各部位的稳定性;观测胸墙位移、护面块体失稳率。对护底结构应选取某一不利低水位进行试验。

(4)针对优化修改断面再进行补充试验。

5.2.2　仪器设备及试验方法

5.2.2.1　试验设备及仪器

波浪断面物理模型试验在南京水利科学研究院河港研究所波浪水槽中进行,该水槽可同时产生波浪、水流和风。水槽长64m、宽1.8m、深1.8m,分割成0.6m和1.2m宽两部分。水槽顶部装有吸风装置,调节吸风装置的转速产生不同风速的风。水槽的一端配有消浪缓坡,另一端配有丹麦水工研究所生产的推板式不规则造波机,由计算机自动控制产生所要求模拟的波浪要素。该造波系统配有丹麦水工研究所生产的波浪二次反射吸收装置,可根据需要产生规则波和不同谱型的不规则波。

波压力采用2000型多功能监测系统测量,它是由计算机、多功能监测仪和各种传感器组成的数据采集和处理系统,能进行动、静态压力测量。各传感器通过4芯屏蔽线连接到多功能监测仪的通道接口上。压力传感器是硅横向压阻式的,可以在水下操作。在传感器的背后安装有一根长度为2.5m的塑料管,塑料管的另一端与大气相通,以保证传感器的背景压强是大气压强。其测量范围为-4~24 kPa,分辨率为0.01 kPa,误差小于±1.0%。硅压力传感器的特点是:灵敏度高、稳定性好、测量点数多和动态特性好。这种压力传感器在波压力和脉动压力的测量中得到了广泛的应用。

波高和波浪爬高测量采用电容式波高仪,采用DJ800多功能自动采集系统采集,由计算机控制并进行数据处理。

5.2.2.2　模型设计

试验遵照《波浪模型试验规程》(JTJ/T 234—2001)相关规定,采用正态模型,按照Froude数(弗汝德数)相似律设计。根据设计水位、波浪要素、试验断面及试验设备条件等因素,港珠澳大桥人工岛方案一波浪断面物理模型试验在0.6m宽的水槽中进行,方案二波浪断面物理模型试验在1.2m宽的水槽中进行。模型几何比尺取为1∶27.4,各物理量比尺如下：

几何比尺：$L_r = 27.4$

时间比尺：$T_r = L_r^{1/2}$

重量比尺：$P_r = L_r^3$

波浪总力比尺：$P_r = L_r^3$

压强比尺：$P_r = L_r$

流量比尺：$P_r = L_r^{1.5}$

5.2.2.3 波浪模拟

试验分别采用规则波和不规则波进行，以不规则波试验为主，以规则波试验作为对比。规则波采用 $H_{1\%}$ 波高和平均周期（用于防浪墙稳定性试验），不规则波的波谱采用 Jonswap 谱（非稳态海谱）。模型中的波高、波周期等物理量按重力相似准则确定，由计算机控制产生所需要的波要素。在校核条件下，不规则波连续造波个数不少于 1000 个。台风过程模拟时，对实测大浪过程中的水位、波浪、风和作用时间进行模拟，从而重演整个大浪的作用过程。

5.2.2.4 试验断面模拟

试验首先制作防浪墙、扭工字块体、沉箱等模型，制作过程中保证其重量和几何相似，重量误差控制在 3% 以内，几何误差控制在 1% 以内。护底块石均严格挑选，保证重量相似。然后对试验断面按几何比尺缩小后进行放样，再构建人工岛各试验断面模型，构建后的断面尺寸误差也控制在 1% 以内。

5.2.2.5 试验方法

先进行波浪要素率定，然后构建试验断面，试验时先用小波作用，以使堤身密实，然后进行各项内容的试验。观察试验断面各部位在波浪作用下的稳定性情况时，为保证试验结果的可靠性，每组试验至少重复 3 次，在校核条件下，波浪连续造波不少于 1000 个，在其他条件下，每一波况累计试验时间不小于原型 3h，每次试验均重新铺放断面。

防浪墙的稳定性判别以防浪墙无振动和位移为稳定，原地振动无位移为临界稳定，有位移则为失稳。护面块体的失稳判别以块体脱落或凸起超过块体长度的一半为失稳。护底块石的稳定性判别以个别块石位移、护底表层没有明显变形为稳定，护底表层有明显变形为失稳。

波浪总力试验时,先将总力传感器安装到模型上,然后通过铰接杆固定到基座上。越浪量测量采用接水箱称重,取3次结果的平均值。波浪总力和压强测量时,每组试验重复3次。

5.2.3　试验结果及分析

试验结果以东人工岛方案一南侧设计断面为例,试验断面如图5.2-1所示。

图5.2-1　港珠澳大桥东人工岛方案一南侧设计方案试验断面

5.2.3.1　南侧设计断面试验结果

东人工岛方案一南侧设计断面防浪墙顶部越浪量的试验结果见表5.2-1。

东人工岛方案一南侧设计断面越浪量试验结果　表5.2-1

试验条件	越浪量(m^3/m/s)
300年一遇高水位300年一遇波浪	0.003
100年一遇高水位100年一遇波浪	无
设计高水位50年一遇波浪	无

东人工岛方案一南侧设计断面防浪墙、5t扭工字块体护面、60~100kg块石护底的稳定性试验结果见表5.2-2。

东人工岛方案一南侧设计断面稳定性试验结果　表5.2-2

试验条件	防浪墙	5t扭工字块体护面	60~100kg块石护底
300年一遇高水位 300年一遇波浪	稳定	稳定	稳定

续上表

试 验 条 件	防 浪 墙	5t扭工字块体护面	60～100kg块石护底
100年一遇高水位 100年一遇波浪	稳定	稳定	稳定
设计高水位 50年一遇波浪	稳定	稳定	稳定
设计低水位 50年一遇波浪	稳定	稳定	稳定
100年一遇低水位 100年一遇波浪	稳定	稳定	稳定
200年一遇低水位 200年一遇波浪	稳定	稳定	稳定

在100年一遇高水位100年一遇波浪作用下，东人工岛方案一南侧设计断面不同防浪墙顶高程情况下防浪墙顶部越浪量试验结果见表5.2-3。在100年一遇高水位(+3.47m)100年一遇不规则波($H_s=2.80$m，$\overline{T}=10.3$s)作用下，东人工岛方案一南侧设计断面不同防浪墙顶高程越浪量试验结果表明：当防浪墙顶高程为+6.5m时，防浪墙顶部越浪量为0.002 m^3/m/s；当防浪墙顶高程为+6.0m时，防浪墙顶部越浪量为0.010 m^3/m/s；当防浪墙顶高程为+5.5m时，防浪墙顶部越浪量为0.025 m^3/m/s。

东人工岛方案一南侧设计断面不同顶高程越浪量试验结果

(100年一遇高水位100年一遇波浪)　　表5.2-3

防浪墙顶高程	越浪量(m^3/m/s)
+6.5m	0.002
+6.0m	0.010
+5.5m	0.025

可见，当东人工岛南侧设计断面防浪墙顶高程为+6.0m时，防浪墙顶部越浪量满足小于0.025 m^3/m/s的要求。当东人工岛南侧设计断面防浪墙顶高程为+6.0m时，防浪墙顶部越浪量试验结果见表5.2-4。

东人工岛方案一南侧设计断面越浪量试验结果(防浪墙顶高程+6.0m)　表5.2-4

试 验 条 件	越浪量(m^3/m/s)
300年一遇高水位300年一遇波浪	0.052
100年一遇高水位100年一遇波浪	0.010
设计高水位50年一遇波浪	无

5.2.3.2　南侧修改断面试验结果

东人工岛方案一南侧修改断面防浪墙顶部越浪量试验结果见表5.2-5。

东人工岛方案一南侧修改断面越浪量试验结果　　表5.2-5

试验条件	越浪量($m^3/m/s$)
300年一遇高水位300年一遇波浪	0.014
100年一遇高水位100年一遇波浪	无

在300年一遇高水位(+3.82m)300年一遇不规则波($H_s = 3.40m$,$\overline{T} = 10.8s$)作用下,当波浪连续作用时间相当于原型3h以后,东人工岛方案一南侧修改断面防浪墙没有位移,稳定;5t扭工字块体无滚动、脱落现象,稳定;60~100kg护底块石无滚动,整体无变形,稳定。

在1000年一遇高水位(+4.19m)1000年一遇不规则波($H_s = 3.95m$,$\overline{T} = 11.1s$)作用下,当波列中大波作用时,5t扭工字块体有晃动,当波浪连续作用时间相当于原型3h以后,东人工岛方案一南侧修改断面防浪墙没有位移,稳定;静水位附近5t扭工字块体有倾斜、倒向一边的现象,部分块体失稳(失稳率小于0.5%),但护面整体仍有防浪功能;60~100kg护底块石无滚动,整体无变形,稳定。

5.2.4　试验小结

通过对港珠澳大桥人工岛护岸进行波浪断面物理模型试验,得到如下结论:

(1)由于东、西人工岛方案一设置了堤顶部平台和+2.0m高程处平台,防浪墙顶部越浪明显减小。

(2)在100年一遇高水位100年一遇波浪作用下,东人工岛设计断面方案一原设计断面南侧和北侧防浪墙顶部均没有越浪,西人工岛南侧和北侧防浪墙顶部也没有越浪。

(3)在300年一遇高水位300年一遇波浪校核工况下,原设计断面防浪墙、5t扭工字块体和护底块石均能满足稳定性要求。

(4)在100年一遇高水位100年一遇波浪作用下,东人工岛方案一修改断面南侧和北侧防浪墙顶部均没有越浪,西人工岛方案一南侧防浪墙顶部越浪量为0.002 $m^3/m/s$,北侧防浪墙顶部没有越浪。

(5)在300年一遇高水位300年一遇波浪校核工况下,修改断面防浪墙、5t扭工字块体和护底块石均能满足稳定性要求。

5.3 人工岛波浪整体物理模型及岛桥接合部引桥波浪上托力和水平力试验

5.3.1 试验概况

开展岛桥接合部引桥波浪上托力和水平力试验以及人工岛波浪整体物理模型试验，测定沿桥轴线各箱梁上托力及箱梁最大总水平力，研究在设计、校核条件下，拟建东、西人工岛岛壁不同位置和不同方向的设计波浪要素及人工岛建成后反射波浪值，以及分析人工岛对波浪折射和绕射的影响，研究在设计、校核条件下，挡浪墙、护面块体、块体下垫层、护底结构等各部位的稳定性。

5.3.2 试验设备、模型设计及试验方法

试验在南京水利科学研究院大波浪水池中进行。波浪水池长70m、宽52m、深1.2m，港池的一端配有消浪缓坡，另一端配有多向不规则造波机，由计算机自动控制产生所要求模拟的波浪要素。该造波系统可根据需要产生规则波和不规则波。波浪要素测量采用电容式波高仪，数据采集采用DJ800多功能自动采集系统，最终由计算机形成数据文件。波浪上托力采用2000型多功能监测系统测量，越浪量采用接水箱称取水重。考虑到工程布置、试验场地和设备等因素，采用正态模型，按照Froude数相似律设计，模型比例尺拟采用1∶50（模型∶原型）。

试验采用不规则波，不规则波的波谱采用Jonswap谱，模型中的波高、波周期等物理量按重力相似准则确定，将按模型比例尺换算后的特征波要素输入计算机，产生造波信号，控制造波机产生相应的不规则波序列。模型试验中波高和周期模拟值与设计值的误差控制在±2%以内。

模型试验中的人工岛平面布置、断面形式等与原型保持几何相似。岛桥接合部引桥上托力试验范围选择东和西人工岛接岛各4跨引桥。模型中引桥墩、引桥、人工岛等各部分结构均按1∶50的几何比例尺缩小制作，模型与原型保持几何相似。引桥各部分结构均按刚性结构进行模拟，采用木质和有机玻璃材料，人工岛结构护面等保持几何相似。人工岛波浪整体模型试验断面的护面块体、护底块石、胸墙等与原型保持几何相似，且重量相似。护底、垫层块石均经严格挑选，保持重量相似。

模型布置及试验方法：先按给定的水位及相应的波要素进行波浪率定，然后按照人

工岛平面布置方案进行平面放样，模型布置见图 5.3-1 ~ 图 5.3-3。

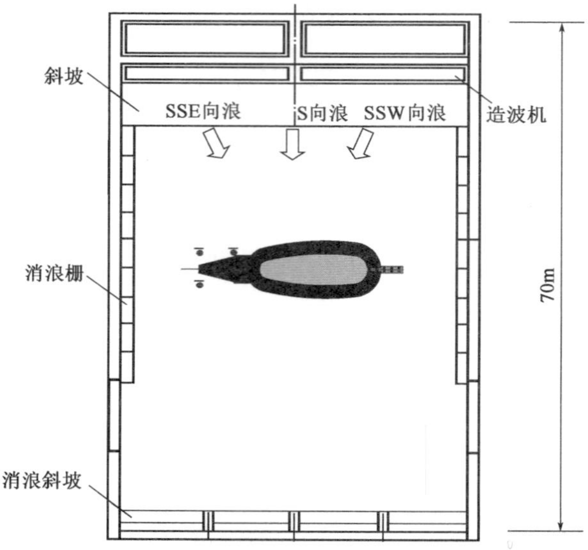

图 5.3-1　人工岛模型布置示意图

图 5.3-2　东人工岛模型布置

图 5.3-3　西人工岛模型布置

对于岛桥接合部引桥波浪力试验，进行总力测量时，桥墩结构不接触地面，保证结构在波浪作用下除了与总力传感器接触外，不受其他外力作用。总力传感器用铁架和金属螺杆固定住。总力传感器采样频率为125Hz。总力采用总力(拉压力)传感器测量,由计算机自动采集量测数据,测量结果采用计算机程序分析处理。

对于东、西人工岛岛壁设计波浪要素试验,摆放岛桥、岛隧连接建筑物,人工岛岛壁采用消浪措施,测量人工岛岛壁设计波浪要素。对于岛壁不同位置的波浪越浪试验,按照相应断面图构建模型,摆放护岸,然后造波测量不同工况的岛壁波浪越浪。观察试验断面各部位在波浪作用下的稳定性情况时,每一波况累计试验时间不小于原型3h。每次试验均重新铺放断面,为保证试验结果的可靠性,每组试验至少重复3次。

5.3.3 岛桥接合部引桥波浪上托力和水平力试验

5.3.3.1 测点布置

试验测量了东、西人工岛岛桥接合部3跨引桥上部结构在波浪作用下所受的上托力和水平力。试验条件为,300年一遇和100年一遇重现期水位及相应波浪,波浪方向为SSW向、S向和SSE向。由于人工岛岛壁采用斜坡结构,并且在高程2.0m处设置宽度为10.0m的戗台,岛桥接合部桥面高程最低的第一跨引桥上部结构的透空段很小,所受波浪力较小。因此,试验对引桥第二和第三跨上部结构进行波浪上托力和水平力测量,并且在同一跨中分别测量南、北引桥上部结构。

5.3.3.2 试验结果

图5.3-4和图5.3-5为波浪对东人工岛岛桥接合部引桥作用状况。

图5.3-4 波浪对东人工岛岛桥接合部引桥作用状况(S向浪作用)

图5.3-5 波浪对东人工岛岛桥接合部引桥作用状况(SSW向浪作用)

300 年一遇高水位，S 向波浪（$H_{1\%}$ = 5.70m，T = 10.5s）作用下西人工岛岛桥接合部引桥上部结构所受波浪上托力和水平力较大，南侧引桥上部结构第二跨最大上托力为 8281kN，最大水平力为 4058 kN；第三跨最大上托力为 5580kN，最大水平力为 2989 kN。北侧引桥上部结构第二跨最大上托力为 5552kN，最大水平力为 2950 kN；第三跨最大上托力为 3974kN，最大水平力为 1771 kN。

300 年一遇高水位，SSW 向波浪（$H_{1\%}$ = 4.78m，T = 10.8s）作用下东人工岛岛桥接合部引桥上部结构所受波浪上托力和水平力较大，南侧引桥上部结构第二跨最大上托力为 1023kN，最大水平力为 1237 kN；第三跨最大上托力为 2837kN，最大水平力为 434 kN。北侧引桥上部结构第二跨最大上托力为 1365kN，最大水平力为 771 kN；第三跨最大上托力为 998kN，最大水平力为 260 kN。

5.3.4　人工岛波浪整体物理模型试验

5.3.4.1　测点布置

试验内容为：

（1）测定在设计（100 年一遇）、校核（200 年一遇）条件下，东、西人工岛建成前岛壁不同位置设计波浪要素及人工岛建成后岛前波浪值。

（2）测定在设计、校核条件下，挡浪墙、护面块体、块体下垫层、护底结构等各部位的稳定性。

（3）测定岛壁不同位置越浪情况，包括东、西人工岛发生越浪的主要区段，越浪进入岛内的范围，岛内越浪的总水量等。

（4）测定正常运营期 2 年、5 年一遇波浪条件下，人工岛北侧救援码头前沿及港池水域的波高分布情况，给出港内比波高的等值分布图和瞬时波峰线图。

按照设计部门要求，对校核条件增加 300 年一遇高水位及相应波浪要素试验。

根据研究内容，对于东、西人工岛建成前岛壁不同位置设计波浪要素试验，在人工岛建设前，沿拟建东、西人工岛岛壁分别布置 17 个波高测点（1 号～17 号）。对于人工岛建成后波浪值试验，在人工岛前及堤脚布置波高测点（1 号～20 号）。对于人工岛北侧救援码头前沿及港池水域的波高分布试验，在人工岛北侧南北 250m、东西 550m 范围内布置 60 个波高测点（21 号～80 号）。对于东、西人工岛越浪试验，在人工岛迎浪侧分别布置 8 个越浪水量测点。试验中分别测量不同波浪条件下各测点波高、越浪水量，并观察人工岛挡浪墙、护面块体、块体下垫层、护底结构等各部位的稳定性。

5.3.4.2　试验结果

试验结果分析以东人工岛为例，各测点波高变化见图 5.3-6。

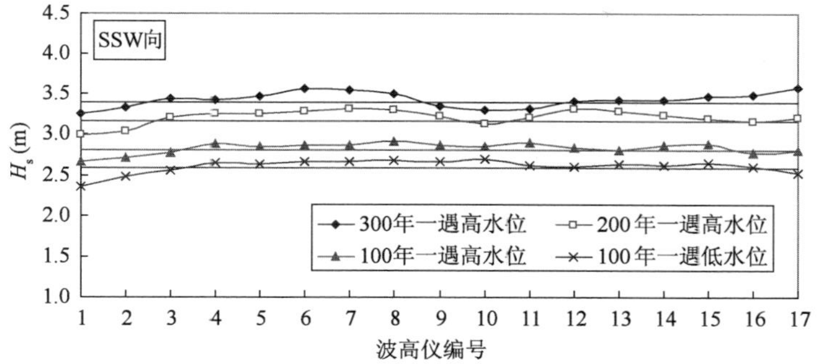

a)东人工岛建设前岛壁SSW向波高变化

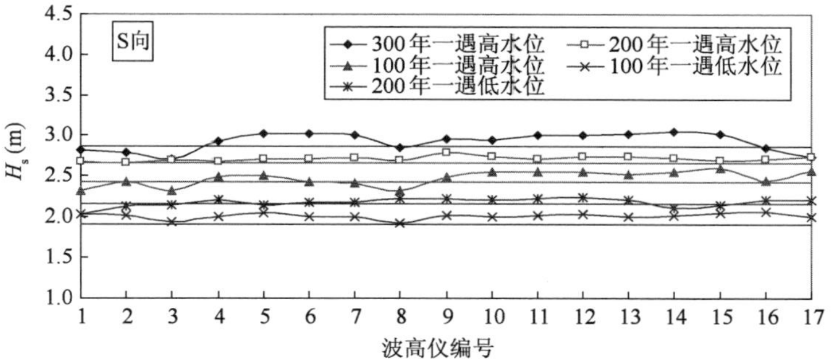

b)东人工岛建设前岛壁S向波高变化

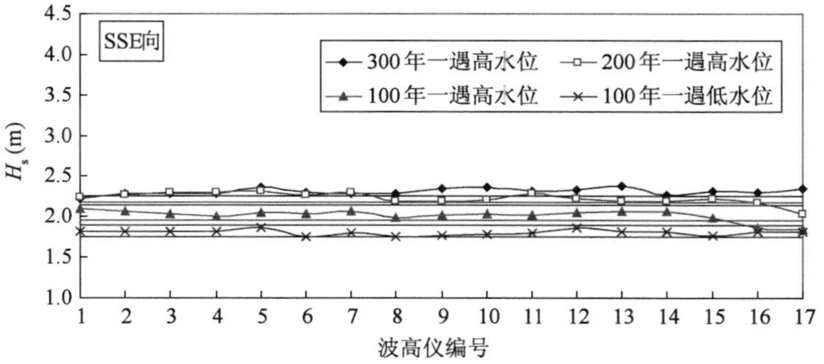

c)东人工岛建设前岛壁SSE向波高变化

图 5.3-6　东人工岛建设前岛壁各测点波高变化

由图可见，人工岛建设前岛壁不同位置波高与入射波高差别不大，这主要是由于入射波高测点与岛壁各测点的距离较近，波高相差不大。

对于不同波浪方向，在 300 年一遇高水位，200 年一遇高、低水位，100 年一遇高、低水位及相应的波浪要素作用下，当波浪累计作用时间相当于原型 3h 后，东人工岛各部位

(包括挡浪墙、5t 扭工字护面块体、护底块石)均能满足稳定要求(图 5.3-7)。

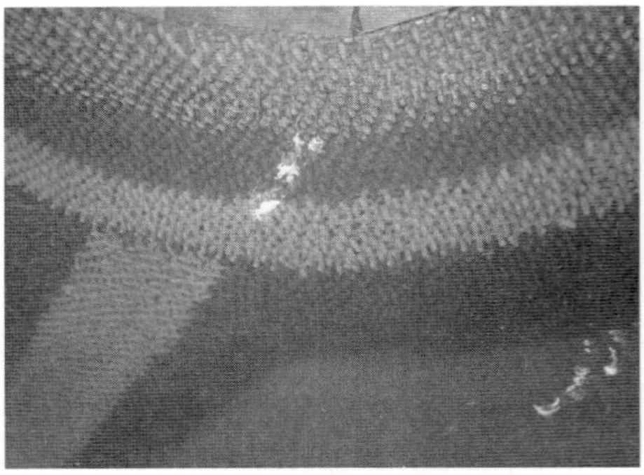

a)东侧岛桥接合部

b)西侧岛隧接合部

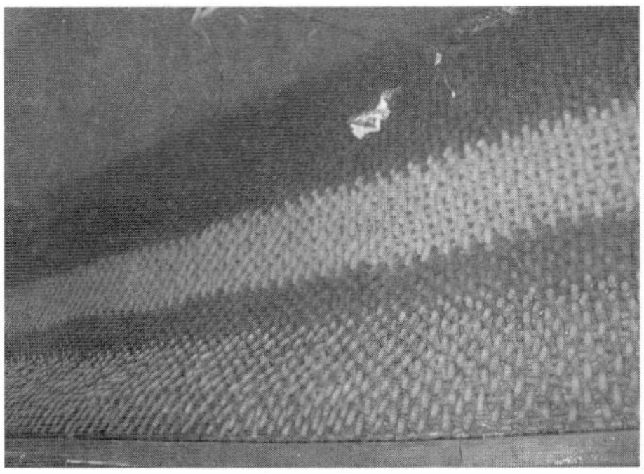

c)人工岛前

图 5.3-7　波浪作用后东人工岛南侧各部位稳定情况

图 5.3-8　300 年一遇 SSW 向波浪作用下东人工岛南侧越浪

试验进行了东人工岛原设计断面(堤顶高程 +8.5m)和波浪断面试验提出的优化断面(堤顶高程 +7.0m)的越浪量试验。对于东人工岛原设计断面,顶高程为 +8.5m,在 300 年一遇水位及 300 年一遇 SSW、S、SSE 方向波浪作用下,只有少许水花越过,挡浪墙顶均无越浪。对于东人工岛优化断面(堤顶高程 +7.0m),在 300 年一遇高水位及 300 年一遇波浪作用下,最大越浪发生在 SSW 向波浪作用时(图 5.3-8),堤顶最大越浪量为 0.013 $m^3/s/m$,主要发生在 Y2 ~ Y6 点附近,越浪水体作用于挡浪墙后约 6m 的范围内;S 向波浪作用时只有 Y2 ~ Y4 有少许越浪;在 300 年一遇高水位 SSE 向波浪、100 年一遇高水位各向波浪作用时,挡浪墙顶均无越浪。

5.3.5 试验小结

(1)岛桥接合部引桥波浪力试验结果表明,对于东人工岛岛桥接合部引桥上部结构,300 年一遇高水位、SSW 向波浪作用下所受波浪上托力和水平力较大。南侧引桥上部结构最大上托力为 2837kN,最大水平力为 1237 kN;北侧引桥上部结构最大上托力为 1365kN,最大水平力为 771 kN。

(2)对于西人工岛岛桥接合部引桥上部结构,300 年一遇高水位、S 向波浪作用下西人工岛岛桥接合部引桥上部结构所受波浪上托力和水平力较大。南侧引桥上部结构最大上托力为 8281kN,最大水平力为 4058 kN;北侧引桥上部结构最大上托力为 5552kN,最大水平力为 2950 kN。

(3)人工岛建设前岛壁不同位置波高与计算点波高差别不大,这主要是由于计算点与岛壁各波高测点的距离较近。

(4)对于不同波浪方向,在 300 年一遇高水位,200 年一遇高、低水位,100 年一遇高、低水位及相应的波浪要素作用下,当波浪累计作用时间相当于原型 3h 后,东、西人工岛各部位(包括挡浪墙、5t 扭工字护面块体、护底块石)均能满足稳定要求。

(5)对于东人工岛原设计断面(顶高程为 +8.5m),在 300 年一遇水位及 300 年一遇 SSW、S、SSE 方向波浪作用下,只有少许水花越过,挡浪墙顶均无越浪;对于东人工岛优化断面(堤顶高程 +7.0m),在 300 年一遇高水位及 300 年一遇波浪作用下,最大越浪发生在 SSW 向波浪作用时,堤顶最大单宽越浪量为 0.013 $m^3/s/m$,主要发生在 Y2 ~ Y6 点(约 420m),越浪水体作用于挡浪墙后约 6m 的范围内,岛内最大越浪水量为 4.77 m^3/s。

(6)对于西人工岛优化断面(堤顶高程 +8.0m),在 300 年一遇高水位,最大越浪发生在 SSW 向和 S 向波浪作用时,堤顶最大越浪量为 0.011 $m^3/s/m$,主要发生在 Y2 ~ Y7 点(约 469m),越浪水体作用于挡浪墙后约 6m 的范围内,岛内最大越浪水量为 4.95 m^3/s。

5.4 人工岛堤头冲刷及防护试验

5.4.1 试验概况

人工岛堤头冲刷及防护试验内容包括:

(1)确定人工岛岛壁周边不同地段的冲刷变化规律,测定冲刷地段的分布范围及冲刷强度。

(2)依据试验情况,对人工岛护底结构方案的防冲效果进行验证与评价,对岛壁前护底的结构形式和护底的厚度及宽度提出建议。

(3)针对人工岛外形布置方案、岛壁结构断面形式,结合试验结果,评价人工岛外形和防护方案布置的合理性、适应性,并提出优化建议。

其余与本试验内容相关的波浪要素、试验水池、仪器设备等试验条件同5.2节。

5.4.2 试验结果

试验结果分析以东人工岛为例。

5.4.2.1 人工岛周围波浪水流状况

试验模拟了1000年一遇高水位涨潮流、100年一遇高水位涨潮流、100年一遇低水位涨潮流、300年一遇低水位涨潮流等不同重现期水位及相应涨潮水流流速条件下的东人工岛及其附近结构物周围的流态。

受人工岛阻挡,水流在人工岛岛头发生绕流。在东人工岛东堤头,由于有引桥结构,绕岛水流从桥墩中穿过,受引桥桥墩的束水影响,各桥墩间水流流速很大,与西人工岛水流流态相比,由于东人工岛岛桥接合部岛头较大,并且人工岛中轴线与水流流向交角较大,绕过岛头的水流更向外偏。在东人工岛西堤头,水流流态与西人工岛岛隧接合部类似,在水位较高时,绕过堤头的水流一部分从铺有扭工字块护面段表面流过,另一部分从扭工字块护面段末端绕过流向下游;在水位较低时,隧道铺有扭工字块护面段与人工岛一样成为阻水建筑物,水流从扭工字块护面段末端绕过流向下游,见图5.4-1及图5.4-2。

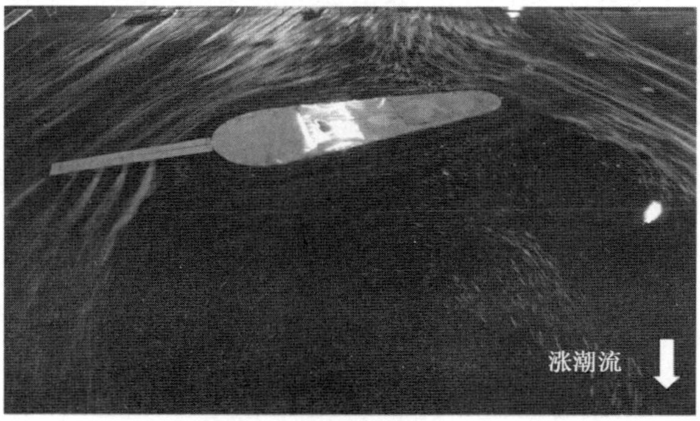

图5.4-1 1000年一遇高水位涨潮流东人工岛及其附近结构物周围水流流态

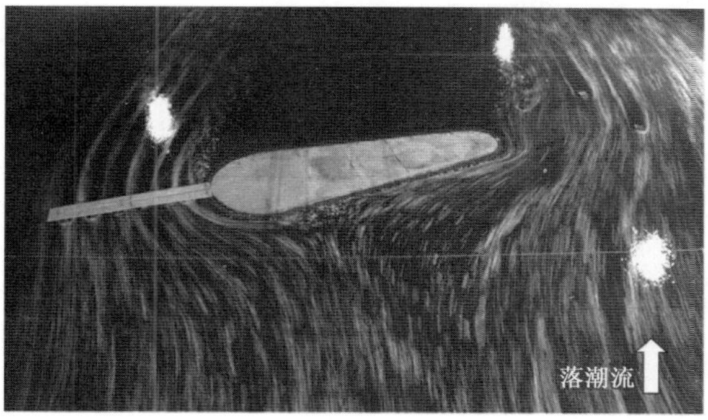

图 5.4-2　1000 年一遇高水位落潮流东人工岛及其附近结构物周围水流流态

落潮流作用下，在东人工岛东堤头，由于人工岛与水流方向有一挑角，与涨潮水流流态相比，绕过岛头的水流明显靠近堤头岛壁，绕岛水流从桥墩中穿过，各桥墩间水流流速很大。在东人工岛西堤头，水流流态与涨潮流作用类似，只是在细部略有不同。波流共同作用下，不同重现期水位及相应水流流速和波浪条件下的人工岛及其附近结构物周围波浪水流状况见图 5.4-3。

图 5.4-3　1000 年一遇高水位及相应涨潮水流流速和波浪条件下东人工岛周围波浪水流状况

人工岛周围波浪水流条件发生改变，波浪在岛前反射，在其两侧岛头，散射波与入射波叠加，形成波浪绕射区；而在其后方，由于受到结构物的掩护，波高相对较小，形成掩护区。

5.4.2.2　人工岛周围冲淤形态

涨潮流和波浪共同作用下，受人工岛阻挡，波浪在人工岛前反射，人工岛前出现冲刷，但冲刷深度较小（小于 2m），发生较大冲刷的位置仍然在其东部的岛桥接合部，但最大冲深位置较西人工岛更向外偏（图 5.4-4），岛头上游侧也有一冲刷坑，冲深小于岛桥间冲坑深度。在东人工岛西部岛隧接合部，与西人工岛情况类似，隧道高程较低段上、下游海床出现冲刷，外围隧道防撞墩（1 号和 2 号）周围局部冲刷较大，靠近人工岛的 3 号墩由于后部有隧道扭工字块护面段阻挡，局部冲刷较小，见图 5.4-5。

图 5.4-4　1000 年一遇高水位 + 1000 年一遇波浪(SSW 向) + 1000 年一遇涨潮水流流速作用下东人工岛东部岛桥接合部冲淤地形

图 5.4-5　1000 年一遇高水位 + 1000 年一遇波浪(S 向) + 1000 年一遇涨潮水流流速作用下东人工岛西部岛隧接合部冲淤地形

在不同波浪方向的波流共同作用下,人工岛周围局部冲淤形态差别不大(图 5.4-6),这主要是由于波浪的作用在于掀动人工岛周围较大范围海床泥沙,在岛头附近,水流对冲刷深度的影响更显著。

图 5.4-6　1000 年一遇高水位 + 1000 年一遇波浪(S 向) + 1000 年一遇涨潮水流流速作用下东人工岛东部岛桥接合部冲淤地形

在不同水位波流共同作用下，东人工岛东部岛桥接合部的局部冲淤形态差别不大，与西人工岛类似，只是在水位较低时岛桥间最大冲刷深度向外有所偏移，岛头上游侧的冲刷坑最大冲深随水位降低而增大，在 300 年一遇低水位及相应波流作用下，该处冲坑最大冲刷深度达到 8.7m。在东人工岛西部岛隧接合部，水位对防撞墩及其周围局部冲刷影响较大，与西人工岛类似，隧道高程较低段上、下游海床出现冲刷，高水位时冲刷范围较大，低水位时冲刷范围较小，但下游冲刷范围比西人工岛大，这主要是由于东人工岛海床高程比西人工岛低（水深大），较低水位时越过隧道高程较低段的水流仍然较大。水流流速作用下的东人工岛西部岛隧接合部冲淤地形见图 5.4-7。

图 5.4-7　100 年一遇高水立 + 100 年一遇波浪（SSW 向）+ 100 年一遇涨潮水流流速作用下东人工岛西部岛隧接合部冲淤地形

北向来流（落潮流）作用下，在东人工岛东堤头岛桥接合部，由于人工岛与水流方向有一挑角，与涨潮水流流态相比，绕过岛头的水流明显靠近堤头岛壁，靠近岛头上游侧的冲刷坑最大冲深较涨潮流时略大，岛隧接合部冲淤地形见图 5.4-8。

图 5.4-8　1000 年一遇高水位 + 1000 年一遇落潮水流作用下东人工岛西部岛隧接合部冲淤地形

5.4.2.3　人工岛周围局部冲刷对人工岛防护的影响

与西人工岛类似，东人工岛西部有隧道连接，因此岛头不存在冲刷和防护问题。在波浪和水流作用下，人工岛局部冲刷主要发生在岛前部和东部岛桥接合部。

(1)岛前局部冲刷对人工岛防护的影响。

由局部冲刷试验结果可知，在波流共同作用下，由于岛前防护范围较宽(距堤脚约49m)，约为平均波长的一半，护底前的冲刷深度较小，冲刷对人工岛防护的影响较小。

(2)东部岛桥接合部局部冲刷对人工岛防护的影响。

由局部冲刷试验结果可知，在波流共同作用下，东人工岛东部局部冲刷主要发生在岛桥间及岛头上游侧，后者冲深通常小于前者，并且距离人工岛护底有一定距离，因此，对人工岛防护有影响的主要是岛桥间的冲刷。

绕过岛头的水流使桥墩周围产生冲刷，在涨潮流条件下，由于岛头将水流外挑，尽管临近东人工岛护底外的第一个未防护桥墩(4 号桥墩)最大冲刷深度较大，但在护底边缘与该桥墩间的冲刷范围内存在一冲深较小(小于 2m)的平台，在 1000 年一遇高水位、100 年一遇高低水位、300 年一遇低水位及相应重现期波流(涨潮流)共同作用下，东人工岛东部岛桥接合部的护底块石只在头部有零星散落，整体保持稳定，见图 5.4-9和图 5.4-10。

图 5.4-9　1000 年一遇高水位及相应重现期波流(涨潮)作用下东人工岛东部岛头护底情况

在落潮流条件下，尽管绕过岛头的水流较涨潮流更靠近堤头岛壁，临近东人工岛护底外的第一个未防护桥墩(4 号桥墩)最大冲刷深度较涨潮流时大，但比西人工岛小，在1000 年一遇高水位、100 年一遇高水位及相应重现期落潮流作用下，东人工岛东部岛桥接合部的护底块石只在头部有零星散落，整体保持稳定。

图 5.4-10 100 年一遇高水位及相应重现期波流(涨潮)作用下东人工岛东部岛头护底情况

5.4.2.4 东人工岛周围主要结构物波浪水流条件

与西人工岛相同,本次试验测量了 100 年一遇高水位及相应重现期涨潮流、落潮流波浪条件下,东人工岛东部岛桥接合部 3 号 ~7 号引桥桥墩及西部岛隧接合部 1 号 ~3 号防撞墩处的流速和波高。

5.4.3 试验小结

(1)人工岛周围水流流态试验表明:受人工岛阻挡,水流在人工岛岛头发生绕流,在人工岛岛桥接合部堤头,由于有引桥结构,绕岛水流从桥墩中穿过,受引桥桥墩的束水影响,各桥墩间水流流速很大。在人工岛岛隧接合部,由于有隧道结构,并且铺有扭工字块护面段顶高程较高,在水位较高时,绕过堤头的水流一部分从其表面流过,另一部分从扭工字块护面段末端绕过流向下游;在水位较低时,隧道铺有扭工字块护面段与人工岛一样成为阻水建筑物,水流从扭工字块护面段末端绕过流向下游。

(2)不同组合工况条件下人工岛周围局部冲刷试验结果表明:在水流作用下,人工岛发生较大冲刷的位置主要在岛桥接合部,岛头上游侧也有一冲刷坑,但冲深小于岛桥间冲坑深度;在单独波浪作用下,人工岛护底前存在一定范围的冲刷,但冲刷深度较小,都在 2m 以下;在波流共同作用下,人工岛前发生冲刷,但冲刷深度较小(小于 2m),发生较大冲刷的位置仍然在岛桥接合部,由于波浪作用,冲刷范围比单向水流情况更大,最大冲深也有所增大,该组合工况对人工岛周围局部冲刷起到控制作用。

(3)在波流共同作用下,局部冲刷主要发生在岛桥接合部的桥跨间、桥墩周围及岛头上游侧,人工岛前,隧道高程较低段的上、下游海床,隧道防撞墩周围。其中,岛桥接合部桥墩周围局部冲深最大,人工岛前冲深最小。在不同波浪方向的波流共同作用下,人工岛周围局部冲淤形态差别不大,这主要是由于波浪的作用在于掀动人工岛周围较大范围的海床泥沙，在岛头附近，水流对冲刷深度的影响更显著。

(4)在不同水位波流共同作用下，人工岛岛桥接合部的局部冲淤形态差别不大，只是在水位较低时岛桥间最大冲刷深度向外有所偏移，岛头上游侧的冲刷坑最大冲深随水位降低而增大；在岛隧接合部，水位对防撞墩及其周围局部冲刷影响较大，隧道高程较低段上、下游海床出现冲刷，高水位时冲刷范围较大，低水位时冲刷范围较小。

(5)偏北向来流(落潮流)作用下，西人工岛为南北对称结构，水流方向也基本正对人工岛，冲刷形态与涨潮流作用类似；但对于东人工岛，东堤头岛桥接合部，由于人工岛与落潮水流方向有一挑角，与涨潮水流流态相比，绕过岛头的水流明显靠近堤头岛壁，冲刷坑也更靠近堤头护底。

(6)由于人工岛岛隧接合部有隧道连接，因此岛头不存在冲刷和防护问题，在波浪和水流作用下，人工岛局部冲刷主要发生在岛前部和西部岛头。由局部冲刷试验结果可知，在波浪和波流共同作用下，由于岛前防护范围较宽，约为平均波长的一半，护底前的冲刷深度较小，冲刷对人工岛防护的影响较小。在波浪和波流的共同作用下，人工岛岛桥接合部局部冲刷主要发生在岛桥间及岛头上游侧，后者冲深小于前者，并且距离人工岛护底有一定距离。因此，对人工岛防护有影响的主要是岛桥间的冲刷。在人工岛岛隧接合部，防撞墩距离隧道结构较近，隧道的高程也逐渐降低，不同水位下的挑流情况也不同，防撞墩周围局部冲刷深度较大，有可能影响到隧道结构的护底稳定。试验中，在北向来流(落潮流)作用下，西人工岛东部岛隧接合部的3号防撞墩周围局部冲淤状况与涨潮流情况不同，由于该结构物距离隧道较近，其冲刷范围可能影响到隧道结构的护底。

5.5　人工岛防撞波浪断面物理模型试验

5.5.1　试验背景

为对港珠澳大桥主体工程东西人工岛之间的岛隧防撞区进行断面波浪物理模型试验与研究，选定了海床面高程 -9.0m 的防撞断面一(K12 +475.5)和海床面高程 -8.74m的防撞断面二(K12 +445.8)两个典型断面进行波浪物理模型试验。对防撞断面在不同工况水位及相应波浪作用下的护面块体、块石、护底等各部位稳定性进行验证，并根据试验结果对各结构断面进行优化，以达到安全可靠、经济合理的目的。本试验共包括两个断面，分别为海床面高程 -9.0m 的防撞断面一(K12 +475.5)和海床面高程 -8.74m的防撞断面二(K12 +445.8)。

（1）防撞断面一。

防撞断面一（K12+475.5）的结构形式为：海床面高程 -9.0m，扭工字护面块体顶高程1.2m，路线顶高 -1.0m，沉管顶面高程 -3.0m，水下抛石棱体顶高程 -6.0m；顶宽130m 范围内，两侧各 10m 范围为采用二层外坡坡度为 1∶2 的 5t 扭工字块（厚 3100mm）与 300～500kg（厚 1100mm）的块石，中间段区域采用 300～500kg 的块石与二片石垫层，防护厚度不小于2.0m；护底块石重量为 100～200kg，厚度为 1100mm；堤心石为自然级配的 10～100kg 的块石。

（2）防撞断面二。

防撞断面二（K12+445.8）的结构形式为：海床面高程 -8.74m，扭工字护面块体顶高程 -1.0m，路线顶高 -3.2m，沉管顶面高程 -5.2m，水下抛石棱体顶高程 -6.0m；顶宽130m 范围内，两侧各 10m 范围内采用二层外坡坡度为 1∶2 的 5t 扭工字块（厚3100mm）与 300～500kg（厚 1100mm）的块石，中间段区域采用 300～500kg 的块石与二片石垫层，防护厚度不小于 2.0m；护底块石重量为 100～200kg，厚度为 1100mm；堤心石为自然级配的 10～100kg 的块石。

5.5.2　试验模型及试验方法

5.5.2.1　模型设计

在港口波浪模型试验中，波浪是作用在结构上的主要荷载，应尽量采用正态模型，用重力相似准则设计。波浪对结构物作用的模型中，要求 Froude 数与原型相同，也就是必须服从重力相似准则，用试验的方法验证波浪荷载作用下断面的稳定性。

模型试验主要关注的是代表波浪更符合现场的实际情况，以及尽可能减小比尺效应的影响。因此，选择模型比尺时要综合考虑波浪试验水槽尺寸、水工断面结构、块体的大小以及设计试验波浪要素和水位等因素，确定出模型试验的几何比尺。

模型按重力相似律及《波浪模型试验规程》（JTJ/T 234—2001）中的有关规定进行设计，确定模型试验各防撞断面的几何比尺为 $\lambda=37$，进行正态比尺模型试验。

各防撞设计断面原型至模型的重量比尺转换关系见表 5.5-1。

防撞设计断面原型至模型的重量比尺转换　　表 5.5-1

试验参数值	原型参数值	模　型　值
扭工字块体	5t	98.7g
块石	300～500kg	5.9～9.9g

续上表

试验参数值	原型参数值	模 型 值
护面块石	1 ~ 2t	19.7 ~ 39.5g
护底块石	100 ~ 200kg	2.0 ~ 3.9g
堤心石	10 ~ 100kg	0.2 ~ 2.0g

5.5.2.2 模型制作

考虑到设计低水位时应满足试验水深、有效波高及周期的要求，在防撞断面模型前模拟制作了一个坡度 1∶50 的海岸剖面，将地形抬高了 0.2m，断面模型设置在距水槽底部高 0.2m 的水平段上。波浪要素率定完成后，在模拟的试验地形上进行了海床面的开挖，以提高试验的精确度。

建筑物模型与造波机间的距离大于 6 倍平均波长，模型与水槽尾部消能坡间的距离大于 2 倍平均波长。本次试验中在水槽床底采用砂作为材料填充，压实后，用水泥砂浆抹面。抹面后的模型地形高程偏差控制在 ±1.0mm 以内。根据试验技术要求提供的人工岛岛隧防撞断面结构尺寸进行模型设计和制作。试验模型制作满足《波浪模型试验规程》(JTJ/T 234—2001)中的规定要求。

模型中扭工字护面块体均采用水泥、砂子、铁粉浇制而成，以满足其重量和尺寸要求，单个模型块体的质量约 98g。根据《波浪模型试验规程》(JTJ/T 234—2001)中的要求，模型中护面块体几何尺寸允许偏差控制在 ±1.0mm 以内，重量允许偏差小于 ±3%。试验所采用的护面块石、垫层块石、棱体块石及护底块石均按模型重量进行人工挑选，其重量允许偏差控制在 ±5% 以内。为了便于观测，试验断面所使用的块体和块石均涂以不同的颜色。试验中扭工字块体护面层按双层随机抛放规则进行摆放，模型块体的安放方法亦与现场相似，以保证达到正确的安放密度。

5.5.3 试验设备和量测仪器

5.5.3.1 试验设备

港珠澳大桥主体工程岛隧工程人工岛防撞波浪断面物理模型试验在中交天津港湾工程研究院水工研究所的无反射造波机试验水槽中进行。水槽的长、宽、高分别为 68.0m、1.0m、1.6m。造波机系统由造波板、伺服电机、造波机控制器、计算机控制系统和数据采集、分析系统组成。它可以在 0.5 ~ 4.5s 的周期范围内产生不同类型的波浪。

该无反射造波机系统于2005年6月从日本三井造船株式会社引进，可以模拟规则波和五种不同谱型以及双峰谱和任意谱的不规则波，还可以模拟斯托克斯波、椭圆余弦波、孤立波、过渡波等特殊形式的非线性波，以及天然波列和波群。试验水槽及仪器设备见图5.5-1、图5.5-2。

图5.5-1　无反射造波机试验水槽及不规则波造波系统

图5.5-2　造波机伺服电机系统

5.5.3.2　量测仪器

试验使用的量测仪器和数据采集系统分别为：MES数据采集器与数据分析、处理软件和CHT4-60型波高传感器，如图5.5-3和图5.5-4所示。

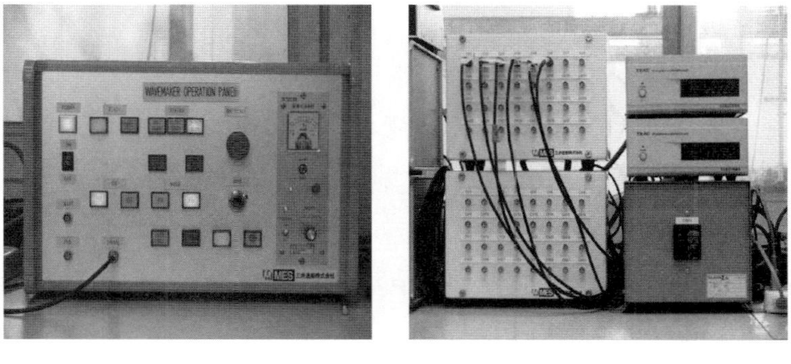

图5.5-3　无反射造波机不规则波造波控制系统

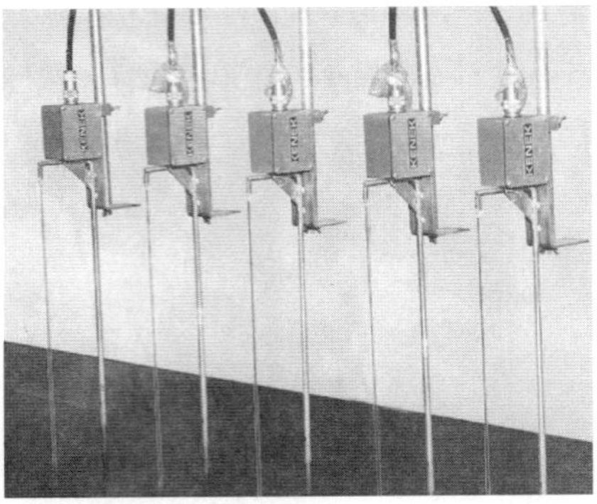

图 5.5-4　CHT4-60 型波高传感器

试验中使用的其他仪器装置还有：CH-406A-5 型电容式波高仪、EP-508-5 型升降装置、P4 型微型计算机和 HP LaserJet 6L 型打印机等。

5.5.4　试验结果及分析

波浪作用时，大部分波浪越过潜堤传入堤后，部分波浪受潜堤阻挡而发生破碎。根据试验技术要求，采用 1000 年一遇、300 年一遇及 100 年一遇相应的波浪要素进行试验，分别对港珠澳大桥人工岛岛隧不同底高程防撞断面一和防撞断面二进行了结构稳定性验证，包括验证在给定不同水位和相应的波浪组合作用下扭工字护面块体、块石、垫层以及护底等部位的稳定性。在波浪模型试验中，防撞断面整体结构的稳定性采用不规则波进行测定。针对各个试验断面，在设计低水位时采用了相应的极限波高进行护面块体的稳定性测试。以下以防撞断面一为例叙述波浪作用下的试验测试结果。

5.5.4.1　原设计方案波浪试验

防撞断面一（K12 +475.5）原设计方案的结构形式为斜坡堤。

（1）1000 年一遇高水位 4.19m 时，堤顶高程 1.2m 的防撞断面一为潜堤。在此水位及相应 1000 年一遇 $H_{13\%}=4.54$m、$\overline{T}=11.1$s 的不规则波作用下，大多数波浪在岛隧路中线附近发生卷破，破碎以后继续向前传播并在水体表层产生气泡。大浪作用时，迎浪侧高程 1.2m 堤顶及前坡坡肩处，外层 5t 扭工字块体有少量随波浪轻微晃动。高程 −6.0m处的 300 ~ 500kg 块石棱体表层有少量块石晃动；波浪破碎位置处，高程 −1.0m 的 300 ~ 500kg 块石护面顶部表层有少量块石发生滚动，100 ~ 200kg 块石护底表层亦有少量块石发生滚动。

由于波浪破碎后，波能消散明显，水体对断面背浪侧结构各部位的作用减小。岛隧背浪侧 5t 扭工字块体、300 ~ 500kg 块石棱体、100 ~ 200kg 块石护底均处于稳定状态。波浪持续作用原型 3h 后，两侧 5t 扭工字块体无失稳，300 ~ 500kg 块石护面、棱体及 100 ~ 200kg 块石护底表层均未出现明显变形。防撞断面一原设计断面在1000年一遇高水位及相应1000年一遇波浪作用下，迎浪侧、路中线及背浪侧位置的波浪作用状态见图5.5-5～图5.5-7。

图5.5-5　原设计方案迎浪侧波浪作用状态

（1000年一遇高水位:4.19m;1000年一遇波要素 $H_{13\%}$ =4.54m，$\overline{T}$ =11.1s）

图5.5-6　原设计方案路中线位置波浪作用状态

（1000年一遇高水位:4.19m;1000年一遇波要素 $H_{13\%}$ =4.54m，$\overline{T}$ =11.1s）

图 5.5-7　原设计方案背浪侧波浪作用状态

（1000 年一遇高水位：4.19m；1000 年一遇波要素 $H_{13\%}$ = 4.54m，$\overline{T}$ = 11.1s）

(2)在设计低水位 -0.78m 时，采用了相应的极限波高进行了护面块体的稳定性试验，该水位下，堤顶高程 1.2m 的防撞断面一为出水堤。在 300 年一遇（试验时实际率定波高 $H_{13\%}$ = 3.90m、$\overline{T}$ = 10.5s）不规则波作用下，波浪遇斜坡后多在迎浪侧高程 1.2m 扭工字块体顶部与前坡肩角处卷破并伴有明显的掺气现象，呈现出白色的水舌，破碎水花冲击溅落在护面块体坡度 1:2 的后坡面上，波能消散；大浪时，水体在块石护底上方发生破碎。波浪对迎浪侧扭工字块体的冲击作用比其他各高水位明显，高程 1.2m 堤顶及前坡坡肩处的外层 5t 扭工字块体有少量随波浪晃动，内层个别 5t 扭工字块体轻微晃动。堤顶后坡位置（靠近高程 -1.0m 的 300 ~ 500kg 块石护面）三排 5t 扭工字块体直接受到波浪卷破后水体的强烈冲刷作用，由于后坡块体无支撑，致使堤顶后三排扭工字块体失稳。大浪作用时，300 ~ 500kg 块石棱体及护面表层少量块石均发生滚动。100 ~ 200kg 护底块石表层仍出现少量块石滚动的现象。由于波浪破碎后，波能消散明显，水体对断面背浪侧结构各部位作用减小。实测迎浪侧高程 1.2m 堤顶最大越浪水舌厚度约 2.0m，并且水舌为连续水体。

经过相当于原型 3h 的波浪作用过后，迎浪侧的堤顶后坡处 5t 扭工字块体发生大面积失稳，并显露出下方 300 ~ 500kg 垫层块石，不满足护面块体的稳定性要求；失稳块体在波浪连续冲击作用下最远移动至岛隧路中线附近，并散布在高程 -1.0m 的 300 ~ 500kg 块石护面顶部。断面其他各部位均稳定，见图 5.5-8 ~ 图 5.5-10。

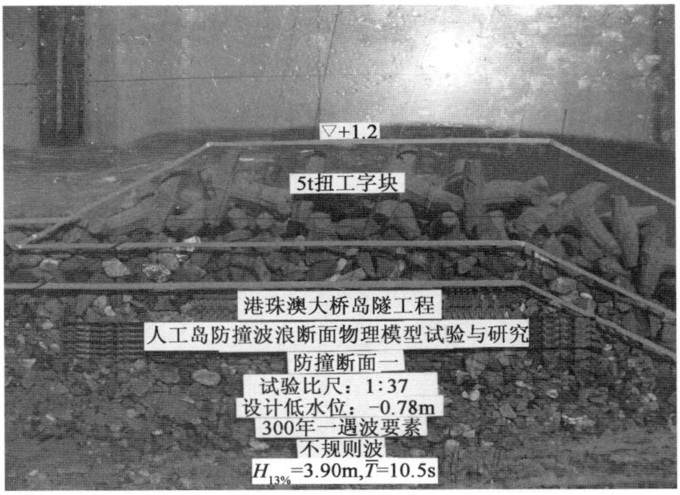

图 5.5-8　原设计方案迎浪侧波浪作用状态

（设计低水位：-0.78m；300 年一遇波要素 $H_{13\%}=3.90\text{m}$，$\overline{T}=10.5\text{s}$）

图 5.5-9　原设计方案背浪侧波浪作用状态

（设计低水位：-0.78m；300 年一遇波要素 $H_{13\%}=3.90\text{m}$，$\overline{T}=10.5\text{s}$）

图 5.5-10　波浪作用后原设计方案迎浪侧块体失稳状态

（设计低水位：-0.78m；300 年一遇波要素 $H_{13\%}=3.90\text{m}$，$\overline{T}=10.5\text{s}$）

5.5.4.2　优化方案一波浪试验

防撞断面一原设计方案试验在设计低水位和相应的波浪组合作用下，由于迎浪侧背面最后三排扭工块体的后方无支撑，导致其大面积失稳。设计在扭工块后方再铺设 5.0m 宽的 1～2t 块石，高程与扭工字块顶齐平，坡度为 1:2.5，其余各部位均与原设计方案相同。

设计低水位 -0.78m 时，采用了相应的极限波高进行了断面结构的稳定性试验。该水位下，堤顶高程 1.2m 的防撞断面一为出水堤，主要观测扭工字护面块体的稳定情况。300 年一遇（试验时实际率定波高 $H_{13\%}=3.90\text{m}$、$\overline{T}=10.5\text{s}$）不规则波作用状态见图 5.5-11。大浪时，波浪在护底处破碎，呈现出白色水花；波浪遇斜坡后多在迎浪侧高程 1.2m 扭工字块体顶部与前坡肩角处发生卷破，破碎水体伴有明显的掺气现象，形成破碎水花冲刷作用于 1～2t 块石表面。大浪作用下，迎浪侧高程 1.2m 前坡坡肩处的外层 5t 扭工字块体中仍有个别随波浪原地发生晃动。5t 扭工字块体后方 1～2t 块石直接受到波浪卷破后水体的冲刷作用，致使坡度 1:2.5 斜坡处及顶部部分块石向下滚落，波浪作用后期块石滚动量较作用初期时减少。仅在大浪时，300～500kg 块石棱体及护面表层有少量块石往复位移。100～200kg 护底块石表层出现少量块石滚动的现象。波浪破碎后，因波能消散明显，水体对断面背浪侧的各结构部位作用减小，背浪侧块体及块石均无晃动。堤前每个作用到堤顶处的波都伴有不同程度的越浪，实测迎浪侧高程 1.2m 堤顶最大越浪水舌厚度约为 2.0m，并且越浪均为连续的波浪水体。

经过相当于原型 3.0h 的波浪持续作用后，迎浪侧背面部分 1～2t 块石受水体冲刷发生位移并失稳，散布在高程 -1.0m 的 300 ~ 500kg 块石护面顶部、1 ~ 2t 块石坡底边线变得参差不齐，其冲刷状况详见图 5.5-12、图 5.5-13。由于部分 1 ~ 2t 块石失稳，与其相邻处的后三排扭工字块体失去足够支撑，其中个别块体发生了位移，失稳的块体在波浪连续冲击作用下移动至 300 ~ 500kg 块石护面顶部。断面两侧其他部位均处于稳定状态。

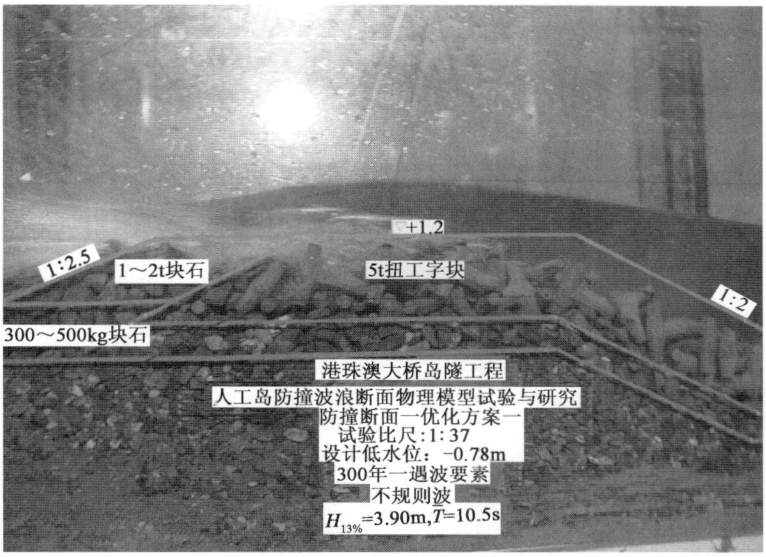

图 5.5-11　优化方案一迎浪侧波浪作用状态

（设计低水位：-0.78m；300 年一遇波要素 $H_{13\%}=3.90\text{m}$，$\overline{T}=10.5\text{s}$）

图 5.5-12　波浪作用后优化方案一迎浪侧 1~2t 块石冲刷状况

（设计低水位：-0.78m；300 年一遇波要素 $H_{13\%}=3.90\text{m}$，$\overline{T}=10.5\text{s}$）

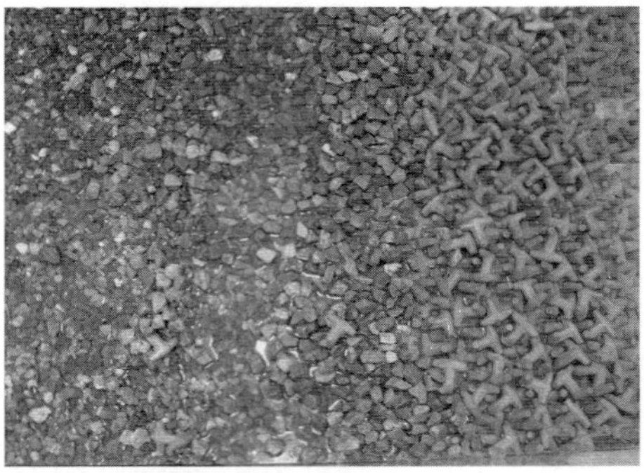

图 5.5-13　波浪作用后优化方案一迎浪侧 1~2t 块石及块体失稳状态

（设计低水位：-0.78m；300 年一遇波要素 $H_{13\%}=3.90\text{m}$、$\overline{T}=10.5\text{s}$）

5.5.4.3　优化方案二波浪试验

基于优化方案一，断面在设计低水位和相应的波浪组合作用下，迎浪侧后三排个别扭工块体失稳。经设计确认，在原设计方案断面基础上将扭工字块体的铺设范围加宽 5.0m，使堤顶扭工字块体护面宽度为 15.0m，并在其后方再铺设 5.0m 宽的 1 ~ 2t 块石，高程与扭工字块体顶部齐平，坡度为 1∶2.5，其余各部位均与原设计方案相同。根据试验技术要求进行稳定性试验。

（1）在 1000 年一遇高水位 4.19m，1000 年一遇 $H_{13\%}=4.54\text{m}$、$\overline{T}=11.1\text{s}$ 不规则波作用下，大浪在岛隧路中线附近发生卷破，破碎以后继续向前传播并在水体表层产生气泡。大浪作用时，迎浪侧高程 1.2m 堤顶处外层个别 5t 扭工字块体随波浪轻微晃动，扭工字块体后方 1 ~ 2t 块石表层有个别块石发生晃动，300 ~ 500kg 块石护面及棱体表层少量块石出现滚动，100 ~ 200kg 块石护底表层亦有少量块石发生滚动。波浪持续作用原型 3h 后，两侧 5t 扭工字块体均稳定，1 ~ 2t 块石、300 ~ 500kg 块石护面、300 ~ 500kg 块石棱体及 100 ~ 200kg 块石护底表层均未出现明显变形。优化方案二在 1000 年一遇高水位及相应 1000 年一遇波浪作用下，迎浪侧、路中线及背浪侧波浪作用状态见图 5.5-14 ~ 图 5.5-16。

（2）在 300 年一遇高水位 3.82m，300 年一遇 $H_{13\%}=4.38\text{m}$、$\overline{T}=10.5\text{s}$ 不规则波作用下，大浪在 1 ~ 2t 块石顶部附近破碎，多数波浪传至路中线靠前位置卷破并在水体表层产生气泡。仅在大浪作用时，迎浪侧顶高程 1.2m 堤顶外层 5t 扭工字块体有少量随波浪晃动，1 ~ 2t 块石表层少量块石发生晃动，且 1∶2.5 坡面处个别块石滚落，300 ~ 500kg 块石棱体及护面表层有少量块石发生滚动，100 ~ 200kg 块石护底表层亦有少量块石出现滚动现象。波浪作用原型 3h 后，迎浪侧和背浪侧护面未出现块体失稳现象，1 ~ 2t 块石、

300～500kg块石护面、300～500kg块石棱体及100～200kg块石护底表层均无明显变形，整体处于稳定状态。图5.5-17为防撞断面一优化方案二在300年一遇高水位3.82m及相应300年一遇波浪作用下迎浪侧的波浪作用状态。

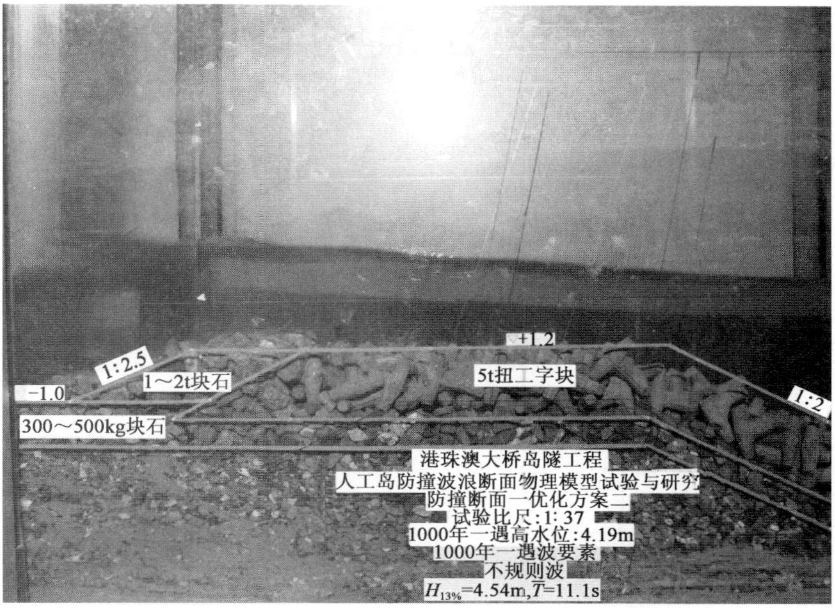

图5.5-14　优化方案二迎浪侧波浪作用状态

（1000年一遇高水位：4.19m；1000年一遇波要素 $H_{13\%}=4.54\mathrm{m}$，$\overline{T}=11.1\mathrm{s}$）

图5.5-15　优化方案二路中线位置波浪作用状态

（1000年一遇高水位：4.19m；1000年一遇波要素 $H_{13\%}=4.54\mathrm{m}$，$\overline{T}=11.1\mathrm{s}$）

图 5.5-16　优化方案二背浪侧波浪作用状态

(1000 年一遇高水位:4.19m;1000 年一遇波要素 $H_{13\%}=4.54\text{m},\overline{T}=11.1\text{s}$)

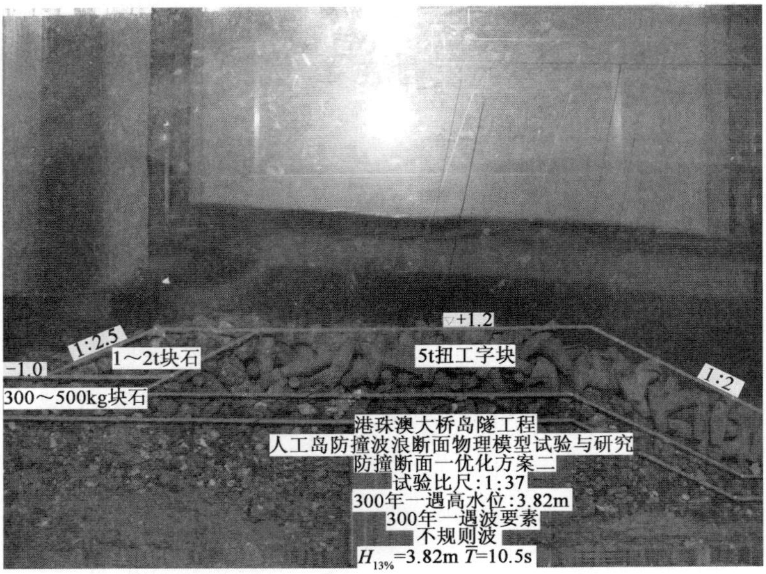

图 5.5-17　优化方案二迎浪侧波浪作用状态

(300 年一遇高水位:3.82m;300 年一遇波要素 $H_{13\%}=4.38\text{m},\overline{T}=10.5\text{s}$)

(3)在 100 年一遇高水位 3.47m,100 年一遇 $H_{13\%}=3.92\text{m}$、$\overline{T}=10.2\text{s}$ 不规则波作用下,多数波浪传播至岛隧路中线前发生破碎,大浪在 1 ~ 2t 块石顶部附近破碎。大浪作用时,迎浪侧堤顶外层 5t 扭工字块体有少量发生晃动,1 ~ 2t 块石表层少量块石随波浪晃动,300～500kg块石棱体及护面表层有少量块石滚动,100～200kg块石护底表层亦有少量块石出现滚动。背浪侧块体及块石均无晃动。波浪持续作用原型3h后,迎浪侧与背浪侧5t扭工字块体均稳定,1～2t块石、300～500kg块石护面、300～500kg块石棱体及100～200kg块石护底整体均处于稳定状态。

(4)在设计高水位1.65m,300年一遇 $H_{13\%}=4.38m$、$\overline{T}=10.5s$ 不规则波作用下,大浪传播至高程1.2m扭工字块体顶部破碎,多数波浪在1～2t块石后方卷破。大浪作用时,迎浪侧堤顶及前坡肩角处外层有少量5t扭工字块体晃动,1:2.5坡面处有个别1～2t块石发生滚落,300～500kg块石棱体及护面表层有少量块石随大浪发生位移,100～200kg护底块石表层也出现少量块石滚动的现象,背浪侧块体及块石均稳定。波浪持续作用原型3h后,迎浪侧1～2t块石仅坡脚稍有变形,其余处无明显变化。两侧5t扭工字块体均稳定,300～500kg块石护面、棱体及100～200kg块石护底整体变形不明显。

(5)在设计低水位-0.78m时,采用了相应的极限波高进行了稳定性试验,主要观测迎浪侧扭工字护面块体及1～2t块石的稳定情况。在300年一遇(试验时实际率定波高 $H_{13\%}=3.90m$、$\overline{T}=10.5s$)不规则波作用下,波浪多在迎浪侧高程1.2m扭工字块体顶部与前坡肩角处卷破,破碎水体的掺气量明显增大,并对堤顶5t扭工字护面块体及1～2t块石产生较强的冲击作用。偶遇大浪作用时,水体在块石护底上方发生破碎,迎浪侧高程1.2m堤顶及前坡坡肩处附近外层少量5t扭工字块体随波浪往复摆动,个别块体出现随波峰向上浮动的现象,但块体均未失稳。与块体相邻处的1～2t块石仅1:2.5斜坡表层有个别块石沿坡面向下滚落,波浪作用后期块石滚动量较作用初期时减少。300～500kg块石棱体及护面表层、100～200kg护底块石表层仍出现少量块石滚动的现象。破碎后的波浪对背浪侧的各部位结构影响不大,与迎浪侧相同重量的护面块体和块石,波浪作用下均处于稳定状态。实测迎浪侧高程1.2m堤顶最大越浪水舌厚度约为2.0m,且越浪为连续的波浪水体。经过相当于原型3.0h波浪作用后,迎浪侧1～2t块石表层的块石发生位移,坡肩变缓,但整体上未失去对其前方护面块体良好的支撑作用。两侧5t扭工字护面块体稳定,300～500kg块石护面、棱体及100～200kg块石护底均未无明显变形。

防撞断面一优化方案二在设计低水位及相应300年一遇不规则波作用下,迎浪侧、背浪侧的波浪作用状态见图5.5-18、图5.5-19,迎浪侧块石冲刷状况见图5.5-20,图5.5-21为波浪持续作用3.0h(原型)后,迎浪侧护面块体的最终稳定状态。

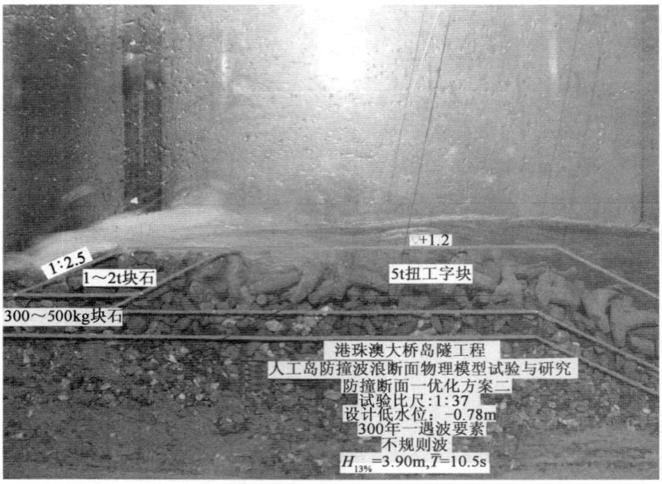

图 5.5-18　优化方案二迎浪侧波浪作用状态

（设计低水位：-0.78m；300 年一遇波要素 $H_{13\%}=3.90\text{m}$，$\overline{T}=10.5\text{s}$）

图 5.5-19　优化方案二背浪侧波浪作用状态

（设计低水位：-0.78m；300 年一遇波要素 $H_{13\%}=3.90\text{m}$，$\overline{T}=10.5\text{s}$）

图 5.5-20　波浪作用后优化方案二迎浪侧 1~2t 块石冲刷状况

（设计低水位：-0.78m；300 年一遇波要素 $H_{13\%}=3.90\text{m}$，$\overline{T}=10.5\text{s}$）

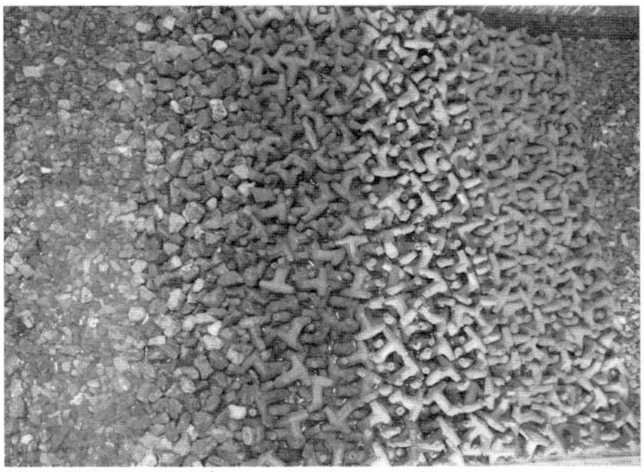

图 5.5-21　波浪作用后优化方案二迎浪侧护面块体最终稳定状态

（设计低水位：-0.78m；300 年一遇波要素 $H_{13\%}$ =3.90m，$\overline{T}$=10.5s）

试验结果表明优化方案二是合理可行的，可作为防撞断面一的最终设计优化方案。

5.5.5　试验小结

（1）防撞断面一原设计方案在设计低水位 -0.78m 及相应 300 年一遇 $H_{13\%}$ = 3.90m、$\overline{T}$=10.5s 的不规则波作用下，迎浪侧堤顶后坡处的 5t 扭工字块体发生大面积失稳，不满足护面块体的稳定性要求。

（2）防撞断面一优化方案一在设计低水位 -0.78m 及相应 300 年一遇不规则波作用下，迎浪侧部分 1~2t 块石受水体冲刷发生滚动，后三排扭工字块体中有个别块体出现位移，失稳的块体在波浪连续冲击作用下移动至 300~500kg 块石护面顶部。

（3）防撞断面一优化方案二在不同水位及相应波浪作用下，迎浪侧和背浪侧的 5t 扭工字块体均稳定，两侧 1~2t 块石、300~500kg 块石护面、棱体及 100~200kg 块石护底表层均无明显变形，整体处于稳定状态。

5.6　人工岛岛隧接合部沉放区掩护方案数学模型试验

5.6.1　试验概况

5.6.1.1　试验目的

东岛所处海域水沙环境比西岛复杂，东岛西端岛头挑流现象明显，岛隧接合部基槽内呈现东西向横流的特点,造成东岛岛隧接合部区域流态紊乱、水流条件复杂。为了应对珠江上游多发洪水以及珠江口可能遭遇的台风等外部环境突变对沉管安放工作带来诸多不确定的影响因素,开展模型试验研究了东人工岛岛隧接合部沉放区掩护方案。东岛海域水动力环境复杂性:港珠澳大桥主通航区所在海域的潮流基本呈"北涨南落"的往复流运动趋势,西人工岛及基槽轴线呈东西走向,基本与潮流运动方向正交。东人工岛轴线与东西向夹角在8°左右,东岛所在水域受伶仃洋东侧边界(大屿山和大屿山北水道)的影响,涨潮水流由南向北偏东方向流动,落潮水流则由北向南偏西方向流动,水面表层流动趋势更为明显。

项目研究主要采用数学模型作为试验手段,计算分析挡块掩护和管节安防期间的水流变化,从降低岛头管节沉放区绕流流速、减小岛头区管节沉放过程中的受力、保证潜水作业时间、控制基床面落淤和确定挡流堤布置形式、拆除时机等方面出发,为施工方案的工序制定提供了依据和支撑。

5.6.1.2　研究内容

(1)模拟计算了不同的挡块布置方案形成的水流变化,根据挡块布置前的流态分布和流速过程,确定需掩护的基槽范围。根据沉管安放的施工要求和基槽水域的水流变化制定可行的挡块布置方案,从挡块掩护区的口门宽度、挡块掩护长度和平面形式角度出发制定多种挡块布置形式。采用平面二维数学模型对多种挡块布置方案进行模拟计算,分析挡块对周边水域水动力的宏观影响,挡块形成的平面流态变化和挡块头部、挡块掩护区内流速分布等水流变化。

(2)分析挡块头部的水流结构和基槽水域的流速变化,采用局部三维数学模型模拟不同挡块布置方案实施后,挡块头部的三维水流结构和流速变化过程,以及基槽掩护区水域内的流速变化和分布状况。

(3)基槽回淤预测挡块掩护下,基槽回淤将会有所减小;挡块头部(掩护区口门)极易形成局部冲刷。通过泥沙数学模型预测挡块布置后各管节安放区内的泥沙回淤强度和分布趋势。

(4)确定可行的挡块布置形式。根据二维和三维数学模型对多种挡块布置方案的模拟结果,分析挡块形成的宏观水动力变化、挡块周边水域的流态变化、挡块头部(掩护区口门)的水流结构、基槽掩护区的流速分布等水流条件,结合基槽回淤的模拟结果,确定可行的挡块布置形式。

5.6.1.3 关键技术处理

(1)挡块块石的尺度较小,需采用网格加密技术反映块石的真实阻水影响。采用局部网格加密的二维数学模型对不同工况的挡块形式进行模拟,分析挡块布置前后工程水域的水动力变化程度,计算挡块头部的水流变化与流态分布过程、块体掩护下基槽水域的流速过程。

(2)根据块石尺度,对块石及掩护水域进行网格加密。通过三维数学模型对挡块布置方案进行精细模拟,重点模拟挡块头部水域的三维水流运动过程和垂向分布特征,通过流速分布以及施工窗口时长的变化确定挡块的合理布置形式,并为挡块头部的局部冲刷试验提供数据支撑。

5.6.2 初期阶段岛头基槽掩护方案比选

东岛岛头基槽掩护体材料为混凝土挡块,挡块尺寸为 6m × 4m(垂直水流方向 × 顺水流方向),堤顶高程按照出水考虑。根据东岛岛隧接合部基槽水域的水流特征,掩护方式采取岛头南、北两侧分别掩护涨、落潮流的掩护形式。东岛岛头基槽的掩护方案在初期阶段一共进行了三个阶段的方案比选。根据第一和第二阶段的数模试验结果,确定了北堤和南堤的基本走向,同时根据岛隧接合部水下基础结构和东岛大圆筒的位置,确定了南、北两侧导流堤连接东岛的起点位置,导流堤平面布置如图 5.6-1 所示。

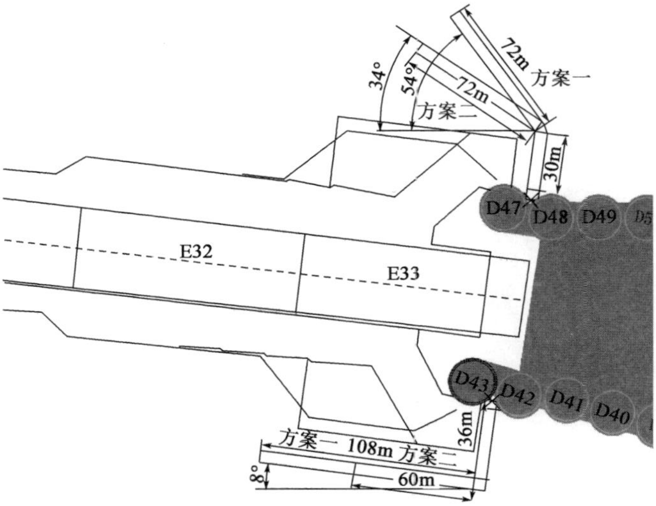

图 5.6-1　初期第三阶段导流堤布置方案示意

方案一:东岛北侧挡块起点位于 D47 和 D48 之间,挡块垂直向外延伸 30m,沿与正西向夹角 54°(与基槽轴线夹角 46°)延伸 72m;东岛南侧挡块起点位于 D42 和 D43 之间,挡块垂直向外延伸 36m,沿与正西向夹角 8°(与基槽轴线平行)延伸 108m。东岛两侧由挡块形成的导流堤长度共计 246m。

方案二:东岛南侧挡块起点同方案一,挡块垂直向外延伸 30m,沿正西向夹角 34°(与基槽轴线夹角 26°)延伸 72m;东岛南侧挡块起点同方案一,挡块垂直向外延伸 36m,沿与正西向夹角 8°(与基槽轴线平行)延伸 60m。东岛两侧由挡块形成的导流堤长度为 198m。

方案比选结果:图 5.6-2 显示了该阶段方案一实施后工程水域的表层平面流态和流速分布变化,通过对比可以看出:涨潮流在南堤的掩护下,E33 管节基槽水域普遍呈弱流状态,大部分水域表层流速不超过 0.2m/s;落潮流在北堤的掩护下,E33 和 E32 基槽大部分水域表层流速均在 0.2m/s 以内,如图 5.6-3 所示。第三阶段潮流模拟计算结果表明:南堤走向与基槽走向平行后,对涨潮流的掩护范围随南堤长度的增加而增加。

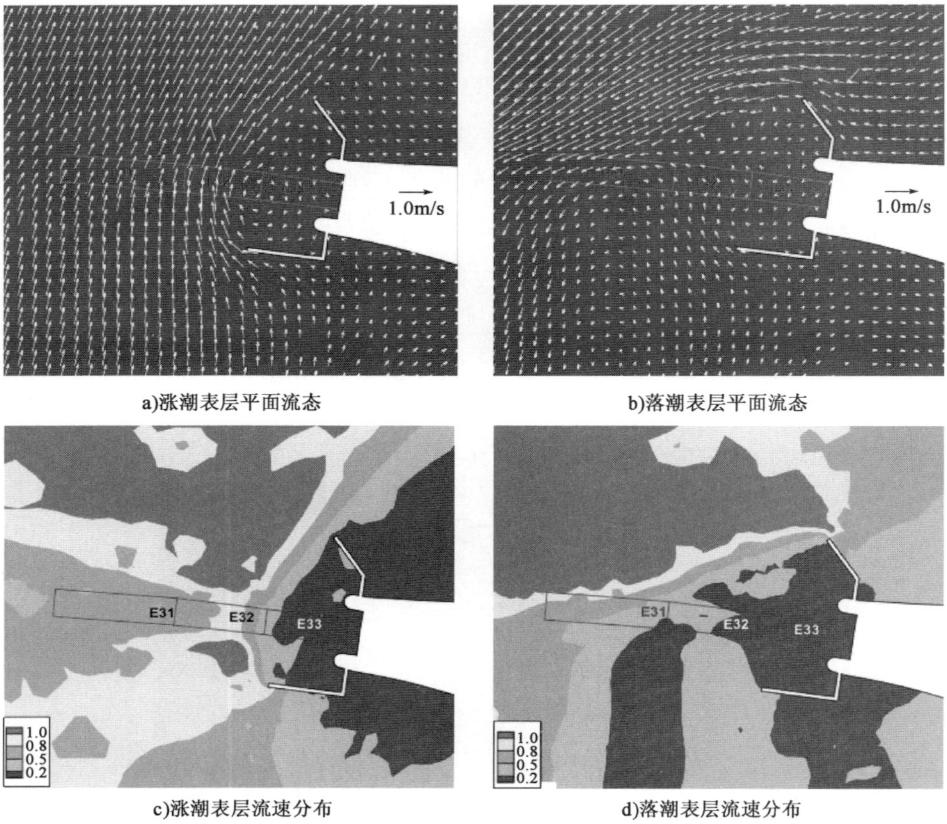

图 5.6-2　方案一表层流速流态分布

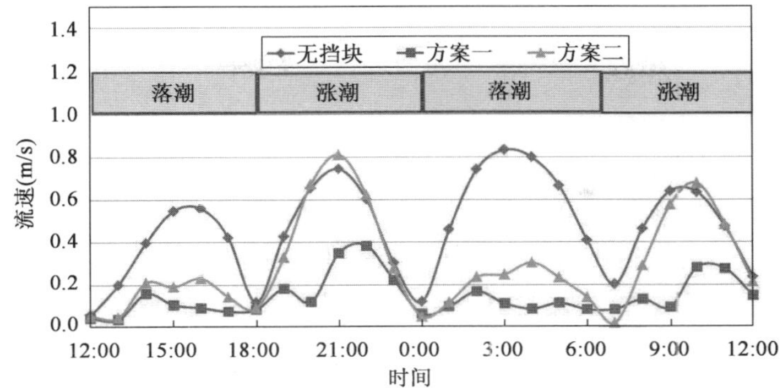

图 5.6-3 E33 与 E32 管节接合部表层流速历时变化

5.6.3 掩护方案比选情况

根据初期方案比选情况以及岛隧接合部水下基础,确定了导流堤掩护的基本方案以及相应的调整方案,如图 5.6-4 和图 5.6-5 所示。

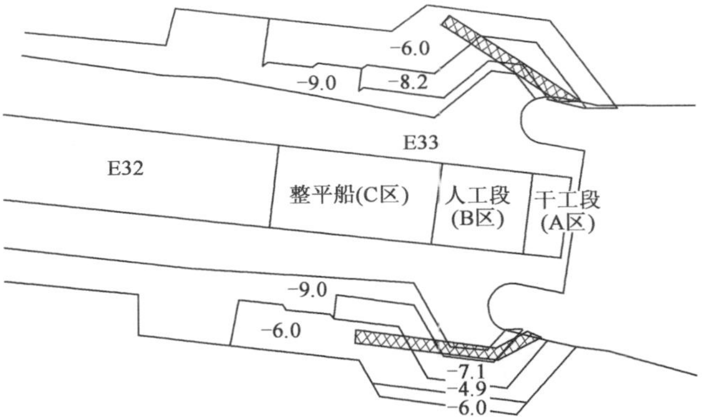

图 5.6-4 东岛岛头挡块掩护方案布置(图示高程为 85 国家高程基准)

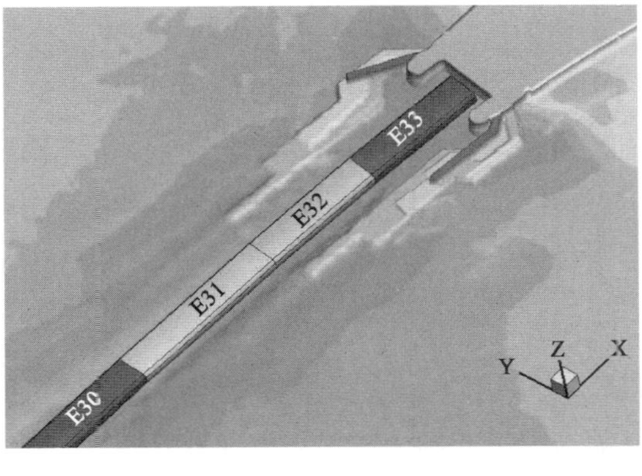

图 5.6-5 东岛岛头挡块布置与各管节位置关系示意

（1）基本方案：通过东岛南堤和北堤多组布置方案的水流掩护数值模拟结果，结合东岛岛隧接合部基槽两侧边坡及堆载的布置情况，形成了导流堤布置的基本方案，南堤加长水流掩护效果对比情况如图 5.6-6 所示。

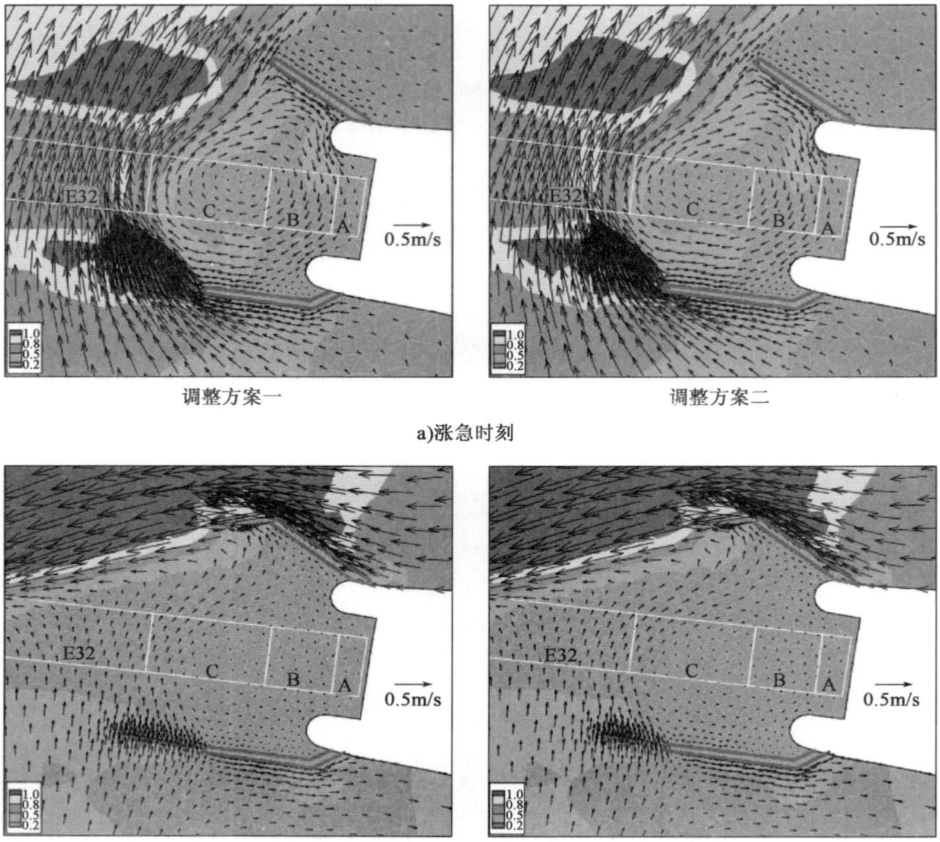

调整方案一　　调整方案二

a)涨急时刻

调整方案一　　调整方案二

b)落急时刻

图 5.6-6　南堤加长水流掩护效果对比

（0708 大潮水情、潮差 2.30m，流速单位：m/s）

（2）背景方案：北侧平台最大高程为 -6.0m，高出北侧海床面 4 ~ 6m，南侧平台最大高程 -4.9m，高出南侧海床面 5 ~ 7m，平台向西延伸到 E32 管节中部位置。

（3）淹没堤方案：导流堤总长度 156m，其中北堤长 72m、与基槽轴线夹角 27°，南堤与轴线夹角 35°方向长 18m，平行基槽轴线方向长 66m；北侧挡浪块顶高程为 +1.0m（85 高程，下同），南侧顶高程为 +0.0m。

（4）出水堤方案：平面布置形式同淹没堤方案，两侧挡浪块顶部保持出水状态。

（5）调整方案一：原淹没堤方案平面布置形式保持不变，南堤顶高程增加至 +1.0m。

(6)调整方案二:在调整方案一的基础上,南堤长度向西增加12m,南、北两侧导流堤总长度为168m。

南堤加长前后流速变化:从0708大潮水情条件下基槽各水域的表层流速变化统计可以看出:南堤加长后,涨潮期间E33管节的A区、B区和C区大部分水域流速分布与加长前基本一致,主要差别在E33与E32的接合部。涨急时刻,接合部C16~C20点涨急时刻最大流速为0.65~0.77m/s,挡块加长后该断面采样点最大流速减小到0.37~0.56m/s;挡块加长对落潮期间流速变化基本没有影响。

南堤加长后的水流掩护情况:0906大潮水情条件下调整方案二实施前后E33管节基槽水域的流速分布变化情况如图5.6-7所示。

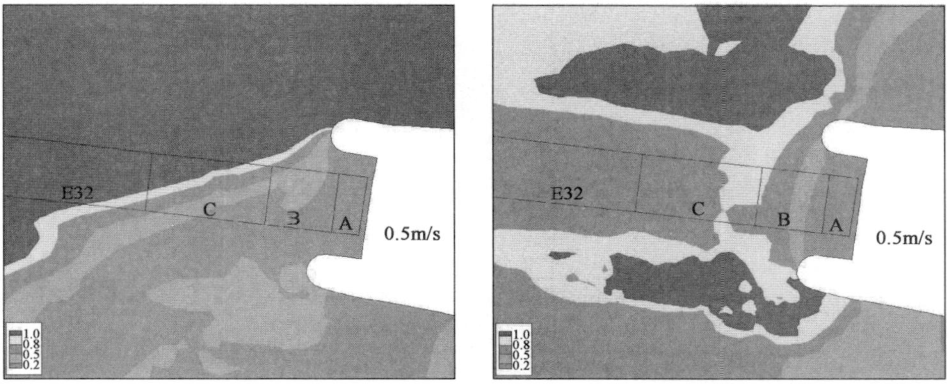

落急时刻　　涨急时刻

a)无挡块

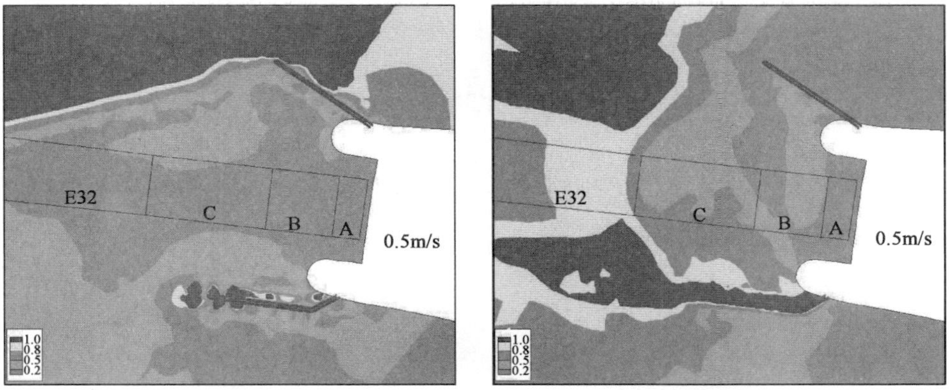

落急时刻　　涨急时刻

b)调整方案二(南堤加长12m)

图5.6-7 调整方案二工程前后流速分布变化(0906大潮水情、潮差3.05m,流速单位:m/s)

流速结果表明:涨、落急时刻B区都存在表层流速大于0.5m/s的区域,调整方案实施后,落急时刻E33管节的A区、B区及C区和E32管节的大部分区域表层最大流速都在 0.2m/s 以内；涨急时刻，B 区在南堤过堤流的影响下，西南角水域出现 0.56m/s 的表层流速，结合图 5.6-8 与图 5.6-9 所显示的该处断面流速分布情况，可以看出，仅在表层水体出现了接近 0.6m/s 的流速分布区，且出现时间在 30min 左右。0906 大潮水情潮差较大，出现频率超过 5 年一遇，B 区水域流速仍能基本满足不超过 0.5m/s 的要求。

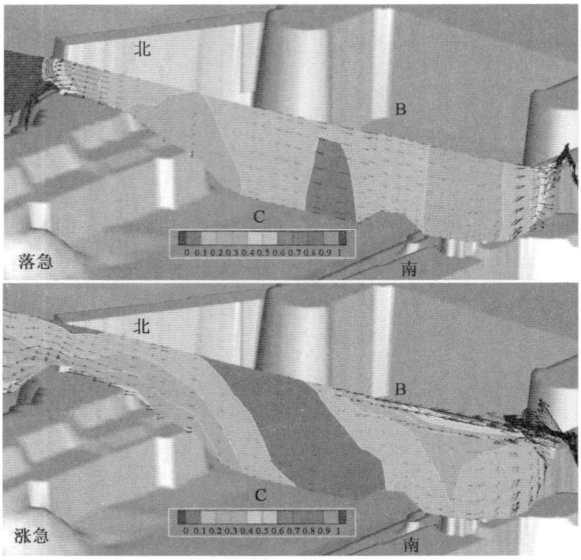

图 5.6-8 E33 管节 B 区和 C 区交界面断面流速分布

（0906 大潮、潮差 3.05m，流速单位：m/s）

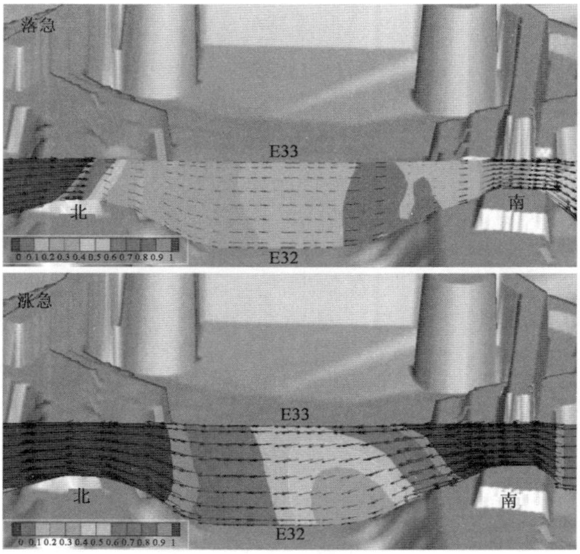

图 5.6-9 E33 与 E32 管节接合部断面流速分布

（0906 大潮、潮差 3.05m，流速单位：m/s）

5.6.4 试验小结

东岛所处海域的水砂环境比西岛复杂，东岛西端岛头挑流现象明显，岛隧接合部基槽内呈现东西向横流的特点，造成东岛岛隧接合部区域流态紊乱、水流条件复杂。本节开展了东人工岛岛隧接合部沉放区掩护方案试验研究，主要结论如下：

（1）基槽流速分布具有表层大、中层次之、底层最小的分布特点，潮流通过基槽水域时形成下潜流和上升流。鉴于基槽流速变化这一特点，对掩护方案的评价以表层流速值作为首要指标，兼顾垂向流速变化特征。

（2）北堤走向与落潮流基本垂直，对落潮流的掩护效果明显；南堤走向与涨潮流仍有一定夹角，掩护效果相对较差。南堤走向调整后（与基槽轴线平行），其与涨潮流基本正交，南堤对涨潮流的有效掩护范围增加。

（3）基本方案布设挡块前，东岛岛头大圆筒和基槽两侧边坡平台对 E33 管节东部基槽水域起到了一定的掩护效果，A 区表层最大流速在 0.1m/s 以内；2015 年 10 月大潮期间，B 区西侧部分水域落潮期间表层最大流速超过 0.5m/s；小潮期间，B 区部分水域表层最大流速接近 0.5m/s；洪季水情条件下，B 区西侧水域表层最大流速达到 0.7m/s。

（4）淹没堤方案实施后，南堤大部分时间被水淹没，涨潮期间堤顶产生的过堤流西偏北斜跨南堤，过堤流进入 E33 管节基槽后对掩护区平面环流发展具有一定的抑制作用，A 区和 B 区回流强度与出水堤相比有所减弱；北堤大部分时间出水，落潮期间 E33 管节基槽的掩护情况与出水堤基本一致。

（5）南堤加长 12m 后的调整方案模拟计算结果表明：E33 和 E32 接合部涨急时刻最大流速平均值由 0.71m/s 减小到 0.47m/s，南堤加长有利于对接合部的掩护，即使在 0906 大潮水情（潮差超 5 年一遇标准）条件下也能够满足 E33 管节基槽的水流掩护要求。

5.7 本章小结

本章对港珠澳大桥人工岛相关的波浪断面物理模型试验、波浪整体物理模型及岛桥接合部引桥波浪上托力和水平力试验、堤头冲刷及防护试验、防撞波浪断面物理模型试验以及岛隧接合部沉放区掩护方案数学模型试验等大型试验进行了梳理，总结了人工岛试验方法、试验设备、试验结果及其在港珠澳大桥人工岛建设中发挥的作用，这也为未来类似工程建设与科学研究提供技术支撑。

CHAPTER SIX

第6章

结语

本书以港珠澳大桥人工岛建设实践为依托,系统深入地总结分析了港珠澳大桥海上人工岛的设计施工要点、建设施工过程以及攻克的关键技术难题,可为未来类似工程建设提供一定的技术支撑。

(1)港珠澳大桥东、西人工岛为我国首例海上桥隧转换人工岛,受建设环境影响,海上人工岛建设需要攻克深厚软基、快速成岛、海域基坑、桥岛隧结构转换以及岛体结构耐久性等大量工程技术难题,其建设难度在世界上也是罕见的,可为同类工程建设积累了丰富经验。

(2)海洋水文与地质勘察有别于陆地勘察,其勘察难度相对较大,也是进行工程选址、设计与施工的前提。同时,勘察深度与准确性与工程建设的安全性、经济性密切相关。港珠澳大桥人工岛建设前期采用了大量的先进技术手段做了深入细致的勘察,获取了详细的水文地质参数。人工岛的成功建设与运营进一步验证了精细化勘察成果,也进一步阐释了“工程未动,勘察先行”的工程建设规律。

(3)创造性提出了深插式钢圆筒快速筑岛方案,设计了一种“刚柔并济”的宽榫槽与弧形钢板组合的副格结构体系,总结了外海超大型钢圆筒快速筑岛成套施工技术,形成了外海快速筑岛成套技术。该成果的成功应用,创造了“当年动工、当年成岛”的人工岛建设奇迹,多项成果达到国际领先水平,多项技术被纳入标准规范。

(4)针对外海深厚软基的地基处理问题,首次开展了挤密砂桩离心模型试验,建立了海上深厚软基水下挤密砂桩复合地基设计计算方法,并研发了配套的专用施工装备与施工技术以及质量检测方法。同时,针对岛上段隧道地基处理问题,创新了基础 PHC 桩沉桩施工技术。

(5)模型试验是工程建设相关科学研究与关键技术参数确定的重要手段之一,为论证港珠澳大桥人工岛技术方案与关键参数的合理性,开展了大型物理模型试验,总结了一套完整的人工岛模型试验技术,获取了大量的试验数据,取得了稳定可靠的试验结论,不仅助力了港珠澳大桥海上人工岛的建设,而且也为类似试验的开展积累了经验。

总的来说,港珠澳大桥海上人工岛的成功建设具有里程碑与划时代的意义,海上快速成岛与深厚软基处理等多项技术攻关成果已达到了世界领先水平,为未来更深海域的人工岛建设奠定了坚实的基础,也为后续工程建设与科学研究带来了更大的机遇与挑战。

参考文献

[1] 俞慕耕. 香港地区的水文气象特征[J]. 海洋通报,1997,16(3):41-48.

[2] Wen S,Zhang D,Chen B,et al. A hybrid model for numerical wave forecasting and its implementation-Ⅰ. The wind wave model[J]. 海洋学报:英文版,1989,8(1):1-14.

[3] 王喜年,尹庆江,张保明. 中国海台风风暴潮预报模式的研究与应用[J]. 水科学进展,1991,000(001):1-10.

[4] 邓永录,梁之舜. 随机点过程及其应用[M]. 北京:科学出版社,1992.

[5] 左其华,姚国权. 开敞水域波浪的传播:抛物线方程法[J]. 水运工程,1992,000(002):1-6.

[6] 王红川,潘军宁,左其华. 考虑风能输入的抛物型缓坡方程[J]. 海洋工程,2004(02):13-16.

[7] 中华人民共和国交通部. 海港水文规范:JTJ 213—98[S]. 北京:人民交通出版社,1998.

[8] 沈繁銮. 地震活动性参数 b 值和年发生率的一种取值方法[J]. 华南地震,1999(04):41-45.

[9] Francavilla A, Zienkiewicz O C. A note on numerical computation of elastic contact problems[J]. International Journal for Numerical Methods in Engineering, 1975, 9(4):913-924.

[10] 中华人民共和国交通部. 港口工程荷载规范:JTJ 215—98[S]. 北京:人民交通出版社,1999.

[11] 舒宁,王曼颖. 合田良实波压力计算公式在英国标准中的应用[J]. 中国港湾建设,

2003(01):18-22.

[12] 日本运输省港湾局,港湾协会.港口设施技术标准·解说[M].王秀伦,户学文,杨曼,译.北京:人民交通出版社,1983:23-30.

[13] 孙立强,闫澍旺,何洪娟,等.吹填土地基真空预压加固过程分析及有限元研究[J].岩石力学与工程学报,2010,29(S2):3878-3884.

[14] Indraratna B, Balasubramaniam A S, Ratnayake P. Performance of Embankment Stabilized with Vertical Drains on Soft Clay[J]. Journal of Geotechnical Engineering, 1994, 120(2): 257-273.

[15] Indraratna B, Redana I W. Plane-Strain Modeling of Smear Effects Associated with Vertical Drains[J]. Journal of Geotechnical and Geoenvironmental Engineering, 1997, 123(5) : 474-478.

[16] Chai J C, Shen S L, Miura N, et al. Simple Method of Modeling PVD-Improved Subsoil[J]. Journal of Geotechnical and Geoenvironmental Engineering, 2001, 127(11): 965-972.

[17] 董志良,陈平山,莫海鸿,等.真空预压法有限元计算比较[J].岩石力学与工程学报,2008,27(11):2347-2353.

[18] 叶观宝,李志斌,徐超.塑料排水板处理软弱地基的平面应变简化方法探讨[J].结构工程师,2006,22(1):51-55.

[19] 刘汉龙,彭劼,陈永辉,等.真空-堆载预压处理高速公路软基的有限元计算[J].岩土力学,2003,24(6):1029-1033.

[20] 钱家欢,殷宗泽.土工原理与计算[M].北京:中国水利水电出版社,1996.

[21] 莫景逸,黄晋申.挤密砂桩在海洋接岸地基加固工程中的应用[J].水运工程,2009(01):62-68.

[22] 中华人民共和国建设部.建筑地基处理技术规范:JGJ 79—2002[S].北京:中国建筑工业出版社,2003 .

[23] 陈仲颐,周景星,王洪瑾.土力学[M].北京:清华大学出版社,1994.

[24] 师旭超,汪稔,张在喜.广西海相淤泥的次固结特性研究[J].岩土力学,2003(05):863-865.

[25] 王继成,叶剑.对港口工程地基规范地基承载力验算的思考[J].中国水运,2012,12(05):166－168＋202.

[26] 何蔺荞.基于离心模型试验的挤密砂桩复合地基承载特性研究[D].上海:同济大

学,2013.

[27] 张晨龙. 基于离心模型试验的挤密砂桩加固软弱地基的承载性能研究[D]. 上海:同济大学,2014.

[28] 中华人民共和国建设部. 岩土工程勘察规范(2009 年版):GB 50021—2001[S]. 北京:中国建筑工业出版社,2009 .

[29] 常士骠,张苏民. 工程地质手册:第四版[M]. 北京:中国建筑工业出版社,2013.

[30] 龚晓南. 复合地基理论及工程应用[M]. 北京:中国建筑工业出版社,2002.

[31] 中华人民共和国交通运输部. 港口工程地基规范:JTS 147-1—2010[S]. 北京:人民交通出版社,2010.

[32] 中华人民共和国住房和城乡建设部. 建筑地基基础设计规范:GB 50007—2011[S]. 北京:中国建筑工业出版社,2011 .

[33] 王中平. 散体材料桩复合地基理论在电力工程中的应用研究[D]. 长春: 吉林大学,2004.

[34] 姚伟峰,杨杰,蒋世章. 振冲碎石桩复合地基承载力研究现状[J]. 大众科技,2010(03):71-73.

[35] 杨坪,唐益群,马险峰,等. 冲填土自重固结沉降离心模型试验[C]//中国水利学会岩土力学专业委员会. 中国水利学会2007 学术年会物理模拟技术在岩土工程中的应用分会场论文集. 苏州:[出版者不详],2007.

[36] 赵明华,张玲,刘敦平. 散体材料桩复合地基桩土应力比分析[J]. 中南大学学报(自然科学版),2007,38(03):555-560.

[37] 韩杰,叶书麟. 碎石桩复合地基的有限元分析[J]. 岩土工程学报,1992(S1):13-19.

[38] 黄小军. 振冲碎石桩复合地基承载力与沉降计算研究[D]. 长春: 吉林大学,2007.

[39] 中华人民共和国交通部. 波浪模型试验规程:JTJ/T 234—2001[S]. 北京:人民交通出版社,2001.

[40] 中华人民共和国交通部. 海港水文规范:JTJ 213—98[S]. 北京:人民交通出版社, 1998.